Larry Dossey

Heilungsfelder

Larry Dossey

Heilungsfelder
Wenn die Seele den Körper heilt

Titel der amerikanischen Originalausgabe:
Healing beyond the Body
Medicine and the Infinite Reach of the Mind
published by arrangement with
Shambhala Publications, Inc., Boston, MA 02116
© 2001 Larry Dossey, M.D. All rights reserved.

Deutsche Ausgabe:
1. Auflage 2012
© Crotona Verlag GmbH
Kammer 11
83123 Amerang
www.crotona.de
Alle Rechte der Verbreitung, auch durch Funk, Fernsehen, fotomechanische Wiedergabe, Tonträger jeder Art und auszugsweisen Nachdruck, sind vorbehalten.

Übersetzung aus dem Amerikanischen: Karl Friedrich Hörner
Umschlaggestaltung: Annette Wagner
unter Verwendung von © Maxx-Studio 59536156 – shutterstock.com

Druck: Ebner & Spiegel • Ulm

ISBN 978-3-86191-023-7

INHALT

Einführung 11
Teil Eins · SINN 15
Einführung 15
1   Was bedeutet Krankheit? 18
2   Was in aller Welt ist mit den Heilern geschehen? 31
3   Leiden am Job 48
4   Die Ess-Zettel 65
5   Krieg: Erinnerungen an Vietnam 93

Teil Zwei · GEIST 121
Einführung 121
6   Wiederverzauberung der Welt 123
7   Mit schneeköniglicher Freude 149
8   Den Trickster annehmen 167
9   Vom Geist der Forelle 185

Teil Drei · NICHTLOKALITÄT 207
Einführung 207
10 Wahrnehmung über Raum und Zeit hinweg 210
11 Die Rückkehr des Gebets 242
12 Was hat Liebe damit zu tun? 265
13 Kreativität und kosmische Suppe 284
14 Unsterblichkeit 320

Anmerkungen 349
Bibliographie 371

Für die Ärzte, Schwestern und anderen Angehörigen
der Gesundheitsberufe, die den Titel „Heiler" zurückgewinnen,
und für die Wissenschaftler, die erforschen,
wie das Heilen über den Körper hinaus wirkt.

Die Raffinesse der Natur ist derjenigen des Arguments weit überlegen.

– SIR FRANCIS BACON –

EINFÜHRUNG

Nie werde ich eine Frau vergessen, die, in Tränen aufgelöst, zitternd und fast sprachlos vor Wut, zu mir kam. Sie war gerade auf der Intensivstation des Hauses gewesen, wo ihre Mutter, meine Patientin, im Sterben lag. Die Mutter war bewusstlos und mit mehreren Maschinen verbunden, die die lebenswichtigen Funktionen ihres Körpers aufrechterhielten, und nichts schlug an. Die Tochter war gerade aus dem Krankenzimmer verscheucht worden, weil die Besuchszeiten vorüber waren; darüber hinausgehende Besuche, so hatte man ihr mitgeteilt, seien „gegen die Regel" und würden „stören".
Ihre Mutter starb noch in der gleichen Nacht – allein.
Von ihrer sterbenden Mutter getrennt zu werden, schien diese Frau als tiefste Demütigung zu erleben. Sie war auf dem bestem Wege, die ganze moderne Medizin zu verfluchen, nicht nur ob deren Nutzlosigkeit, sondern auch wegen ihrer Gefühllosigkeit. Sie blieb verbittert gegenüber einem System, das, soweit es sie betraf, dem Menschen weder helfen konnte noch gerecht wurde.
Diese Episode illustriert viele der Gründe, aus denen Menschen heute am modernen Gesundheitswesen Anstoß nehmen; sie erleben es als unmenschlich, lebensfern, kalt, gleichgültig, zu mechanisch und technisch, zu teuer, zu heroisch – und häufig zu spät. Wenn die Medizin versagt und Patienten und Angehörige von Enttäuschung und Trauer überwältigt sind, ist es kein Trost für sie, an die Erfolge der Medizin erinnert zu werden. Für sie existiert nur eine Wirklichkeit, das Jetzt.
Wann wird sich die Medizin ändern? Die Frage lautet nicht, wann oder ob, sondern in welche Richtung und in welchem Maße. Die Medizin hat sich immer verändert. Im historischen Rückblick ist sie eine der dynamischsten Kräfte in der menschlichen Kultur, und das ist heute nicht anders.
Zur Zeit wimmelt es in der medizinischen Wissenschaft geradezu von neuen Entwicklungen. Die Entschlüsselung des menschlichen Erbguts ist praktisch vollständig; sie wird das Buch unserer DNS offenlegen und Therapien ermöglichen, von denen wir nie zu träumen wagten. Genmanipulation und die Übertragung von DNS von einem Menschen auf den anderen liegen in

der Luft, und die Forscher sagen uns die Ausmerzung von vielen genetisch begründeten Krankheiten voraus. Ständig kommen neue chirurgische Verfahren auf, aber auch neue Medikamente. Fortschritte in der Organverpflanzung erleben wir in rascher Folge. Die Liste neuer Entwicklungen scheint täglich länger zu werden.

Doch es geschieht trotz all dieses kopfigen Geredes: Wenn Menschen „dem System" tatsächlich begegnen, ist die Folge oft Enttäuschung, wie bei der Tochter meiner sterbenden Patientin. Der Hauptgrund ist nicht, dass Menschen krank werden oder gar sterben. Der entscheidende Punkt ist die Erkenntnis, dass die moderne Medizin etwas Lebenswichtiges übersehen hat – den menschlichen Geist und seine Rolle beim Heilen. Dieses fehlende Element hat eine klaffende Lücke gelassen, die selbst die faszinierendsten technischen Errungenschaften niemals ausfüllen werden.

Haben wir uns mit dem Geist beim Heilen denn noch nicht arrangiert? Heute weiß doch jeder, dass auch das Bewusstsein bei der Gesundheit eine Rolle spielt. Ein Heer von Psychologen und Psychiatern steht bereit, uns zu unterrichten, wie wir unseren Geist auf gesündere Weise zu formen haben, und Stressbewältigung ist zu einer Wachstumsindustrie geworden. All dessen ungeachtet, haben wir dem Geist noch nicht gegeben, was ihm zusteht.

In den Aufsätzen, die dieses Buch bilden, werden wir über die gewöhnlichen Perspektiven und Sichtweisen, den menschlichen Geist zu betrachten, hinausgehen. Wir werden untersuchen, wie unsere Gedanken und Emotionen nicht nur unseren eigenen Körper beeinflussen, sondern auch die Körper von anderen – aus der Ferne, und ohne dass es ihnen bewusst ist.

Manche Leser werden diese Vorstellung für ungeheuerlich halten. Um dieser Reaktion zuvorzukommen, schlage ich vor, die folgenden Punkte im Sinne zu behalten: In der heutigen Wissenschaft ...

1. weiß keiner, was der Geist des Menschen ist und woher er kommt,
2. weiß keiner, wie der Geist mit dem Gehirn interagiert,
3. gibt es keinen wie auch immer gearteten Beweis dafür, dass das Gehirn den Geist hervorbringt,
4. weiß keiner, was vor der Geburt oder nach dem Tode mit dem Geist geschieht.

Dies bedeutet schlicht und einfach: Das Maß des Nichtwissens in der Wissenschaft über den Ursprung, die Funktion und die Bestimmung des menschlichen Bewusstseins ist beängstigend. In Anbetracht dessen haben wir das Recht, mutig Neuland zu erkunden, aus dem ein Licht fallen könnte auf die Natur des menschlichen Geistes und dessen Rolle in der Gesundheit.

Wir nähern uns langsam einer Anschauung des Bewusstseins, die den

Geist von seiner Identität mit dem physischen Gehirn und Körper befreit. Die Gründe für die hier hervortretende Sicht beruhen auf wissenschaftlichen Fakten. Ihre Auswirkungen und Tragweite für die Medizin sind immens und schließen die Möglichkeit ein, dass heilende Kräfte über die physische Reichweite des Körpers hinaus wirken und angewandt werden könnten. Wenn unser Geist wirklich über den Körper hinausreicht, so bietet uns dies die Möglichkeit, dass unser Bewusstsein den Tod des Körpers überleben könnte – unser Geist also sowohl unsterblich als auch ewig ist.

Einige der Phänomene, die wir hier untersuchen werden, sind weit verbreitet und wohl dokumentiert; andere sind eher isolierte Ereignisse und – für jene, die solches vorziehen – vielleicht einfacher als bloße Vermutungen abzutun. Manches Material ist sehr überzeugend, anderes lediglich interessant. Mir geht es hier weniger darum, Antworten nahezulegen, als uns für neue Möglichkeiten, neue Denkweisen zu öffnen – über den Tellerrand hinauszublicken.

Wann wird sich die Medizin ändern? Sie verändert sich bereits heute und gestaltet dabei unser Leben. Wie? Das wollen wir jetzt erkunden.

TEIL EINS
SINN

EINFÜHRUNG

Wir Ärzte sind schlichte Kreaturen. Wir sehen die Welt gerne in Schwarz und Weiß – Kranksein ist schlecht, Gesundheit ist gut, und eine Krankheit bedeutet nichts weiter als den physischen Zusammenbruch des Körpers. Von der Bedeutung oder dem tieferen Sinn einer Krankheit zu sprechen, oder davon, wie solcher Sinn unsere Gesundheit beeinflussen könnte, scheint über den Rahmen unserer Mission hinauszugehen; darüber mögen sich Philosophen oder Psychologen den Kopf zerbrechen. Wenn wir aber unser eigenes Erleben unter die Lupe nehmen und den Geschichten lauschen, die unsere Patienten erzählen, ergibt sich allmählich ein anderes Bild.

Als Bataillonsarzt in Vietnam lernte ich viel über die Zusammenhänge zwischen Sinn und Gesundheit. Ich war ein idealistischer junger Arzt, hatte gerade die Phase als Arzt im Praktikum hinter mir und war ungeduldig, jegliche Krankheit auszumerzen, der ich begegnete. Eine der großen Bedrohungen für die jungen Soldaten in meinem Bataillon war die Malaria, eine in ganz Südostasien endemische Tropenkrankheit. Es gehörte zu meiner Verantwortlichkeit, dafür zu sorgen, dass die Anti-Malaria-Mittel eingenommen wurden, um der Erkrankung vorzubeugen. Ich predigte zu den jungen Soldaten über die Schrecken der Malaria und versuchte, ihnen damit eindringlich auszumalen, wie unsere Gefechtsbereitschaft (im Allgemeinen) und ihr persönliches Überleben (im Besonderen) davon abhingen, dieser tödlichen Krankheit zu entgehen. Schon bald fand ich heraus, dass viele der Soldaten meine Besorgnis nicht teilten. Einige von ihnen wollten sich bewusst Malaria zuziehen, weil eine schwächende Krankheit für sie einen Flugschein Richtung Heimat bedeutete. Sie zogen das Risiko der Malaria den Kugeln von Heckenschützen oder einem Hinterhalt vor. Also täuschten sie oft nur vor, ihre Medikamente zu nehmen. Ein junger Mann, den ich mit Schüttelfrost und Fieber verlegen ließ, klatschte mich ab, als er in den Rettungshubschrauber geschoben wurde. „Ich bin draußen, Doc! Die Malaria ist mein bester Freund!", meinte er lachend.

Ich erkannte, dass mit Malaria auch Bedeutungen verknüpft waren und ich als Militärarzt keine gute Arbeit leisten konnte, ohne dies mit in Betracht zu ziehen. Für mich bedeutete Malaria eine tödliche Erkrankung, die es nach Möglichkeit zu verhüten oder mit allen zur Verfügung stehenden Mitteln zu eliminieren galt. Für meinen Bataillonskommandeur bedeutete Malaria eine Beeinträchtigung der Personalstärke und eine Gefahr für die Gefechtsbereitschaft. Für viele der jungen Soldaten war Malaria erstrebenswert und sollte sogar hofiert werden als ein Weg, auf dem man den Gefahren Vietnams zu entkommen hoffte. Für mich war Malaria dann eine Gelegenheit, meine Aufgabe erfolgreich zu erfüllen. Der Bataillonskommandeur hingegen sah sie als eine unwillkommene Bedrohung seiner Fähigkeit, seine Mission durchzuführen. Für die Soldaten galt zwar die gleiche Bedrohung, doch sie sahen in ihr einen Lebensretter. Eine Krankheit, drei Bedeutungen, alle verschieden.

Zum Konflikt zwischen unterschiedlichen Bedeutungen und Sinngebungen, wie ich ihm in Vietnam begegnete, kommt es Tag für Tag auch in der Praxis und im Krankenhaus. So stellten Forscher zum Beispiel im Rahmen einer fünfjährigen Studie fest, dass nur ein Drittel der an Brustkrebs erkrankten Frauen, die zusätzlich zur konventionellen Behandlung auch alternative Medizin verwendeten, ihren Ärzten mitteilten, dass sie dies getan hatten. Die drei wichtigsten Gründe der Frauen waren der Glaube, dass es ihre Ärzte nicht interessierte, dass sie negativ darauf reagierten und sie kritisierten, oder dass sie eine unzureichende Ausbildung in Alternativmedizin hatten oder gegen sie eingestellt waren – mit anderen Worten, die Frauen erlebten tiefe Konflikte mit ihren Ärzten in Bezug auf den Sinn und die Bedeutung der konventionellen Medizin. Für die Ärzte war konventionelle Medizin fast eine Religion – etwas, auf das sie ihre Karriere und das Leben ihrer Patienten stützten, und auf das sie zweifellos auch ihr eigenes Leben stützen würden, wenn die Zeit gekommen wäre. Für viele Frauen andererseits war sie ein potenziell hilfreiches System, aber auch ein potenziell gefühlloses, einschüchterndes, voreingenommenes und engstirniges System. Konflikte wie diese können zu ernsten Problemen führen, denn während manche alternative Therapien nützlich und hilfreich sind, sind andere schädlich oder können zu negativen Wechselwirkungen mit konventionellen Medikationen führen.[1]

Wie wir noch sehen werden, ist manchmal nicht das tatsächliche Lebensereignis ausschlaggebend, sondern die Bedeutung, die wir mit ihm verknüpfen. Die gleiche Konstellation von Umständen kann die Gesundheit auf unterschiedliche Weisen beeinflussen – je nachdem, wie wir sie interpretieren. Denken Sie nur einmal an Stress im Beruf. Bei Männern, die ihren Job hassen, kommt es öfter zu Herzinfarkten, die wiederum mit größerer Wahrscheinlichkeit am Montagmorgen um etwa neun Uhr eintreten als zu jeder anderen Zeit. Frauen hingegen scheinen von Stress in der Arbeit nicht im gleichen Maße betroffen zu sein. In einer Studie zeigte sich, das Stress am Arbeitsplatz eine geringe Auswirkung auf den Krankheitsverlauf von Frauen hatte, bei denen bereits Herzprobleme diagnostiziert worden waren. Von viel größerer Wichtigkeit für ihre weitere Gesundheit war das Maß an Stress in ihrer Ehe. In unserer Kultur bedeuten Beruf und Arbeit für Männer und Frauen generell unterschiedliche Dinge. Die persönliche Identität und das Selbstwertgefühl von Männern sind viel enger mit ihrem Job verknüpft als es bei Frauen der Fall ist, für die wiederum Familien- und eheliche Beziehungen mehr Bedeutung zu haben scheinen – daher rühren die Geschlechtsunterschiede bei der Frage, wie der Job unsere Gesundheit beeinflusst.[2]

In den folgenden Aufsätzen werden wir erfahren, dass Bedeutung und Gesundheit vor allem auf zwei Weisen zusammenhängen. Erstens: Gesundheit *bedeutet* etwas – sie spiegelt, repräsentiert und symbolisiert, was in unserem Leben geschieht. Umgekehrt können die *Bedeutungen,* die wir im Leben finden – die Bedeutung einer Beziehung, eines Jobs oder einer bestimmten Therapie –, unseren Geist und Körper beeinflussen, und damit unsere Gesundheit.

In Teil Eins werden wir sehen, wie diese doppelte Wirkrichtung der Bedeutung ein vitaler Faktor in unserem Leben ist, und wie Bedeutung den Unterschied zwischen Leben und Tod ausmachen kann.

1

WAS BEDEUTET KRANKHEIT?

Alles in dieser Welt hat eine versteckte Bedeutung. Menschen, Tiere, Bäume, Sterne – sie alle sind Hieroglyphen ... Wenn du sie siehst, verstehst du sie nicht. Du meinst, sie seien wirklich Menschen, Tiere, Bäume, Sterne. Erst später begreifst du.

NIKOS KAZANTZAKIS, *ALEXIS SORBAS*

„Krebs ist das Beste, was mir je passiert ist!" Diese Bemerkung – sie war nicht ungewöhnlich – vermochte mich als jungen Arzt stets aufs Neue zu irritieren. Obwohl die Krankheiten wechselten, war die Botschaft doch immer die gleiche: Die Krankheit führte zu einem Wachstum an Weisheit und Verständnis und brachte Lektionen mit sich, die das Leben auf paradoxe Weise verbesserten. Die Krankheit, so schien es, hatte einen Sinn.

Ich war nicht beeindruckt. Die Menschen schrecken vor nichts zurück, sagte ich mir, wenn es gilt, ihrer Misere einen vernünftigen Grund zu geben. Wenn wir uns mit Problemen konfrontiert sehen, die wir nicht beherrschen, versuchen wir, gute Miene zum bösen Spiel zu machen, um unsere Selbstachtung, unsere Würde und unser Selbstwertgefühl zu wahren. So versuchten auch meine Patienten, aus einer schrecklichen Lage das Beste zu machen. Die Möglichkeit, dass Krebs einen positiven Wert in sich tragen könnte, schien mir absurd.

In der nüchternen Welt der Inneren Medizin, in der ich lebte, empfand ich die Vorstellung, mit einer lebensbedrohlichen Erkrankung so etwas wie einen Sinn zu verknüpfen, als eine philosophische Raffinesse, die man getrost ignorieren konnte. Sinnfragen mochten ihren Platz in den langweiligen Bibliotheken der Philosophen haben, aber nicht in den herzchirurgischen Intensivstationen und Krebsabteilungen. Sinn und Bedeutung waren geistige Anliegen; ihr Luftraum war oberhalb der Schlüsselbeine, doch auf den Rest des Körpers hatten sie keinen Einfluss. Waren sie negativer Art, verursachten sie wohl Furchtsamkeit oder Anspannung, aber unter dem Strich waren sie bestenfalls ein Ärgernis ohne weitere Konsequenzen. Doch was war mit den Berichten von Patienten, die andeuteten, dass Krankheit einen Menschen ans Zeichenbrett der Wirklichkeit zurückschicken und sein Leben verwandeln konnte? Der Sinn einer Krankheit ist nur einer der Aspekte in der Medizin, bei denen die Frage nach Bedeutung und Sinn aufkommt. Darüber hinaus gibt es die Frage, ob eine empfundene Bedeutung – sofern vorhanden – Gesundheit und Krankheit zu beeinflussen vermag. Entfalten empfundene Bedeutungen eine kausale Wirkung? Fördern positive Bedeutungen die Gesundheit, und sind negative schädlich? Auch in diesem Punkt ließen die Geschichten der Patienten keinen Zweifel. Sie waren überzeugt, dass die Bedeutungen, die sie empfanden, und die sich als Gedanken, Einstellungen und Überzeugungen manifestierten, für ihre Gesundheit eine wichtige Rolle spielten.[3]

Sinn und Bedeutung und die Wissenschaft

Es ist schwierig gewesen, diese Fragen im Rahmen der heutigen Medizin zu stellen. Gesundheit und Krankheit, so lehrt man uns, sind eine Funktion von dem, was die Atome und Moleküle in unserem Körper gerade tun. Sie folgen den sogenannten blinden Gesetzen der Natur, welche von sich aus bedeutungslos sind. Dies heißt zugleich, dass Sinn und Bedeutung etwas sind, das wir in die Natur hineinlesen, und nicht etwas, das wir legitim aus ihr herauslesen können. Der Molekularbiologe Jacques Monod brachte diese Ansicht in seinem Buch *Zufall und Notwendigkeit* zum Ausdruck, das eine ganze Generation von Wissenschaftlern nachhaltig beeinflusste. „Grundpfeiler der wissenschaftlichen Methode", erklärte er überzeugt, „ist das Postulat der Objektivität der Natur. Das bedeutet die *systematische* Absage an jede Erwägung, es könne zu einer ‚wahren' Erkenntnis führen, wenn man die Erscheinungen durch eine Endursache, das heißt durch ein ‚Projekt' deutet." Für Monod hatten Zweck und die damit verknüpfte Vorstellung eines Sinnes in der Wissenschaft nichts verloren, weil sie in der Welt der Natur, mit der die Wissenschaft sich befasst, nicht existieren. Anderes zu glauben, unterstellte Monod, sei wissenschaftliche Häresie.

Wie die meisten Ärzte, akzeptierte ich diese Auffassung. Ja, sie gefiel mir sogar sehr gut. Sie war sauber, schnörkellos und dabei auch mutig. Sie demonstrierte das Sparsamkeitsprinzip, einen der Grundpfeiler der modernen Wissenschaft. Einen Anthropomorphismus schloss sie aus, indem sie sich weigerte, menschliche Eigenschaften und Gefühle auf die Welt der Natur zu projizieren.

Doch nach dem Einstieg in die klinische Praxis entdeckte ich, dass es viel einfacher ist, an dieser Sicht festzuhalten, wenn man es mit Mitochondrien in Reagenzgläsern zu tun hat, als wenn man kranke Menschenwesen behandelte. Mitochondrien geben keine Widerworte. Zu welchem Schluss wäre Monod gelangt, habe ich mich seitdem gefragt, wenn er seine Zeit in der Intensivstation verbracht hätte statt an einem Labortisch? Was, wenn er täglich einem Dutzend Patienten zugehört hätte, die ihre Geschichte erzählten? Wären ihm Sinn und Bedeutung immer noch als Torheit erschienen? Das ist keine rhetorische Frage. Viele der Wissenschaftler, die die Natur als sinn- und ziellos interpretiert haben – Teilchenphysiker, Molekularbiologen, Genetiker, selbst Mathematiker und Theoretiker –, hatten mit der Natur nur sehr entfernt zu tun. Sie haben nie einen Patienten gesehen, und sie haben nicht Tag für Tag „Sinn-Geschichten und Fragen" gehört. Wie können sie, die vor der Wirklichkeit solcher Fakten abgeschirmt sind, mit dem Brustton der Überzeugung ausschließen, dass Sinn und Bedeutung auf der menschlichen Ebene eine Rolle spielen?

„Kraft der Bedeutung"

Einst überwies ich einen Patienten in die herzchirurgische Intensivstation. Er hatte unerträgliche Schmerzen im Brustkorb, die, wie ich glaubte, von einem Herzinfarkt herrührten. Nachdem sein Schmerz nachgelassen hatte – und solange er noch ganz verkabelt war –, stellte Frank, um seine Langeweile zu lindern, seinen Nachttisch so hin, dass er in dessen hochgeklapptem Spiegel vom Bett aus den Herzmonitor beobachten konnte, der hinter ihm stand. Als ich auf meiner abendlichen Runde vorbeikam, um nach ihm zu sehen, hatte er einen Trick in petto. „Doktor", sagte er, „behalten Sie einmal den Monitor im Auge, ich möchte Ihnen etwas zeigen." Frank schloss die Augen. Das Oszilloskop zeigte einen gleichmäßigen Puls von etwa achtzig Schlägen pro Minute an. Dann sank der Wert allmählich auf Werte unter siebzig. „Jetzt geben Sie acht", bat Frank, die Augen weiterhin geschlossen. Nun beschleunigte sich sein Herzschlag langsam und stieg bis auf Werte über neunzig. Frank strahlte. Er wusste, dass ich nicht wusste, was da vor sich ging. Ich sah nach, um festzustellen, ob er die Luft anhielt, die Fäuste ballte oder irgendwie sonst manövrierte, um seinen Puls zu beeinflussen, doch der Patient schien völlig friedlich und entspannt. In den folgenden vierundzwanzig Stunden besuchte ich ihn mehrere Male. Seine Geschicklichkeit beim Verändern seiner Pulsfrequenz nahm deutlich zu, und er schien entzückt angesichts meiner Verblüffung. Ich wusste, dass man mit Hilfe von Biofeedback-Techniken lernen konnte, seinen Herzschlag zu beherrschen, aber ich wusste auch, dass dies gewöhnlich einer genauen Anleitung bedurfte, mehrerer Sitzungen und einer entspannten Umgebung. Frank und seine Umgebung erfüllten keine dieser Voraussetzungen. Er hatte diese Fertigkeit ohne Anleitung erlernt, zudem in einer der stressigsten Situationen, die man sich vorstellen kann: Er lag wegen Verdachts auf einen Herzanfall zur Beobachtung im Krankenhaus. Franks Untersuchungen ergaben normale Werte; er hatte keinen Myokardinfarkt erlitten. Als ich vorbeikam, um ihn zu entlassen, sagte ich: „Ich gebe auf. Wie machen Sie das?" Dies war die Frage, auf die er gewartet hatte. „Ich mache es mit Bedeutung", erklärte er: „Wenn ich will, dass meine Herzfrequenz sinkt, schließe ich die Augen und konzentriere mich auf die Schmerzen in der Brust. Ich mache, dass es für mich *bedeutet,* dass es nur eine Magenverstimmung ist oder vielleicht Muskelkater. Ich weiß: Es ist nichts, ich werde morgen wieder zurück zur Arbeit gehen. Wenn ich den Pulsschlag beschleunigen will, wähle ich eine andere Bedeutung und denke das Schlimmste: Ich habe einen echten Herzinfarkt erlitten, und ich werde nie wieder arbeiten können; ich warte hier nur noch, bis mich der ganz große Schlag ereilt."

Ich war beeindruckt. Frank hatte den Herzmonitor in ein Bedeutungs-Anzeigegerät umfunktioniert, das ihm die Auswirkung der willkürlich empfundenen Bedeutung auf einen lebenswichtigen Indikator seiner kardiovaskulären Funktion präsentierte. Dieser Patient half mir zu verstehen, dass Bedeutungen nicht ätherische Wesenheiten und allein dem Bereich des Geistes vorbehalten sind. Sie werden ins Körperliche übersetzt, und sie können – wie ich später entdecken sollte –, den Unterschied zwischen Leben und Tod ausmachen.

Was denken Sie über Ihre Gesundheit?

„Ist Ihre Gesundheit glänzend, gut, mittelmäßig oder angeschlagen?" Laut mehrerer Studien aus den letzten Jahren ist die Antwort, die die Menschen auf diese einfache Frage geben, ein besserer Indikator dafür, wer im Laufe des folgenden Jahrzehnts leben oder sterben wird, als gründliche körperliche Untersuchungen und umfangreiche Labortests. Diese Frage ist eine Möglichkeit, in Erfahrung zu bringen, was unsere Gesundheit für uns bedeutet – was sie in unseren Gedanken und unserer Vorstellung darstellt oder symbolisiert.

Eine bemerkenswerte Studie über Gesundheitswahrnehmungen und Überleben der Soziologin Ellen L. Idler von der Rutgers-Universität in New Jersey und Stanislav Kasl von der Abteilung für Epidemiologie und Volksgesundheit an der medizinischen Hochschule der Yale-Universität wurde 1991 veröffentlicht.[4] Die Ergebnisse der Studie, zu der mehr als zweitausendachthundert Männer und Frauen im Alter von mindestens fünfundsechzig Jahren befragt wurden, stimmten mit den Ergebnissen von fünf anderen großen Studien überein, in denen mehr als dreiundzwanzigtausend Personen im Alter von neunzehn bis vierundneunzig Jahren befragt wurden. Alle diese Studien führten zu dem gleichen Schluss: Unsere eigene Meinung über den Zustand unserer Gesundheit ist ein besserer Indikator als körperliche Symptome und objektive Faktoren, wie umfassende Untersuchungen und Labortests, oder Verhaltensweisen, wie etwa Zigarettenrauchen. So sollten zum Beispiel Menschen, die rauchen, mit mehr als doppelt so großer Wahrscheinlichkeit im Laufe der nächsten zwölf Jahre sterben als Nichtraucher, während Menschen, die ihre eigene Gesundheit als „angeschlagen" bezeichneten, mit sieben Mal höherer Wahrscheinlichkeit starben als jene, die ihre Gesundheit als „glänzend" einschätzten.

Diese Studien bedeuten nicht, dass körperliche Symptome und schädliches Verhalten ignoriert oder körperliche Untersuchungen und Labortests aufgegeben werden sollten. Sie bleiben lebenswichtig und unverzichtbar. Doch die wichtigere Lektion lautet, dass sie von sich aus nicht ausreichend sind; unsere ärztliche Aufmerksamkeit muss auch trainiert werden, Aspekte wie Sinn und Bedeutung wahr- und ernstzunehmen, gleichgültig, wie flüchtig, veränderlich oder vage sie uns vielleicht vorkommen.

„Ist heute der 4.?"

Die Welt ist voll von Geschichten davon, wie empfundene Bedeutungen in der Gesundheit den Unterschied zwischen Leben und Tod ausmachen. George K. Engel von der medizinischen Fakultät der Universität Rochester untersuchte einhundertsiebzig Fälle von „plötzlichem Herztod nach psychoemotionaler Belastung", einem Geschehen, das schon aus der Antike überliefert wurde und bis heute vorkommt. Engel stellte fest, dass die Emotionen, die dem Kollaps und Tod unmittelbar vorausgingen, durch empfundene Bedeutungen schwer belastet waren. Die drei Hauptkategorien waren „Gefahr oder Bedrohung, verletzt zu werden, sei es real oder symbolisch" (27 %), „der Zusammenbruch oder Tod eines nahestehenden Menschen" (21 %), und „in der Phase akuter Trauer (innerhalb von sechzehn Tagen)" (20 %).[5]

Ähnliche Fälle betrafen zwei Gründerväter und Präsidenten der Vereinigten Staaten, John Adams und Thomas Jefferson. Beide starben am 4. Juli 1826, dem 50. Jahrestag der Unterzeichnung der Unabhängigkeitserklärung. Laut Aufzeichnungen seines Arztes waren Jeffersons letzte Worte: „Ist heute der Vierte?" Jeffersons und Adams' Tode scheinen etwas zu bedeuten; sie reichen über das rein Körperliche hinaus und symbolisieren etwas Größeres als das blind-zufällige Spiel von Atomen.

Skeptiker berührt so etwas nicht. Warum sollten Jefferson und Adams am 4. Juli nicht sterben? Die Wahrscheinlichkeit beträgt bekanntlich 1 : 365. Das ist nichts Außergewöhnliches!

Sinn und Bedeutung müssen sein

Es hat meiner Meinung nach keinen Sinn zu argumentieren, dass Krankheit nichts bedeute. Man kann insistieren, dass die Krankheit nichts bedeuten sollte, wie es Susan Sontag in ihrem einflussreichen Buch *Illness as Metaphor* (dt. Ausg.: *Krankheit als Metapher)* eloquent tat, doch dies ist ein hoffnungsloses Ideal. Jeder, der ernstlich krank ist, wird einen Sinn finden oder eine Bedeutung ersinnen, um sich das Geschehen zu erklären. Es liegt einfach in unserer Natur, dies zu tun, und mir ist noch keine Ausnahme dieser Verallgemeinerung begegnet. Selbst wenn wir behaupten, dass unsere Krankheit nichts bedeute – wie Sontag im Hinblick auf ihre Krebserkrankung –, erschaffen wir doch eine Bedeutung, die wir mit dem Ereignis verknüpfen. In diesem Fall nimmt die Bedeutung die Form einer Leugnung an, die jegliche zugrundeliegende Signifikanz, jedes Ziel oder Muster verneint; dies ist eine Bedeutung der negativen Art. Eine *negative Bedeutung* ist jedoch nicht das Gleiche wie *keine* Bedeutung. Wir mögen uns einreden, dass unsere Krankheit nichts weiter sei als ein zufälliges, sinn- und wahlloses Geschehen – einfach eine Sache unserer Atome und Moleküle, die sich gerade so verhalten. Aber ein solches Negieren von Bedeutung ist nur ein Maskieren der Bedeutung. Es kann uns zum Beispiel Richtiges oder Falsches versichern, dass die Krankheit nicht unser Fehler sei, dass wir für sie nicht verantwortlich seien, dass sie „eben passierte" – was ein großer Trost sein kann. Somit kann auch eine negative Bedeutung äußerst sinn*voll* sein.

Sinn, Bedeutung und die Wissenschaft: eine andere Betrachtungsweise

Man bekommt den Eindruck, dass innerhalb der Wissenschaft die Debatte über Sinn und Zweck dem Abschluss nahe oder schon am Ende sei und alle guten Wissenschaftler wissen, dass die Natur blind, sinnlos und zwecklos ist. Doch erstklassige Wissenschaftler – viele vom Kaliber der Nobelpreisträger, die der Rolle von Sinn und Bedeutung in der Natur weit nachgeforscht haben – teilen nicht die Ansicht, die von Monod und anderen vertreten wird. Sir Arthur Eddington (1882-1944), der englische Astronom und Astrophysiker, ist unter ihnen. Er war einer der ersten Theoretiker, die die Relativitätstheorie ganz verstanden hatten, und er wurde einer ihrer führenden Vertreter.

Er leistete wichtige Beiträge zur theoretischen Physik der Bewegung, Evolution und dem inneren Aufbau von Sternensystemen. 1930 wurde er aufgrund seiner herausragenden Beiträge zum Ritter geschlagen. Eddington war nicht nur ein vorbildlicher Wissenschaftler, sondern auch ein versierter Schriftsteller und eloquenter Philosoph, und er besaß einen scharfen Verstand. Er zeigte auf, dass es abwegig und praktisch unmöglich ist zu versuchen, das eigene Leben so zu leben, als wäre es frei von jeglichem Sinn, der höher ist als der rein physische.

> Der Materialist, der davon überzeugt ist, dass alle Erscheinungen von Elektronen, Quanten und ähnlichen Dingen ausgehen, deren Verhalten durch mathematische Formeln bestimmt ist, muss wohl glauben, dass seine Frau eine recht komplexe Differentialgleichung sei, doch er ist wahrscheinlich taktvoll genug, diese Ansicht nicht in sein häusliches Leben zu drängen. Wenn wir diese Art wissenschaftlicher Zergliederung auf dem Gebiet gewöhnlicher persönlicher Beziehungen als unangemessen und unmaßgeblich empfinden, so ist sie ganz gewiss nicht angebracht in der persönlichsten aller Beziehungen – der zwischen der menschlichen Seele und dem göttlichen Geist.[6]

Dass Wissenschaftler eine ordentliche, keimfreie Welt ohne Sinn und Ziel bevorzugen, birgt in sich bereits einen Sinn, der im Namen von Objektivität in die Wissenschaft hineingeschmuggelt wird. Diese Betrachtungsweise ist zwar eine bevorzugte Ästhetik, aber sie ist nicht wissenschaftlich.

Tatsächlich ist die Behauptung, die Wissenschaft habe Sinn und Bedeutung in der Natur widerlegt, ein Missverständnis, und nichts könnte von der Wahrheit weiter entfernt sein. *Das Unvermögen, einen Sinn in der Natur zu beweisen, ist nicht das Gleiche, wie einen Sinn in der Natur zu widerlegen.* Es wäre also korrekt, zu sagen, dass Wissenschaft über Sinn und Ziel nichts sagen kann, und einzugestehen, dass diese Themen ein weißer Fleck auf der Landkarte der Wissenschaft sind. Die Wissenschaft kann uns vermitteln, dass Elektronen und Photonen einander anziehen, aber keine Aussage darüber formulieren, welchen Sinn dieses Phänomen hat, ob es überhaupt einem Zweck dient oder ob es etwas Gutes ist. Die saubere Antwort der Naturwissenschaft auf Fragen nach dem Sinn ist, wie ich glaube, Schweigen. Deshalb ist Wissenschaft, recht verstanden, eher ein Freund als ein Feind der Frage nach Sinn.

Diese Ansicht wird von Ken Wilber, dem Vertreter einer transpersonalen Psychologie, in seinem Buch *Quantum Questions* eloquent zum Ausdruck gebracht. Hier spricht er über die Beziehung zwischen Physik und Religion, doch gelten seine Beobachtungen gleichermaßen für die Beziehung zwischen Wissenschaft und Sinn:

Während die klassische Physik der Religion theoretisch *feindselig* gegenüberstand, ist die moderne Physik hier lediglich *gleichgültig*. Sie lässt so viele theoretische Lücken im Universum, dass man sie mit religiöser Substanz stopfen (oder dies unterlassen) mag; wenn man es aber tut, muss dies auf einer philosophischen oder religiösen Basis geschehen. Die Physik kann einem dabei zwar nicht die geringste Hilfe sein, doch sie erhebt keine Einwände gegen ein solches Bemühen. Die Physik stützt die Mystik nicht, doch sie leugnet sie nicht mehr. ... Viele Menschen sind ... enttäuscht oder fühlen sich im Stich gelassen von der offenbar dürftigen oder schwachen Beschaffenheit [dieser Entwicklung], dabei ist diese Betrachtungsweise tatsächlich ... wohl die stärkste und revolutionärste *Conclusio* gegenüber der Religion, welche die theoretische Wissenschaft selbst jemals „offiziell" hervorgebracht hat. Dies ist ein monumentaler und epochaler Wendepunkt in der Haltung der Wissenschaft gegenüber der Religion; es scheint höchst unwahrscheinlich, dass er jemals umgekehrt werden wird, denn er ist logisch und nicht empirischer Natur. ... Deshalb markiert er aller Wahrscheinlichkeit nach den endgültigen Schluss dieses quälenden Aspekts der jahrhundertealten Debatte zwischen den Naturwissenschaften und der Religion ... Was könnte man mehr erwarten?

Eine Befreiung vom Fluch der Krankheit

„Krebs ist das Beste, was mir je passiert ist!" Heute, viele Jahre später, glaube ich, dass diese Bemerkung oft große Weisheit und tiefe Einsicht birgt – und eine heilende Kraft sein kann. Aus den Briefen des Psychologen Carl Gustav Jung geht klar hervor, dass er wusste, wie Sinnfindung die Last der Krankheit erleichtern konnte. Er schrieb über das Numinose, jenen transzendenten Bereich, in dem des Lebens reichster Sinn zu finden ist: „Das Hauptinteresse meiner Arbeit liegt ... in der Annäherung an das Numinose. Es ist jedoch so, dass der Zugang zum Numinosen die eigentliche Therapie ist, und insoweit man zu den numinosen Erfahrungen gelangt, wird man vom Fluch der Krankheit erlöst. Die Krankheit selbst nimmt numinosen Charakter an."[7]

Mit zum Numinosesten, was Patienten in schwerer Krankheit an Sinn begegnet, ist ein Glauben an ein Leben nach dem Tode. Der skeptische Kliniker mag solche Interpretationen als ein verzweifeltes Tasten nach einem Strohhalm angesichts des drohenden Todes empfinden. Doch auch wenn Behandler den Glauben ihrer Patienten, dass dem Tode „etwas mehr" folge, nicht teilen, dürfte die menschlichste und mitfühlendste Reaktion darauf eine liebevolle Unterstützung sein. Ein schändliches Verhalten wäre es, sich um die Sinngebung auf einen Wettstreit mit dem Patienten einzulassen und dabei das schlechtzumachen oder zu verspotten, mit dem man nicht übereinstimmt. Jung betonte das außerordentlich empfindliche Wesen des inneren Sinns und die Notwendigkeit von Toleranz:

> Sollte jemand aus dem Bedürfnis seines innersten Gemütes oder aus Übereinstimmung mit uralten Weisheitslehren der Menschheit ... den Schluss ziehen, dass die Psyche zutiefst einer raumzeitlosen Seinsform teilhaftig sei und so mithin dem angehöre, was unzulänglich und symbolisch als „Ewigkeit" bezeichnet wird, so vermöchte ihm der kritische Verstand kein anderes Argument entgegenzusetzen als das wissenschaftliche *non liquet* („die Sache ist nicht klar, flüssig"). Er hätte überdies den nicht zu unterschätzenden Vorteil, mit einem seit unvordenklichen Zeiten bestehenden und universal verbreiteten *penchant* («Neigung») der menschlichen Seele übereinzustimmen. Wer diesen Schluss nicht zieht, ... hat ... aber die unzweifelhafte Sicherheit, in Widerspruch mit den Wahrheiten seines Blutes zu geraten. Ob diese in letzter Linie nun absolute Wahrheiten sind oder nicht, werden wir nie beweisen können. Es genügt, dass sie als *penchant* vorhanden sind, und wir wissen zur Genüge, was es bedeutet, mit diesen «Wahrheiten» in einen leichtfertigen Konflikt zu geraten: Es bedeutet dasselbe wie die bewusste Hinwegsetzung über die Instinkte, nämlich Entwurzelung, Desorientierung, Sinnlosigkeit ... Das Abgleiten von den Wahrheiten des Blutes erzeugt neurotische Rastlosigkeit ... Rastlosigkeit erzeugt Sinnlosigkeit, und Sinnlosigkeit des Lebens ist ein seelisches Leiden, das unsere Zeit noch nicht in seinem ganzen Umfang und in seiner ganzen Tragweite erfasst.[8]

Ist es ethisch und moralisch falsch, einen Patienten in seinen oder ihren empfundenen Sinnen und Bedeutungen zu bestätigen, wenn wir selbst davon überzeugt sind, dass sie irrig oder unangebracht sind? Wenn der Glaube des Patienten für dessen Gesundheit destruktiv ist, müssen wir einschreiten. Aber wir dürfen nicht maßlos sein, und wir dürfen den Patienten mit unseren Ansichten nicht belasten. Dies geschieht nur allzu leicht; Patienten können sehr empfindlich ansprechen auf alles, was jemand sagt, der einen weißen Kittel trägt. Wenn wir den spirituellen Bedeutungen nicht zustimmen, die unsere Patienten in ihrer Krankheit finden, gelingt es uns vielleicht doch, zu schweigen und uns als Rechtfertigung in Erinnerung zu rufen, dass die Wissenschaft bei Fragen nach Sinn und Zweck verstummt.

Sinn, Bedeutung und die alternative Medizin

Sinn und Bedeutung werden im modernen Leben oft außer Acht gelassen. Da wird uns nicht nur (fälschlicherweise) erzählt, die Wissenschaft habe bewiesen, dass es in der Natur keinen Sinn gibt, sondern man versichert uns auch, Gott sei tot. In der Folge finden wir uns in einer Gesellschaft wieder, die spirituell unterernährt ist und nach Sinn hungert. Vor diesem Hintergrund ist es einfacher zu verstehen, warum alternative Therapien eine Renaissance erleben. Obwohl ich von keinen Forschungsergebnissen weiß, die diese Beobachtung stützen, glaube ich generell, dass die Praktiker alternativer Therapien viel offener gegenüber Fragen nach dem Sinn einer Krankheit sind als Ärzte, Psychiater und Psychologen. Sie sind eher bereit, auch den symbolhaften Aspekt der Krankheit in Betracht zu ziehen und anzunehmen, dass Gesundheit und Krankheit mehr widerspiegeln könnten als das blinde Spiel von Atomen. Die Patienten sprechen auf diese Sichtweise dankbar an, weil es sich gut anfühlt, wenn ihre Suche und Frage nach Sinn anerkannt oder die empfundene Bedeutung bestätigt wird. Die immense Beliebtheit alternativer Therapien und Therapeuten dürfte großenteils auf die Tatsache zurückzuführen sein, dass diese den Menschen helfen, in ihrem Leben Sinn zu finden, wenn sie dessen am nötigsten bedürfen.

Die Schattenseite

Raum zu schaffen für Sinn und Bedeutung in der Medizin, kann zu Problemen führen. Diese haben etwas mit Extremismus zu tun. „Das geistige Pendel schwingt zwischen Sinn und Unsinn und nicht zwischen richtig und unrichtig", schrieb Jung. „Die Gefahr des Numinosen besteht darin, dass es zu Extremen verleitet, und dass dann eine bescheidene Wahrheit für *die* Wahrheit und ein kleiner Irrtum für eine fatale Verirrung gehalten wird."[9]

Wenn das Pendel einmal ganz in der physischen Ecke der Atome und Moleküle gewesen ist, kann es auch heftig auf die Seite von Sinn und Bedeutung schwingen. Dann meinen wir vielleicht, die Krankheit besitze keinerlei physische Komponente, und glauben, sie sei einzig von negativen Wahrnehmungen, Gedanken, Einstellungen und Überzeugungen verursacht. Die Vorstellung, Krankheit sei ganz und gar eine Funktion der verschiedenen Ausdrucksformen von Bewusstsein – einschließlich empfundener Sinne und Bedeutungen –, ist im „New Age" verbreitet. In ihrer Überzeugung, dass der Geist alles sei, erliegen Menschen, wenn sie krank werden, leicht dem New-Age-Schuldgefühl – einer Mischung aus Versagen, Scham und Unzulänglichkeit. Da können Sinn und Bedeutung den physischen Aspekt völlig verdrängen. Der Glaube, dass mentale Faktoren – einschließlich empfundener Bedeutungen – die einzige Ursache von Krankheit seien, kann verheerende Konsequenzen nach sich ziehen, wie etwa die Weigerung, heilsame Maßnahmen auf der körperlichen Ebene zuzulassen (zum Beispiel Medikamente und chirurgische Maßnahmen), wenn diese lebensrettend sein könnten.

Solche Übertreibungen und Extreme machen es einem leicht, die Suche nach dem Sinn einer Krankheit zu kritisieren. Weil die Suche so oft in die Irre geht, wollen viele Ärzte nichts damit zu tun haben. Wenn das Pendel ausschlagen muss, sagen sie, ist es besser, es schwingt auf die physische Seite. Diese Einstellung ist weit verbreitet. Selbst Eddington erlebte eine Sehnsucht nach den Tröstungen der physischen Sicht, als er sorgfältig die Zusammenhänge zwischen Wissenschaft und Mystik erläuterte. Da erkannte er „ein gewisses Heimweh nach den geordneten Pfaden der Physik, wo mehr oder weniger deutliche Wegweiser einen vor den ärgsten und törichtsten Abwegen bewahren".[10] Doch trotz des intellektuellen Unwohlseins, das ihn anfiel, verfolgte Eddington weiter seine Suche nach Sinn. Und dies, glaube ich, müssen auch wir tun.

Sinn-Therapie

Warum wir unsere Sinnsuche weiter betreiben müssen, hat weitgehend mit der Wissenschaft zu tun. Zahlreiche „Sinn-Studien" und ihre Resultate beginnen, die beträchtliche Rolle zu belegen, die Sinn und Bedeutung für die Gesundheit spielen – zum Beispiel die bereits erwähnte Studie von Idler und Kasl, die die weitreichende Wirkung von empfundenem Sinn auf die Lebensdauer zeigt. Studien belegen auch, dass die Bedeutung der Beziehung zum eigenen Lebensgefährten ein wichtiger Faktor für die klinische Ausdrucksform der Herzkrankheit ist; dass der Sinn der beruflichen Tätigkeit und das Maß der mit dieser verbundenen Unzufriedenheit wichtige Vorzeichen für die Gefahr einer Herzattacke sein können; dass ein Achtgeben auf die Bedeutungen im Zusammenhang mit einer Herzkrankheit, in Verbindung mit einer vernünftigen Lebensweise, Bewegung und Stressbewältigung, die Herzleistung verbessern und die Verengungen der Herzkranzgefäße rückgängig machen können; dass Trauern und Leid nach dem Tod eines Partners mit schweren Beeinträchtigungen der Immunfunktion einhergehen; dass das negative Erleben der eigenen täglichen Arbeit das Risiko eines Herzanfalls steigern kann; und dass bei bestimmten Krebspatienten Gruppentherapien, bei denen Fragen nach dem Sinn angesprochen werden, die Überlebenszeit nach der Diagnosestellung verdoppeln können.

Diese Untersuchungen stehen für die mittlere Position des Pendels. Sie zeigen, dass die Aufmerksamkeit, die auf Stimmungen und Zustände des

Bewusstseins gerichtet wird, physische Behandlungen nicht zu ersetzen braucht, aber in Verbindung mit diesen effektiv und nützlich sein kann.

Diese Entdeckungen sprechen für eine sinn-orientierte Therapie, bei der Therapeuten bewusst versuchen, negative Bedeutungen in positive umzuform(ulier)en. Wenn wir diese Ansätze als „Psychologie", „Verhaltenstherapie" oder mit irgendeinem anderen psychologisch ausgerichteten Begriff bezeichnen wollen, sollten wir uns hüten, ihnen dabei keinen Status von Zweitklassigkeit zuzuschreiben. Sinn-orientierte Therapie ist kein Stiefkind der allopathischen Medizin. Ihre Wirkungen sind so real wie diejenigen von Medikamenten und chirurgischen Eingriffen. Die oben erwähnten Studien zeigen, dass ein Umgestalten empfundener Bedeutungen signifikante klinische Reaktionen auslösen und sogar den Unterschied zwischen Leben und Tod ausmachen kann.[11]

Die Herausforderung von Sinn und Bedeutung

Die Ärzte in unserer Zeit – dies sage ich als einer, der zwei Jahrzehnte lang in den Schützengräben der Inneren Medizin gestanden ist – hören, dass die moderne Medizin zu technisch sei, zu distanziert und kalt; dass wir uns für unsere Patienten nicht genug Zeit nehmen; dass wir uns auf ihren Körper konzentrieren, ihren Fragen nach dem Sinn ausweichen und sie den Psychologen, Pfarrern und Priestern überlassen. Doch die meisten Ärzte verlassen und stützen sich weiterhin auf die im Physisch-Körperlichen gründenden Methoden, die wir am besten kennen, und rechtfertigen diesen Zugang mit der offenkundigen Tatsache, dass sie funktionieren. Wenn schulmedizinische Methoden aber so effektiv sind – und sie sind manchmal fabelhaft erfolgreich –, warum ist die Öffentlichkeit nicht dankbarer? Warum der konzertierte Versuch, den Beruf zu demontieren und es anders zu „bewerkstelligen"?

Viel von der Desillusionierung der Gesellschaft angesichts der modernen Medizin liegt an dem Versagen der Mediziner, die Wichtigkeit von Sinn und Bedeutung im Leben und Kranksein ihrer Patienten anzuerkennen. Wenn die Ärzte die Rolle von Sinn und Bedeutung in der Gesundheit weiterhin kleinreden oder ignorieren, werden wir weiter an Einfluss verlieren. Im Wettbewerb von konventionellen und alternativen Therapien geht es nicht nur um Wirtschaftlichkeit, Effizienz, Sicherheit und Verfügbarkeit; es geht auch um den Sinn. Wir sind dabei, eine schmerzliche Tatsache zu erkennen: Ganz gleich, wie technisch effektiv die moderne Medizin auch sein mag – wenn sie den Stellenwert von Sinn und Bedeutung in der Krankheit nicht respektiert, könnte sie die Loyalität gerade jener verlieren, denen sie dient.

Wenn einst Historiker in der Zukunft unsere Zeit analysieren, werden sie vielleicht schockiert sein, dass wir in der Wissenschaft so viel Wert darauf gelegt haben, Sinn und Bedeutung „systematisch zu leugnen". Man wird sich wohl fragen, warum wir uns entschieden haben, die Visionen von Denkern wie dem Physiker David Bohm zu ignorieren – er statuierte: „Sinn ist Sein"[12] –, und von C. G. Jung, der die Wichtigkeit des Sinns erkannte und den Mut hatte, darüber zu sprechen: „Sinn macht vieles, vielleicht alles ertragbar. ... Durch das Erschaffen von Sinn ... entsteht ein neuer Kosmos." „Sinnlosigkeit [verhindert die Fülle des Lebens und] bedeutet [darum] Krankheit."[13]

Um ihr Versprechen zu halten, werden Praktiker alternativer Therapien den Stellenwert von Sinn und Bedeutung in Gesundheit und Krankheit weiterhin würdigen. Wir müssen der Versuchung widerstehen, Sinn und Bedeutung wie das „neue Penizillin" oder die jüngste Operationstechnik zu behandeln, die auf eine rein utilitaristische Weise angewandt werden können. Bei ihrem Bestreben, Seriosität zu gewinnen, werden Praktiker alternativer Therapien unter immensen Druck geraten, Ausdrucksformen von Bewusstsein – wie Sinn und Bedeutung – kleinzureden oder schlechtzumachen. Dieser Versuchung gilt es zu widerstehen, andernfalls werden alternative Therapien wenig mehr verdienen als eine Fußnote in der Geschichte. Wir haben bereits eine Fülle von Therapien, die Sinn und Bedeutung leugnen oder versagen. Wir brauchen keine weiteren.

Dank der zahlreichen Studien, die die wichtige Rolle von Sinn und Bedeutung in der Medizin bestätigen, kann man heute überzeugender denn je dafür eintreten, Raum zu schaffen für den Sinn. Sind wir der Herausforderung gewachsen?

2
WAS IN ALLER WELT IST MIT DEN HEILERN GESCHEHEN?

Medizinmänner sind keine Pferde. Man züchtet sie nicht.

LAME DEER, MEDIZINMANN DER SIOUX

Als ich vor nahezu dreißig Jahren begann, die Welt der alternativen Medizin zu erkunden, entdeckte ich, dass ich meinen Wortschatz beträchtlich erweitern musste, wenn ich mit Therapeuten kommunizieren wollte. So verwendeten sie zum Beispiel häufig das Wort *Heiler,* das im Wörterbuch einer medizinischen Hochschule nicht zu finden war. Tatsächlich vermag ich mich nicht daran zu erinnern, dass der Begriff im Laufe meiner Ausbildung zum Arzt überhaupt jemals gebraucht worden ist. Ich verband keine Assoziationen oder Empfindungen mit diesem Ausdruck und hielt ihn für wunderlich. Hätte jemand meine ärztlichen Kollegen und mich Heiler genannt, so hätten wir nicht gewusst, ob wir dies als Lob oder Tadel verstehen sollten.

Mir fiel auch auf, dass alternative Therapeuten das Wort *Heilung* anders gebrauchten als wir aus der medizinischen Schule. Wir hatten gelernt, dass Heilung etwas war, das bei Wunden und Schnittverletzungen automatisch eintrat, während meine Freunde der alternativen Therapien glaubten, dass Heilung etwas mit Bewusstsein zu tun hatte. Darüber hinaus unterschieden sie noch zwischen verschiedenen Arten der „Heilung" und verstiegen sich gar zu der geheimnisvollen Behauptung, das „eine Heilung" selbst im Falle des Todes eintreten könne.

Seit jener Begegnung mit diesen Ideen hat sich nicht viel verändert. Der Begriff Heiler kommt in der medizinischen Ausbildung praktisch überhaupt nicht vor. Dies gilt auch für die Krankenpflege und die zahnärztliche Ausbildung, sogar für die Schulen für alternative Therapien. *Heilung* wird weiterhin in einem engen physiologischen Sinne gebraucht.

Was in aller Welt ist mit den Heilern geschehen? Sind sie uns einfach ausgegangen? Bestimmt nicht: Alle Kulturen scheinen sie in Hülle und Fülle hervorgebracht zu haben. Und sie sind weiterhin im Überfluss vorhanden – jene leidenschaftlichen, idealistischen jungen Menschen, deren Verlangen, am Heilen beteiligt zu sein, geheimnisvoll, mächtig und oft unerklärlich ist. Sie „wissen" einfach, dass sie Heiler werden müssen, und sie stellen fast alles an, um ihre Berufung zu erfüllen. Einem tiefen und unwiderstehlichen Drang folgend, wandern sie oft auf medizinische Hochschulen und beschreiten den Pfad des Heilens, der sich zur Zeit der emphatischsten gesellschaftlichen Bestätigung erfreut. Doch für viele von ihnen kann dies zu einer schmerzlichen, erstickenden Erfahrung werden, weil die meisten Universitäten eine gänzlich andere Sicht von der Natur des Heilers und des Heilens vertreten als diejenige der geborenen Heiler. Damit begegnen wir einem Paradox: Unsere medizinischen Hochschulen, die doch von allen unseren Institutionen am meisten darauf eingestellt sein sollten, die naturgegebenen heilsamen Talente begabter junger Menschen zu nähren und zur Entfaltung zu leiten, scheinen geeignet und erfahren darin zu sein, sie zum Erlöschen zu bringen.

Der Brief

Ich weiß dies, weil die jungen Heiler es mir erzählen. Jahrelang habe ich Schreiben von Studierenden der Medizin aus dem ganzen Land erhalten, für die ich mir hier die Sammelbezeichnung *Der Brief* ausgedacht habe. *Der Brief* ist in jedem einzelnen Fall ein Abbild des Schmerzes und der Desillusionierung eines jungen Menschen, die gewöhnlich mit dem Beginn des Medizinstudiums zutagetreten. Die Studierenden sagen, dass ihr innerer Impuls, als Heiler tätig zu sein, umgebracht wird. Viele bitten um Rat und Empfehlung von Hochschulen, in denen ihre heilerischen Instinkte genährt werden, die doch der Grund seien, warum sie überhaupt Medizin studierten. Manche der jungen Menschen deuten an, dass sie alles tun würden, um auf eine solche Hochschule zu wechseln, wenn sie nur wüssten, auf welche. Der folgende Brief aus dem Juni 1995 ist ein Beispiel; der Name des Studierenden ist mir bekannt.

> Sehr geehrter Herr Dr. Dossey,
> bald werde ich im zweiten Jahr meines Medizinstudiums sein. Nach dem letzten Semester begann ich einige der schrecklichen Realitäten in der Medizin von heute zu ahnen, und ich fing an, meinen Entschluss, Arzt zu werden, in Frage zu stellen. Ich überlegte sogar ernsthaft, die Universität zu verlassen. Vorlesung um Vorlesung hörte ich trockene Professoren und Ärzte in halsbrecherischem Tempo über Mittel und Wege sprechen, die

menschliche Person in die geistlose Formel der Wissenschaft zu zwängen. Gleichzeitig sah ich, wie einige Freunde aus dem zweiten Studienjahr vor Stress missmutig und gleichgültig wurden, und ich begann mich zu fragen, ob es mir genauso ergehen werde. Ich war mir nicht sicher, ob ich in einer solchen Umgebung Nahrung für meine Seele finden könnte. Mein Anatomie-Professor hat mich für den Sommer als Kandidaten für ein Stipendium als wissenschaftlicher Assistent vorgeschlagen. Ich rang mit mir und diesem Angebot, folgte aber schließlich der Flüsterstimme meines Gewissens. Ich lehnte das Stipendium ab, weil ich den Sommer brauchte, um meine geistigen Batterien wieder aufzuladen und neue Dinge zu entdecken. Diese Entscheidung ... stürzte mich in einen Strudel von Zweifeln und Fragen, da meine Seele sich erhob, um sich Geltung zu verschaffen.

Kürzlich besuchte ich ökumenische Gebets- und Besinnungstage. Ich fühlte, wie ein tiefer Frieden in meine Seele einzog. Am Ende dieser Tage fühlte ich mich mit meiner Rolle als Medizinstudent wohler. Ich hatte das Empfinden, dass ich als Person an dem Platz war, an den ich gehörte.

Seitdem wurden mir die Augen geöffnet. Ich trete allmählich aus einer Phase der Dunkelheit, des Brütens, der Ungewissheit und Furcht heraus, in der ich etwa einen Monat lang gesteckt habe. Ich erkenne, dass ich, anstatt zum Schlechteren verändert zu werden, im Kleinen tatsächlich heilen und Dinge zum Besseren wandeln kann. Ich weiß, dass der Trick darin besteht, innerlich eine Perspektive der Einfachheit und Schönheit aufzubauen und zu hegen.

Robustere Naturen, die medizinische Hochschulen als Initiationsritus betrachten, haben wenig Langmut für jene Art von Klagen, wie sie *Der Brief* zum Ausdruck bringt. Sie sagen oft, dass derlei Bemerkungen von einigen wenigen willensschwachen, unzufriedenen Nörglern stammten, die das Medizinstudium gar nicht erst hätten beginnen sollen. Diese hohe Schule sei nun einmal schwierig und sollte es auch sein; wer dies nicht vertrage, brauche sich nicht einzuschreiben. Andere – darunter viele Ärzte, die den Prozess der medizinischen Ausbildung durchgestanden haben – spüren, dass in der Art und Weise, wie wir Ärzte ausbilden, irgendetwas schrecklich schiefläuft. So schrieb mir zum Beispiel der Psychiater Dennis Gersten aus San Diego:

> In meinem Jahrgang an der medizinischen Hochschule lag die Sterblichkeitsrate bei sechs Prozent, ganz zu schweigen von der Erkrankungsrate. Ein Kommilitone, der fünf Jahre lang frei von Melanomen gewesen

war, hatte schon bald im ersten Jahr einen Rückfall und starb. Eine Frau brachte sich um. In der Woche vor der Abschlussprüfung kam es zu einer Reihe außergewöhnlicher Unfälle. Ein Bursche war zum Angeln in Alaska; sein Boot kenterte und er ertrank. Ein anderer angelte in nicht einmal knietiefem Wasser. Er watete durch den Fluss, glitt auf einem Stein aus, schlug mit dem Kopf auf, verlor das Bewusstsein, wurde stromabwärts getrieben und ertrank. Während des Präparierkurses war die Erkrankungsrate geradezu unglaublich hoch. Die Studenten wurden krank, und es gab noch mehr Autounfälle.

Institutionalisierter Missbrauch?

Medizinstudenten begegnen auch häufigem psychischen und physischen Missbrauch, und dieses Problem geht über Überarbeitung und Schlafentzug hinaus. Es umfasst verbalen, physischen, psychischen, sexuellen und rassistischen Missbrauch, verschiedene Formen von Einschüchterung und Situationen, in denen man unnötigen medizinischen Risiken ausgesetzt wird. 80% der höheren Semester an einer bedeutenden medizinischen Hochschule berichteten, während ihrer Ausbildung missbraucht oder misshandelt worden zu sein; mehr als zwei Drittel sagte aus, dass mindestens ein Vorfall „von großer Bedeutung und sehr verstörend" gewesen sei. 16% der befragten Studenten gaben an, der Missbrauch würde sie „immer beeinträchtigen". In einer anderen Umfrage unter Medizinstudenten im dritten Jahr kam es durchgängig zu Aussagen über schlechte Behandlung (insbesondere verbale Missachtung und „unfaire Taktiken"). Drei Viertel der Studenten berichteten, als Folge ihrer Erlebnisse zu einer eher zynischen Einstellung zum akademischen Leben und dem ärztlichen Beruf gelangt zu sein. Zwei Drittel hatten das Gefühl, dass sie schlechter dran waren als ihre Altersgenossen in anderen Berufen. Mehr als ein Drittel zog in Erwägung, das Medizinstudium abzubrechen, und ein Viertel der Befragten hätte einen anderen Beruf gewählt, hätten sie vorher gewusst, wie viel Missbrauch sie erleben würden. Eine andere Studie über Missbrauch und schlechte Behandlung von Medizinstudenten zeigt, dass die Auswirkungen nicht etwa belanglos sind, sondern messbare psychopathologische Konsequenzen haben.

Diese Probleme beschränken sich nicht auf die Vereinigten Staaten. Die 1998 ausgestrahlte BBC-Fernsehserie *Doctors at Large* machte den Missbrauch von britischen Medizinstudenten durch ihre Lehrer öffentlich. Aufgrund solcher Belastungen wechseln schätzungsweise 18–25% der frisch ausgebildeten britischen Mediziner niemals in die ärztliche Praxis oder kehren der Medizin kurz nach ihrer Qualifikation den Rücken.

Wie können wir erwarten, dass aus Medizinstudenten mitfühlende Ärzte werden, wenn sie in ihrer Ausbildung so erbarmungslos behandelt werden? Hätte man es darauf abgesehen, die heilerischen Instinkte und den Idealismus auszumerzen, mit dem junge Menschen ihr Medizinstudium oft beginnen, könnte man sich kaum eine effizientere Methode ausdenken.

Die langfristigen Konsequenzen der Erlebnisse an der Universität dürften nicht nur die psychische, sondern auch die körperliche Gesundheit beeinträchtigen. Dr. Caroline B. Thomas führte fast dreißig Jahre lang mit jedem neuen Medizinstudenten an der Medizinischen Fakultät der Johns-Hopkins-Universität psychologische Tests durch. Sie verfolgte die Studenten während ihrer Ausbildung und untersuchte die Testergebnisse am Ende des Studiums hinsichtlich der Zusammenhänge zwischen den psychologischen Ergebnissen und den Krankheiten, die die Studenten entwickelten. Was sie dabei entdeckte, war beunruhigend. Studenten, deren psychologische Tests zeigten, dass sie nicht im Stande waren, ihre Gefühle zum Ausdruck zu bringen – Menschen, die Dinge in sich hineinfressen und ihre Emotionen stauen –, entwickelten später im Leben häufiger tödliche Krebserkrankungen aller Art. Die Auswirkungen sind erschreckend. Medizinische Hochschulen begünstigen allgemein die Internalisierung von Gefühlen – die „Ich-kann-das-schon-verkraften"-Haltung, mit der man niemals klagt, ganz gleich, wie schwierig die Situation ist –, die laut Thomas' Studie mit der späteren Entwicklung von Krebs korrelierte.[15]

Ärzte für das 21. Jahrhundert

Während die Praxis der Medizin umgestaltet wird, bietet sich uns die Gelegenheit, einen neuen Blick auf viele geheiligte Vorstellungen und Gebräuche zu werfen – zum Beispiel wie man den Impuls des Medizinstudenten, heilend tätig zu sein, erkennen und unterstützen, und wie die ärztliche Ausbildung insgesamt gesünder gemacht werden kann.[15] Eine der bewunderungswürdigsten Untersuchungen darüber, wie Medizinstudenten ausgewählt und ausgebildet werden, ist der Bericht *Physicians for the Twenty-first Century* („Ärzte für das 21. Jahrhundert"), den die Vereinigung der medizinischen Hochschulen Amerikas (Association of American Medical Colleges, AAMC) in Auftrag gab. Er wurde bereits 1984 veröffentlicht und hat bis heute Gültigkeit. Hier folgen einige Auszüge aus dem Bericht:

- [Wir] wünschen nicht, die hysterische Übertreibung einer Krise an die Wand zu malen, noch beabsichtigen wir, die hohe Qualität vieler [Reformarbeit] zu bestreiten, die geleistet wird. Doch wir nehmen eine Erosion der allgemeinen Ausbildung für Ärzte wahr, eine Erosion, der nicht Einhalt geboten worden ist, sondern die sich noch beschleunigt. Wir sehen anhaltenden Druck verschiedener Art, dem wir uns mit Nachdruck und wohl überlegter Entschlossenheit anpassen müssen, damit nicht bedenklicher und irreversibler Schaden entsteht.

- Jeder Studierende sollte Patienten gegenüber fürsorglich, mitfühlend und engagiert sein … Ethisches Gespür und moralische Integrität in Verbindung mit Gleichmut, Bescheidenheit und Selbsterkenntnis sind für alle Ärzte unverzichtbare Eigenschaften.
- Studierende werden verleitet zu denken, ihre Ausbildung hänge davon ab, dass sie so viele Informationen wie möglich auswendig lernen. In der Folge fehlt ihnen eine klare Vorstellung von den Fertigkeiten, Werten und Einstellungen, die wichtig sind. … Medizinische Fakultäten müssen die Menge des Faktenwissens begrenzen, das auswendig zu lernen von den Studenten erwartet wird.
- Die Priorität, die die meisten Angehörigen der medizinischen Fakultät der Forschung, der Versorgung der Patienten und der Ausbildung der Doktoranden und der Ärzte in der Facharztausbildung zugestehen, geht zu Lasten der Ausbildung der Medizinstudenten.
- Die traditionellen Ziele der akademischen Bildung – die kritischen und analytischen Fertigkeiten zu schärfen und die Vielfalt der menschlichen Erfahrung zu erkunden durch ausgeglichene Studien in den Natur- und Gesellschaftswissenschaften und in den Geisteswissenschaften – werden … von der [vorwiegenden] Beschäftigung der Studenten mit dem verdrängt, was sie zu brauchen meinen, um in eine medizinische Hochschule zu gelangen. Ein vormedizinisches Syndrom … wird oft beschrieben. Studenten, die dieses Syndrom aufweisen, belegen in den wissenschaftlichen Fächern einen Kurs nach dem anderen, meiden jedoch weitere Studien in den Geisteswissenschaften und auf anderen, nicht naturwissenschaftlichen Gebieten. … Bei Abschluss ihrer Studien haben sich diese Studenten oft um die intellektuellen Herausforderungen und Belohnungen gebracht, die ihnen eine Beschäftigung mit den Geisteswissenschaften geboten hätte.[16]

In einem bezeichnenden Absatz zitieren die Verfasser einen Bericht von 1932, der von der Kommission für ärztliche Ausbildung der AAMC herausgegeben wurde und bestätigt, dass es bei der Ausbildung eines Heilers etwas Immaterielles gibt, das nicht durch Herumbasteln am Lehrplan oder durch neues Mischen der altbekannten, abgedroschenen Karten herbeigeführt werden kann:

Der medizinische Kurs kann keinen Arzt hervorbringen. Er kann dem Studenten nur Gelegenheiten bieten, sich ein grundlegendes Wissen über die medizinischen Wissenschaften und ihre Anwendung bei Gesundheitsproblemen zu sichern, ein Training in Methoden und Geist der wissenschaftlichen Untersuchung, und die Inspiration und Sichtweise, welche aus der Verbindung mit jenen kommen, die sich der Ausbildung, Forschung und Praxis widmen. Die Medizin muss vom Studenten gelernt werden, denn nur einen Bruchteil davon vermag die Fakultät zu vermitteln. Diese leistet die wesentlichen Beiträge als Anleitung, Inspiration und Führung zum Lernen. Der Student und der Lehrer, nicht das Curriculum, sind die entscheidenden Elemente im Ausbildungsprogramm.

Ein Heiler werden: Transformation

Das Unbehagen unseres Berufsstandes mit Heilern, Heilen und Heilkräften ist eine historische Ver(w)irrung. Seit fünfzigtausend Jahren haben Schamanen und Heiler jeglicher Couleur geglaubt, die Kraft zu heilen zu besitzen und zum Heiler bestimmt zu sein – Überzeugungen, die von ihrer jeweiligen Kultur geteilt und getragen wurden. Dieser gleiche, noch unfertige Impuls bewegt latent viele Studenten und lockt sie in die Medizin. Zu lernen, wie diese Kraft tatsächlich zu gebrauchen ist, galt zu keiner Zeit als bloße intellektuelle Übung, als die man es heute betrachtet. Der Weg zum Heiler nahm jeden Aspekt eines Menschenwesens in Anspruch und ist ein Prozess, den die Worte eines Eskimo-Schamanen auf der Insel Iglulik treffend einfangen:

> Ich bemühte mich, mit der Hilfe anderer ein Schamane zu werden, aber dabei hatte ich keinen Erfolg. Ich suchte viele berühmte Schamanen auf und machte ihnen große Geschenke ... Ich suchte die Einsamkeit, doch da wurde ich bald sehr melancholisch. Manchmal musste ich weinen und fühlte mich unglücklich, ohne zu wissen warum. Dann, einfach so, veränderte sich plötzlich alles, und ich empfand eine große, unerklärliche Freude, eine Freude, die so stark war, dass ich sie nicht zügeln konnte. Ich musste einfach singen, einen mächtigen Gesang, und es war nur Raum für das eine Wort: Freude. Freude! Ich musste meine Stimme mit voller Kraft einsetzen. Und dann, mitten in einer solchen Anwandlung von geheimnisvollem, überwältigendem Entzücken, wurde ich zum Schamanen, ohne selbst zu wissen, wie dies zustande kam. Aber ich war ein Schamane. Ich konnte sehen und hören auf eine völlig andere, neue Weise. Ich hatte mein *qaumanEq* erlangt, meine Erleuchtung, das schamanische Licht von Gehirn und Körper, und dies auf eine Weise, dass

nicht nur ich es war, der durch das Dunkel des Lebens sehen konnte, sondern das Licht schien auch aus mir hervor. Es war für die Menschen nicht wahrnehmbar, aber sichtbar für alle Geister der Erde und des Himmels und des Meeres, und diese kamen nun zu mir und wurden meine helfenden Geister.[17]

Wenn es ein einziges Wort gibt, das den Prozess, ein Schamane zu werden, zu beschreiben vermag, dürfte es *Transformation* sein. Das tiefgreifend verwandelnde Erlebnis, das dieser Iglulik-Schamane schilderte, würde einen modernen Psychiater erschaudern lassen. Die meisten Fakultätsangehörigen, die mit der Ausbildung von Medizinstudenten betraut sind, würden solche Erlebnisse für grotesk und pathologisch halten. Würde ein Student heute von einer solchen Transformation berichten, bekäme er oder sie fast mit Gewissheit einen Termin in der psychiatrischen Abteilung zugewiesen.

Heiler oder Frankensteins?

In der modernen medizinischen Ausbildung ist „Information" an die Stelle von „Transformation" getreten. Das Resultat ist die Produktion von Nachahmungen – Ärzten, die nicht heilen können und die „Heilkraft" für einen drolligen Anachronismus halten.

Übertreibung? Lesen Sie die folgenden Beobachtungen in einem provozierenden Aufsatz unter der Überschrift „Die ärztliche Ausbildung in Amerika: Hat sie einen Frankenstein hervorgebracht?" im *American Journal of Medicine*:

> Die kürzlich ausgebildeten Ärzte in der anwesenden Gruppe sind, allgemein gesprochen, unsensibel, haben einen schlechten Draht zu den Patienten, ermangeln allgemeiner medizinischer Kenntnisse und Untersuchungsfertigkeiten und haben wenig Interesse an der Wirkung der Medizin auf die Gesellschaft ... Zudem scheinen wenige junge Menschen im Bereich der Medizin mit ihrem Beruf emotionell oder intellektuell zufrieden zu sein ... Häufig vereinnahmt die derzeitige zeitraubende Ausbildung intelligente, kreative junge Erwachsene mit der Liebe, anderen Menschen zu helfen, und verwandelt sie in kühle, teilnahmslose Personen, die viel von ihren ursprünglichen Idealen in Bezug auf die Praxis der Medizin verloren haben ... und erschafft [auf diese Weise] Ärzte mit Qualitäten, die das genaue Gegenteil dessen sind, woran die Ausbildung angeblich glaubt.[18]

Gelegentlich kommt es zu einem Anfall von blitzartiger Erkenntnis, dass etwas gründlich falsch ist, und es werden Empfehlungen an Ärzte ausgesprochen, es anders zu machen. Solche Vorschläge sind zuweilen überraschend, etwa eine Anregung in der *Lancet,* dass Ärzte und Medizinstudenten Schauspielunterricht nehmen sollten.[19] Dies würde ihnen helfen, aus der Sicht ihrer Patienten fürsorglich und einfühlsam zu erscheinen, ob sie es tatsächlich sind oder nicht. Gelegentlich dämmert es auch, dass klinische Ergebnisse wohl mit etwas mehr als nur Algorithmen und Objektivität zusammenhängen könnten. Dies zeigte zum Beispiel eine kontrollierte Studie mit obdachlosen Menschen in einer Notaufnahme in der Innenstadt. Jene Patienten, denen bewusst eine mitfühlende, einfühlsame Versorgung gewährt wurde – Qualitäten, die alle echten Heiler befürworten –, kamen seltener zu Wiederholungsbesuchen und waren mit der Behandlung zufriedener.[20]

Information ist nicht Transformation

Das Empfinden, dass etwas an der Art und Weise, wie Ärzte ausgebildet werden, nicht stimmt, hat bei den medizinischen Hochschulen oft zu der Reaktion geführt, den Studenten mehr Informationen – oder Informationen mit einem leicht veränderten Schwerpunkt – zu bieten, zum Beispiel (oft fakultative) Kurse zu medizinischer Ethik, medizinischen Geisteswissenschaften oder über die Geschichte der Medizin. Doch diese Strategie bewirkt selten eine echte Veränderung, denn hier wird Information mit Transformation verwechselt. Die jungen Protoheiler hungern nicht nach mehr Fakten, sondern nach Erfahrungen, die ihnen helfen können, die Verbindung mit jenen tiefen psychischen und spirituellen Regungen aufzunehmen, die sich im Laufe der Geschichte als Engagement in den heilenden Künsten manifestiert haben.

Der auf Informationen gestützte Zugang zur Lösung von Problemen in der medizinischen Ausbildung ist ungeheuer verführerisch. Aber er kann auch tödlich sein. Laut Neil Postman, Professor für Kommunikationswissenschaft an der Universität New York, haben wir ...

... ein neues Problem [erschaffen], das wir noch nie zuvor hatten: eine Überfülle an Informationen, Zusammenhangslosigkeit von Informationen und Sinnlosigkeit von Informationen ... Wir haben Information in eine Form von Müll verwandelt, und uns selbst in Müllsammler. Wie der Zauberlehrling werden wir überschwemmt von Informationen, ohne auch nur einen Besen zu haben, der uns hilft, sie loszuwerden. Die Information kommt ... mit hoher Geschwindigkeit, losgelöst von Sinn und Bedeutung. Und da gibt es keinen Webstuhl, alles zu einem Tuch zu verarbeiten. Es gibt keine transzendenten Überlieferungen, die uns moralisches Geleit bieten, gesellschaftlichen Zweck, intellektuelle Ökonomie. Keine Geschichten, die uns sagen, was wir wissen sollten und was wir nicht zu wissen brauchen.[21]

Wenn unsere medizinischen Hochschulen wieder Heiler hervorbringen sollen, müssen sie die Transformation im inneren Leben der Studenten unterstützen, die sich dem Ausbildungsprozess anvertrauen. Postman empfiehlt: „Es wird notwendig sein, dass wir unsere Dichter, Dramatiker, Künstler, Humoristen, Theologen und Philosophen zu Rate ziehen, die allein im Stande sind, jene Metaphern und Geschichten zu erschaffen oder wiederherzustellen, die unseren Anstrengungen ein Ziel, unserer Geschichte einen Sinn, der Gegenwart Licht und der Zukunft eine Ausrichtung geben."[22]

„Transformation" ist ein anspruchsvolles Projekt, und wir sollten die Größe dieser Aufgabe nicht unterschätzen. „Wir verlangen von einem jungen Arzt, dass er ein weiser Alter wird – und dies in den wenigen Jahren seines Medizinstudiums erreicht. Das ist sehr viel", stellte die Molekularbiologin und Krebsforscherin Helene Smith fest, die glaubte, dass eine Infusion schamanischen Wissens für die moderne Medizin eine gute Sache sei.[23] Ein weiser Heiler zu werden, ist schon immer ein schwieriges und langwieriges Unterfangen gewesen, selbst für Schamanen. Ja, es war keineswegs gewiss, dass der Schamane es überleben würde; in manchen Fällen mündete die Transformation in den Tod.

Ich habe es nicht darauf angelegt, den Eindruck zu vermitteln, dass unsere medizinischen Hochschulen bei ihrer Mission völlig versagen. Es gehen auch echte Heiler aus ihnen hervor, wenn auch nicht so häufig, wie dies sein sollte, und oft trotz und nicht wegen des dort erfahrenen Ausbildungsprozesses. Ich wünsche auch nicht anzudeuten, dass die Unzulänglichkeiten, die wir angesprochen haben, der alleinige Fehler der Schulen seien. Medizinische Hochschulen spiegeln die Werte der Gesellschaft wider, in der sie bestehen. Wenn bei ihnen etwas fehlt, so ist dieses Problem gewöhnlich auch in der ganzen Gesellschaft festzustellen. An der Wurzel des Problems liegt die Tatsache, dass wir als Kultur dem Heilen kollektiv den Rücken zugekehrt haben. Wir sollten uns nichts vormachen: Wir stecken alle in dieser Situation, stehen gemeinsam im Bann einer physikalistischen Einstellung zu Gesundheit und Krankheit und sind geblendet von den Verheißungen der Technik, jedes denkbare Versagen des Körpers zu korrigieren. Vor diesem Hintergrund wurden Heiler und das Heilen beiseite geschoben und sind beinahe in Vergessenheit geraten – jetzt bezahlen wir den Preis dafür. Wir haben die Rolle von Bewusstsein, Seele, Geist und Sinn ignoriert – selbstverständliche Lagerteile im Arsenal eines echten Heilers –, und damit eine Malaise herbeigeführt, die nicht nur den Heilberuf betrifft, sondern unsere ganze Gesellschaft durchzieht. Die Opfer sind nicht nur die Heiler und das Heilen, sondern Seele und Geist einer Kultur.

Für die Hoffnung auf Weisheit

Feststellungen dieser Art werden oft als unangemessen pessimistisch abgetan. Diejenigen, die weiterhin grenzenloses Vertrauen in Wissenschaft und Technik hegen, beharren darauf, dass wir mehr Naturwissenschaft benötigten, nicht weniger. Mag sein. Aber selbst Insider sind besorgt. Typisch ist die folgende Passage aus *The Medusa and the Snail* (dt. Ausg.: *Die Meduse und die Schnecke*) des Arztes und Schriftstellers Lewis Thomas (1913-1993), der einst als der meistbeachtete Arzt in Amerika galt. Hier deutet Thomas an, was wir verloren haben und was wir wiedergewinnen müssen – nicht nur in der Medizin, sondern auch in unserer Gesellschaft insgesamt.

> Eigentlich sollte unsere Zeit die beste sein, die der menschliche Geist je erlebt hat. Es ist aber nicht so. Alles Mögliche geht entgegen unseren Wünschen, das Jahrhundert gleitet uns hier durch die Finger, und am Ende bleiben fast alle Versprechen unerfüllt. Ich will hier kein Rätselraten über die Ursachen unseres kulturellen Missbehagens anstellen – nicht einmal über die wichtigsten –, aber es will mir scheinen, dass es eine große Grundursache gibt, die an uns nagt: Wir wissen nicht genug von uns. Wir wissen nicht, wie wir funktionieren, wo wir hineinpassen, und am allerwenigsten von dem gewaltigen System, in das wir eingebettet sind. Die Natur verstehen wir nicht wirklich, überhaupt nicht. Wir haben es weit gebracht, in der Tat, aber nur so weit, dass wir uns unserer Unwissenheit bewusst werden können. Ganz unwissend zu sein, ist nicht so schlimm. Viel ärger ist es, auf halbem Wege zum Wissen zu sein – weit genug, um die eigene Ignoranz zu erkennen. Das ist beschämend und bedrückend, und es ist eines der Übel unserer Zeit.
>
> Es ist für uns alle eine neue Erfahrung. Noch vor nur zweihundert Jahren konnten wir mit Hilfe der reinen Vernunft alles erklären – und nun ist das meiste von dieser ausgefeilten und harmonischen Struktur vor unseren Augen zerfallen. Wir sind sprachlos.
>
> In gewissem Sinne ist dies eigentlich ein Gesundheitsproblem. Solange uns das Geheimnis um uns selbst beunruhigt, solange uns unser unbehagliches Verhältnis zur übrigen lebenden Welt verwirrt, solange wir wie betäubt vor der Unergründlichkeit unseres eigenen Geistes ste-

hen, kann man nicht sagen, dass wir gesunde Tiere in der Welt von heute sind.

Wir brauchen mehr Wissen. Zu dieser Erkenntnis zu gelangen, darum ist es in diesem scheinbar ergebnislosen Jahrhundert gegangen. Wir haben gelernt, grundlegende Fragen zu stellen, und müssen jetzt – und das ist dringend – um unserer Zivilisation willen einige Antworten finden. Wir wissen nun, dass wir dies nicht länger tun können, indem wir in uns selbst suchen, denn da gibt es nicht genug zu suchen. Wir können die Wahrheit auch nicht finden, indem wir Vermutungen über sie anstellen oder uns Geschichten ausdenken. Wir können nicht dort stehen bleiben, wo wir heute stehen, auf dem jetzigen Stand des Wissens. Wir können auch nicht zurück. Ich sehe nicht, dass wir hier wirklich eine Wahl haben, denn ich kann nur den einen Weg vorwärts sehen. Wir brauchen die Wissenschaft, mehr und bessere Wissenschaft, nicht wegen der Technik, nicht als Zeitvertreib, nicht einmal für Gesundheit und langes Leben, sondern um unserer Hoffnung auf Weisheit wegen, die unsere Kultur erwerben muss, um zu überleben.[24]

Wo ist der Ausweg?

Junge Heiler, die, ihrer Berufung folgend, ein Medizinstudium ergreifen und desillusioniert werden, sind oft tief betroffen von dem Krankheitsgefühl, das Thomas beschreibt. Diese Menschen sind wie die Kanarienvögel in einem Bergwerk: Detektoren eines Frühwarnsystems, das uns über die giftigen Auswirkungen nicht nur unserer Ansicht über die Gesundheit alarmiert, sondern auch unserer Sicht der Wirklichkeit insgesamt. Ohne dies auszusprechen, schreien sie nach nichts Geringerem als einer anderen Weltanschauung, einer Alternative zu dem Bild der Wirklichkeit, das ihnen an der Universität aufgetischt wird.

Wie könnte eine solche Weltanschauung aussehen? Der Essayist Thomas Kelting drückte es so aus:

> Das befriedigendste und erfolgreichste Modell ... wäre eines, das unsere drei größten Bedürfnisbereiche gleichzeitig erfüllt: praktisch, theoretisch und spirituell. Zu den praktischen Bedürfnissen gehört unser Wunsch nach einer berechenbaren und formbaren Welt ... Unser theoretisches Bedürfnis ist, Wirklichkeit so erscheinen zu lassen, dass sie für unsere Art von Intellekt begreifbar ist. Beschreibungen der Wirklichkeit, in denen wir das Universum als zusammenhängenden, kognitiv durchschaubaren Bereich von Phänomenen sehen, ziehen wir solchen Beschreibun-

gen vor, in denen es anders erscheint. Unser spirituelles Bedürfnis geht weit über die Ansprüche des Intellekts nach Kohärenz und intellektueller Präzision hinaus bis zu unserem Bedürfnis, eine sinnvolle Verbundenheit zwischen uns selbst und dem Rest des Seins zu finden. Wir hungern nach einem Empfinden von Sinn, Bestimmung und Wert, die nicht nur in uns selbst gründen, sondern in der weiteren Natur der Dinge. Und wir suchen Trost und Liebe, nicht nur für- und voneinander, sondern für und von jenem größeren Bereich des Seins.[25]

Das Weltbild, das in der medizinischen Ausbildung vermittelt wird, ist eher „einseitig und lückenhaft", wie Kelting sagt. „Wir ignorieren unsere spirituellen Ansprüche und verfolgen [ausschließlich] Modelle der Wirklichkeit, die uns erlauben, die Natur erfolgreich zu manipulieren." Außerhalb des akademischen Umfeldes geraten wir oft ins andere Extrem:

> Der Spiritualität gehen wir in einem Vakuum nach, als gäbe es in einem spirituellen Weltbild keinen Platz für das prosaische, physische Universum mit seinen erkennbaren Gesetzmäßigkeiten. Doch Spiritualität sollte nicht angetrieben sein von einem Verlangen, den Lektionen des diskursiven Intellekts zu entfliehen – dass es nämlich Beschränkungen gibt, mit denen wir leben müssen. Wir dürfen nicht zulassen, dass die vornehmliche Beschäftigung mit der physischen Realität und ihrer Ausbeutung, für welche der diskursive Intellekt so wohl ausgerüstet scheint, zu einem obsessiven und spirituell adstringierenden Materialismus eskaliert, der im Begriff ist, die westliche Gesellschaft zu ersticken.

Wir sollten den jungen Heilern dankbar sein, die mit ihrem Umfeld, dem medizinischen Ausbildungsbetrieb, so leidvoll hadern. Sie werfen ein Licht auf die schizophrene Situation mit ihren Trennungen zwischen den praktischen, theoretischen und spirituellen Aspekten unseres Weltbildes, in die wir als Gesellschaft geraten sind, und sie fordern uns heraus, diese Spaltungen zu heilen.

Heute gibt es Anzeichen, dass sich die medizinische Ausbildung zu guter Letzt in eine humanistischere Richtung bewegt. Denken Sie zum Beispiel an die Veränderungen rund um Themen der Spiritualität. Die Belege dafür, dass spirituelle Faktoren – ein Empfinden von Sinn, Bestimmung, Werten sowie auch religiöse Praxis – in Gesundheit und Krankheit eine wichtige Rolle spielen, nehmen an Zahl und Verbreitung zu. Der Epidemiologe Jeffrey S. Levin, Verfasser von *God, Faith, and Health,* der den Begriff „Epidemiologie der Religion" prägte, schrieb mir: „Dieses Werk [die Studien zu Religion und Gesundheit] – das kann ich mit Überzeugung sagen – zeigt eine starke, überwältigend gleichbleibende, schützende Wirkung der Religion; meine eigene empirische Arbeit bestätigt dieses Resultat." Levin ist nur einer aus einer Reihe von Forschern, die die gesundheitlichen Auswirkungen eines „spirituellen Zugangs zum Leben" untersuchen. Noch vor zehn Jahren wurde diese Information von den einhundertfünfundzwanzig medizinischen Hochschulen in diesem Land fast völlig ignoriert. Inzwischen haben etwa achtzig von ihnen Kurse oder Vorlesungsreihen über die Zusammenhänge von Spiritualität und Gesundheit entwickelt.[26]

Verwundete Heiler

Chiron, der Kentaur in der griechischen Mythologie, der die Kunst des Heilens lehrte, wurde von einem vergifteten Pfeil getroffen. Er zog zwar den Pfeil aus der Wunde, konnte jedoch das Gift nicht entfernen, das für immer in seinem Körper blieb. Als Unsterblicher kann Chiron sein Leben nicht verlieren, aber er kann auch nie wieder gesunden. Er ist das Musterbeispiel für das Paradoxon des verwundeten Heilers – der heilt und selbst der Heilung bedarf.[*]

Wir leiden an einer kollektiven Verwundung – wir Heiler, die medizinischen Hochschulen und die Kultur, die sie hervorbringt. Gelingt es uns, den Pfeil aus der Wunde zu ziehen? Können wir zumindest einen Teil des Giftes loswerden?

Der Chemiker und Arzt Paul Ehrlich stellte fest: „Die erste Regel beim intelligenten Reparieren lautet: alle Teile aufheben."[27] Seit Generationen haben unsere medizinischen Hochschulen an jungen Heilern herumgebastelt. Ich glaube, sie haben die Teile aufgehoben – denn Vision, Seele und Geist der Medizin sind niemals wirklich gestorben – und können den Mut aufbringen, dessen es bedarf, um sie wieder aufzunehmen und so zusammenzufügen, dass es einem Heiler ähnlich ist.

Die Forscherin Helene Smith betrachtet die Fähigkeit der Medizin, diese Herausforderungen zu bewältigen, mit Hoffnung: „Das medizinische Establishment ist in Wirklichkeit viel besser darin, sich zu ändern, als viele andere Institutionen. Denken Sie an einige andere Institutionen, etwa das Bildungswesen oder die Religion: Wie rasch verändern sich diese? Ärzte, die sich ständig vorwerfen lassen müssen, konservativ zu sein, sind in Wirklichkeit an der Spitze, wenn es um rasche Veränderungen geht."

---

[*] Dies ist jedoch nicht die ganze (mythologische) Wahrheit. Denn Chiron verzichtet auf ewiglebenslange Qualen und tauscht seine halbgöttliche Unsterblichkeit gegen das Leben des Prometheus, der durch dieses Geschenk eines Unsterblichen die Freiheit erlangt. Chiron stirbt und "kommt in den Himmel" – als Sternbild Zentaur. (Anm.d.Ü.)

Wenn unsere Hochschulen Heiler hervorbringen sollen, müssen sie als Erstes aufhören, diese zu zerstören. Dies erfordert, die vielen Wege und Weisen zu reduzieren oder auszuschalten, die dazu beitragen, dass „das Erlebnis Medizinerausbildung" entmenschlichend geworden ist. Ein beispielhafter Schritt in diese Richtung ist der „Health Awareness Workshop" für die Medizinstudenten im ersten Jahr, den die medizinische Fakultät der Universität Louisville seit 1981 anbietet. Dieser Kurs wurde entwickelt von Joel Elkes, M.D., einem emeritierten Professor der Psychiatrie, und Leah J. Dickstein, M.D., der emeritierten Professorin in der Abteilung für Psychiatrie und Verhaltenswissenschaften und stellvertretenden Dekanin für die Interessenvertretung von Fakultät und Studentenschaft.

Der „Health Awareness Workshop", berichteten Dickstein und Elkes, beruht auf der Erkenntnis, dass „der Medizinstudent eine gefährdete Person" ist, dass „einige dieser Gefahren vermeidbar sind", und dass, „wer für andere sorgen will, am besten bei sich selbst beginnt". Der viertägige Kurs wird neuen Medizinstudenten vor ihrer Einschreibung und dem Beginn ihres Studiums angeboten. Obwohl er freiwillig ist, entscheiden sich mehr als 90% der Neulinge für die Teilnahme. Themen sind unter anderem: Die Lebensweise als Faktor bei Krankheit und Behinderung; die Psychologie der menschlichen Anpassung; Stress und die Stressreaktion; die Physiologie der Ernährung, Bewegung und Entspannung; die Psychologie der Zeiteinteilung und Studienfertigkeiten; Zuhören und das Geben und Nehmen in der Beziehung; Drogenmissbrauch und der beeinträchtigte Arzt; Geschlechtsunterschiede in der Medizin; Einführungen in die Ethik der medizinischen Praxis und den Stellenwert des Glaubens beim Heilen. Zusätzlich zu den didaktischen Präsentationen wissenschaftlicher Daten bietet der Workshop auch Zugänge zum Lernen über Selbsterfahrungskurse, Beteiligung und „Spaß" durch Aktivitäten wie Musik, Kunst, Schauspielerei, Film und Gesang; ein „Nährwert-Picknick" und Pizza-Abendessen; Aerobic-Übungen, Softball und einen „Spaßlauf" sowie eine Flusskreuzfahrt auf der *Belle of Louisville*. Die Studenten erfahren etwas über die Geschichte der Stadt Louisville und die medizinische Fakultät der Universität Louisville.[28]

Studenten im zweiten Jahr stellen sich für Gruppen von sechzehn Neulingen freiwillig als „Gesundheits-Tutoren" zur Verfügung. Sie sprechen über ihre Unsicherheiten, ihre Methoden, sie zu bewältigen, und die gelernten Lektionen, und dienen sogar als Köche bei der Zubereitung von gesunden Mahlzeiten für die Erstsemester. Fakultätsangehörige, die gewöhnlich von Studenten im zweiten Studienjahr ausgewählt werden, spielen eine ähnliche Rolle. Auch für die Partner, Kinder und wichtigen Anderen im Leben der neu beginnenden Studenten werden Workshop-Sitzungen angeboten. Ein

Resultat dieser vielfältigen Interaktionen ist der Aufbau eines soziales Netzes zwischen den Studenten sowie zwischen Studenten und der Fakultät. Die Botschaft der Hochschule an die Neulinge ist klar und unmissverständlich: Wir kümmern uns um euch – euer körperliches, psychisches und spirituelles Wohlbefinden –, und werden große Anstrengungen unternehmen, euch zu helfen, geschickte Ärzte und erfüllte Menschen zu werden.

In unserer Begeisterung über die Veränderungen wollen wir uns jedoch nichts vormachen. Es wäre ein Fehler, anzunehmen, dass es ein Patentrezept für die Produktion von Heilern gebe. Das hat es nie gegeben. Die Entwicklung zum Heiler bleibt weitgehend ein geheimnisvoller Vorgang, der für Manipulation und Kontrolle nicht zugänglich ist – wie das Erlebnis des Iglulik-Schamanen illustriert, und wie Lame Deer, der Sioux-Medizinmann, in seiner ernüchternden Erkenntnis warnt, die über diesem Kapitel steht. Wir zitieren erneut den Bericht der Kommission für ärztliche Ausbildung aus dem Jahr 1932: „Der medizinische Kurs kann keinen Arzt produzieren." Er kann auch keinen Heiler produzieren.

Malcolm Muggeridge unterschied einst zwischen erstrangigen und zweitrangigen Bestrebungen im Leben. „Es ist möglich, nur bei zweitrangigen Bestrebungen erfolgreich zu sein – etwa Millionär zu werden oder Premierminister, einen Krieg zu gewinnen, schöne Frauen zu verführen, durch die Stratosphäre zu fliegen oder auf dem Mond zu landen", sagte er. Erstrangige Zielsetzungen jedoch, „zu denen – weil dies sein muss – das Bemühen gehört, den Sinn des Lebens zu verstehen und zu versuchen, dieses Verständnis zu vermitteln", sind viel schwieriger zu verfolgen.[29] Heiler zu werden, ist eine Bestrebung ersten Ranges, die ausgesprochen schwierig ist. Deshalb wollen wir unseren medizinischen Hochschulen nicht eine Verantwortung aufbürden, der sie nicht gerecht werden können, wie etwa, nach Bedarf Heiler zu produzieren. Statt dessen wollen wir von ihnen erwarten, dass sie den Boden bereiten, auf dem das Heilen gedeihen kann und auf dem Heiler erblühen können.

Noch einmal: „Der Brief"

Gelegentlich stelle ich mir vor, *den Brief* von einem Medizinstudenten aus der Zukunft zu erhalten. Wie könnte er wohl aussehen? Hier ist meine Phantasie – und zugleich meine Hoffnung:

> Sehr geehrter Herr Dr. Dossey,
>
> in einigen Monaten werde ich meine Facharztausbildung abschließen. Darf ich Ihnen erzählen, wie die vergangenen Jahre gewesen sind?

So lange ich mich erinnern kann, wollte ich Heiler werden. Ich kann dies nicht erklären, keiner in meiner Familie hat jemals etwas mit Medizin zu tun gehabt. Ich folgte meiner Vision durch die Oberschule, aber erst als ich zur Universität kam, wurden meine tiefsten Intuitionen bestätigt. Ich begann mit dem Medizinstudium in der Erwartung, überwältigt zu werden von Informationen und Plackerei; statt dessen begegneten mir Weisheit und Inspiration. Zum ersten Mal in meinem Leben entdeckte ich echte Heiler – Professoren, die in einem Kurs nach dem anderen eine Kombination aus Arzt, Wissenschaftler, Mentor und Schamane zu sein schienen. Sie wussten, dass das Heilen eine besondere Berufung ist, und sie verstanden den Drang, der mich schon immer bewegt hatte. Dank ihrer nie versagenden Unterstützung ist meine Vision immer stärker geworden.

Das Studium war ein schwieriges Unterfangen; ich erwartete und wollte, dass es so war. Es wirkte auch transformierend. Ich weiß, dass ich für etwas unendlich Lohnendes erwacht bin und dieses Gewahrsein den Rest meines Lebens weiter blühen wird.

Eines Tages überraschte ich meinen Lieblingsprofessor, indem ich ihn einen weisen Ratgeber nannte. Er lächelte wissend und teilte mir mit, meine künftige Aufgabe bestehe darin, mein Wissen weiterzugeben, von Heiler zu Heiler, wie es mir selbst übermittelt worden sei. Ich habe mich wahnsinnig gefreut über seine Antwort! Er erkannte mich als einen Kollegen an und hieß mich in jenem unsichtbaren Kollegium der Heiler willkommen, das aus der fernen Antike bis in die heutige Zeit reicht.

Ich fühle mich gesegnet, die ärztliche Ausbildung erfahren zu haben. Es war ein spirituelles Erlebnis. Dies wollte ich Sie wissen lassen.

3

LEIDEN AM JOB

Im Internet zu surfen, ist heute sehr beliebt, doch ich gestehe, dass ich oft einem schlichteren Vergnügen nachgehe – und in meinem zerfledderten roten Wörterbuch „surfe", in dem ich papierne Seiten umblättere und die etymologischen Hintergründe und Zusammenhänge von Wörtern durchleuchte. Bei einem jüngeren Ausflug in *Webster's New World Dictionary* sprangen mir die aufeinander folgenden Einträge *job* und *Job* ins Auge. Waren sie gar miteinander verwandt?, fragte ich mich. Der Ursprung von *job,* so las ich, liegt im Dunkeln. Eine Bedeutung des Begriffes ist „alles, was man zu tun hat; Aufgabe, Arbeit, Pflicht". Dies schließt ein, dass ein Job unangenehm ist: Wir erledigen ihn gegen unseren Willen, oder seine Erfüllung ist irgendwie mit Leiden verbunden. *Job* hingegen, stets groß geschrieben, ist ein Name aus der Bibel (deutsch: Hiob, auch Ijob), wie ich entdeckte, griechischen und hebräischen Ursprungs, und wird definiert als „ein Mensch, der viel Leid ertrug".

Ist dies eine zufällige sprachliche Übereinstimmung – der Job als eine Art von Leid, und Hiob als der Leidende? Auf jeden Fall sind Millionen von Arbeitern wie Hiob – duldsam Leidende, gefangen in Jobs, die sie nicht mögen, denen sie aber nicht entfliehen können. Viele halten sie aus, weil sie von Arbeit *erwarten,* dass sie unangenehm ist. Darin stimmen sie mit Mark Twain überein, der in *Die Abenteuer des Tom Sawyer* schrieb: „Arbeit ist das, was man tun muss ... Spiel ist das, was man nicht tun muss."

Arbeit und Leiden

Es ist nicht lange her, da galt die Verbindung von Arbeiten und Leiden als selbstverständlich. Verletzung und Tod waren häufig die Konsequenzen der Arbeit. Denken Sie an den Bergbau. In manchen Landkreisen im Kohlegebiet Pennsylvanias wurden in der Phase unmittelbar nach dem Bürgerkrieg jedes Jahr zwischen anderthalb und drei Prozent aller Bergarbeiter schwer verletzt oder starben. Im Zeitalter der Dampfmaschinen waren Explosionen und Verbrennungen Gefahren, mit denen man am Arbeitsplatz rechnete. Durch Riemen, Flaschenzüge, Getriebe und Hebelarme wurden regelmäßig Arbeiter verkrüppelt und getötet. Wenn so etwas geschah, überraschte es keinen.

Arbeitsleiden und die Epidemie von mit der Arbeit verbundenen Tragödien vermochten unsere nationale Begeisterung für den Fortschritt im späten 19. und beginnenden 20. Jahrhundert nicht zu dämpfen. Der Historiker Edward Tenner schreibt in seinem exzellenten Buch *Why things bite back* (dt. Ausg.: *Die Tücken der Technik: wenn Fortschritt sich rächt)*: „Die Amerikaner waren von 1880 bis 1929 in Bezug auf die elektrische, mechanische und chemische Umwandlung der Gesellschaft vermutlich optimistischer, als jedes andere Volk es je gewesen ist. Weder der Untergang der *Titanic* 1912 noch die verheerenden Folgen des Ersten Weltkrieges konnten ihre Zuversicht zunichte machen."[30]

Die Geburt des Fehlers

Die arbeitsbedingten Probleme, mit denen sich unsere Vorfahren konfrontiert sahen, waren in mancher Hinsicht einfach. Explodierende Kessel, sinkende Schiffe und einstürzende Schächte und Stollen waren durchaus sichtbare Katastrophen im Großen, und die Menschen konnten gewöhnlich feststellen, was jeweils schiefgegangen war. Mit Anstrengungen und Planung konnten ähnliche Probleme verhindert werden. Doch im ausgehenden 19. Jahrhundert begann eine neue Art von Arbeitsplatz-Problemen aufzutreten. Die neue Quelle des Leidens war für den Arbeiter unsichtbar, nicht vorherzusehen und deshalb unheilvoll – der Fehler.

Der Begriff des Fehlers (engl. *bug*) – „jener verkehrten und schwer fassbaren Fehlfunktion von technischem Gerät und später von Software", wie Tenner es definierte – war bereits in den 1870er Jahren eine gebräuchliche Erscheinung in der Arbeitswelt. Der amerikanische Erfinder Thomas Alva Edison erwähnt ihn 1878 in einer Beschreibung seiner Methode der Kreativität und Erfindung: „Der erste Schritt ist eine Intuition, und sie ist wie ein großer Durchbruch. Und dann beginnen die Schwierigkeiten: Die eine Sache funktioniert nicht, und dann tauchen Fehler auf, wie solche kleinen Aussetzer und Schwierigkeiten genannt werden. Es braucht Monate intensiver Beobachtung, Studien und Bemühung, bevor ein kommerzieller Erfolg – oder Scheitern – mit Gewissheit erreicht wird."[31] Laut Tenner scheint der Begriff *bug* bei den Telegraphisten entstanden zu sein. Als Edison das Wort erwähnte, hatte die Western Union bereits mehr als zwölftausend Telegraphiestationen in Betrieb, deren nur zu oft schmuddeliger Zustand den Begriff aus der Welt des Ungeziefers inspiriert haben könnte. Es sind Fälle bekannt, in denen die Metapher von Wanze, Insekt, Käfer (engl. *bug*) buchstäblich der Lebenswirklichkeit entsprang – wie 1945, als eine Motte in einem Relais des Computers Mark II zu einer Fehlfunktion und dem Ausfall des Rechners führte, den die Marine in Harvard betrieb.

Resistentialismus

Die meisten Menschen betrachten Fehler als zufällige, unvorhersehbare Unvollkommenheiten. Doch von Zeit zu Zeit kommt auch ein anderes Bild ins Gespräch, nämlich die Idee, dass die „Dinge" am Arbeitsplatz – wie etwa Maschinen, Computer und Software – vielleicht nicht so leblos sind, wie wir meinen, und dass sie etwas dagegen haben, beherrscht und in unseren Dienst gestellt zu werden. Der englische Schriftsteller und Humorist Paul Jennings (1918-1989) sprach von „Resistentialismus", der laut seiner Definition „von dem handelt, was die Dinge über die Menschen denken". Und manchmal schlagen die Dinge zurück. Jennings schrieb: „Dem Anstieg des Menschen in seiner illusorischen Herrschaft über die Dinge wird nun Pari geboten ... durch die zunehmende Feindseligkeit (und größere Gewalt), die die Dinge gegen ihn aufstellen."

Falls der Resistentialismus eine Realität ist, verhalten sich Arbeiter wie Eroberer, die ein fremdes Land besetzen. Sie müssen ständig auf der Hut sein, weil sie nie wissen, wann die unterjochten und versklavten Maschinen rebellieren werden. Sind Computer-"Bugs" in Wirklichkeit Guerilla-Taktik, das elektronische Äquivalent von Sprengfallen und Stolperdrahtminen?[32]

Die Frage ist legitim: Wer beherrscht wen am Arbeitsplatz? Wer sind die Sklaven und wer sind die Herren? Beherrschen wir die Arbeit, oder beherrscht sie uns? Mehr und mehr Beschäftigte arbeiten immer mehr Stunden – manchmal in mehr als einem Job –, um über die Runden zu kommen. Könnte dies die finale Rache der unbelebten Dinge sein, die wir benutzen? Der Dinge, die uns mit Arbeit ersticken, während sie uns glauben machen, wir seien es, die den Laden schmeißen? Vielleicht ist es dies, was Parkinsons Gesetz zugrunde liegt: „Arbeit dehnt sich in genau dem Maße aus, wie Zeit für ihre Erledigung zur Verfügung steht."

Ungeachtet ihrer Ursprünge sind „Bugs" eine unbestrittene Quelle des Leides für den modernen Arbeiter. Sich vor ihnen zu schützen, erfordert ständige Wachsamkeit – einen Preis, den jeder Eroberer bezahlt. Arbeiter in modernen automatisierten Umgebungen müssen ständig Dateien sichern, sich vor Software-Viren schützen und Informationen extern speichern. Diese neuen Quellen des Leidens betreffen nicht nur Büroarbeiter, sondern jeden, der von Computern abhängig ist. Ich habe mehrere professionelle Schriftsteller in meinem Freundeskreis, von denen einige aufgrund ihrer Abhängigkeit von Computern schon beträchtlich zu leiden hatten. Eine Bekannte hat einen wiederkehrenden Albtraum, in dem sie das Manuskript ihres nächsten Buches nicht im Verzeichnisbaum ihres Computers finden kann. Wie ein verirrter Wanderer verzweifelt sie, gerät in Panik und erwacht schweißgebadet – eine Art von „Resistenz-Krise". Eine andere erlebte, wie sich nach einer Spannungsspitze im Stromnetz nach einem Gewittersturm ihr erster Roman in Wohlgefallen auflöste; sie hatte versäumt, eine Sicherungskopie anzufertigen. Eine andere Person verlor Jahre ihrer Arbeit, als ein Brand ihr Haus zerstörte, einschließlich ihres Computers, der Disketten und des Sicherungsausdrucks auf Papier. Als ich von diesen Ereignissen erfuhr, versetzte ich mich in die Lage meiner Freunde. Als computer-süchtiger Schreiber, der ich selbst bin, fühlte ich ihr Leiden mit, und ich trauerte mit ihnen.

Isolation am Arbeitsplatz

Viele der Belastungen, die die modernen Arbeiter beschreiben, hängen fast gewiss mit der zunehmenden Isolation zusammen, die sie an immer weiter automatisierten Arbeitsplätzen empfinden. „In den letzten dreißig Jahren ist die Arbeit im Büro wohl leiser geworden, doch sie ist auch angespannter und einsamer geworden", stellt Tenner fest. Paradoxerweise fühlen sich die Arbeiter gerade durch diejenigen Arbeitsmittel isoliert und entfremdet, die sie auf elektronischem Wege mit anderen verbinden.

In ihrem Buch *In the Age of the Smart Machine* schreibt die Sozialpsychologin Shoshana Zuboff, welchen Preis Angestellte dafür bezahlen, dass sie am Arbeitsplatz einander entfremdet werden:

> Die Automatisierung bedeutet, dass Jobs, die ihnen einst erlaubt hatten, ihre körperliche Anwesenheit im Dienste des zwischenmenschlichen Austauschs und der Zusammenarbeit zu nutzen, nun ihre körperliche Präsenz im Dienste der Routine-Interaktion mit einer Maschine verlangten. Aufgaben, die einst ihre Stimme verlangt hatten, erforderten nun, dass sie stumm blieben ... Sie wurden vom Handlungsablauf abgeschnitten und in die Grenzen ihres individuellen Körper-Raumes verwiesen. In der Folge wurden die Angestellten in jedem Büro zunehmend in die unmittelbaren Wahrnehmungen ihres körperlichen Unbehagens eingeschlossen.

Ein Interviewpartner Zuboffs erlebt die Arbeit als eine Kombination von Krankheit und Sklaverei: „Kein Sprechen, kein Blicken, kein Gehen. Als wäre ich geknebelt, hätte Scheuklappen vor den Augen, Ketten um meine Arme. Wegen der Strahlung [von meinem Computer] habe ich mein Haar verloren. Die einzige Möglichkeit, das Produktionsziel zu erreichen, besteht darin, deine Freiheit aufzugeben."

Dies erinnert an eine Beobachtung Einsteins in Jahre 1950: „Wenn A für Erfolg im Leben steht, so gilt die Formel $A = x + y + z$. X ist Arbeit, y ist Spiel, und z heißt Mundhalten."

Während der Personalabbau in Firmen zum Standard wurde, nahm die Isolation im Job eine andere Form an; man spricht vom „Überlebenden-Syndrom". Dies ist eine Kombination von Schuldgefühlen und Selbstvorwürfen, dass man der Mitarbeiter ist, der *nicht* entlassen wurde. „Schuldigen Überlebenden" fällt es schwer, sich über ihr Glück zu freuen; sie fühlen sich belastet durch die Probleme ihrer entlassenen Kollegen. Sie fühlen sich isoliert, weil es weniger Kollegen gibt, mit denen sie Kontakt haben. Darüber hinaus errichtet ihr Schuldgefühl eine Mauer der Entfremdung zwischen ihnen und ihren entlassenen Kollegen und früheren Freunden. Wenn Menschen mit dem Überlebenden-Syndrom noch dazu unter der Sorge leiden, sie selbst könnten die Nächsten sein, die entlassen werden, kann ihr Gefühl der Abwehr und Einsamkeit bedrückend werden.[33]

Es betrifft alle

Die Isolation im Job ist ein Aspekt des allgemeineren Problems namens Arbeitsstress, das nicht auf bestimmte Betätigungen beschränkt ist. Sowohl Büro- als auch Fabrikarbeiter sind davon betroffen. Als britische Forscher an der Universität Manchester den Arbeitsstress nach den Faktoren Bezahlung, Beherrschung der Tätigkeit, physische Arbeitsplatzumgebung und stressbedingte Störungen bewerteten, stellten sie fest, dass Bergarbeiter, Polizeibeamte, Strafvollzugsbeamte und Bauarbeiter die mit dem meisten Stress belasteten Jobs innehatten. Die Fortsetzung der Rangfolge (in abnehmendem Maß an Arbeitsstress) bildeten Verkehrspiloten, Journalisten, leitende Angestellten in der Werbebranche, Zahnärzte, Schauspieler, Krankenschwestern, Feuerwehrleute, Lehrer, Sozialarbeiter, Busfahrer und Postangestellte.[34]

Das Leiden im Job ist ein universelles Problem. Laut der Internationalen Arbeitsorganisation (ILO) der Vereinten Nationen nimmt der Arbeitsstress zu und nähert sich einer weltweiten Epidemie. „Bedienungen in Schweden, Lehrer in Japan, Postangestellte in Amerika, Busfahrer in Europa und Fließbandarbeiter überall – sie alle zeigen Zeichen von Arbeitsstress", heißt es in einem Bericht der ILO aus dem Jahr 1993. Die Japaner sind besonders ängstlich. Sie haben sogar einen Begriff für den Tod durch Überarbeitung geprägt – *karoshi*. Laut einer Umfrage fürchten 40% aller japanischen Arbeitskräfte, dass sie sich buchstäblich zu Tode arbeiten werden. Und sie haben gute Gründe zur Besorgnis: In Japan produzieren nur zwei Prozent der Weltbevölkerung zehn Prozent aller Exportgüter. Anwälte, die die Familien von *karoshi*-Opfern vertreten, schätzen, dass Jahr für Jahr zwischen zehn- und dreißigtausend japanische Arbeitskräfte an Überarbeitung sterben. Die Familien von Überlebenden kämpfen um gesetzliche Anerkennung des Leidens, und in den meisten japanischen Großstädten sind *karoshi*-Hotlines eingerichtet worden, um dieses Ziel erreichen zu helfen.

Das Sisyphus-Syndrom

Ist man gefangen in einer belastenden, sich wiederholenden Aufgabe, die einen nicht nur von anderen Arbeitern trennt, sondern auch seiner Entscheidungsfreiheit beraubt, kommt es zu einer der schlimmsten Formen von Isolation in der Arbeit. Wissenschaftler haben für diese Situation die Bezeichnung *Sisyphus-Reaktion* vorgeschlagen. Die Beschreibung dieses Problems existiert schon länger als sechzig Jahre: Eine erfolgs- und leistungs-orientierte Person bemüht sich gegen große Widrigkeiten, empfindet und erlebt dabei aber nur sehr wenig Erfüllung oder Befriedigung. (In der griechischen Mythologie wurde Sisyphos, der König von Korinth, in den Hades verbannt und verdammt, einen großen Felsblock den Hang eines Berges hinaufzuwälzen – der danach wieder hinunterrollte, und so musste Sisyphos seine vergebliche Mühe endlos wiederholen.) Das Sisyphus-Syndrom unterscheidet sich vom Typ-A-Persönlichkeitsmuster hauptsächlich durch den Mangel an emotionaler Erfüllung.

Klinische Belege für das Sisyphus-Syndrom gibt es zuhauf. Über mehrere Jahre haben verschiedene Forscher den Begriff Arbeitsstress (engl. *job strain*) entwickelt und als hohe Leistungsanforderung und Verantwortung bei geringem Kontroll- und Entscheidungsspielraum definiert. Diese Definition erfasst auch das „freudlose Bemühen" des mythischen Sisyphos. Forscher an der Cornell-Universität, Peter L. Schnall, Robert Karasek und Kollegen, haben demonstriert, dass Arbeitsstress nicht nur psychologischer Natur ist. Er wird mit einem erhöhten diastolischen Blutdruck während der Arbeit assoziiert sowie mit einem Massezuwachs des linken Ventrikels, der Hauptpumpkammer im Herzen.

Es ist deshalb nicht überraschend, dass Menschen, die ein hohes Maß an Arbeitsstress erleben, anfälliger für Herzinfarkte sind. Ihre Tätigkeit ist mit viel Druck verbunden, typischerweise mit einer hohen psychischen Belastung und geringer Entscheidungsfreiheit. Diese Gegebenheiten finden sich zum Beispiel bei Kellnern, an Computerarbeitsplätzen im Büro, bei Tankwarten, Feuerwehrleuten, Postangestellten, Frachtbearbeitern und vielen Fließbandarbeitern.

Eine jüngere Studie im Krankenhaus der Duke-Universität wurde mit größtenteils Weißkittel-Arbeitskräften durchgeführt, von denen man eine Angiographie der Herzkranzgefäße anfertigte; hier ergab sich kein Zusammenhang zwischen Arbeitsstress und vermehrten Erkrankungen der Koronararterien. Die Gründe für diesen Widerspruch zu den Resultaten früherer Studien sind unklar. Wäre das Ergebnis anders ausgefallen, wenn man mehr Fabrikarbeiter einbezogen hätte? Oder können die Amerikaner allmählich besser mit Arbeitsstress umgehen?[35]

Der John-Henry-Typ

Sherman A. James, ein Epidemiologe an der Universität von Michigan in Ann Arbor, hat den *John-Henry-Typ* beschrieben – ein Persönlichkeitsmuster, das für die Auswirkungen von großem Arbeitsstress besonders anfällig ist. John Henry ist der Held eines amerikanischen Volksliedes, der – nur mit Hammer und Meißel – versuchte, es mit einem Dampfhammer aufzunehmen, der einen Tunnel durch einen Berg trieb. Seine heroische Anstrengung endete fatal. Nach Vollendung seiner ungeheuren Tat fiel er tot um.

Laut James wählt der John-Henry-Typ angesichts großer Herausforderungen den schwierigen Weg. Von den John Henrys unter uns hören wir Sätze wie: „Wenn es nicht so geht, wie ich es will, strenge ich mich noch mehr an", oder: „Wenn ich mir etwas in den Kopf gesetzt habe, dann bleibe ich dran, bis die Aufgabe ganz erfüllt ist." Menschen, die auf Herausforderungen so ansprechen, sagt man, haben eine innere Kontrollüberzeugung. Sie meinen, jegliche Situation meistern zu können, wenn sie nur schwer genug arbeiten.

Diese Verhaltensweise passt zu Menschen, die glauben, dass Anstrengung immer belohnt werde und man sich immer selbst aus der Patsche helfen könne. Es ist eine gute und lohnende Strategie, wenn man in einem Segment der Gesellschaft lebt, in dem Mühe tatsächlich belohnt wird. „Aber in einer Welt, die von Menschen bewohnt wird, die in Armut geboren wurden, nur begrenzte Bildungs- und Betätigungsgelegenheiten haben, wo Vorurteil und Rassismus regieren, kann es fatal sein, wie ein John Henry zu leben – das heißt nach dem Motto, dass auch die unüberwindlichen Widrigkeiten zu überwinden seien, wenn man sich nur noch mehr ins Zeug legt." Manchmal lässt sich ein Berg nicht versetzen, so sehr man sich auch anstrengt.

Zum John-Henry-Typ gehört oft auch ein starkes Gefühl von Isolation und Entfremdung, wie es Millionen von Arbeitern erlebt haben – das Empfinden, durch die Fortschritte der Technik von der Zukunft und vom Rest der Gesellschaft abgeschnitten zu sein. John Henry konnte sich nicht anpassen. Er hielt an Handwerkzeugen und Muskelkraft fest und geriet dabei unter die Räder. Wie bereits die Sisyphusse, bezahlen auch die John Henrys unter uns mit ihren Herzen. Könnte dies einer der Gründe dafür sein, dass Bluthochdruck bei den Afro-Amerikanern ein großes Problem ist? Der Stressforscher Robert M. Sapolsky sagt: „Die kardiovaskulären Risiken des John-Henry-Typs sind unter den Menschen am größten, die dem sagenhaften John Henry selbst am ähnlichsten sind, einem Angehörigen der afroamerikanischen Arbeiterklasse."[36]

Das Paradox der Privatsphäre

Die Arbeiter finden heraus, dass sie mit der um sich greifenden Praxis fertig werden müssen, dass ihre Arbeitsleistung von Supervisoren „elektronisch überwacht" wird – um mit einem höflichen Begriff auszudrücken, was für viele Angestellte gleichbedeutend ist mit Spionieren und Schnüffeln. Manager lernen, dass ihre Untergebenen Vertrauen und Zutrauen brauchen, um ihr Bestes zu geben, und dass diese Aspekte durch das Überwachen und Kontrollieren der Arbeitskräfte mit nicht wahrnehmbaren technischen Mitteln ernstlich in Frage gestellt und ausgehöhlt werden können.

Es kann nicht nur ein Zuviel, sondern auch ein Zuwenig an Isolation geben. Der moderne Arbeitsplatz verlangt paradoxerweise sowohl nach mehr Privatsphäre als auch nach sozialer Interaktion. Folglich ist Isolation nicht ausschließlich ein Unwort.

Entkörperlichung

Vom eigenen Körper abgeschnitten zu sein, führt zu einer der schädlichsten Formen der Isolation am modernen Arbeitsplatz.

Vor dem Zeitalter der Automatisierung, als viele Arbeiten noch von Hand ausgeführt wurden, waren die benutzten Werkzeuge oft wie Verlängerungen des Körpers. Von Tenner erfahren wir, dass zum Beispiel „eine Sense entsprechend den Proportionen des Landarbeiters – wie ein guter Anzug – nach Maß angefertigt wurde".

Mit einem Handwerkzeug zu arbeiten, das ordentlich gestaltet und angepasst wurde, kann eine Freude sein. Wahrscheinlich deshalb ist das Gärtnern nach wie vor eines der beliebtesten Hobbys in unserer Kultur. Feine Gartengeräte, die handlich sind und zum Körper passen, sind auch heute noch erhältlich, von Baumscheren bis hin zum Spaten. Ich vermute, dies ist der Grund, warum viele Gärtner ihre Werkzeuge achten und lieben und sie behandeln, als wären sie lebendig.

Jeder geschickte Chirurg weiß, wie es sich anfühlt, ein Werkzeug zu *sein*. Ein Neurochirurg sagte mir einmal, dass er während der Operation die Spitze seines Skalpells *ist*. Jeder, der mit einem Stethoskop wirklich umzugehen versteht, weiß, wie es ist, das Herz oder die Lungen zu werden, die man auskultiert. Ich habe Musiker kennengelernt, die das Gefühl erleben, die Saiten und Tasten des Instruments zu werden, das sie gerade spielen. Doch die meisten Arbeiter scheinen mit ihren Werkzeugen nicht auf diese Weise zu empfinden. Wie fühlt man sich eins mit einem Computer? Einer Rechenmaschine? Einem Magnetenzephalographen?

Der Museumskurator James R. Blackaby hat gezeigt, dass wir immer weniger Werkzeuge in die Hand nehmen und *gebrauchen* und immer mehr Werkzeug und Gerät bedienen und *steuern*. Wir lenken und kontrollieren Prozesse, statt sie zu gestalten.[37] Den Unterschied zwischen dem Gebrauchen und dem Steuern von Werkzeugen habe ich kürzlich wiederentdeckt, als ich Aufbewahrungskisten durchsah, die ich seit Jahren nicht geöffnet hatte, und dabei auf einen Rechenschieber stieß, den ich auf der Oberschule in Mathematik benutzt hatte. Er gehört zu den Dinosauriern, seine Spezies wurde beim Frontalzusammenstoß mit dem elektronischen Taschenrechner ausgerottet. Mein alter Rechenschieber zwinkerte mir zu, und ich nahm ihn hervor, schob den Läufer hin und her und multiplizierte zwei mal zwei, weil es einfach Spaß machte. Als sich herausstellte, dass das Ergebnis vier betrug, war ich wirklich überrascht und freudig erregt. Ich hatte das Gefühl, zum Hervorbringen dieses Ergebnisses selbst etwas beigetragen zu haben, und dass das Resultat irgendwie auch von meinem Tun abhängig gewesen ist. Es war nicht nur erfüllend, die richtige Antwort zu erhalten; auch den perfekten Reibungswiderstand des herrlichen Instruments zu spüren, als ich die Zunge oder den Läufer nach rechts oder nach links schob, war ein sinnliches Erlebnis. Das Ganze hatte einen eigenen Zauber. Obwohl ich dankbar bin für die Segnungen des Taschenrechners, erkannte ich, als ich den Rechenschieber in der Hand hielt, wie wir körperlich von unserer Arbeit getrennt worden sind, und für einen kurzen Augenblick ahnte ich, was wir dabei verloren haben.

Der Untergang des „Turnschuhnetzwerks"

Auf welche Weise wird der Körper am Arbeitsplatz ignoriert? Wie wir bereits festgestellt haben, sind Gehen und Reden – die Beteiligung des Körpers an der Arbeit – in vielen automatisierten Arbeitsstätten nicht gern gesehen. Das Arbeitsplatzgerät ist zu einer Insel der Selbstgenügsamkeit geworden, die ihre Bewohner vom Kontakt mit anderen abschneidet. Sich die Zeit zu nehmen, zu einem Kollegen zu spazieren und sich mit ihm oder ihr zu beraten, kann im schlimmsten Fall als Faulenzen ausgelegt werden, im günstigsten Fall als Mangel an eigener Findigkeit: Man sollte fähig sein, alle Aufgaben und Pflichten durch die Interaktion mit dem eigenen Computer zu erfüllen, nicht durch Plaudern unter Kollegen.

Das vernetzte Büro der 1990er Jahre hat den Bedarf an dem, was dereinst „Turnschuhnetzwerk" genannt wurde, reduziert – die kleinen Wege zu Räumen, in denen Verbrauchsmaterial zu finden war, zu Aktenschränken oder in die Registratur, zum Druckausgabe-Regal, zum Drucker, zum Faxgerät und anderen Computern. So wie die Textverarbeitungs-Software die Unterbrechungen eliminiert, die beim herkömmlichen Tippen notwendig waren, eliminiert die Kommunikation im Netz, besonders die papierlose Dokumentenverwaltung, die Fortbewegung während der Arbeitszeit. Die vielen kleinen Augenblicke gesparter Zeit oder Tätigkeit mögen wohl die Produktivität an sich steigern, doch zusammengenommen können sie zu einer gefährlichen Halb-Bewegungslosigkeit führen.

Die Situation ist faustisch geworden. Auf der einen Seite forschen Fachleute auf dem Gebiet der Bürokommunikation nach Möglichkeiten, die Notwendigkeit zu reduzieren, zu Begegnungen von Angesicht zu Angesicht zu gehen. Andererseits versuchen Arbeitswissenschaftler, Mittel und Wege zu finden, um die Probleme auszugleichen, die aus dem Bewegungsmangel erwachsen.

Das „barbarische Bett"

Es sind nicht nur Computer, was uns im modernen Büro isoliert; Bürostühle tun das auch. Sie binden uns an einen einzigen Platz, wie Fußfesseln oder eine Kette. Dies ist natürlich nicht die Schuld der Sitzmöbel; sie können uns isolieren oder zusammenbringen, je nachdem wie wir sie nutzen. Thoreau sagte in der Beschreibung seiner Hütte am Waldsee: „Ich hatte drei Stühle in meinem Hause, einen für die Einsamkeit, zwei für die Freundschaft, drei für die Gesellschaft. Wenn Besucher in größerer Anzahl kamen, so war für sie alle nur der dritte Stuhl da; sie sparten aber gewöhnlich Platz, indem sie standen."[38]

Stühle isolieren uns nicht nur; sie können uns auch schaden, indem sie durch schlechtes Design chronische Rückenschmerzen oder Ischiasbeschwerden verursachen. Moderne Büromöbel-Designer scheinen die ursprüngliche chinesische Bezeichnung für den Stuhl zu bestätigen – barbarisches Bett. Die psychologischen Wirkungen von Stühlen können immens sein und werden oft nicht bedacht. Im Büro und im Sitzungssaal können Stühle potente Symbole der Macht sein. Wie Tenner bemerkt, sind die hochlehnigen, üppig gepolsterten „Chefsessel" aus mechanischer Sicht „lang im Status, aber kurz als Stütze für den unteren Rücken; in manchen Kreisen gelten sie immer noch als Erkennungszeichen einer hohen Position in der Firma."

Der Körper wehrt sich

Während die moderne Arbeit zunehmend zerebral abgewickelt wird, gerät der Körper zunehmend in die Isolation. Doch nun stellen wir fest, dass Körper es nicht tolerieren, ignoriert zu werden. Sie schreien nach Aufmerksamkeit, als wollten sie wieder mehr Beteiligung an der Arbeit erhalten. Und sie werden erhört. Wie Tenner schreibt: „Der Körper wurde bei der Computerarbeit nie recht wahrgenommen, bis er anfing, Rache zu üben in Form von verlorener Arbeitszeit, Gerichtsverfahren und Schadensersatzansprüchen der Arbeiter."

Ein großes Maß an Aufmerksamkeit erhalten die sogenannten kumulativen traumatischen Erkrankungen, die die oberen Extremitäten betreffen, zum Beispiel das Karpaltunnelsyndrom, von dem man annimmt, dass es durch sich wiederholende Bewegungen verursacht wird, wie sie die modernen Computer verlangen. Solche Beschwerden erleben fast immer Arbeitskräfte, die auf Stühlen sitzen – die, wie viele Experten glauben, eine Schlüsselrolle spielen.

Doch die Schäden durch Wiederholungsbelastung sind an Häufigkeit nicht mit Rückenschmerzen zu vergleichen. Bei Büroarbeitern kommen Rückenschmerzen vierzig Mal so oft vor wie kumulative traumatische Erkrankungen. Büroarbeiter haben mehr und häufiger Rückenschäden als Hafenarbeiter und Lastwagenfahrer.

Die Schlussfolgerung, dass die Psyche involviert ist, lässt sich schwerlich vermeiden. Laut einer Studie über Schmerzen im unteren Rücken bei 31.200 Angestellten der Boeing-Werke in der Gegend von Seattle und Tacoma gab es keinen Unterschied in der Häufigkeit von Schmerzen im unteren Rücken mit Arbeitsunfähigkeit zwischen Arbeitskräften im Büro und jenen in der Produktion. Es spielte keine Rolle, ob der Angestellte an einem Fließband stand oder an einem Schreibtisch saß. Der Faktor, der dies am besten zu erklären schien, war die Zufriedenheit der Angestellten mit ihrer Beschäftigung, die von Supervisoren mit Hilfe von Arbeitsplatzbewertungen innerhalb der sechs Monate vor Eintreten der Rückenprobleme ermittelt wurde.[39]

Das Wesen der Arbeit

Wenn wir an einer Arbeit beteiligt sind, von der wir wissen, dass sie sich nicht lohnt, erleben wir die destruktivste Form von Isolation, die möglich ist. Wertlose Arbeit zu verrichten, bedeutet zugleich, dass *wir selbst* wertlos sind; und wenn wir kein Empfinden eigenen Selbstwerts haben, fühlen wir uns wie Ausgestoßene, abgeschnitten von der Welt der Lebenden. An seinem neunzigsten Geburtstag schrieb W. E. B. Du Bois (1868-1963), der afro-amerikanische Historiker, Soziologe und Bürgerrechtler, an seinen neugeborenen Urenkel: „Der Lohn deiner Arbeit muss die Befriedigung sein, die diese Arbeit dir bringt, und die Nachfrage der Welt nach dieser Arbeit. Sind sie gegeben, ist das Leben der Himmel – oder dem Himmel so nah, wie du gelangen kannst. Ohne sie – bei Arbeit, die du verachtest, die dich langweilt und welche die Welt nicht braucht – ist das Leben die Hölle."

Wie viele Arbeitskräfte zweifeln am Wert der Arbeit, die sie verrichten? Wie viele sehnen sich nach einem Job, der ihnen ein Empfinden von Sinn, Wert und Ziel vermittelt und der ihren Wert als Person bestätigt? Wie viele leiden unter der nagenden Sorge, dass ihre Arbeit sinnlosen Konsum fördert oder die Umwelt schädigt, aber wissen nicht, wie sie eine Arbeit finden könnten, die erfüllender ist?

Wir *sind* unsere Arbeit – auf Gedeih und Verderb. „Jedes Menschen Arbeit, sei es Literatur oder Musik oder Bilder oder Architektur oder irgendetwas anderes, ist immer ein Porträt von ihm selbst", sagte Samuel Butler. Und wenn wir nicht sagen können, dass wir unsere Arbeit tatsächlich lieben, stimmt etwas nicht, und wir werden einen Preis für die Isolation zu bezahlen haben, die aus unserer psychischen und spirituellen Entfremdung durch unsere Arbeit resultiert. „Arbeit ist sichtbar gemachte Liebe", sagte der Dichter Kahlil Gibran. „Und wenn ihr nicht mit Liebe, sondern nur mit Widerwillen arbeiten könnt, lasst besser eure Arbeit und setzt euch ans Tor des Tempels und nehmt Almosen von denen, die mit Freude arbeiten."[40]

Isolation in der Medizin

Warum sollte die arbeitsbedingte Isolation Angehörige der Gesundheitsberufe interessieren? Wie das Sisyphus-Syndrom und der John-Henry-Typ hat auch die Isolation gesundheitliche Konsequenzen, das haben wir gesehen. Es zeigt sich immer deutlicher, dass der Umgang und die Kommunikation mit anderen Menschen gut für die Gesundheit sind. Je mehr die Menschen sozial vernetzt sind, desto geringer ist die Wahrscheinlichkeit, dass sie an einer Reihe verschiedener Leiden erkranken oder sterben. Selbst Tiere möchten Ansprache, gern berührt werden und im Mittelpunkt der Aufmerksamkeit stehen. In einer kontrollierten Studie, die später noch besprochen werden soll, blieben Kaninchen, die gehalten, berührt und gestreichelt wurden, von einer Sklerosierung ihrer Herzkranzgefäße und Aorta weitgehend verschont, selbst wenn sie eine fettreiche Ernährung erhielten.[41]

Diese Themen sind auch für Behandler persönlich relevant. Man möchte meinen, dass die Ausübung der Medizin immun sei gegen die Auswirkungen von Isolation und Entkörperlichung, weil Ärzte Befragungen durchführen und körperliche Untersuchungen machen, die erfordern, dass sie mit Menschen interagieren und sie berühren. Aber auch die Ärzte werden von dem Trend zur Entkörperlichung eingeholt, wie die modernen Arbeiter allgemein. Die Erhebung einer Anamnese wird zunehmend automatisiert. Manche Ärzte haben schon vorausgesagt, dass die körperliche Untersuchung zu einer vergessenen Kunst werden dürfte, an deren Stelle Durchleuchtungen und Proben verschiedener Art treten werden. Selbst die Psychiatrie, eine der letzten Bastionen in der Medizin, in der die verbale Kommunikation von großer Bedeutung ist, wandelt sich; das zwischenmenschliche Beraten wird zunehmend eingestellt und von der Verabreichung von Medikamenten abgelöst.

Wo wir versagt haben

Immer mehr Firmen und Organisationen ergreifen Maßnahmen, um den Folgen der Isolation und des Mangels an Kontrolle entgegenzuwirken, die die Arbeitskräfte in der modernen Zeit erleben.[42] Dazu gehören:
- die Einrichtung von Arbeitsteams, die für eine Vielfalt von Aufgaben verantwortlich sind
- die Einführung von Arbeitsplatzteilung und gleitender Arbeitszeit
- die Umschulung von Mitarbeitern
- die Wahl eines weniger konfrontativen Management-Stils
- mehr Entscheidungs-Spielraum für die Arbeiter

Für diese Entwicklungen können wir dankbar sein. Aber warum haben wir die Probleme überhaupt erst in die Welt gebracht? Schließlich scheinen manche von ihnen, im Rückblick betrachtet, nur zu offensichtlich. Warum sahen wir sie nicht kommen? Wie Tenner zeigt, können wir uns der Erkenntnis kaum verschließen, dass wir Opfer unserer eigenen Phantasien geworden sind:

Die Übergang zur automatisierten Überwachung, Verwaltung und Verteilung im modernen Büro schien einst ein neues Zeitalter mit gesünderer und befriedigenderer Arbeit zu verheißen. Am Arbeitsplatz selbst sahen die Propheten der Automatisierung ein goldenes Zeitalter menschlicher Kreativität voraus – nachdem elektrische und elektronische Apparate die Schinderei erfolgreich abgelöst hätten. Das Mantra des IBM-Chefs Thomas J. Watson jr. [lautete]: „Maschinen sollen arbeiten, die Menschen denken." ... In den 1950er Jahren [sagten] amerikanische Honoratioren [voraus, dass es] ... bis ... 1980 kein Thema mehr wäre, seinen Lebensunterhalt zu verdienen.

Um diesen Prophezeiungen zu glauben, wurde von uns erwartet, dass wir uns unter Wert verkaufen. Experten auf vielen Gebieten versicherten uns, dass Menschen nicht mehr seien als komplexe Versionen der Computer und Apparaturen, von denen man erwartete, dass sie unser Leben verwandeln würden. Wenn Isolation und Entkörperlichung für Großrechner und Bildschirmstationen kein Problem waren, so wären sie auch nicht unsere Angelegenheiten. Wenn Computer keinen Arbeitsstress erlebten, würde er auch uns nicht begegnen.

Die Menschlichkeit von Menschen, die Rattigkeit von Ratten

Uns als Wesen zu definieren, die am Arbeitsplatz nur zu *denken* brauchten, wie IBM-Chef Watson uns nahelegte, erschien so *modern*. Aber bereits als jene Vorhersagen geäußert wurden, zeigte sich immer deutlicher, dass man dabei etwas außer Acht gelassen hatte. So wurden zum Beispiel, wie der Psychologe Lawrence LeShan in *The Dilemma of Psychology* beschreibt, am Vorabend der elektronischen Revolution von dem angesehenen *Journal of Comparative and Physiological Psychology* und seinen Vorläufern Umfragen gemacht, die bis ins Jahr 1911 zurückreichen. Die Sachverständigen kamen zu dem Schluss, dass Psychologie, wie diese Zeitschrift sie repräsentiert, „zur Wissenschaft vom Lernvermögen der Ratten geworden war ... Die Ratte, die weniger als 0,001% aller Lebewesen repräsentiert, war Gegenstand von 58% der Studien, über die berichtet wurde. Der Rest der Studien galt Primaten (11 %), Katzen (5,1 %), Menschen (9 %) und Vögeln (5 %). Andere Arten waren mit jeweils weniger als einem Prozent vertreten."

Mit dem Niedergang der Verhaltensforschung begannen Ratten und nichtfühlende Geschöpfe ihren Reiz als Modell für das Verständnis menschlichen Verhaltens zu verlieren. Computer als Ersatz gewannen zunehmend an Attraktivität. Sie schienen grenzenlose Möglichkeiten zu bieten, uns selbst besser verstehen zu lernen; die Anatomie und Physiologie des Gehirns dienten als die Hardware, und „Bewusstsein" (was auch immer dies war) als Software. Gleichwohl hatten die computerbasierten Modelle menschlichen Verhaltens einen wichtigen Zug mit den Tier-Modellen gemeinsam – die Gewissheit, dass man Gefühle ignorieren konnte. LeShan stellt den Wert sowohl von Tieren als auch von Computern in Frage, wo es gilt, uns Menschen selbst zu verstehen:

> Die akademischen Psychologen scheinen im Großen und Ganzen entschlossen zu sein, mit dem wirklichen Leben so wenig zu tun zu haben wie irgend möglich. Wenn sie keine weißen Ratten als Ersatz für Menschen hernehmen können, bemühen sie sich entschlossen, stattdessen Computer zu verwenden. Es ist legitim zu fragen, was die Ratte und der Computer in den Laboratorien der Psychologie zu suchen haben – was die eine oder das andere mit den Freuden und Schmerzen des Menschseins zu tun hat. Arthur Koestler sagte über zwei prominente akademische Psychologen: „Beide [Watson und Skinner] befassen sich mit dem Formulieren von Scheinbeweisen in heroischem Maßstab, offenbar getrieben von einem fast fanatischen Drang – koste es, was es wolle –, die Menschlichkeit des Menschen und die Rattigkeit der Ratte zu leugnen."

Obwohl der Computer von vielen weiterhin als das beste Modell zum Verstehen der mentalen Funktion des Menschen hochgeschätzt wird – besonders von Forschern auf dem Gebiet der künstlichen Intelligenz –, ist nicht jeder von seinem Wert überzeugt. „Der Computer ist wahrscheinlich nicht besser und nicht schlechter als eine Metapher für das Gehirn [geeignet] als frühere mechanistische Metaphern", bemerkt der Philosoph John Searle. „Wir lernen so viel über das Gehirn, wenn wir sagen, es sei ein Computer, wie wir lernen, wenn wir sagen, es sei eine Telefonzentrale, ein Telegraphiesystem, eine Wasserpumpe oder eine Dampfmaschine."[43]

Innere und äußere Arbeitsplätze

Effizienz-Experten, Ergonomie-Berater und Zeitstudien-Gurus werden niemals alle isolations-bedingten Probleme lösen, die wir am Arbeitsplatz erleben. Ihre Einsichten werden immer der Ergänzung von jenen Visionären bedürfen, die über das Wesen der Arbeit, ihre Rolle im Leben des Menschen und unsere Verbindungen miteinander intensiv nachgedacht haben.

In „We Are Transmitters" bot D. H. Lawrence eine der hübschesten Beschreibungen der Arbeit, die ich kenne – Arbeit als Leben, Fließen und Geben.

Da wir leben, sind wir Übermittler von Leben.
Wenn wir versäumen, Leben zu übermitteln, versäumt das Leben, durch uns zu fließen. (...)
Wenn wir, da wir arbeiten, Leben in unsere Arbeit übermitteln können, drängt Leben, noch mehr Leben, in uns, es auszugleichen, um bereit zu sein, und wir plätschern vor Leben durch die Tage. (...)
Gebt, so wird euch gegeben,
ist noch immer die Wahrheit über das Leben ...
Es bedeutet, die Qualität des Lebens zu entfachen, wo sie nicht war, und sei es auch nur in dem Weiß eines gewaschenen Taschentuchs.

Wenn wir uns den Problemen stellen, die aus der Isolation erwachsen, sollten wir uns stets daran erinnern, dass unser primärer Arbeitsplatz nicht derjenige ist, zu dem wir für acht Stunden am Tag gehen, sondern unser inneres Selbst, unsere Psyche. Hier nämlich gestalten wir unser Leben mit seinem Wert und Sinn, die uns leiten. Zu viele Menschen projizieren die Ruhelosigkeit unseres inneren Arbeitsplatzes auf den Arbeitsplatz im Äußeren. Selbst wenn alle Versäumnisse und Schwächen des modernen Arbeitsplatzes irgendwie kuriert würden, wird sich doch unser Unbehagen am Job niemals auflösen, solange wir die Isolation und Entfremdung nicht abstellen, die wir von innen heraus empfinden. Erfüllung in der Arbeit erfordert Gelassenheit im Inneren.

Joseph Campbell, der große Mythologe, sprach einst von der Unannehmlichkeit, die er erlebte, wenn er in Urlaub ging. Das Problem, sagte er, bestand darin, dass seine Arbeit sein Spiel war. Die Arbeit während eines Urlaubs ruhen zu lassen, bedeutete für ihn, sein Vergnügen zu *verhindern,* statt es zu befördern.

Jeder, der mit Campbells Werk vertraut ist, ist sich dessen spiritueller Dimension bewusst. Können wir uns eine Möglichkeit ausmalen, für unsere eigene Arbeit ein Empfinden von Heiligkeit wiederherzustellen? Dann könnten wir wohl verstehen, warum der Benediktiner-Orden das Motto *Orare est laborare, laborare est orare* wählte, das heißt „Beten ist Arbeiten, Arbeiten ist beten."

Ist unsere Zeit zu zynisch, um die Möglichkeit einer inneren Transformation der Arbeit ernstzunehmen? Es bleibt die Hoffnung, so glaube ich, dass die Arbeit im Äußeren verwandelt werden kann, wenn wir von innen heraus geheilt werden können – aber nur dann. Robert Frost sprach von dieser Möglichkeit in „Two Tramps in Mud Time":

Aber gib nach, wer will, seiner Trennung.
Mein Ziel im Leben ist zu einen
Meine Nebenbeschäftigung mit meiner Berufung
Wie meine beiden Augen eins werden beim Sehen.

4

DIE ESS-ZETTEL

Im Jahr 1992 wurde ich eingeladen, einen Vortrag in einem herrlichen Gesundheitszentrum in Baja California zu halten, gemeinsam mit meiner Frau Barbara, Dr. Jeanne Achterberg, der Chefredakteurin von *Alternative Therapies,* und Dr. Frank Lawlis vom Beirat von *Alternative Therapies.* Die Umgebung war majestätisch: Berge, Wüste und darüber ein türkisblauer Himmel. An dem Abend, während ich meinen Vortrag hielt, begann ich mich krank zu fühlen. Fiebrig und geschwächt, hatte ich während der letzten Minuten meiner Rede zu kämpfen, um auf den Füßen zu bleiben. Obwohl ich mich schrecklich fühlte, erinnere ich mich, dass mich die Ironie jener Situation amüsierte: Ich, der geladene Gast und Experte, wurde krank, während ich einen Vortrag über Gesundheit hielt. War dies eine kosmische Lektion in Demut? Mit Barbaras Hilfe schaffte ich den Weg aufs Zimmer, wo ich zusammenbrach. Binnen weniger Minuten wurde ich von einem der schwersten Schüttelfröste heimgesucht, die ich je erlebte, und ich hatte hohes Fieber. Mir war klar, dass es sich um einen septischen Schock handeln konnte und ich in Erwägung ziehen sollte, eine notärztliche Behandlung in Anspruch zu nehmen. Doch aus Gründen, die ich später erklären werde, beschloss ich, zu bleiben, wo ich war.

Meine Frau ist eine der begnadetsten ganzheitlichen Krankenschwestern, die ich je kennengelernt habe, und so fühlte ich mich in guten Händen. Sie informierte auch Jeanne und Frank über meine plötzliche Erkrankung, und meine Freunde machten mir einen Hausbesuch. Eine bessere Betreuung hätte ich mir nicht wünschen können. Ich weiß, dass Jeanne und Frank Heiler sind, denn jedes Mal, wenn ich mit ihnen zusammen bin, fühle ich mich danach besser. Dies ist das beste Kriterium, das ich kenne. Zudem ist Frank ein geborener Schamane, für den der Umgang mit Trommel und Rassel ebenso selbstverständlich und vertraut ist wie das ärztliche Sprechzimmer. Seine Praxis in Santa Fe ähnelt tatsächlich einer Schamanenhöhle, mit Masken und Rasseln, Federn und Fellen, Totems und Fetischen – und einigen undefinierbaren Objekten – überall.

Zitternd vom heftigen Schüttelfrost, bat ich Frank, mir behilflich zu sein und einige Worte auf ein kleines Stück Papier zu schreiben, das zu meiner Heilung beitragen könnte – was auch immer er gerade für angebracht hielt. Meine einzige Bedingung war, dass er mir nicht sagte, was er schrieb. Frank strahlte: Das war die richtige Herausforderung für den Schamanen. Als er fertig war, bat ich ihn, das Papier so kompakt wie möglich zu falten, so dass ich es nicht lesen könnte. Dann bat ich Barbara um ein Glas Wasser, mit dem ich das Papierchen schluckte, das so klein wie eine große Kapsel gefaltet war. Voll Zuversicht, als befände ich mich in der besten Intensivstation der Welt, legte ich mich zurück, schloss die Augen und glitt in eine Bewusstlosigkeit.

Drei Tage und Nächte fühlte ich mich, als würde ich sterben – halb delirös, fiebrig, wechselnd zwischen Bewusstheit und Bewusstlosigkeit und zu schwach, um zu sprechen. Barbara erfuhr am folgenden Tag, dass mehrere Leute ähnlich erkrankt waren. Manchen ging es so schlecht, dass sie in die Vereinigten Staaten zurück geflogen werden mussten, um dort notfallmedizinisch versorgt zu werden. Trotzig entschied ich zu bleiben, ohne Behandlung außer reichlich Trinken – und dem Papier, das ich bereits geschluckt hatte. Dann begann sich mein Zustand allmählich zu bessern, normalisierte sich aber erst Wochen nach unserer Rückkehr nach Hause.

Frank blieb in engem Kontakt. Zuerst war er enttäuscht über den Zettel, den er für mich beschrieben hatte. Doch ich machte ihn darauf aufmerksam, dass diese Therapie lebensrettend gewesen sein könnte, schließlich war ich ja nicht gestorben. Seien wir ehrlich: Wäre es kein Papier, sondern ein Medikament gewesen, würden wir ihm Lobeshymnen singen, dass es mich den Klauen des Todes entrissen hatte.

Bei meiner Entscheidung, auf einen Zettel geschriebene Wörter „einzunehmen", hatte ich keine neue Therapie erfunden. Ich beschwor vielmehr einen uralten Heilungsbrauch, von dem ich aus einem Buch wusste, das Jeanne mir vorher geliehen hatte: *The Diary of a Napoleonic Footsoldier* (dt. Titel: *Denkwürdige Geschichtsschreibung über die erlebte Militärdienstzeit des Verfassers*) von Jakob Walter, über den weiter unten noch zu lesen sein wird.

Ess-Zettel: Historische Beispiele

Am 22. Juni 1812 marschierte Napoleon Bonaparte in Russland ein, nachdem er Europa zwischen Paris, Hamburg und Rom erobert hatte. Wie Louis Leo Snyder in *Great Turning Points in History* (dt. Ausg.: *Wendepunkte der Weltgeschichte*) erzählt, war Napoleons Strategie einfach: Erlange die Herrschaft über den Osten und erzwinge dadurch die Kapitulation der Engländer. Aber aus verschiedenen Gründen – Krankheit, der tödliche russische

Winter, Inkompetenz und Klüngelei in der Befehlskette, Gehorsamsverweigerung und Disziplinlosigkeit, Probleme mit dem Nachschub und dem hartnäckigen russischen Widerstand – wurde Napoleon besiegt. Am 18. Dezember war er zurück in Paris und verfluchte den „russischen Koloss", den er als Feind von ganz Europa anprangerte, als er beschämt durch den Arc de Triomphe ritt.

Jakob Walter war ein Infanterist in Napoleons Grande Armée, vor der Europa einst gezittert hatte. Doch als das Jahr 1812 zu Ende ging, war diese Armee so weit in Auflösung begriffen, dass sie im militärischen Sinne praktisch nicht mehr existierte. Die meisten von Walters sechshunderttausend Kameraden lagen als gefrorene Leichen auf der russischen Steppe verstreut. Zu einem der größten Desaster kam es, als die französische Armee auf dem Rückzug den Fluss Beresina überqueren wollte. Als die Russen zum entscheidenden Schlag ausholten, versuchten die französischen Soldaten hastig, Brücken zu bauen. Die Überquerung geschah in Panik, und Tausende ertranken in dem eisigen Wasser oder wurden überrollt und zertrampelt. In *Krieg und Frieden* verglich Tolstoi die Zwangslage von Napoleons Resttruppe mit der eines angeschossenen Wildes, „welches fühlt, dass es sterben muss, und nicht mehr weiß, was es tut. ... Meist stürzt sich solch ein verwundetes Tier, wenn es ein Rascheln hört, dem Jäger gerade vor den Schuss, rennt vor und wieder zurück und führt dadurch selber sein Ende um so schneller herbei."[44]

Louis Constant Wairy, Napoleons Kammerdiener, schrieb in seinen Memoiren, dass es nach der Überquerung der Beresina so kalt wurde, dass man steif gefrorene Vögel auf der Erde fand. Die Soldaten kauerten sich zusammen, den Kopf zwischen den Armen und nach vorn gebeugt, um den nagenden Hungerschmerz zu lindern, und so fand man sie oft am nächsten Morgen – erfroren. Der Dampf des Atems gefror an den Augenbrauen, und Eiszapfen wuchsen an Schnurr- und Backenbärten. Soldaten, die am Ort ihrer Erfrierungen keinen Schmerz mehr empfanden, verbrannten sich am Lagerfeuer bei den Versuch, das Eis an Kleidung und Leib zu schmelzen. Artilleristen, die Wärme suchten, hielten ihre Hände an die Nasen ihrer Pferde.

Gegen Ende dieses überstürzten Rückzuges wurde Jakob Walter schwer krank. Er hatte Fieber und Schüttelfrost, „welcher mich schrecklich schüttelte", wie er später schrieb. Er war so schwach, dass er seine Waffen nicht mehr tragen konnten und sie zurückließ. Dies zeigt deutlicher als irgendeine andere Maßnahme, wie verzweifelt und krank Walter war. Von den eigenen Waffen getrennt zu werden, ist eines der gefürchtetsten Schicksale, die einem Soldaten zustoßen konnten, und jeder Krieger wird tun, was er kann, um zu verhindern, dass es so weit kommt.

Außerstande weiterzugehen, suchten Walter und zwei seiner Kameraden, die ebenfalls das Fieber „in seinem schlimmsten Stadium" hatten, Zuflucht in einem Wirtshaus. Walter berichtete über ihre Genesung wie folgt:

> Am nächsten Tag kam ein Bürger der Stadt zu der Schenke ... und fragte, was uns drei plagte ... Wir antworteten ihm, dass jeder von uns das Fieber hatte. „Das Fieber?", fragte er. „Ich kann euch helfen, das loszuwerden." Das tat er wirklich. Er setzte sich hin, beschrieb drei Zettel und sagte, dass jeder von uns jetzt einen davon essen solle. Ich für meinen Teil hatte geringe Hoffnung, dass so etwas helfen könnte. Dessen ungeachtet aß ich meinen Zettel auch. Als die Zeit für mich kam, wieder schrecklich geschüttelt zu werden, wartete ich länger und länger, und tatsächlich verließ das Fieber nicht nur mich, sondern auch meine beiden Kameraden zur gleichen Zeit. Dies schien wie ein Wunder und war segensreich für uns alle, und wir dankten diesem guten Mann, ohne den gewiss keiner von uns dem Tode entronnen wäre.

Der Tagesmarsch des toten Mannes

Eine ähnliche Begebenheit spielte sich in einer der kargsten Gegenden im Südwesten der Vereinigten Staaten ab, bei der Jornada del Muerto, dem „Tagesmarsch des toten Mannes" (engl. *The Dead Man's March)*, einer etwa einhundertsechzig Kilometer langen Strecke durch die Wüste in den Bezirken Socorro und Sierra mitten im Bundesstaat Neumexiko. Diese Gegend ist so abgelegen und abweisend, dass die US-Regierung sie zum Schauplatz für den Trinity-Test („Dreifaltigkeits-Test") auf dem White-Sands-Raketentestgelände auserkor, bei dem die erste Atombombe zur Explosion gebracht wurde. Hier zwingen die Berge den Rio Grande, sich nach Westen zu wenden, und Reisende zu Lande, sich nach Osten zu orientieren. Durchquerungen dieses wasserlosen Gebiets waren schon immer ein äußerst gefährliches Unterfangen.

Der Historiker und Schriftsteller Paul Horgan beschrieb in seinem mit dem Pulitzer-Preis für Geschichte ausgezeichneten zweibändigen Werk *Great River: The Rio Grande in North American History,* dass der Brauch, auf Zettel geschriebene Wörter zu essen – wie bei Jakob Walters Heilung – der Grund war, warum diese Region ihren Namen erhielt.

Zu Beginn des 17. Jahrhunderts kämpften die Spanier darum, mitten zwischen den eingeborenen Pueblo-Stämmen, deren Glauben sie nicht verstanden, eine Kolonie zu errichten. Ihre Bastion und der Sitz des Gouverneurs war Santa Fe, das wenige Meilen vom Rio Grande entfernt an einem seiner Zuflüsse gegründet worden war. Viele Jahre war Santa Fe nicht mehr als eine

Ansammlung von Lehmhäusern, die um eine kleine Plaza gebaut waren – außer dem winzigen Vorposten El Paso die einzige spanische Stadt in diesem riesigen Gebiet.

Obwohl ihr katholischer Glaube sie zwang, dem Aberglauben der Pueblo-Indianer mit Entsetzen zu begegnen, waren die spanischen Siedler doch zugleich auch fasziniert davon. Eine Folge dieser Ambivalenz beschrieb Horgan: „In Santa Fe nagten private Zaubereien an den Rändern der Gesellschaft; sie versetzten die Menschen in Schrecken, waren Stoff für Gerede und Anlässe zu Zweifeln." Wenn zum Beispiel Indianer als Hausangestellte arbeiteten, brachten sie ihre okkulten Überzeugungen mit. Spanische Frauen flehten die Indianer an, Liebestränke und Kräuter zu bringen, die Erfolg verhießen, das Wiederfinden verlorener Gegenstände und magischen Schutz.

Einmal wurde ein junger Spanier in eine Kiva der Eingeborenen eingelassen, einen unterirdischen Zeremonien- und Versammlungsraum. Dort stach sich der junge Mann absichtlich mit einer Ahle, ohne zu bluten oder Schmerz zu empfinden. Diese erstaunliche Tat wurde von einem Jungen beobachtet, der ihn begleitete und es wiederum einem spanischen Beamten berichtete. Bei einer anderen Gelegenheit, in Gegenwart des Jungen und zweier Frauen, stieß sich der junge Mann einen Dolch und ein Messer in den Leib, ohne sich zu verletzen.[45] Die katholischen Siedler waren entsetzt angesichts dieser Taten und hielten sie für sichere Zeichen dafür, dass Dämonen oder Zauberer unter ihnen lebten. Man forderte eine Erklärung der Geschehnisse. Der junge Mann schilderte, wie eines Tages während der Messe ein deutscher Kaufmann aus Sonora, der mit den Nachschubkolonnen gekommen war, auf der Chorempore zu ihm getreten war und etwas auf einige Zettel geschrieben hatte. Der Deutsche erklärte, wenn der junge Mann sie esse, würden sie ihn für vierundzwanzig Stunden unverwundbar machen. Dieser schluckte augenblicklich einen der Zettel und stellte fest, dass er sich mit einer Klinge nicht verletzen konnte. Wie der junge Mann berichtete, stand auf den Zetteln, die er geschluckt hatte: „+A.B.V.A. + A.D.A.V.+."

Der entsetzte spanische Beamte alarmierte den katholischen Prälaten im nahen Pueblo Santo Domingo. Der Prälat zeigte den Deutschen an, der verhaftet, vor Gericht gestellt und ins Gefängnis gesteckt wurde. Monate später entkam er mit Hilfe eines Indianers und floh nach Süden auf der Straße, die dem Rio Grande folgte. Fünf Soldaten wurden ausgeschickt, ihn und seinen Komplizen einzufangen. Nahe der Quelle von Il Perillo, in dem langen Wüstenabschnitt östlich des Flusses und der Berge, fanden die Soldaten eine blaue Hose und ein blaues, mit Otterfell gefüttertes Wams. In der Nähe fanden sie menschliches Haar und von Tieren abgenagte Knochen. Alle diese Funde identifizierten die Soldaten als „dem deutschen Hexer" gehörend, der, wie sie annahmen, von dem ihn begleitenden Indianer getötet worden war. Deshalb benannten sie diese Strecke durch die Wüste nach dem unseligen Deutschen Jornada del Muerto, den „Tagesmarsch des toten Mannes".

Verinnerliche deine Worte: Ess-Zettel

Die Erlebnisse von Jakob Walter und dem deutschen Kaufmann in der Kolonialprovinz Nuevo Méjico spiegeln einen Brauch wider, dessen Ursprünge sich in den Tiefen der Geschichte verlieren – das Essen von Gebeten, Bibelversen oder magischen Formeln, die auf unterschiedliche Medien geschrieben wurden, wie Zettel, Früchte, Brot oder die geweihte Hostie in der Eucharistie. Im Deutschen wurden diese Papierchen „Ess-Zettel" oder „Ess-Bilder" genannt. Manchmal wurden die so beschriebenen Gegenstände in Wasser getaucht und dieses getrunken, was, wie man sagte, den gleichen Zweck erfüllte: Die Übertragung der Kraft dieser Buchstaben oder Wörter. Hier handelte es sich nicht nur um einen heidnischen Brauch, sondern oft um eine Vermischung von Volks- und christlichem Glauben, etwa wenn man ein Kreuz in die Oberfläche eines Brotlaibes schnitt, bevor dieses gebacken und gegessen wurde. Diese Praktiken waren weit verbreitet und aus Frankreich, Italien, Deutschland und Russland bekannt.

Entsprechend einem Volksglauben „in Holstein isst der Kranke einen Zettel mit der sehr naiven Aufschrift: ‚Fieber bleib aus. [Name der Person] ist nicht zuhaus.' Eine Notiz zum Jahre 1452 berichtet von Leuten, ‚die auf opfel bley oder anders schreiben und das zu essen geben den leutten oder an den hals hencken.'* … In Klosterheide häufen sich die Vorschriften: Auf ein Butterbrot schreibt man mit Tinte, indem man die Feder umkehrt. … Das gibt man dem Kranken an drei Freitagen nach Sonnenaufgang und vor Sonnenuntergang. In Sachsen muß ein von einem tollen Hund Gebissener innerhalb von vierundzwanzig Stunden ein Butterbrot [mit eingeritzter Inschrift] essen. … Gegen Epilepsie schreibt man mit einer Nadel, mit der man für einen Toten etwas genäht hat, [die Formel] auf Papier, wärmt es über Milchdampf und gibt es den Kindern auf Butterbrot zu essen. ‚Andere essen wider das Fieber drei mit [Buchstaben] gezeichnete Mandelkern / andere einen Lebkuchen / der soll in drei mal drei Stücklein geschnitten / dann allemal drei Stücklein auf einmal wider das Fieber eingegeben werden / dann muß auf jedes Stücklein was geschrieben sein.'"[46]

Der Einsatz von Ess-Zetteln beschränkte sich nicht auf Menschen. Papierchen mit magischen Formeln fütterte man auch tollwütigen Hunden – das

---

* "die auf Äpfel, Blei oder anderes schreiben und das Leuten zu essen geben oder an den Hals hängen" tollwütige Tier dazu zu bringen, ein Stück Papier zu fressen, ohne dass der Hund die Hand biss, die ihn fütterte, muss eine besondere Herausforderung gewesen sein – und anderen Tieren, um Unfruchtbarkeit vorzubeugen. Sie wurden Tieren auch zum Fressen gegeben, um der Tollwut vorzubeugen – was eine der frühesten Formen von Schutzimpfung gewesen sein muss.

Bevor wir jene Überzeugungen als Aberglauben abtun, aus dem wir auf unserem entschlossenen Marsch hin zur Erleuchtung herausgewachsen sind, sollten wir tiefer blicken. Wenn wir unseren Kindern erlauben, Kräcker oder Kekse in Tierform zu essen – geben wir da nicht ähnlichen Impulsen nach, die sich in unser Unbewusstes zurückgezogen haben? Wenn wir Lebkuchenmänner backen, sie beschreiben, dekorieren und am Ende verzehren, ein Körperteil nach dem anderen – folgen wir da den alten Trieben?

Auch die Medikationen, die wir „essen", ähneln den Ess-Zetteln der Alten. Pharmafirmen drucken oder prägen auf ihre Kapseln und Tabletten Zahlen, Namen und kunstvolle Symbole. Sie betrachten diese vielleicht nicht als magische Formeln, doch die Inschriften bewirken gleichwohl einen Unterschied in der Macht der Mittel. Aspirin-Tabletten von Bayer, die das berühmte Logo, das Bayer-Kreuz, tragen, haben eine stärkere Wirkung als schmucklose Generika, die die identische Menge desselben Wirkstoffes enthalten.[47]

Auch die Farbe spielt eine Rolle. Im Rahmen einer Studie wurden Medizinstudenten blaue oder rosa Placebo-Kapseln gegeben, in beiden Fällen mit der Angabe, dass diese entweder beruhigend oder stimulierend wirken würden. Studenten, die die blauen Placebos einnahmen, fühlten sich danach zweimal so häufig schläfrig wie jene Probanden, die rosa Kapseln erhielten, obwohl die Placebos beider Farben weder einen Wirkstoff enthielten noch eine bekannte Wirkung auslösten.

Die altgediente Erklärung für die Wirkung der Ess-Zettel ist die Placebo-Reaktion – also die Kraft von positivem Denken, Suggestion und Erwartung. Doch bevor wir alle Wirkungen der Ess-Zettel dem Denken zuschreiben, sollten wir auch andere Gründe in Betracht ziehen, warum sie therapeutisch wirkten. Es sind mehrere materialistische Hypothesen vorstellbar. Der Kohlenstoff in der Tinte könnte absorbierend gewirkt und schädliche Substanzen im Magen-Darm-Trakt gebunden haben, ähnlich der Wirkung von Aktivkohle, die heutzutage für diesen Zweck verschrieben wird. Das Papier oder Brot, auf das Wörter geschrieben wurden, könnten schimmlig gewesen sein, und die Mikroben könnten einen antibakteriellen Effekt entfaltet haben. Wer weiß schon, welche Substanzen von medizinalem Wert in den Körper eines Menschen transportiert worden sein könnten, der vor Jahrhunderten Zettel gegessen hat?

Oder – und dies ist eine Möglichkeit, die mich fasziniert – die Ess-Zettel haben vielleicht als Träger oder Vermittler für die empathischen Intentionen,

Gedanken, Wünsche oder Gebete der Person gedient, die sie verabreichte – was man traditionell als mediale oder Geistheilung bezeichnet.

Vermittler-Objekte und Heilung

Es ist einfach, den Glauben unserer Ahnen zu verwerfen, dass Wörter auf einem Stückchen Papier die Macht besitzen, Heilung herbeizuführen – doch auch die Ärzte von heute schreiben Wörter und Formeln auf Papier. Solche Papiere werden Rezepte genannt, und auf vielen stehen die Namen von wertlosen oder sogar schädlichen Medikamenten. Wie Ess-Zettel, die magische Symbole tragen, haben Rezepte ihre eigenen Zeichen: „Rp." steht für das lateinische *recipe,* das heißt „Nimm!".

Haben unsere modernen Ess-Zettel etwas mit den magischen Formeln gemeinsam, die im Europa des Mittelalters auf Papier gekritzelt wurden? Ich meine, dass beide als ein legitimierender Faktor für die Intentionen der Person funktionieren könnten, die sie verabreicht, ob der Verschreibende nun ein Heiler aus dem Volke im Mittelalter war, ein Schamane oder ein moderner Arzt im weißen Kittel, und ob wir die Intention als Gedanken, Wunsch oder Gebet bezeichnen. Ob Ess-Zettel oder modernes Rezept – der Gegenstand mag als Vermittler dienen, der Heilung möglich macht.

Fast alle Heiler benutzen irgendeine Art von Vermittler, der als Symbol für ihre Kraft dient und den Zugriff auf diese Kraft ermöglicht. Wir Ärzte ertrinken fast in der Fülle von Vermittlern. Sie reichen von weißen Kitteln, Stethoskopen, einem mystifizierenden Vokabular und Computertomographen bis hin zu Tausenden von Tabletten und allerlei chirurgischen Prozeduren. Im Allgemeinen leugnen wir, dass symbolische Objekte irgendeine eigene, echte Macht besitzen. Doch ich frage mich …

Betrachten Sie das Erlebnis eines meiner Patienten, eines Teenagers, den ich David nennen möchte. Vor zehn Jahren wurde er in einen Autounfall verwickelt und erlitt eine Fraktur der Halswirbelsäule mit einer Schädigung des Rückenmarks. Der Bruch war zwischen dem zweiten und dritten Halswirbel, also in einer Höhe, in der Brüche in der Regel tödlich ausgehen. Der für ihn sorgende Neurologe war überzeugt, dass David sterben werde, und zog die Bestellung für eine Kernspintomographie zurück. Er fixierte den Patienten in einem Schädelhalter – ein Gerät, das in beiden Seiten des knöchernen Schädels fixiert wird und über das ein Zug angewandt werden konnte, der eine weitere Schädigung des Rückenmarks verhindern sollte –, legte ihn in ein Beatmungsgerät, ließ ihn durch einen Schlauch ernähren und auf die Intensivstation legen, damit seine Familie ihn ein letztes Mal besuchen konnte.

Der Familie wurde mitgeteilt, dass David die Nacht wahrscheinlich nicht überleben werde. Er konnte nicht schlucken, nicht selbstständig atmen und war vom Hals an abwärts gelähmt und ohne Empfindung. Der Arzt erklärte, dass nur ein dünner Rest von Davids Rückenmarksgewebe nicht durchtrennt war, und dass er schon die Fahrt zum Krankenhaus nicht überlebt haben sollte. Er bat die Familie, um ein Wunder zu beten, beeilte sich aber hinzuzufügen, dass er selbst noch keines erlebt habe.

David starb nicht, wie prognostiziert, und man führte einen Luftröhrenschnitt durch. Obwohl keine Besserung eintrat, blieb er wach und versuchte zu sprechen. Davids Familie versuchte, von seinen Lippen zu lesen, doch er ärgerte sich, wenn es ihm nicht gelang, seine Worte verständlich hervorzubringen. Er hasste das Beatmungsgerät, und sein größer Wunsch war, von ihm loszukommen.

Davids Familie gehörte einer christlichen Gruppierung an, die stark ans Heilen glaubte. Sie teilten die Überzeugung, dass man Heilung auf eine Person in Not übertragen konnte, indem man einen mit heilender Kraft geweihten Gegenstand in Kontakt mit dem bedürftigen Menschen brachte. Dies wurde oft von einer Gruppe von Gläubigen praktiziert, die ein Stück Stoff herumreichten, das jede Person in den Händen hielt und dabei ein Gebet um Heilung sprach. Dann wurde das Tuch auf den Körper des Menschen gelegt, der der Heilung bedurfte. Davids Kirchengemeinde weihte ein Gebetstuch für ihn, sein Vater brachte es ins Krankenhaus und band es ihm um den linken Oberarm.

David ließ nicht zu, dass Angestellte des Krankenhauses das Tuch entfernten. Selbst als es verschmutzt wurde, lehnte er es ab, es waschen zu lassen, aus Furcht, dass die Heilungskraft dann aufgehoben würde.

Zusätzlich bat David um spezielle Gebete für seine Atmung. Seine Familie ließ von der gläubigen Gruppe ein weiteres Tuch weihen, das mit Stecknadeln über Davids Brustkorb befestigt wurde.

Langsam besserte sich Davids Zustand. Zehn Jahre nach seinem Unfall atmet er ohne maschinelle Hilfe und ernährt sich normal. Er kann ohne Hilfe aus seinem elektrischen Rollstuhl aufstehen und mit einem Stock und etwas Hilfe für sein Gleichgewicht einige Schritte gehen. Er hat gelernt, ein speziell umgerüstetes Auto handzuhaben und besucht selbstständig das College.

Davids Neurologe glaubt zwar weiterhin nicht an Wunder, weiß aber auch keine Erklärung für Davids Überleben und Besserung.

Ein weiterer Fall, der von einem Heilung vermittelnden Gegenstand handelt, ist der des achtzehnjährigen Tim, der nach einem Autounfall mit schweren Verletzungen des Brustkorbes ins Krankenhaus eingeliefert wurde. Der Zustand seiner Lungen verschlechterte sich zusehends, und er entwickelte ein akutes progressives Lungenversagen. Schließlich wurde Tim intubiert und auf ein Beatmungsgerät gelegt. Außerstande zu sprechen, schrieb er seiner Mutter den Namen „Willie" auf. Sie wusste augenblicklich, dass dies Willie Nelson bedeutete, Tims Lieblings-Country- und Western-Sänger. Sie brachte unverzüglich Tims Sammlung mit Willie-Nelson-Kassetten und ein Abspielgerät für den Nachttisch, dazu zwei rote Kopftücher, Willie Nelsons Markenzeichen. Tim ließ sich von seiner Mutter eines der Tücher um den Kopf binden und das andere über seine rechte Handfläche. Er hing sehr an diesen Gegenständen und ließ nicht zu, dass sie entfernt wurden, selbst als sein klinischer Zustand sich zu verschlechtern begann. Unmittelbar bevor er starb, hob er die Hand mit dem roten Tuch und gab seinem Vater einen „High five" – eine Geste, die für sie beide eine spezielle Bedeutung hatte. Seine Eltern erkannten dies als Tims Signal, dass alles in Ordnung war und sie ihn jetzt gehen lassen sollten.[48]

Solche Fälle sind nicht selten. Jeder, der in einer Intensivstation arbeitet, weiß, dass Familienangehörige immer Objekte ans Bett bringen, die für die Patienten eine spezielle Bedeutung haben – Stofftiere, Fotos, Kruzifixe und so weiter. Die obigen Beispiele illustrieren unterschiedliche Arten, solche Gegenstände zu gebrauchen – als bewussten Versuch, das Objekt mit spezieller Kraft aufzuladen, wie im Falle des Gebetstuches, oder als Gelegenheit, das Objekt als Symbol wirken zu lassen, wie bei den roten Kopftüchern.

Experimente mit Vermittler-Objekten

Einige der genialsten Experimente zur Erforschung der Rolle von Vermittler-Objekten beim Heilen hat Bernard Grad an der McGill-Universität in Montreal durchgeführt.

Bei einem Experiment untersuchte Grad, ob mentale Depression möglicherweise einen negativen Einfluss auf das Wachstum von Pflanzen ausübt. Diese Vorstellung passt zu dem weit verbreiteten Glauben, dass manche Menschen grüne Daumen haben und unsere Gedanken und emotionale Verfassung eine Rolle dabei spielen könnten, wie stark Pflanzen darauf ansprechen. Grad theoretisierte: Falls Pflanzen mit Wasser gegossen werden, das dem Einfluss von deprimierten Menschen ausgesetzt gewesen war, dürften sie wohl langsamer wachsen, als wenn sie Wasser erhielten, das von optimistisch gestimmten Menschen gehalten worden war. Also wurde ein kontrolliertes Experiment ersonnen, für das man einen Mann brauchte, von dem man wusste, dass er über grüne Daumen verfügte, und zwei Patienten in einer psychiatrischen Klinik – eine Frau mit einer depressiven Neurose und einen Mann mit einer psychotischen Depression.

Beide Personen hielten dreißig Minuten lang eine versiegelte Flasche in den Händen. Dann wurde die Flüssigkeit verwendet, um Gerstensaat zu wässern. Während der gründaumige Mann die Flasche hielt, war er positiv gestimmt, und die damit gegossenen Samen wuchsen rascher als die der anderen Versuchsperson oder der Kontrollsaat. Entgegen der Erwartung sprach die normalerweise deprimierte, neurotische Frau mit einer besseren Stimmung auf das Experiment an; sie stellte relevante Fragen und zeigte großes Interesse. Sie wiegte ihre Wasserflasche im Schoß, wie eine Mutter ein Kind halten könnte. Ihre Samen wuchsen ebenfalls schneller als die der Kontrollsaat. Der Mann mit der psychotischen Depression war aufgeregt und deprimiert, als er die Gießlösung hielt; seine Samen wuchsen langsamer als die der Kontrollsaat. Grads Studie scheint zu zeigen, dass Emotionen den Heilungsvorgang auf positive und negative Weise beeinflussen könnten und dass physische Objekte diese Einflüsse vermitteln dürften.

Bei einem ähnlichen Experiment arbeitete Grad mit einem Heiler zusammen. Dieses Mal wurde das Gerstensaatgut geschädigt, indem man es mit einer einprozentigen Salzlösung begoss. Zuerst hielt der Heiler den Messbecher mit der Salzlösung, mit der die Samen der Experimentalsaat gewässert werden sollten, mit der Intention, die hemmende Wirkung der Salzlösung abzuschwächen. Die Salzlösung, die zur Wässerung der Kontrollsaat verwendet wurde, „behandelte" er nicht in diesem Sinne. Das Experiment wurde drei Mal wiederholt, die Ergebnisse waren ähnlich: Das mit der „behandelten" Salzlösung gegossene Saatgut keimte und wuchs besser als jene Proben, die mit unbehandelter Salzlösung begossen wurden. Die Studie lässt darauf schließen, dass auf irgendeine Weise heilsame Intention durch ein sekundäres Vehikel oder ein Agens vermittelt werden kann.

Bei einem weiteren Experiment studierte Grad Mäuse, denen aufgrund einer jodarmen Ernährung und die Gabe von Thiouracil* Kröpfe gewachsen waren. Der Grad des Schilddrüsenwachstums wurde durch Wiegen der Schilddrüsen der Mäuse ermittelt, nachdem diese getötet wurden. Aus siebzig Mäusen wurden drei Gruppen gebildet: 1) eine Kontrollgruppe, die keine Behandlung erhielt, 2) eine vom Heiler behandelte Gruppe, die in speziellen Behältern von einem Heiler fünf Tage in der Woche zwei Mal täglich und am Samstag ein Mal fünfzehn Minuten lang gehalten wurden; und 3) eine Wärme-Kontrollgruppe, die in Käfigen gehalten wurde, welche für die gleiche Dauer und auf die gleiche Temperatur gewärmt wurden wie die „gehaltene" Gruppe. Die Schilddrüsen der vom Heiler behandelten Mäusegruppe wuchsen signifikant langsamer als die beider Vergleichsgruppen.

---

* Ein Thyreostatikum, das die Bindung von Jod und damit die Bildung von Schilddrüsenhormonen verhindert. (Anm.d.Ü.)

In einer Abwandlung dieses Experiments teilte Grad siebenunddreißig Mäuse nach kropfbildender Ernährung in Behandlungs- und Kontrollgruppen. Dieses Mal fand die Heilbehandlung über ein vermittelndes Objekt statt. Hierzu hielt der Heiler Wolle und Watte fünfzehn Minuten lang in den Händen, ein Mal am ersten Tag und je zwei Mal an den folgenden vierundzwanzig Tagen der Studie. In jeden Käfig der Behandlungsgruppe – er beherbergte vier oder fünf Mäuse – wurden an sechs Tagen in der Woche morgens und abends eine Stunde lang zehn Gramm „behandelter" Watte und Wolle gelegt, während die Kontrollmäuse in ihre Käfige Watte und Wolle erhielten, die nicht vom Heiler behandelt war. Die Mäuse, die Kontakt mit der vom Heiler gehaltenen Vermittler-Substanz hatten, entwickelten signifikant langsamer Kröpfe als die Tiere in der Kontrollgruppe.

Die Grad-Studien sind klug ersonnene Experimente, die die Aufmerksamkeit eines jeden verdient haben, der sich für die Rolle von mentaler Intentionalität, Gebet und Vermittler-Objekten beim Heilen interessiert. Und sie stehen nicht allein. Bis heute wurden etwa einhundertfünfzig Studien zum „Heilen" publiziert, in denen ein Individuum versucht, über eine Entfernung einen heilenden Einfluss auf ein anderes biologisches System auszuüben. Bei rund der Hälfte bis zwei Dritteln dieser Experimente ist ein statistisch positives Resultat festzustellen. Diese Ergebnisse sind durch bekannte physikalische Mechanismen nicht zu erklären. Deshalb stellen sie große Herausforderungen (und große Chancen) für unser Verständnis der Rolle des Bewusstseins in der Welt dar, wie wir in dem Kapitel „Die Rückkehr des Gebets" noch besprechen werden. Um Grad zu zitieren:

> Obwohl man über das Wesen der Kraft, die die biologischen Wirkungen zeitigt ... oder des Mechanismus, durch den sie wirkt, nur wenig sagen kann, haben die [hier nicht beschriebenen] Experimente zu Wundheilung und Pflanzenwachstum gezeigt, dass das sogenannte Handauflegen – zumindest, wenn es von bestimmten Individuen ausgeführt wird – objektive, demonstrierbare Wirkungen hat, welche kaum als durch die Macht der Suggestion bedingt erklärt werden können, weil es bei Tieren und bei Salzlösung praktiziert worden ist, mit der Pflanzen begossen wurden. ... Zudem ist die Tatsache, dass das Phänomen sowohl bei in der Evolution so hoch entwickelten Tieren wie Mäusen als auch bei niederen Lebensformen wie Gerstensamen beobachtet wurde, ein Hinweis auf die fundamentale Natur dessen – was auch immer es ist –, das diese Wirkung hervorbringt ... Phänomene, wie sie in diesen Experimenten offenbar werden, werfen ein neues Licht auf die grundlegende Einheit von Menschen, Tier und Pflanze.[49]

Obwohl sie vielleicht an das Gebet glauben, würden viele Menschen niemals einen physischen Überträger oder ein Vermittler-Objekt – etwa ein Gebetstuch oder Weihwasser – für ihre Gebete verwenden, weil sie solche Bräuche für verschroben und altertümlich halten. Doch ob sie es erkennen oder nicht, liegt es im Wesen des fürbittenden Gebets, dass ein Überträger oder Vermittler beteiligt ist. Die *Fürbitte* ist eine Bitte für jemanden. Wenn Menschen für andere beten, dann sind *sie selbst* das Vermittler-Objekt – die vermittelnde Instanz –, die das Ziel oder den Gegenstand ihres Gebets mit dem verbinden, was sie als die heilsame Macht eines höchsten Wesens betrachten.

Was Krankenhäuser anbelangt

Nach meinem eigenen Erlebnis mit einem vermittelnden Objekt – in Gestalt eines Ess-Zettels während jener Erkrankung –, dachte ich lange Zeit darüber nach, warum ich die Wahl getroffen hatte, nicht in ein modernes Krankenhaus zu gehen. Es ist eine Entscheidung, die ich selbst nicht befürworte. Beträfe es einen meiner Patienten, der in einer ähnlichen Situation ist und leidet, würde ich ihn unverzüglich ins Krankenhaus einweisen. Als es mir selbst zusehends schlechter ging, zweifelte ich jedoch keinen Augenblick an meiner Entscheidung.

Bei ihren Recherchen über das Leben von Florence Nightingale grub meine Frau kürzlich einen faszinierenden Vortrag Nightingales mit dem Titel „Bemerkung über die Ureinwohner-Rassen von Australien" aus, der 1864 in England vor der Jahreshauptversammlung der National Association for the Promotion of Social Sciences („Nationale Vereinigung zur Förderung der Sozialwissenschaften") gehalten wurde.[50] Hier fand ich eine treffliche Beschreibung meiner damaligen Einstellung, als ich erkrankt war. Nightingale zitiert Dr. Hale, den Bischof von Perth, wie folgt:

> Was Krankenhäuser anbelangt, so bedauere ich zu sagen, dass es so unmöglich ist, die armen Ureinwohner, wenn sie krank sind, dort ... unter irgendeiner Art von Einschränkung zu halten. Sie missachten so gänzlich alle Regeln und Reglements, dass so etwas wie eine regelmäßige Krankenhausbehandlung in ihrem Falle recht ausgeschlossen ist ... Ihre Unlenkbarkeit in der Krankheit rührt von einem tieferen Empfinden als der bloßer Ruhelosigkeit her ... Sie werden ständig von der Idee verfolgt, dass es ihnen fast überall sonst besser ginge – nur nicht da, wo sie gerade sind.

Nightingale beobachtete, dass australische Ureinwohner oft dem Krankenhaus entflohen, „doch dieser sterbende Eingeborene", so berichtete ihr Bischof Salvado von Port Victoria, „ist ein paar Wochen später – als alle, die ihn gekannt hatten, schon glaubten, dass er inzwischen gestorben und begraben sei – so kräftig und gesund wie eh und je und vielleicht achtzig oder noch mehr Kilometer zu Fuß unterwegs gewesen."

Ich bin nicht gerade aus der Klinik geflohen, als ich krank war, aber wie die Eingeborenen in Nightingales Bericht wollte ich nicht in einem Krankenhaus eingesperrt sein. Dies war keine leichtfertige Entscheidung. Als Internist war mir der Ernst meiner Situation bewusst, und ich war bereit, für diese Wahl mein Leben zu riskieren.

Jenes Erlebnis konfrontierte mich unausweichlich mit der Ambivalenz, die ich im Hinblick auf meinen eigenen Beruf empfinde. Damit bin ich nicht allein, Tausende von Ärzten in Amerika empfinden heute ebenso. Ein Beispiel ist Judith J. Petry, M.D., F.A.C.S.[*], die ihre Karriere als Chirurgin aufgab und nun ärztliche Leiterin des Vermont Healing Tools Project in Brattleboro, Vermont, sowie als Fachberaterin für komplementäre und alternative Medizin in Westminster, Vermont, tätig ist. „Ich werde oft gefragt, warum ich die chirurgische Praxis hinter mir gelassen habe", bemerkte sie bei einem Vortrag im Rahmen der dritten Jahreskonferenz von *Alternative Therapies* 1989.

> Meine Antwort ist immer gewesen, dass meine Praxis nicht mehr mit meinen Überzeugungen harmonierte. Ich fühlte, dass ich auf allen Ebenen meines Wesens funktionieren konnte. Zu meiner Überraschung waren Chirurgen die einzigen Menschen, die dies nicht zu verstehen schienen. Meine ärztlichen Kollegen, Freunde und sogar Fremde schüttelten wissend die Köpfe und verstanden sofort, dass ich es als unmöglich empfunden haben musste, während der Ausübung des Chirurgenberufes gesund zu bleiben. Viele boten Beispiele aus ihrem eigenen Leben an oder erzählten Erfahrungen mit der Chirurgie aus der Familie; die meisten dieser Geschichten rangierten von beunruhigend bis entsetzlich.

Dr. Petry fasst die Einstellung einer wachsenden Zahl von Ärzten eloquent zusammen und spricht dabei Empfindungen an, die zu erklären helfen, warum sich Millionen von Menschen zur alternativen Medizin hingezogen fühlen.[51]

In „Why Patients Use Alternative Medicine: Results of a National Study" („Warum Patienten alternative Medizin nutzen: Ergebnisse einer landesweiten Studie") im *Journal of the American Medical Association* weist John A.

---

[*] Fellow of the American College of Surgeons (Anm.d.Ü.)

Astin, ein Forscher an der medizinischen Fakultät der Stanford-Universität, auf die *spirituellen* Gründe hin, die der Wahl der Menschen bei ihrer medizinischen Versorgung zugrunde liegen:

Nutzer alternativer Gesundheitsversorgung berichten häufiger von einem transformierenden Erlebnis, das die Art und Weise veränderte, wie sie die Welt sahen, was zum Teil die Hypothese stützt, dass die Teilhabe an alternativer Medizin einen Wandel der kulturellen Paradigmen in Bezug auf Glaubensüberzeugungen über die Natur des Lebens, Spiritualität und die Welt allgemein widerspiegeln dürfte ... Ein Teil der Menschen mag sich von diesen nichttraditionellen Therapien angezogen fühlen, weil sie hier bestätigt finden, dass es wichtig ist, Krankheit innerhalb eines größeren Zusammenhangs von Spiritualität und Lebenssinn zu behandeln ...

Die Ergebnisse der vorliegenden Studie stützen die Auffassung, dass die Nutzung alternativer Gesundheitsversorgung für viele Menschen Teil einer weiterreichenden Wertorientierung und kulturellen Überzeugung ist, die eine ganzheitliche, spirituelle Orientierung zum Leben umfasst.[52]

Meine Entscheidung, mich ganz auf einen unorthodoxen Zugang zum Gesundwerden zu verlassen, ist nicht typisch für die Art und Weise, wie die meisten Menschen alternative Medizin nutzen. „Die überwiegende Mehrheit der Menschen scheint alternative Therapien in Verbindung mit statt an Stelle von eher konventioneller Behandlung zu nutzen", betont Astin. Dies könnte auch für mich zutreffen, wenn sie zur Verfügung gestanden hätten; ein komplementärer Zugang ist derjenige, den ich befürworte und in meinem eigenen Leben fast immer wähle.

Nahrung als Träger für Göttliches und Dämonisches

Ess-Zettel sind ein Weg, um dem Körper *gute* Einflüsse zuzuführen. Dies ist kaum eine radikale Idee, denkt man an einen der am weitesten verbreiteten Bräuche im Christentum: In der Eucharistie oder heiligen Kommunion wird, wie man glaubt, geweihte Nahrung tatsächlich in den Leib Christi verwandelt, während sie gegessen wird.

Kann über die Dinge, die wir als Nahrung aufnehmen, auch *Böses* in den Körper gelangen? Biblische Lehren legen eine bejahende Antwort nahe. Nachdem Jesus seinen zwölf Jüngern mitgeteilt hatte, dass ihn einer von ihnen verraten werde, gab er Judas ein Stück Brot. Als Judas es aß, trat Satan in ihn ein, und er verließ augenblicklich den Raum, um den Verrat an Jesus zu begehen. Die Praxis, Speisen vor dem Essen zu segnen, mag mit der Furcht zusammenhängen, dass Nahrung ein Transportmittel sein kann, über das Dämonen in den Körper gelangen oder gebracht werden können.

Die Möglichkeit, dass ein Geist den Körper über das Essen oder Trinken betreten kann, wurde im mittelalterlichen Europa ernst genommen und beeinflusste den Gebrauch von Liebeszaubern. Das folgende Beispiel erzählt der Harvard-Theologe Morton Smith in *Jesus the Magician* (dt. Ausg.: *Jesus der Magier):* „Zauber, zum Becher gesprochen: Sprich sieben [Mal]: ‚Du bist Wein; du bist nicht Wein, sondern der Kopf der Athene. Du bist Wein; du bist nicht Wein, sondern die Eingeweide des Osiris, die Eingeweide von Iao Pakerbeth, Ewige Sonne ... Sobald du hinabgehst in die Eingeweide von [soundso], lass [soundso] mich lieben ihr ganzes Leben lang."

Essen und Einstellung

Es ist immer schwierig, die Wirkungen tatsächlich einverleibter Substanzen von den Früchten der Vorstellungskraft zu unterscheiden. In einem Workshop über Schamanismus unter der Leitung des Anthropologen Michael Harner, Ph.D., an dem meine Frau und ich teilnahmen, wurde uns dies auf eindrucksvolle Weise vor Augen geführt. Dr. Harner und alle Teilnehmer saßen in einem Kreis. Ohne ein Wort der Erklärung holte Dr. Harner eine braune Papiertüte hervor, aus der er eine knorrige, getrocknete Wurzel nahm; davon riss er ein Stück ab und kaute und schluckte es. Dann sagte er sehr feierlich: „Ihr müsst nichts davon nehmen!", und gab die Substanz im Kreis herum. Natürlich lehnte keiner ab. „Jetzt geht nach draußen", wies uns Dr. Harner an. „Achtet besonders auf die Blätter an den Bäumen, auf Grashalme und Wolken. In einer Stunde treffen wir uns wieder in diesen Raum und tauschen unsere Erlebnisse aus." Als die Gruppe sich wieder zusammenfand, war jeder in einem veränderten Bewusstseinszustand. Manche Leute hatten prächtige Visionen. Schließlich fragte jemand: „Dr. Harner, was *war* dieses Zeug?" – „Das haben Sie wahrscheinlich auch zu Hause in der Küche", antwortete er. „Es ist Ingwerwurzel, ein großartiges Gewürz, aber kein Halluzinogen."

Mit dieser einfachen Demonstration hatte Dr. Harner uns eine Lektion erteilt: Oft ist der Esser – nicht das Essen – das Wichtigste.

Ernährungs-Anomalien

Sowohl die Überlieferungen rund um vermittelnde Objekte als auch die Ergebnisse von Grads kontrollierten Experimenten mit ihnen deuten an, dass unsere Gedanken die Wirkungen von physischen Substanzen zu modifizieren vermögen, die sich dann auf den Körper auswirken können. Gilt dies auch für die Wirkung der Speisen, die wir essen? Ernährungswissenschaftler betrachten den menschlichen Körper heutzutage weitgehend als eine „Black Box", in die wir bestimmte Dinge stopfen. Diese Dinge werden sodann chemischen Prozessen unterworfen – bei jedem Menschen den gleichen – und schließlich ausgeschieden. Dieser Ansatz entspricht der Maxime von Leonardo da Vinci: „Menschen und Tiere sind lediglich ein Durchgang und Kanal für Nahrung." Nun gilt es nur noch herauszufinden, was in die Kiste hineingesteckt werden sollte.

Die moderne Ernährungslehre ist weitgehend zu einer Suche nach einer Formel geworden, die sich für die größtmögliche Anzahl von Menschen verallgemeinern lässt. Dieser Ansatz galt bis in die Mitte des 20. Jahrhunderts, die Glanzzeit des Mindest-Tagesbedarfs, den die Menschen für eine Art göttlicher Offenbarung hielten. Man war überzeugt davon, dass alle Menschenwesen – genauer gesagt, alle Angehörigen der gleichen Altersgruppe und desselben Geschlechts – im Grunde den gleichen Bedarf an Nahrung hatten.

Doch wohin wir auch blicken, sehen wir Hinweise und Anzeichen, dass es eine ideale Ernährungsformel nicht gibt. Betrachten Sie zum Beispiel Thomas Alva Edison, eines der unbändigsten schöpferischen Genies, das unsere Gesellschaft je hervorgebracht hat. Edisons Ernährung war miserabel. Über viele Jahre waren Milch und ein gelegentliches Glas Apfelsinensaft seine einzigen Nahrungsmittel. Er hielt nichts von körperlicher Bewegung, kaute ununterbrochen Tabak und rauchte mehrere Zigarren pro Tag. Doch trotz Geschwüren, Diabetes und Brightscher Krankheit blieb Edisons Leistungsfähigkeit bis ans Ende seines Lebens erhalten. Man könnte natürlich argumentieren, dass Edison gesünder und sogar noch kreativer gewesen wäre, wenn er ordentlich gegessen hätte. Wenn aber, was wir essen, für die mentale Funktion so entscheidend ist, wie uns oft glauben gemacht wird, sollten Edisons miserable Ernährungsgewohnheiten ihn zum Leben eines Deppen verdammt haben.[53]

Der Mikrobiologe, Umweltaktivist und Philosoph René Dubos (1901-1982) war einer der bekanntesten Wissenschaftler des 20. Jahrhunderts. Dubos war fasziniert von einer profunden Ernährungs-Anomalie – der riesigen Mannigfaltigkeit von Nährstoffen, von denen Menschen leben und gedeihen können. Er vertrat die Idee der Ernährungs-Individualität – dass nämlich die Nährstoffbedürfnisse eng mit dem Leben des Einzelnen zusammenhängen –, was Großhandels-Formeln riskant erscheinen ließ:

Voltaire war ein kleiner Wicht im Vergleich zu Washington, aber er überlebte ihn um siebzehn Jahre, und sein Einfluss auf den Verlauf der Geschichte war mindestens ebenso groß. Die kleinen Japaner konnten in der Vorkriegszeit nicht mit den Amerikanern Basketball spielen; gleichwohl waren sie exzellente Soldaten und erwiesen sich in der Welt der Technik und der Wirtschaft in der Zeit nach dem Krieg als immens erfolgreich. Die neue Generation üppig ernährter Japaner ist viel größer gewachsen als die vorangegangene, aber wir wissen nicht, ob ihre Angehörigen länger leben oder glücklicher sein werden. Eine gute, ausgiebige Ernährung wird uns am Leben halten, uns bis zu einer bestimmten Größe wachsen lassen und uns vor Mangelkrankheiten schützen, aber darüber hinaus wissen wir wirklich nicht viel über ihre Auswirkung auf unseren Körper, unsere Gesellschaft und die Zukunft der Zivilisation.

Dubos bestritt nicht, dass grobe Verallgemeinerungen über die Ernährung möglich sind, bestand aber darauf, dass die Individualität des Menschen stets berücksichtigt werden müsse. Um dies zu illustrieren, beschrieb er zwei berühmte Ärzte, die er in einer früheren Phase seiner beruflichen Laufbahn am Rockefeller-Institut für medizinische Forschung kennengelernt hatte. Der eine war William Henry Welch, einer der größten Architekten der medizinischen und Volksgesundheits-Wissenschaft in den Vereinigten Staaten im 20. Jahrhundert. Der andere war Oswald T. Avery, berühmt für seine Forschung auf dem Gebiet der Infektionskrankheiten und dafür, dass er als Erster den Nachweis erbrachte, dass die DNS der Träger der Erbinformation ist. Welch und Avery hatten die gleiche Körpergröße, ähnliche Ausbildungen an College und medizinischer Hochschule, verbrachten den größten Teil ihres Lebens in der akademischen Medizin, blieben Junggesellen, rauchten viel, trieben fast überhaupt keinen Sport und waren unermüdliche Redner. Doch in ihrem Ernährungsverhalten trennten sie Welten.

Welch genoss eine üppige Ernährung und hatte einen ungeheuren Appetit. Er bevorzugte lukullische, gut gewürzte Speisen, hatte eine unmäßige Liebe zu Süßem und krönte seine Mahlzeiten gern mit mehreren Portionen Speiseeis (das seinerzeit noch mit echtem Rahm zubereitet wurde). Er liebte Wein und Hochprozentiges. Er war stolz darauf, dass seine heftigste Form körperlicher Aktivität darin bestand, abends die Schuhe auszuziehen und am Morgen wieder hineinzuschlüpfen. Welch wurde schon früh im Leben korpulent, war lebenslustig und blieb bis ans Ende seines Lebens intellektuell aktiv. Im Alter von fünfundachtzig Jahren starb er an Krebs.

Avery hingegen aß sparsam. Sein ideales Mahl bestand aus zwei Scheiben Toast, einigen Blättern Salat und mehreren Kassen Kaffee. „Wir pflegten zu sagen, dass er eine ausgeglichene Ernährung wohl nur dadurch erreichen konnte, dass er den Stickstoff aus der Atmosphäre fixte", schreibt Dubos. Im Laufe der dreißig Jahre, die Dubos ihn kannte, wog Avery nie mehr als einundvierzig Kilo, dabei war er ständig aktiv im Forschungslabor und in der wissenschaftlichen Debatte. Er litt an einer leichten Hyperthyreose*, die während einer Phase der Enttäuschung mit seinem Forschungsprogramm eine etwas aktivere Form annahm. Nach einer Operation und einigen Monaten der Ruhe kehrte er ins Labor zurück und nahm seine Arbeit wieder auf. In seinem neunundsiebzigsten Lebensjahr starb er an Krebs. Dubos schreibt:

> Soweit ich weiß, wurden keine Ernährungs-Studien mit Welch oder Avery durchgeführt. Man kann davon ausgehen, dass bei ihren sehr kontrastierenden Einstellungen zur Aufnahme und Verwertung ihrer Nahrung genetische Unterschiede eine Rolle spielten, aber man kann auch annehmen, dass ihre Ernährungsgewohnheiten und ihre Stoffwechsel von anderen Aspekten ihres Lebens und wahrscheinlich von frühen Erlebnissen stark beeinflusst waren. Um eine Wissenschaft der menschlichen Ernährung aufzubauen, braucht man mehr als das Wissen über Nährstoffe.[54]

Bei einer Studie mit einer großen Gruppe von Bettlern in Indien stellte man fest, dass die Ernährung aller lange Zeit einen Mangel an Kalorien, Eisen, Kalzium, Phosphor, den Vitaminen A, B, C und D und tierischem Eiweiß aufgewiesen hatte. Zu ihrem Erstaunen entdeckten die Forscher, dass jedoch nur vier Prozent der Bettler offensichtlich Anzeichen von Ernährungsmängeln zeigten; radiographische Untersuchungen ergaben, dass das Skelett der meisten Bettler eine normale Knochendichte aufwies. Bei den Bettlerinnen hatte die Ernährung keine erkennbare schädliche Auswirkung auf Schwangerschaft oder Milchbildung, und das Wachstum der Kinder war nur wenig geringer als normal.

Wie können Menschen mit einer derart miserablen Ernährung leben? Dubos glaubte, dass chronische Nahrungsknappheit Vorgänge im Körper auslöst, die es dem Individuum ermöglichen, sich an die Mangelernährung anzupassen. In den 1940er Jahren beteiligte er sich an Forschungen in Guatemala. Obwohl der Ernährungszustand der Dorfbewohner in Guatemala eher kläglich war und viele Kinder und junge Erwachsene an Infektionen in der Kindheit starben, schreibt Dubos:

---

* Überfunktion der Schilddrüse (Anm.d.Ü.)

Jene, die bis ins Erwachsenenalter überlebten, waren zwar von kürzerer Statur und anscheinend zarter Gestalt, doch zu weit größeren körperlichen Anstrengungen fähig, als man sie von kräftigen Europäern und Nordamerikanern erwartete, zum Beispiel beim Tragen schwerer Lasten auf ihrem Rücken über weite Entfernungen und in bergigem Terrain. Physiologische Studien zeigten, dass sie sich selbst auf eine Ernährung einstellen konnten, die für die meisten Europäer und besonders für Nordamerikaner dem Verhungern gleichgekommen wäre. Darüber hinaus lebten diese dürren, nach unseren Maßstäben erheblich unterernährt zu nennenden Menschen gewöhnlich bis in ein hohes Alter.

Ich zitiere diese Anomalien nicht, um die Ernährungswissenschaft vorzuführen, sondern um zu illustrieren, dass ein rein physikalisch begründeter, formelhafter Ansatz, der für unser emotionales und spirituelles Leben keinen Raum lässt, im Grunde keine Hoffnung auf Erfolg hat.

Lektionen von Kaninchen

Dass Emotionen den Ernährungszustand beeinflussen können, ist ein Phänomen, dessen Wurzeln tief in die Tierwelt zu reichen scheinen. Eine Gruppe von Forschern von der medizinischen Fakultät der Ohio State University untersuchte die Wirkungen einer fett- und cholesterinreichen Ernährung bei Kaninchen. Am Ende eines bestimmten Zeitraums wurden die Kaninchen getötet, und man untersuchte bestimmte Arterien in ihrem Körper auf Anzeichen von Ateriosklerose. Dieser Vorgang der Cholesterinablagerung führt zu Verengungen, Verstopfungen und Geschwüren in den Arterien, bei Menschen führt er zu Gefäßkrankheiten wie Herzinfarkten und Schlaganfällen.

Die Ergebnisse der Studie sollten recht vorhersagbar gewesen sein, denn aus früheren Studien war bekannt, dass jene Art von Ernährung im arteriellen Gefäßsystem von Kaninchen regelmäßig unübersehbare sklerotische Veränderungen verursachte. Als jedoch eine bestimmte Gruppe der Versuchskaninchen arteriosklerotische Veränderungen zeigte, die 60% geringer ausfielen als die der Gesamtgruppe, waren die Forscher überrascht.

Eine offensichtliche Erklärung war für dieses unerwartete Resultat nicht zu finden. Schließlich stieß man jedoch auf eine nicht vorgesehene und unerwartete Variable. Die weniger schwer beeinträchtigten Tiere waren im Laufe des Experiments von einem bestimmten Forscher gefüttert und versorgt worden, der die Kaninchen regelmäßig aus ihren Käfigen nahm, sie streichelte, hätschelte und zu ihnen sprach.

War dies bloß ein Zufall? Viele Biowissenschaftler hätten die Möglichkeit lachhaft gefunden, dass ein solcher Kaninchen-Mensch-Austausch bei der Arteriosklerose eine Rolle spielen könnte und hätten diese Möglichkeit außer Acht gelassen. Schließlich ist die arteriosklerotische Gefäßkrankheit eine *objektive* Angelegenheit, die auf molekularen Vorgängen beruhte, also sollte man den Krieg gegen sie auf dem Schlachtfeld der Zelle ausfechten, nicht der Psyche – so jedenfalls sieht es das molekulare Denken.

Um diesen „Zufall" zu prüfen, wurde eine kontrollierte Studie entworfen, bei der zwei Gruppen von Kaninchen wieder die gleiche Nahrung gefüttert bekamen und identisch behandelt wurden – mit dem einzigen Unterschied, dass eine Gruppe mehrmals täglich von derselben Person aus den Käfigen genommen und mit Aufmerksamkeit und Streicheleinheiten bedacht wurde. Ergebnis: Die gehätschelte Gruppe zeigte abermals 60% weniger arteriosklerotische Veränderungen.

Um die Möglichkeit eines Zufalls weiter zu reduzieren, wiederholten die Wissenschaftler der Ohio State University die Studie. Die Resultate waren bei allen drei Experimenten gleich. Berühren, Streicheln, in die Hand nehmen und sanfte Ansprache erwiesen sich als der entscheidende Faktor bei dem Krankheitsprozess, der mehr Amerikaner das Leben kostet als jeder andere.[55]

Nahrung als Vermittler-Objekt

Die Ohio-State-Kaninchenstudie legt die Vermutung nahe, dass Emotionen die Wirkungen von Nahrung modifizieren können. Wenn wir uns beim Essen in einem entspannten, positiven Gefühlszustand befinden, sprechen wir dann – wie die Kaninchen – „gesünder" auf unsere Nahrung an? Oder, wenn wir in Bezug auf unsere Nahrung besorgt sind: Wird sie uns dann mehr schaden?

Gewöhnlich heißt es, dass unser Körper das Sagen habe, nicht die Nahrung, die wir ihm geben. Doch ich möchte eine alternative Möglichkeit ansprechen, dass nämlich Nahrung als vermittelndes Objekt funktionieren könnte wie ein Ess-Zettel oder Gebetstuch, die mit Kraft aus menschlichen Wünschen, Gebeten, Intentionen und Gedanken getränkt sind.

Der Glaube, dass die nichtmenschliche, physikalische Welt bis zu einem gewissem Grade empfindsam ist, ist uralt. (Das Thema Empfindsamkeit in der physischen Welt wird im Kapitel „Wiederverzauberung der Welt" eingehender behandelt werden.) Dass diese Vorstellung heute ein Comeback erlebt, ist auch eine Folge der Arbeit von Gelehrten wie David Ray Griffin, Professor der Philosophie und Religion an der theologischen Hochschule von Claremont und der Graduiertenfakultät von Claremont in Kalifornien. In seinem Buch *Parapsychology, Philosophy, and Spirituality* tritt Griffin für einen Panentheismus ein (im Unterschied zu Pantheismus), das heißt die Idee, dass überall in der ganzen Welt der Natur eine Abstufung oder ein Spektrum des göttlichen Elements ist. Nichts, so Griffin, sei so „tot", wie wir angenommen haben. Lyall Watson äußert in *The Nature of Things: The Secret Life of Inanimate Objects:* „Ich bin Biologe, und als solcher wurde ich ausgebildet, das Lebendige vom Nichtlebendigen zu unterscheiden, die Parameter des Lebens zu identifizieren und meine Aufmerksamkeit auf organische Systeme einer bestimmten Komplexität zu beschränken ... Aber ... Leben, so scheint es, ist nicht so einfach zu definieren. Und ‚Dinge' – selbst solche, die völlig unorganisch und unleugbar unbelebt sind – verhalten sich manchmal, als wären sie lebendig, gelegentlich sogar mit Empfindung ausgestattet."

Watson glaubt, dass physische Objekte unseren „emotionalen Fingerabdruck" aufnehmen könnten und „durch langen und engen Kontakt mit einem lebenden Organismus aufgeladen werden ... Indem wir ihnen Wert geben, könnten wir sie und die Art und Weise verändern, wie sie mit dem Rest der Welt interagieren, auf irgendwelche subtilen, doch wichtigen Weisen."

Gilt dies auch für die Nahrung, die wir aufnehmen?

Spirituelle Magersucht

Wir erfreuen uns heute nicht mehr einer engen, freundschaftlichen Beziehung mit unserer Nahrung. „[Unsere ganze Kultur] hat eine Essstörung. Wir sind von unserer Nahrung weiter entfernt als je zuvor in unserer Geschichte", sagt Joan Gussow, Ed.D., emeritierte Professorin für Ernährungs- und Erziehungswissenschaft am Teachers College der Columbia-Universität in der Stadt New York.

Unser Misstrauen gegenüber unserer Nahrung reicht inzwischen so weit, dass wir sie vor dem Essen – anstatt zu segnen, wahrscheinlich eher – entfluchen sollten. In *Psychology Today* schreibt Paul Roberts: „Es ist eine Tatsache, dass die Amerikaner über die Ernährung besorgt sind – nicht, ob wir genug bekommen können, sondern ob wir zu viel davon essen. Oder ob das, was wir essen, ungefährlich ist. Oder ob es Krankheiten verursacht, ob es gut ist für ein langes Leben bei geistiger Klarheit, ob es Antioxidantien enthält oder zu viel Fett, oder nicht genug vom richtigen Fett. Oder ob es zu irgendeiner Umweltbelastung beiträgt. Oder einen Nährboden für lebensgefährliche Mikroben bietet."

Der Überfluss ist ein Teil des Problems. Er hat uns davon befreit, uns den Kopf darüber zu zerbrechen, uns zu quälen und mit uns selbst zu feilschen, was wir haben und nicht haben können. „Wir haben es geschafft, unsere

Gefühle über Herstellung und Verzehr unserer Nahrung – also eine unserer elementarsten, wichtigsten und sinnvollsten Vergnügungen – in Zwiespältigkeit zu verwandeln", sagt Paul Rozin, Professor der Psychologie an der Universität von Pennsylvania und ein Pionier auf dem Gebiet, warum wir essen, was wir essen. Die Lebensmittel sind so überreichlich und mannigfaltig vorhanden, so Roberts, dass „wir frei geworden sind, unser kulinarisches Tagesprogramm selbst zu schreiben – um für Gesundheit, Mode, Politik oder irgendein anderes Ziel zu essen –, das heißt faktisch, um unsere Nahrung auf Arten und Weisen zu nutzen, die oft mit der Physiologie oder Ernährung nichts mehr zu tun haben ... [und um fortzufahren] auf eine Weise, die unsere Vorfahren bis zur Sprachlosigkeit verblüfft hätte. Das ist das gastronomische Äquivalent von zu viel Zeit, die uns zur Verfügung steht."[56]

Auch die Informationen über unsere Nahrung tragen zu unserer Verwirrung und Besorgnis bei. So beobachteten Wissenschaftler zum Beispiel seit 1981 heimlich die cholesterinsenkenden Wirkungen von löslichen Ballaststoffen, insbesondere von Haferkleie.[57] Der Wahn, der sich um dieses Nahrungsmittel aufbaute, schwappte auch in meine ärztliche Praxis in der Dallas Diagnostic Association. Einer meiner diätbewussten Kollegen, der auch gerne kochte, begann Haferkleie-Muffins in die Praxis mitzubringen, damit auch wir kulinarischen Heiden Zugang zu dieser segensreichen Ernährung erhielten. Obwohl wir sie pflichtschuldigst verzehrten, war der Dank, den er erntete, nicht einhellig; einer meine zynischen Kollegen taufte sie Plumps-Muffins – ein Spitzname, der saß.

Doch 1990, nachdem sich die Amerikaner in eine Liebesaffäre mit der Haferkleie gesteigert hatten, schob ein Bostoner Forscherteam eine Wolke des Zweifels über die Vorzüge, die man dem Ballaststoff nachsagte. Frank M. Sacks und seine Kollegen an der medizinischen Hochschule der Harvard-Universität und deren Lehrklinik, dem Brigham and Women's Hospital, gaben zwanzig Angestellten des Krankenhauses speziell zubereitete „Nahrungsergänzungen" in Form von Muffins und Hauptgerichten. Sechs Wochen lang erhielt die Hälfte der Gruppe ballaststoffreiche Nahrungsergänzungen, die Haferkleie enthielten, die anderen Personen erhielt ähnliche Speisen, in denen an Stelle der Haferkleie ballaststoffarmer Fertiggrießbrei und Weißmehl waren. Nach einer zweiwöchigen Pause wurden die Nahrungsergänzungen der beiden Gruppen ausgewechselt.

Keine der beiden „Diäten" beeinflusste den Blutdruck, und beide senkten die mittlere Serumkonzentration von Cholesterol bei den Freiwilligen um 7-7,5%. Im Hinblick auf eine cholesterinsenkende Wirkung wurde kein signifikanter Unterschied zwischen den beiden Diäten festgestellt. Aufgrund dieser begrenzten Studie kamen die Forscher zu dem Schluss, dass „Haferkleie von Natur aus wenig cholesterinsenkende Wirkung besitze" bei Menschen mit normalem Cholesterinspiegel und offenbar bei jenen mit erhöhtem Cholesterinspiegel. Sie meinten, dass Personen, die sich über zu viel Cholesterin Sorgen machten, besser damit gedient sei, die Aufnahme komplexer Kohlenhydrate „gleichgültig welchen Ballaststoffanteils" zu steigern. Was ist die Wirkung von Verwicklungen wie dieser darauf, wie wir zu unserem Teller stehen bzw. sitzen? Welche Art von „emotionellem Fingerabdruck" könnten unsere Speisen von uns absorbieren als Folge der Ambivalenz, die sie auslösen?

Nahrungspolitik

Erinnern Sie sich an die gute alte Zeit, als wir dachten, dass die Wahl unserer Nahrung nur uns selbst betreffe? Inzwischen beginnen wir zu erkennen, dass unsere Entscheidungen über das, was wir essen, nicht nur unseren Körper betreffen, sondern unseren Planeten. Dies ist das Fazit einer Sitzung unter der Überschrift „Landesweite Auswirkungen von empfohlenen Ernährungsveränderungen" bei einer Jahresversammlung der American Association for the Advancement of Science (AAAS, „Amerikanische Vereinigung zur Förderung der Wissenschaft").[58] Die Teilnehmer betrachteten nicht nur die gesundheitlichen Konsequenzen einer „guten" Ernährung, sondern auch die nützlichen Wirkungen auf „alles" – von der Nutzung bzw. dem Verbrauch von Land, Wasser, Brennstoff und Bodenschätzen bis hin zu den Lebenshaltungskosten, der Beschäftigungsquote und der internationalen Handelsbilanz. Etwa 90% unserer Getreide und Hülsenfrüchte und 50% unseres Fischfangs wird an Vieh verfüttert. J. B. Penn vom Landwirtschaftsministerium der Vereinigten Staaten beschrieb, wie eine Ernährungsumstellung – von tierischen Erzeugnissen auf Gemüse, Getreide und Obst – Umsiedelungen und Umschulungen von Arbeitskräften in der Landwirtschaft erfordern würde. Die damit einhergehende Reduzierung der Nahrungsmittelkosten würde die persönlichen Ausgaben in andere Bereiche der Wirtschaft verlagern. Fleisch zum Beispiel ist fünf- bis sechsmal teurer als Nahrungsmittel, die die gleiche Menge von pflanzlichem Eiweiß enthalten, und der Verzehr von tierischen Produkten erhöht das durchschnittliche Familien-Jahresbudget um rund viertausend Dollar, einschließlich der Kosten für den erhöhtem Bedarf an medizinischer Versorgung.

Die Vorteile einer Absage an tierische Erzeugnissen reichen sehr weit. Die geringere Nachfrage nach importiertem Öl, Mineralstoffen und landwirtschaftlicher Maschinerie sowie das größere Kontingent an Hülsenfrüchten und Getreiden für den Export würden unser Handelsdefizit reduzieren, unsere Abhängigkeit von ausländischen Energielieferanten verkleinern und den Wert des Dollars im Ausland stärken.

Zu unserer *Angst* vor dem Essen kommen nun also auch unsere *Schuldgefühle* – Selbstvorwürfe, dass wir durch unsere Wahl dessen, was wir verzehren, nicht nur uns selbst schaden, sondern auch unseren Planeten. Niemand weiß, auf welche Weise Angst und Schuldgefühle beeinflussen, wie wir unsere Nahrung verstoffwechseln, doch wir können vermutlich davon ausgehen, dass sie nicht hilfreich sind.

Schuldgefühle spielen bei unserer Ernährung schon seit langem eine Rolle. Damit wir unseren Teller leer aßen, beschworen unsere Mütter schon seit Generationen das Mantra: „Denk an die hungernden Kinder in Afrika!" Doch die Schuldgefühle, die unsere Mütter damit auslösten, waren geringer als diejenigen, die manche Menschen heute empfinden, wenn sie über die globalen Auswirkungen ihrer Speisenwahl nachdenken. Wer empfindet nicht ein wenig Bedauern, dass Tausende von Hektar des Amazonas-Regenwaldes gerodet wurden, um Rinder zu züchten, die das Fleisch für unsere Hamburger lieferten? Dass der Rauch, der im Sommer 1998 Texas erstickte, vom Wind von Feuern im fernen Süden Mexikos nach Norden getragen wurde, von denen viele bewusst gelegt worden waren, um Weideland für das Vieh für die US-amerikanische Rinderhackfleisch-Industrie zu schaffen? Dass jeden Abend rund um den Globus etwa eine Milliarde Menschen hungrig schlafen gehen – eine Zahl, die durch den Wechsel zu vegetarischen Burgern reduziert werden könnte?

Gesellschaftlicher Druck formt die Essgewohnheiten der Amerikaner schon seit langem. Laut der britischen Anthropologin Mary Douglas hat sich um die Wende zum 20. Jahrhundert in der amerikanischen Ernährung eine klassische Formel durchgesetzt, die sie „1A+2B" nennt: 1 Portion Fleisch plus 2 kleinere Portionen Gemüse oder Kohlenhydrate. Wenn Einwanderer in dieses Land kamen, spürten sie einen enormen Druck, konformes Verhalten zu entwickeln. Um gute amerikanische Bürger zu sein, mussten sie essen wie Amerikaner. Roberts beschreibt, wie italienische Familien von den Amerikanisierern ständig geschulmeistert wurden, ihre Speisen nicht zu vermischen. Anfang des 20. Jahrhunderts besuchte ein Sozialarbeiter eine italienische Familie, die sich vor kurzem in Boston niedergelassen hatte. Sie machten Fortschritte beim Eingewöhnen in ihre neue Heimat, Sprache und Kultur, doch es gab einen Punkt zu beanstanden: „Sie essen immer noch Spaghetti", berichtete der Sozialarbeiter: „Noch nicht angepasst."

Harvey Levenstein, Ph.D., Autor des Buches *Revolution at the Table* („Revolution am Esstisch"), berichtete ähnliche Hindernisse, auf die polnische Einwanderer stießen: „Nicht nur aßen [die Polen] das gleiche Gericht bei einer Mahlzeit, sondern sie aßen es auch aus derselben Schüssel. Deshalb müssen sie beigebracht bekommen, Essen auf separaten Tellern zu servieren sowie auch die Zutaten zu trennen."

Ernährungs-Korrektheit ist nur schwer zu unterscheiden von politischer Korrektheit. Als die Talkshow-Gastgeberin Oprah Winfrey 1997 wegen ihrer Bemerkungen über die potenziellen Gesundheitsrisiken des Rinderwahnsinns von der texanischen Fleischindustrie verklagt wurde, stellten die Medien die Schlacht in erster Linie als einen ideologischen Kampf „liberal gegen konservativ" dar. Winfrey repräsentierte das linke, progressive, vegetarische Denken, die texanischen Rinderzüchter standen für das große Geld, Viehwirtschaft im großen Stil, rechten Konservatismus und Cholesterol. Die Viehzüchter verloren.

Meine Lieblingsbäckerei am Ort nennt eine ihrer bestverkauften Leckereien „Schokoladenkuchen dreifacher Bypass" und deutet damit an, dass der Verzehr eines Stückes einem Flirt mit dem Suizid gleichkomme, und dass jeder, dar sich daran gütlich tut, moralisch degeneriert sein müsse. Etwas zu essen, das wie Pappkarton schmeckt, wird hingegen weithin als eine mutige Übung in Selbstverleugnung anerkannt. So heften wir, ohne es zu merken, moralische Wertungen an das, was wir essen, indem wir zum Beispiel den Verzehr von etwas Leckerem als „Sünde" bezeichnen.

Essens-Moralität spielt auch eine Rolle bei der Beurteilung unserer Mitmenschen. In einer Studie der Psychologen Richard Stein und Carol Nemeroff an der Arizona State University wurden fiktive Studenten, die sich angeblich gut ernährten – von Obst, selbstgebackenem Weizenbrot, Hühnchen und Kartoffeln –, von Testpersonen als moralischer, liebenswerter, attraktiver und besser in Form bewertet als identische Studenten, die angeblich eine „schlechte" Diät zu sich nahmen, bestehend aus Steaks, Hamburgern, Pommes frites, Donuts und Eisbechern mit einer doppelten Portion Karamellsauce.

In den 1920er Jahren hatten die amerikanischen Verbraucher nur wenige hundert Nahrungsmittel-Produkte zur Auswahl, nur ein kleiner Teil davon trug einen Markennamen. 1965 wurden bereits über achthundert neue Produkte im Jahr auf den Markt gebracht. 1975 erschienen eintausenddreihundert neue Produkte, 1985 waren es fünftausendsechshundertsiebzehn, und im Jahr 1995 kamen sechzehntausendachthundertdreiundsechzig neue Erzeugnisse in den Handel. Heute sind wir auf bestem Wege, in der Auswahl an Essbarem unterzugehen. Angesichts dieser Situation zucken viele Menschen mit den Schultern, fragen sich, wozu das gut sein soll, und essen weiterhin Dinge, mit denen sie sich wohl fühlen, ob sie nun für sie gut sind oder nicht. Oder sie schwanken unentschlossen in einer Art von „Ernährungs-Schizophrenie – und dem Versuch, ihre Phasen der Selbstverwöhnung durch Anfälle gesunden Essens auszugleichen – zum Beispiel drei Stücke Sahnetorte durch eine Ballaststoff-Mahlzeit am nächsten Tag", wie es der Artikel von Roberts in *Psychology Today* illustrierte.

Eine Lösung?

Ich kenne kein Heilmittel für unsere viel strapazierten Einstellungen zum Essen. Aber ich bin besorgt, dass wir uns unbewusst an einem gewaltigen Experiment beteiligen, indem wir unzählige Vermittler-Objekte in Gestalt von Nahrungsmitteln erschaffen, welche wir mit negativen Gedanken und Einstellungen tränken, die uns schaden können.

Doch es ist nicht alles verloren; es gibt noch Inseln der Vernunft im Weltmeer des Essens. Vergleichen wir zum Beispiel unsere Einstellungen mit denen in Frankreich: „Die Franzosen kennen keine Ambivalenz in Bezug auf das Essen: Es ist fast nur eine Quelle des Vergnügens", berichtet Rozin.

Es ist auch ermutigend, dass einige wenige Experten angefangen haben, klug über die Zusammenhänge zwischen Ernährung und Spiritualität zu schreiben. Diese Veröffentlichungen verabschieden sich von der „Formel Einheitsgröße" im Bereich der Ernährung. Zu meinen Lieblingsbüchern, die diese Perspektive vertreten, gehören Marc Davids *Nourishing Wisdom* (dt. Ausg.: *Vom Segen der Nahrung)*, Deborah Kestens *Feeding the Body, Nourishing the Soul* und die vielen Bücher des Kardiologen Dean Ornish.

Ich denke auch, es könnte eine gute Idee sein, sich auf einen uralten Brauch – das Fasten – zu besinnen als einen Weg, um Achtung und Dankbarkeit für die Lebensmittel wiederzufinden, von denen wir uns ernähren. Ich kann mir keinen besseren Weg vorstellen, unsere Zwiespältigkeit gegenüber dem Essen auszugleichen, als eine Weile ohne es auszukommen. Ich rede nicht über Pseudofasten – „Saft-Fasten" oder „Obst-Fasten", was überhaupt kein Fasten ist –, sondern davon, uns des Essens für eine Weile ganz und gar zu enthalten und dies mit Wasser zu beflügeln. Jeder, der sich für diese altehrwürdige Praxis interessiert, kann aus einer Fülle von Informationen wählen; meine Suche hat zweiundsechzig Bücher zum Thema aufgebracht. Bevor Sie sich jedoch auf ein echtes Fasten einlassen, konsultieren Sie einen Arzt oder Heilpraktiker und vergewissern Sie sich, dass es ungefährlich für Sie ist. Prüfen Sie auch Ihre Beweggründe zu fasten. Wollen Sie bloß Gewicht verlieren oder möchten Sie Ihre Beziehung zum Essen erkunden oder eine klarere spirituelle Sicht erlangen? Medizinisch ausgerichtete Bücher wie *Fasting and Eating for Health* von Joel Fuhrman, M.D., können ebenfalls eine Hilfe sein, auch spirituell fundierte Bücher wie John Pipers *A Hunger for God*.

Fasten könnte uns helfen zu erkennen, dass „für die Gesundheit zu essen" nur ein Zugang zur Ernährung ist – und noch dazu ein begrenzter. Unsere Seele braucht ebenso Nahrung wie unser Körper. Der französische Ästhet und Gastrosoph Jean Anthelme Brillat-Savarin sagte Anfang des 19. Jahrhunderts: „Die Wahrheit ist, dass sich am Ende eines wohl genossenen Mahles Seele und Leib eines besonderen Wohlbefindens erfreuen ... [und] der Geist selbst wird empfänglicher."

5

KRIEG: ERINNERUNGEN AN VIETNAM

„Das Ziel des Militärs ist einfach", sagt ein Freund von mir, der im Pentagon gearbeitet hat: „Menschen zu töten und Sachen zu zerstören." Abgesehen davon, dass sie getötet werden, gehören Menschen im Krieg auch zu den „Sachen", die zerstört werden. Der Krieg zerschmettert nicht nur Gliedmaßen, er kann uns unser persönliches Empfinden von Sinn rauben. Er kann den gedanklichen Rahmen verzerren, den wir benötigen, um die Welt zu verstehen. Er kann unsere Begriffe von richtig und falsch verwischen, von Krankheit und Gesundheit, Egoismus und Heldentum. So gesehen, war Vietnam wie die meisten Kriege, doch nur wenige von uns hielten inne und bedachten diese Dinge, als wir in sie hineingezogen wurden. Ich war keine Ausnahme.

Im Jahr 1969 meldete ich mich freiwillig zum Dienst in Vietnam; damals hatte ich gerade meine Zeit als Arzt im Praktikum hinter mir. Es gab nichts Edles an meiner Entscheidung. Alle jungen Ärzte wurden damals eingezogen, und ich dachte mir, dass ich eine bessere Chance auf einen anständigen Posten hätte, wenn ich mich freiwillig meldete. Meine Rechnung ging nicht auf.

In der sechswöchigen Phase der Offiziersausbildung vor der Verlegung nach Vietnam verhärtete sich meine zynische Einstellung zum Militär, da ich einer Reihe von Karriere-Offizieren ausgesetzt wurde, die abgestellt waren, uns in unsere neuen Rollen als Truppenärzte zu indoktrinieren. Ihr gutgelaunter Enthusiasmus stieß mich ab. Mich selbst hielt ich für klüger als sie, weil ich den Wahnsinn des Krieges sehen konnte – und sie nicht. Ich gelobte mir feierlich, niemals, unter gar keinen Umständen, unangemessene Risiken einzugehen, sollte ich mich in Vietnam in einer gefährlichen Situation befinden. Dabei hielt ich die Möglichkeit von Gefahren jedoch für unwahrscheinlich, weil ich dachte, dass meine Chancen recht gut waren, einer medizinischen Einrichtung in einem sicheren Gebiet zugeteilt zu werden.

Doch auch diese Rechnung ging nicht auf. Ich wurde als Bataillonsarzt

– ein aufgeblasener Titel – einem mechanisierten Infanteriebataillon zugeteilt, das einer Luftlandetruppe von Fallschirmjägern zugeordnet war. Ich war schockiert, zu entdecken, dass Positionen wie diese für Ärzte tatsächlich existierten. Man gab mir ein Gewehr M16, eine Pistole Kaliber .45, einen Patronengurt für zusätzliche Munition, ein Kampfmesser und eine Schutzweste aus Kevlar-Gewebe, das Schutz vor Gewehrkugeln und Granatsplittern bot. Alle diese Dinge – sowie eine kleine Ärztetasche, die ich zusammenstellte –, sollten für das folgende Jahr meine ständigen Begleiter werden.

Und wieder geschah das Unerwartete. Nach nur wenigen Tagen an der Front begann ich mich bereits von allen meinen früheren Vorsätzen zu lösen und fing tatsächlich an, die Gefahr herauszufordern. Ich begann, mich freiwillig zu Stoßtrupps und Angriffs-Missionen zu melden und schrieb mich für eine Fallschirmspringerschulung ein. Während ich mich zunehmend mit meiner neuen Rolle identifizierte, zog ich ernstlich in Betracht, um erneute Zuweisung an die Offiziersanwärter-Schule in den Staaten zu bitten, um nach meiner anschließenden Rückkehr nach Vietnam eine eigene Infanterie-Kompanie zu kommandieren. Als es nach sechs Monaten riskanten Dienstes Zeit für mich wurde, turnusgemäß zu einer sicheren Dienststelle in einem Krankenhaus hinter den Linien zu wechseln, lehnte ich diese Gelegenheit ab und entschied mich dafür, weitere sechs Monate im Feld mit seinen Todesopfern und Blutbädern zu bleiben – ungeachtet der Tatsache, dass ich damals ja schon wusste, dass der Krieg wahnsinnig war. Aber das war ich selbst in gewisser Hinsicht auch.

Vietnam, zentrales Hochland, Landing Zone English[*], 1969. Ich erreiche den abgelegenen Vorposten rechtzeitig, um die Besatzung des invalidisierten gepanzerten Mannschaftstransporters zu sehen, die sich von diesem entfernt. Die Männer sind mit Blut bespritzt und blicken finster drein. Ich bemerke, dass das panzerähnliche Fahrzeug ein Loch in der Seite hat, das von einer raketen-angetriebenen Granate herrührte. Doch wo kam das ganze Blut her? Ich klettere auf den MTW[**], lasse mich durch die offene Luke in die enge Kammer hinunter fallen und lande im Sitzen neben einem jungen Soldaten. Er hat keinen Kopf. Ich gucke in seine Schädelbasis – eine leere, knochenweiße Schale, die vormals ein Gehirn enthielt. Als ich mich umschaue, sehe ich die fehlende Hirnmasse des Mannes überall an den Wänden verspritzt. Sein Kopf war von der Granate direkt getroffen worden, die in und mit ihm explodierte.

---

[*] ein großes Basislager (Anm.d.Ü.)
[**] Mannschaftstransportwagen (Anm.d.Ü.)

Sein Rangabzeichen sagt mir, dass er ein Feldwebel war. Seine Hände liegen schlaff gefaltet im Schoß, als meditierte er gerade. Ich bemerke eine Wölbung in der Brusttasche seiner Uniform. Ich knöpfe sie auf und ziehe seine Brieftasche hervor, die vollgestopft ist mit Fotos seiner hübschen Frau und zweier strahlender Kinder. Das ältere von ihnen ist ein kleines Mädchen mit Zöpfen und Zahnspange. Auf dem Bild überragt sie ihren Bruder, den sie an der Hand hält. Respektvoll stecke ich die Brieftasche des Feldwebels zurück. Dann lehne ich mich an meinen kopflosen Kameraden, Schulter an Schulter, und fange an zu weinen. Es ist nun fast ein Jahr her, seit ich in Vietnam angekommen bin, und ich bin des Blutvergießens müde – körperlich, emotionell, spirituell. Die unzähligen blutgetränkten Soldaten, die ich zusammengeflickt und wiederbelebt habe, bevor ich sie in chirurgische Feldlazarette zurückschickte; die Tage, die ich in vietnamesischen Dörfchen mit der Behandlung von Malaria, Tuberkulose und exotischen Krankheiten verbrachte, die ich bestenfalls erraten konnte; die „Zum-Glück-daneben"-Schüsse bei Mörserbombardements; mehr als zweihundert Stunden in Helikoptern und deren Beinahe-Abstürze – die Bilder des surrealen Chaos laufen von selbst ab, während meine Tränen fließen.

„Doc! Was zum Teufel dauert denn so lange?" Einer meiner Sanitäter ist besorgt, was im Inneren des MTW los ist. Ich werde anderswo gebraucht. Ich ersticke meine Emotionen und stecke sie weg in irgendeinen Teil meines Geistes, den ich für Gelegenheiten wie diese bereit zu haben gelernt habe. Ich bin für tausend Leute verantwortlich, Emotionen zu beherrschen ist alles.

Die Dienstgradverhältnisse auf den Kopf stellend, grüße ich meinen toten Kameraden und verabschiede mich. Ich vergewissere mich, dass seine Brusttasche fest verschlossen ist, so dass seine Brieftasche auf seinem Weg zum Leichensack nicht verlorengeht.

Mit Staunen blicke ich auf jene Monate in Vietnam zurück. Es fällt mir immer noch schwer zu glauben, dass ich an dem Krieg nicht nur teilgenommen habe, sondern es mit solchem Enthusiasmus tat. Ich hielt mich für immun dagegen, in den Sog des Kriegshandwerks zu geraten, doch es dauerte nicht lange, und ich war stolz auf die Verhaltensweisen, die ich vorher getadelt hatte. Ich wurde Teil einer Gruppe von Männern, die versuchten zu überleben, während sie ihre Pflicht erfüllten, und ich hätte mein Leben dafür gegeben und wirklich jedes Risiko auf mich genommen – wie ich es viele Male getan habe –, um ihnen zu helfen, erfolgreich zu sein. Sie wussten, dass mein Engagement für sie keine Grenzen kannte, und dies galt für sie auch umgekehrt.

Diese bedingungslose gegenseitige Unterstützung erklärt vielleicht, warum zum Beispiel einmal während eines Angriffskampfeinsatzes ein achtzehnjähriger Soldat unter feindlichem Feuer über ein Reisfeld rannte, *um mir eine Cola zu bringen*.

Neben den Gefahren gab es auch die wildesten Sensationen und paradoxesten Befriedigungen, die ich je kennengelernt habe. Es gibt einfach nichts, was man mit den Emotionen des Krieges vergleichen könnte. Krieger wissen das, und diese Erkenntnis liegt keinem geringen Teil des stillschweigenden Verständnisses zugrunde, das sie verbindet.

Ich habe schon vor langer Zeit aufgehört, nach rationalen Erklärungen für diese Erfahrungen zu suchen, denn es gibt keine. Die brutale Tatsache ist diese: Das Tauziehen ist eine der unwiderstehlichsten Kräfte, die dem Menschen jemals begegnen; sie vermag jegliches Vernunftdenken außer Kraft zu setzen, das gegen sie ins Spiel gebracht wird. Um die Angelegenheiten noch zu komplizieren, ist der Krieg trotz aller seiner Schrecken auch Schauplatz einer Fülle von Tugenden – nicht nur Opfermut und Heldentum, auf die man zählen kann, sondern auch Liebe und Mitgefühl, die sich einer Berechenbarkeit entziehen. Falls der Krieg das Schlimmste im Menschen zum Vorschein bringt, ruft er auch das Beste hervor. Der Krieg ist die herausragende menschliche Aktivität, in der sich das Bestialische und das Göttliche Seite an Seite offenbaren – in derselben Person.

Infolge meiner Erlebnisse in Vietnam glaube ich, dass kein Mensch vor den Verlockungen des Krieges sicher ist. Wenn ich – vor dem Hintergrund von Antipathie und Abscheu gegen den Krieg – ihn mir zu eigen machen, nach ihm hungern, ihn *lieben* kann, dann ist vielleicht keiner gegen seine Anziehungskraft immun. Ich wünschte, mein Erleben wäre einzigartig, aber leider ist es nur allzu verbreitet – und ein Teil des Grundes, warum es weiterhin Krieg gibt.

Krieg und der Schatten

Dass ich dem Zauber des Krieges verfiel, war eine Folge des Wirkens unbewusster Kräfte, die ich nicht begriff und deshalb nicht beherrschen konnte. Die psychologischen Kräfte, die Menschen zwingen, in den Krieg zu ziehen, bilden ein universelles Muster im Geist, das quer über die Kulturen und Zeiten erscheint – was C. G. Jung einen Archetypus nennt. Jene nicht (an)erkannten Faktoren sind ein Teil dessen, was Jung als den *Schatten* bezeichnete, also jenen Teil der Psyche, der alle die unschönen, inakzeptablen Züge enthält, die wir auf der bewussten Ebene ablehnen.

Das signifikanteste Ereignis in der modernen Geschichte, das uns zwingt, uns unserem individuellen und kollektiven Schatten zu stellen, war wohl der Vietnamkrieg. Der Psychiater und Forscher Harry A. Wilmer, Präsident des Institute for the Humanities („Institut der Geisteswissenschaften") in Salado, Texas, ist ein Experte in der Behandlung von Vietnam-Veteranen, die unter psychischen Traumata leiden. In seinem Buch *Vietnam in Remission* schreibt er: „Bis Vietnam waren die Amerikaner zufrieden, den Schatten und das Böse nur in ihren Feinden zu sehen. Aber mit dem Vietnam-Erlebnis veränderten das die Medien – und der Videokrieg im Wohnzimmer. Plötzlich hielt uns die Technik nicht nur die Schrecken des Krieges in Nahaufnahmen vor Augen, sondern sie ließ es uns sehen, während es gerade geschah. Das hatte es nie zuvor in der Geschichte gegeben.

Den Kriegern die Schuld geben

Die Psyche ist erfinderisch und wird jegliche Mühen in Kauf nehmen, um es zu vermeiden, sich ihrer dunklen Seite zu stellen. Dazu gehört häufig, dass die schmutzigen Züge, die wir in uns selbst ahnen, jemand anderem zugeschrieben werden – ein psychologischer Abwehrmechanismus, den man Projektion nennt. Der dramatischste Fall von Projektion nach Vietnam betraf Leutnant William Calley, der vor ein Kriegsgericht gestellt und für schuldig befunden wurde, die Gräueltaten in My Lai begangen zu haben. Calleys Verurteilung machte es für uns möglich zu sagen: *Wir* haben keine vietnamesischen Frauen und Kinder ermordet, sondern er und Soldaten wie er haben das getan. Im Grunde beschuldigten wir damit Tausende von US-Soldaten der Verbrechen Calleys – Krieger wie Tom, einen der von Wilmer behandelten Veteranen:

> Tom war stolz darauf, ein Landser zu sein, dem es gelang, sechsundzwanzig Monate in Vietnam zu überleben. Er hatte das Schlachtengetümmel überstanden, auch die Tet-Offensive[*] von Huế, das vom Vietcong und nordvietnamesischen Truppen eingenommen wurde. Tom berichtete Wilmer von seiner Rückkehr und seinem Erlebnis auf dem Washington National Airport[**], als „eine Dame auf mich zukam, mich einen ‚Mörder' nannte und mich mit ihrer Handtasche ins Gesicht schlug. Ich sagte:

---

[*] Die Tet-Offensive bezeichnet eine Reihe militärischer, offensiver Operationen der nordvietnamesischen Armee und des Vietcong zwischen dem 30. Januar und dem 23. September 1968 im Rahmen des Vietnamkrieges. Sie startete als Überraschungsangriff am Vorabend des vietnamesischen Neujahrsfestes, dem T t Nguyên Ðán, das am 31. Januar 1968 stattfand. (Anm.d.Ü., Quelle: Wikipedia)

[**] seit 1998: Ronald Reagan Washington National Airport (Anm.d.Ü.)

‚Scheiße! Ist es das, wozu ich nach Hause gekommen bin?' Ich ging und holte mir einen Drink. Ich wollte nicht nach Hause kommen, wenn es so sein würde."

Ein anderer von Wilmers Patienten war Cervando, ein robuster Ex-Marine, der mit einer Schublade voller Medaillen zurückkehrte. In einem Gespräch sagte er zu Wilmer: „Sehen Sie sich um. Es gibt immer noch Leute, die sich schämen zu sagen: ‚Ich bin Vietnam-Veteran', weil [sie sich] fürchten, dass die Menschen nicht [mit ihnen] reden würden. Ich bin beleidigt worden. ‚Sir, waren Sie einer von diesen Schlächtern dort drüben? Hat es Ihnen Spaß gemacht, Babys und Leute umzubringen?'"

Mike, ein weiterer Patient Wilmers, kam verwundet in die Vereinigten Staaten zurück, verängstigt und mit dem Schuldgefühl, überlebt zu haben, wo seine Kameraden ums Leben gekommen waren, aber gleichwohl froh, wieder zu Hause zu sein. Er sagte: „Ich kam auf dem Flughafen von San Francisco an und ging zu einer Bar. Die Leute in der Bar sagten: ‚Nun, was tun Sie da? Sie sind doch verrückt. Warum zum Teufel gehen Sie nicht hinaus?' Ich hatte den Eindruck, dass die Medien uns als verrückt dargestellt hatten, und als ich aus dem Dienst ausschied, hielt ich mich für normal. Ich wollte nur raus. Ich habe mein Ding durchgezogen, und jetzt lasst mich in Ruhe."

Eric, ein heimkehrender Veteran, der bei einer Explosion einen Fuß verloren hatte, schämte sich so sehr, dass er über seine Verwundung log: „Wenn sie mich fragten: ‚He, waren Sie in Vietnam?', oder ‚Was ist mit Ihrem Bein passiert?', sagte ich, dass ich einen Autounfall gehabt hätte, um nicht darüber reden zu müssen.

Die Uniform und der Mülleimer

Mein Rückflug aus Vietnam landete in den frühen Morgenstunden in Seattle im Bundesstaat Washington. Als meine Kameraden und ich die Maschine verließen, waren wir nicht von Freude erfüllt. Es gab weder irgendwelche Empfangskomitees noch die gelben Bänder, die eine Generation später, als die Golfkriegs-Veteranen zurückkehrten, jede Stadt in Amerika schmückten. Als ich den Fuß auf amerikanischen Boden setzte, hatte ich tatsächlich das Gefühl, als beträte ich Feindesland – ein Empfinden, das ich nach einem Jahr im Busch gut genug kannte. Doch ich hatte meine Rückkehr seit Wochen vorbereitet. Bevor ich Vietnam verließ, war es mir gelungen, mir Zivilkleidung zu verschaffen.

Meine erste Handlung auf dem Flughafen von Seattle war es, mich auf eine Toilette zu verdrücken, meinen Dschungel-Tarnanzug und die Kampfstiefel auszuziehen, sie in einen Mülleimer zu stopfen und die billigen zivilen Stücke anzulegen, bevor ich den Anschlussflug nach Hause nahm. Ich wusste, dass geplant war, in wenigen Tagen in Washington, D.C., einen Friedensmarsch zusammenzutrommeln, und dass die Antikriegs-Gefühle inzwischen fiebrige Höhen erklommen hatten. Die Aussicht, verhöhnt zu werden, konnte ich einfach nicht ertragen, und ich war mir nicht sicher, meinen Zorn im Zaum halten zu können, wenn mir jemand mit einer zynischen Bemerkung gekommen wäre. Vielleicht würde es helfen, das Kampfgewand wegzuschmeißen. Ich erinnere mich, dass ich mich wie taub gefühlt habe, als ich mit meiner neuen Identität die Herrentoilette verließ. Wie Tom, Cervando und Mike wollte ich mich irgendwo verstecken.

Wilmer fasste zusammen, wie Amerikaner ihre Schuldgefühle auf zurückkehrende Vietnam-Veteranen projizierten, und sprach damit aus, wie ich empfand: „Ich brauche nicht zu wiederholen, auf welch endlos schändliche Weisen viele Veteranen ‚willkommen geheißen' wurden, indem man sie anspuckte und demütigte, als Verlierer abstempelte, als Babymörder, Drogensüchtige und wandelnde Zeitbomben."

Die Amerikaner haben kein Monopol auf die schäbige Behandlung heimkehrender Soldaten. Die Russen behandelten ihre Veteranen aus dem Afghanistan-Krieg ebenfalls respektlos. Am 9. Mai 1990 wurden sie bei der Parade in Moskau zur Feier des fünfundvierzigsten „Jahrestags des Sieges" – der deutschen Kapitulation – nach dem Zweiten Weltkrieg einfach weggelassen. Während die Festlichkeiten bereits im Gange waren, versammelten sich die Afghanistan-Veteranen im Gorki-Park, um „nichts mehr als das Überleben" zu feiern.[59]

Albträume des Krieges

Nach der Rückkehr aus Vietnam nahm ich meine ärztliche Ausbildung wieder auf und absolvierte eine Facharztausbildung in Innerer Medizin. Nachts jedoch war der Krieg immer ganz nah. Er verfolgte mich in Gestalt eines entsetzlichen Albtraums, der fast zwanzig Jahre lang wiederkehrte.

> Notruf über Funk: Eine Patrouille ist gerade in einen Hinterhalt geraten und hat Verluste erlitten. Ich renne zum Rettungshubschrauber und klettere hinein, als er in einer Wolke aus rotem Staub abhebt. Binnen weniger Minuten sind wir über dem gemeldeten Hinterhalt, und der Helikopter landet in einer Lichtung im Dschungel. Der Geruch vom Gewehrfeuer hängt noch in der Luft. Am Boden liegen drei junge Männer, die sich nicht rühren. Rasch untersuche ich sie und stelle fest, dass zwei von ih-

nen tot sind. Der dritte Soldat ist am Leben, aber er ist kreidebleich, feuchtkalt und kaum bei Bewusstsein. Ich kann nur eine einzige Wunde finden – einen kleinen roten Fleck über seinem Herzen, das typische Bild für einen Granatsplitter. Hat er das Rippenfell, die Lunge, den Herzbeutel oder das Herz durchdrungen? Um keine Zeit zu verlieren, laden wir den jungen Mann in den Hubschrauber. Er wird bewusstlos. Ich habe keine Blutkonserve, keine Infusionsflüssigkeit oder Thoraxdrainage und beginne sofort mit der manuellen Wiederbelebung, um ihn am Leben zu halten. Als wir auf dem Weg zum Feldlazarett über die Baumkronen des Dschungels fliegen, bin ich zornig, dass dieser tapfere junge Soldat an einer so unscheinbar aussehenden Verwundung stirbt.

Wir gehen auf dem Hubschrauberlandeplatz nieder, und zwei wartende Sanitäter laden den jungen Soldaten auf eine Trage und eilen zur Notaufnahme. Ich folge ihnen, werde aber am Eingang von einem Arzt angehalten, der ebenfalls im Hauptmannsrang steht. Seine makellose, gestärkte Uniform bildet einen dramatischen Kontrast zu meiner. Er gestikuliert in unbeherrschtem Ärger. „Sie können hier nicht herein!", bellt er mich an. Ich verstehe nicht; ich bin Arzt, und der Soldat ist mein Patient. Ich habe ihn am Leben erhalten. „Schauen Sie sich doch an!", höhnte er und deutete auf meine Uniform, die verschmutzt ist von Blut und der roten Erde Vietnams. Gewehr und Arzttasche hängen über meiner Schulter, meine Fünfundvierziger steckt am Gürtel. „Sie sind bewaffnet! Das hier ist ein Krankenhaus! Waffen und Dreck lassen wir hier nicht zu!" Plötzlich kreist mich eine Gruppe von Sanitätern ein, die versuchen, mich wegzudrängen, als wäre ich ein Verbrecher. Ich leiste Widerstand, werde aber überwältigt. Nachdem sie mir Gewehr, Pistole und Erste-Hilfe-Tasche abgenommen haben, schleudern sie mich in den Schmutz. Ich blicke an ihnen vorbei und sehe den jungen Soldaten, meinen Patienten, der gerade auf einer fahrbaren Trage in einem Korridor verschwindet. Ich muss zu ihm gelangen und ihm helfen! Ich versuche aufzustehen, aber die stämmigen Sanitäter überwältigen mich wieder. „Sie haben hier nichts verloren!", schreit der arrogante Arzt. „Raus hier!" Jetzt sehe ich, dass der Eingang zum Krankenhaus verriegelt wird. Meine Waffen sind drinnen, und ich kann sie nicht erreichen.

Als mir klar wird, dass ich nichts habe, womit ich mich verteidigen könnte, fühle ich mich hilflos und beginne in Panik zu geraten. Der Helikopter wartet, sein Motor läuft noch, und ich klettere hinein. Ich bin wütend über den Arzt, der gerade darauf bestanden hatte, dass der Krieg aseptisch und sauber sei. Mir wird bewusst, dass er typisch ist für viele der in Krankenhäusern tätigen Militärärzte, die ich kennengelernt habe, und die trotz ihrer sicheren Positionen und komfortablen Unterkünfte ihre Zeit damit verbrachten, sich über die Unterbrechung ihrer Karriere zu beklagen und die Erniedrigungen, die sie erlitten. Sie haben keine Ahnung, wie die Sache für die „Landser" aussah, die echten Krieger, oder für die Sanitäter und Bataillons-Chirurgen, die versuchen, sie am Leben zu halten. Als wir in den Dschungel zurückfliegen, habe ich ein morbides Gefühl des Grauens.

Bis zu diesem Punkt in meinem Traum waren die Ereignisse größtenteils faktisch: Der Patient war real, und ich war nach der Überführung eines verwundeten Soldaten per Helikopter in ein mobiles Feldlazarett dort tatsächlich entwaffnet und ausgesperrt worden. Aber dann nahm der Traum eine monströse Wendung:

> Auf dem Weg zurück zu der Artilleriestellung, wo mein Hilfsposten sich befand, wird mein Hubschrauber abgeschossen. Die Besatzung ist verwundet, doch ich bin unverletzt. Sie schreien um Hilfe, aber ich habe kein Material. Der Vietcong ist dem abgestürzten Helikopter auf der Spur; ich kann hören, wie sie durch den Dschungel näherkommen. Mir wird klar, dass wir gefangengenommen, gefoltert, getötet und verstümmelt werden. Instinktiv greife ich nach meinen Waffen, nicht daran denkend, dass ich keine mehr habe. Das Schlimmstmögliche ist geschehen: Ich bin jetzt völlig wehrlos. Auf das Ende wartend, erwache ich voll Entsetzen.

Jahr für Jahr ging der Albtraum weiter. In einem Versuch, ihn auszuschalten, ging ich allem aus dem Weg, was mich an Vietnam erinnerte. Ich lehnte es ab, Filme über den Krieg zu sehen, ich mied Bücher, die darüber geschrieben waren, und ich sprach niemals zu jemandem über meine Erlebnisse, nicht einmal mit meiner Frau. Vietnam war ein abgeschlossenes Thema, ein Teil der Vergangenheit. Abgesehen davon, betrachtete ich meine Dämonen als meine Privatsache und vermochte nicht zu sehen, was es bringen sollte, sie auf irgendjemand anderen loszulassen. Doch dieser Ansatz funktionierte nicht. Mein Bemühen, den Deckel auf meiner Psyche zu halten, war wie ein Versuch, das Meer zurückzuhalten. Der Albtraum kehrte immer wieder, jedes Mal so entsetzlich wie vorher.

Zu einer Lösung kam es auf eine recht unerwartete Weise. Achtzehn Jahre nach meiner Heimkehr aus Vietnam war ich mit meiner Frau Barbie in Neumexiko unterwegs. Wir besuchten gerade Santa Fe und logierten im La Fonda, einem schönen historischen Hotel an der Plaza. Es war spät abends, und wir waren erschöpft. Wir suchten irgendeine anspruchslose Zerstreuung, schalteten den Fernseher an und sanken ins Bett. Über den Bildschirm flimmerte gerade ein fürs Fernsehen produziertes Drama über Vietnam. Bevor ich zu einem anderen Sender umschalten konnte – was meine gewöhnliche Art war, mit etwas umzugehen, das mit dem Krieg zu tun hatte –, erkannte ich, dass die Szenen, die im Fernsehen dargestellt wurden, meinen Albtraum nachspielten: Einen abgestürzten Helikopter, verwundete Soldaten und den nahenden Feind. Ich war wie hypnotisiert. Das Fernsehdrama wurde so real wie mein Traum, und unwillkürlich stieg ich ganz in die Handlung hinein. Doch anstatt Panik und Entsetzen zu empfinden wie im Albtraum, begann ich zu weinen. Schon bald schluchzte ich haltlos – Ströme von Tränen lösten sich und Schluchzer, die das Bett erschütterten. Manche der Soldaten auf dem Bildschirm ähnelten tatsächlich einigen meiner früheren Kameraden. Was mich an ihnen am meisten beeindruckte, war ihre Unschuld. Sie schienen so *jung* – fast *Kinder* –, und das Mitgefühl, das ich für sie empfand, war unbeschreiblich. Als die Sendung endete, schluchzte ich weiter. Obwohl meine Frau mich ständig tröstete, konnte ich einfach nicht aufhören. Ich war jetzt in Vietnam, und zum ersten Mal in fast zwanzig Jahren ließ ich zu, dass meine Imagination sich wieder mit den vergrabenen Erinnerungen beschäftigte. Nun lastete der Deckel nicht mehr auf meiner Psyche, und die verdrängten schmerzlichen Ereignisse fluteten haltlos hervor. Ich leistete keinen Widerstand und machte keinen Versuch, irgendetwas zu beherrschen oder zu zensieren. Stunden später, nachdem ich jedes Handtuch aus dem Badezimmer getränkt hatte, versiegten meine Tränen schließlich.

Erschöpft, doch unendlich friedvoll, ließ ich meine Frau schlafend im Hotelzimmer und ging spazieren. Es war früher Morgen, und die Sterne verblassten allmählich. Im Osten kündigten blutrote Streifen die Dämmerung an, das Symbol eines Endes und eines neuen Anfangs. Der Albtraum kehrte nie mehr wieder.

Lassen wir uns vom Krieg anstecken?

Der Krieg verhält sich wie eine Infektion. Manche Gesellschaften scheinen gegen eine Ansteckung mit der „Mikrobe" Krieg relativ immun zu sein, andere haben wenig Resistenz und fallen ihm immer zum Opfer. In ihrem brillanten Buch *Blood Rites: Origins and History of the Passions of War* (dt. Ausg.: *Blutrituale: Ursprung und Geschichte der Lust am Krieg*) beschreibt die Biologin und Sachbuchautorin Barbara Ehrenreich, dass sich der Krieg nach einem Ausbruch „notfalls auch generationenlang in der menschlichen Seele verkapseln kann"[60], um zu einer späteren Zeit überraschend erneut auszubrechen. Anders als eine Krankheit wie Masern oder Windpocken, führt

die Infektion durch den Krieg nicht zu einer dauerhaften Immunität. Im Gegenteil, scheint der Krieg das Immunsystem einer Gesellschaft gegenüber bewaffnetem Konflikt zu zerstören. Nachdem eine Nation in den Krieg zieht, tendiert sie dazu, wiederholt in den Krieg zu ziehen. Hat es je eine Nation gegeben, die sich nur an *einem* Krieg beteiligte?
Wenn das Inoculum* groß genug ist, kann der Krieg jeden Staat infizieren. Die Infektion beginnt vielleicht als eine Kränkung des Nationalstolzes, als wirtschaftliche Unterdrückung oder eine tatsächliche Invasion. Sobald die ursprüngliche Provokation eingetreten ist, kann sich der Krieg von Land zu Land ausbreiten, nicht unähnlich der selbstständigen Vermehrung und Übertragung eines lebenden Organismus.
Die Mikrobe des Krieges wird offenbar zunehmend virulenter. Dies zeigt das 20. Jahrhundert, in dem allein 75% aller Kriegstoten seit dem Aufstieg des Römischen Reiches zu beklagen waren. Wie auch bei ansteckenden Krankheiten, betrifft die größte Zahl von Verlusten die Schwächsten und Verletzlichsten: 90% der Todesfälle in den Konflikten der Moderne sind Zivilisten, das heißt die Alten, Frauen und Kinder. Wie viele Infektionen, erhöht auch der Krieg die Anfälligkeit gegenüber anderen Krankheiten. In Ruanda raffte die Cholera 1994 innerhalb weniger Wochen bis zu fünfundvierzigtausend Menschen dahin; dies war eine der intensivsten, tödlichsten Epidemien, die je registriert wurden.
Eine Vielfalt von „opportunistischen Infektionen"** begleiten den Krieg – wie sie es auch bei vielen Infektionskrankheiten tun. Betrachten Sie zum Beispiel[61] ...

- die einhundert Millionen Landminen, die zur Zeit in vierundsechzig Nationen auf der Lauer liegen
- die 2,2 Millionen Hektar Wald- und Farmland, die in Vietnam durch Rodung, Napalm und Entlaubung mit Hilfe von 72 Millionen Litern Herbiziden vernichtet wurden[62]
- die toxischen Abfälle aus Waffenherstellung und Tests: Kraftstoffe, Farben, Lösungsmittel, Phenole, Säuren, Laugen, Treibstoffe und Sprengstoffe
- die hohe Quote von Krebserkrankungen rund um Hanford Reservation (Washington), Rocky Flats (Colorado) und Oak Ridge (Tennessee)
- die viertausendfünfhundert kontaminierten Grundstücke des US-Energieministeriums

---
* die Menge des infektiösen Materials (Anm.d.Ü.)
** O. I. befallen den Patienten, dessen Abwehr durch die Primärinfektion geschwächt ist (Anm.d.Ü.)

- die langfristigen geistigen und körperlichen Entwicklungs-Defizite und die Mangelernährung bei siebzehn Millionen Kindern, die zur Zeit infolge kriegerischer Konflikte ihr Zuhause verloren haben.

Ursprünge des Krieges: Die beiden vorherrschenden Theorien

Es gibt zwei Haupttheorien darüber, warum wir in den Krieg ziehen: 1) Krieg ist ein Mittel zur Beförderung kollektiver politischer und ökonomischer Interessen und ein Weg zu einem besseren Leben, oder 2) Krieg wurzelt in subrationalen Trieben von der Art, die auch Einzelne Gewaltverbrechen begehen lassen – Trieben, die biologisch sein könnten. Der erste Grund ist buchstäblich unbestritten. „Es scheint auf der Hand zu liegen", stellt Ehrenreich fest, „dass man Kriege zumindest vordergründig führt, um Lebensnotwendigkeiten wie Land oder Erdöl oder ‚geopolitische Vorteile' zu erkämpfen."[63]

Ist Krieg „biologisch"? Jeder, der bereit ist, die Natur unauffällig zu beobachten, mag so denken. In seinem Buch *On the Mesa* schildert der Naturforscher John Nichols seine Beobachtungen nach einem Sommergewitter an einem Teich auf einer Wüstenhochebene in Neumexiko: „Stunden nachdem der Wasserspiegel gestiegen ist, nehmen Moskitos und andere Insekten überhand. Ich sehe immer mehr Spritzringe von Insekten, die da zutage kommen. Es dauert nicht lange, und grüne Königslibellen schwirren über den schlammigen Teich, gejagt von aggressiven blauen und grauen Libellen. Winzige Dinger greifen nach einander, treten und regen sich auf, kauen und zerlegen, essen, verdauen und scheiden aus und blicken sich dann hungrig um, um zu sehen, ob da jemand ist, den sie vermissten: Das ist Leben als ein unendlicher Holocaust; die Welt der Natur als totaler Krieg!"

Es scheint, dass Marquis de Sade (1754-1814) recht gehabt haben könnte, als er sagte: „Wer, wenn nicht die Natur, flüstert uns ein von persönlichem Hass, Rache, Krieg, ja tatsächlich alle die immerwährenden Motive zum Mord? ... Es ist unmöglich, dass Mord die Natur jemals empört."

Ist das unser Erbe? Werden wir zum Krieg getrieben durch Denkvorgänge, die letztlich unsere DNS diktiert? „Es gibt keinerlei geradlinige biologische Argumentation, die einen Menschen dazu bringen kann, sich im Krieg zu töten", versichert Ehrenreich. „Die biologisch ‚rationale' Erklärung für manche Formen des Altruismus liegt darin, dass dieses Verhalten dem Überleben der eigenen Verwandten und verwandter Gene dient – Egoismus unter dem Deckmantel des Altruismus. Das mag einleuchten, wenn ein Mann bei der Verteidigung seiner engeren oder weiteren Familie sein Leben opfert. Doch ... von einer Horde oder einem Stamm weitläufig Verwandter bis zu den genetisch polyglotten Armeen antiker und moderner Staaten ist es ein weiter Weg."[64] Dessen ungeachtet ist die Theorie von den biologischen Wurzeln menschlicher Gewalt immens einflussreich, und vieles scheint für sie zu sprechen. Die Frage, so scheint es, ist nicht, *ob* wir biologische Neigungen haben, anderen zu schaden, sondern wie tief ihre Wurzeln reichen.

Falls uns unsere Gene zum Krieg zwingen, sollten wir erwarten, dass Formen der Gewalt, die mit dem Krieg einhergehen, in der Natur verwurzelt sind. Ein Beispiel ist Vergewaltigung.

Die erzwungene Paarung ist in der Natur so weit verbreitet, dass man sich fragen könnte, ob sie die Norm ist. Die männliche Skorpionsfliege ist ein Meister im Vergewaltigen. Das Männchen liegt auf der Lauer und wartet auf ein unvorsichtiges Weibchen; wenn ein solches vorüberkommt, schlägt er mit seinem flexiblen Leib aus und packt sie an Bein oder Flügel. Obwohl sie in den meisten Fällen entkommt, gelingt ihr dies nicht immer, und so wird sie gezwungen, die Kopulation zu dulden. Verschärfte sexuelle Übergriffe und Gruppenvergewaltigungen sind unter Wildenten verbreitet; gelegentlich wird das weibliche Tier so anhaltend attackiert, dass es dabei ertrinkt. Menschenfressende männliche Blauhaie schwimmen verletzende Attacken auf ihre eigenen Weibchen und scheinen außerstande, sich gewaltlos zu paaren. Bei vielen Insekten, Fröschen und Schildkröten ist die Vergewaltigung als Verhaltensmuster gang und gäbe, und homosexuelle Vergewaltigung kann man bei manchen parasitischen Würmern beobachten.

Trotz der Tatsache, dass Vergewaltigung in der Natur fraglos allgegenwärtig ist, empfinden wir sie als tierisch, bestialisch, „abartig". Unter Menschen sind Vergewaltigung und Plünderung etwas, das der böse Feind tut. Als japanische Truppen 1937 die chinesische Stadt Nanjing einnahmen, wurden innerhalb eines Monats mehr als zwanzigtausend Mädchen und Frauen sexuell misshandelt, vergewaltigt und ermordet; man spricht seitdem von der „Vergewaltigung von Nanjing". 1943 wurde marokkanischen Söldnern auf und von Seiten der Franzosen erlaubt, ihren Vormarsch vergewaltigend durch Zehntausende von italienischen Frauen zu erkämpfen. Wir denken gern, dass „unsere Jungs" solche Dinge nie tun. Doch die feministische Autorin Ruth Seifert schrieb in ihrem Beitrag *Krieg und Vergewaltigung:* Bei der Befreiung Berlins, im Frühjahr 1945, „verabschiedeten sich alliierte Soldaten vom Krieg und ihrem Verstand und vergewaltigten Hunderte deutscher Frauen, darunter selbst Opfer aus den nationalsozialistischen Konzentrationslagern".[65]

Der Kitzel des Krieges

Menschen, die in das schwarze Loch des Krieges gezogen werden, erleben dies oft als erregend. In den Tagen vor Ausbruch des Ersten Weltkrieges konnte sich kaum jemand den Verlockungen des nahenden Konfliktes entziehen. Ehrenreich notiert, dass sich der französische Schriftsteller Anatole France trotz seiner siebzig Jahre als Kriegsfreiwilliger anbot; die Tänzerin und Choreografin Isadora Duncan schrieb, sie sei „ganz Feuer und Flamme" für den Krieg. Feministinnen, wie die Engländerin Christabel Pankhurst, stellten den Kampf um das Wahlrecht der Frauen zurück, um die Kriegsanstrengungen zu unterstützen. In Indien rekrutierte der junge Gandhi Landsleute für die britische Armee.[66] Der britische Historiker Arnold J. Toynbee wurde, wie die meisten seiner Kollegen, von dem Kriegtaumel erfasst und produzierte als seinen persönlichen Beitrag zum Kriege mehrere Bände „Gräuelpropaganda".

Der Fall Sigmund Freud ist besonders interessant. Wie die meisten Menschen, wurde auch er von der Begeisterung für den Krieg mitgerissen, und für einige Zeit, so Ehrenreich, „gab [er] Österreich-Ungarn seine ganze Libido.... [Freud konnte] wochenlang an nichts anderes denken und kam durch den Krieg schließlich zu der These, es gebe in der Seele einen dunklen Fleck, einen dem Eros und dem Lebenswillen entgegenstehenden perversen Zerstörungstrieb".[67] Aber wenn Freud die Macht des Unbewussten wirklich verstand, warum war er dann gegenüber seinem eigenen Unbewussten so ohnmächtig? Ehrenreich schließt daraus, dass es in Freuds Analyse des Krieges einen blinden Fleck gab: Er „versäumte es, über seine eigene Begeisterung nachzudenken; sonst hätte er niemals die Hypothese aufgestellt, dass ein grausamer und mörderischer Instinkt die Menschen in den Krieg treibt."[68]

Als der Krieg in Europa 1918 endete, hatte er annähernd zwölf Millionen Soldaten und mehr als zwanzig Millionen Zivilisten das Leben gekostet. Aber 1914 konnte keiner die Dimension des nahenden Gemetzels begreifen. In England, schreibt der britische Autor Oliver Thomson in *A History of Sin*, „wurde den jungen Menschen das Kriegsideal des britischen Empire durch Zigarettenbilder, Puzzlespiele, Schlager, Gesellschaftsspiele, Keksdosen, Diapositive, Ansichtskarten und Plakate nahegebracht: ,Women of Britain Say: Go!'" Obwohl einige Gruppen, wie die als „Peacettes" lächerlich Gemachten, dagegen waren, schenkten nur wenige der Botschaft in ihren Traktaten Beachtung, dass „ein guter Soldat eine herzlose, seelenlose, mörderische Maschine" sei.

Inmitten des berauschenden Taumels konnten die Menschen nicht glauben, dass ihre Verzauberung durch den nahenden Konflikt möglicherweise in einem rohen Instinkt wurzelte, ihre Mitmenschen zu töten. Stattdessen zogen sie es vor, ihre Rechtfertigungen in Begriffe der edelsten Gefühle zu kleiden, die ein Mensch erleben kann – Heldentum, Hingabe an eine gute Sache, Kameradschaft, Heimatliebe, Selbstlosigkeit und Opfer. Es waren die gleichen Beweggründe, die wir bis heute aufzählen.

Keiner scheint dagegen gefeit, in den Krieg gezogen zu werden. Man denke an das Semai-Senoi-Volk im Regenwald auf der malaiischen Halbinsel, einen der friedlichsten Stämme, die man kennt. Die Population umfasst annähernd dreizehntausend Menschen, die einander niemals zu töten scheinen. „Wir werden nie zornig", sagen sie – was tatsächlich heißt, dass sie Wege gefunden haben, ihren Zorn in gewaltlose Verhaltensweisen zu kanalisieren. Gewalt erschreckt sie, ist unvorstellbar und kommt offenbar niemals vor. Die Semai benötigen kein Gerichtssystem und keine Polizeigewalt. Den Behörden von Malaysia ist noch kein einziger Fall von Mord, Mordversuch oder auch nur Körperverletzung unter den Semai bekannt geworden.

Doch als die Semai bei Aufständen Anfang der 1950er Jahre in die britische Armee eingezogen wurden, um diese im Kampf gegen kommunistische Aufrührer zu unterstützen, wurden sie von einer Art von Wahnsinn überwältigt, den sie „Blutrausch" nannten. „Wir töteten, töteten, töteten", erklärten sie später. „Ja, wir waren betrunken von Blut." Ein Semai erzählte sogar, wie er das Blut eines Mannes trank, den er gerade getötet hatte. Als die Aufstände auf der Halbinsel vorüber waren, kehrten die Semai in ihre Gemeinschaften zurück – so sanft und friedliebend, als wäre nichts geschehen.[69]

Krieg als Sakrament

Ich kann aus persönlicher Erfahrung bestätigen, dass der Nervenkitzel des Krieges keinem anderen gleicht. Diesen besonderen Zustand beschreibt Ehrenreich in *Blutrituale* als „Ekstase", einen „veränderten Bewusstseinszustand", „eines der größten natürlichen ‚Highs' der Menschen", einen „Rausch der Gemeinschaft, das Gefühl des Einzelnen, als kleines Teilchen in einem größeren Ganzen aufzugehen", „das Gefühl des Selbstverlusts, ... des Aufgehens in einem größeren Ganzen", die Befriedigung der gleichen psychologischen Bedürfnisse, die von „Liebe, Religion, Rausch, Kunst" erfüllt werden, und „ein Empfinden von transzendenter Zielbewusstheit".[70]

Warum erleben wir Krieg auf diese Weise? Ehrenreich bietet eine faszinierende Hypothese: Im Laufe der Menschheitsgeschichte wurde der Krieg mit tief empfundener religiöser Signifikanz ausgestattet. Den Krieg mit Religion zu assoziieren heißt, ihn als ein *Sakrament* zu betrachten – als ein heiliges Ritual – und das „spirituelle Hochgefühl" zu erleben, das mit dem

Sakralen einhergeht. Das Vereinigen von Krieg und Religion ermöglicht nun auch eine Rechtfertigung für das Töten und die Aufgabe ethischer und moralischer Normen. „Es ist vor allem die Heiligung des Krieges, was ihn gegen moralischen Tadel so unempfindlich macht", stellt Ehrenreich fest. Was bildete tatsächlich die Verbindung zwischen Krieg und Religion? Ehrenreich findet die Verbindung in dem antiken Ritual des *Blutopfers*. In der ganzen Menschheitsgeschichte – selbst in Friedenszeiten – standen die Religionen traditioneller Kulturen oft knietief in dem blutigen Geschäft des Tötens sowohl von Tieren als auch von Menschen, die ihren Göttern geweiht wurden. Im Laufe der Zeit haben Mord und Blutvergießen ihren Platz und Stellenwert im inneren Kern dessen gefunden, was Menschen als religiös und heilig betrachten.

Konventionelle Erklärungen zeigen ein anderes Bild: Menschliche Gewalt, so heißt es, sei am besten als Resultat unserer langen Geschichte als Jäger zu erklären, die Tiere töteten, die ihnen zur Nahrung dienten. Auf diese Weise seien wir zu „geborenen Killern" geworden. Außerstande, unsere alten Triebe abzulegen, brachten wir diese Gewohnheiten auch in das Zeitalter von Ackerbau und Viehzucht mit. Da das Jagen wilder Tiere zur Ernährung an Dringlichkeit verloren hat, ist eine neue Form des „Jagens" aufgekommen – die Jagd auf die Herden anderer Völker oder auf die Kornvorräte in ihren Dorffestungen. Der Name für diese neue Form des Jagens war Krieg. Weil die alte Art zu jagen als ein ehrwürdiges Unterfangen gegolten hatte, wurde auch der Krieg sozusagen geheiligt.

Aber warum konnten Menschen der Praxis des Blutopfers überhaupt etwas abgewinnen? Ehrenreich glaubt, das Ritual wurzele in den zweieinhalb Millionen Jahren, in denen die Menschen in kleinen Jagdgemeinschaften lebten. Es gibt Anzeichen dafür, dass die Menschen in jener Phase nicht geschickte Jäger waren, sondern erbarmungslos Gejagte. Erst in den „letzten tausend Generationen" haben wir die Fertigkeit und Gerissenheit erworben, den Übergang vom Beutetier zum selbstbewussten Jäger zu schaffen. Dieser Wandel des Menschen als Spezies, so Ehrenreich, sei fast gänzlich verdrängt worden, weil es viel schmeichelhafter sei zu glauben, dass wir schon immer den Platz an der Spitze der Nahrungskette innehatten. Aber wir haben erst „kürzlich" gelernt, „nicht bei jedem nächtlichen Geräusch ängstlich in Deckung zu gehen". Der allmähliche Rollenwechsel von der Beute hin zum Jäger war unvorstellbar wichtig, und es bedurfte blutiger Rituale, um ihn zu ehren:

> In Blutopferritualen wird der Übergang des Menschen vom Beutetier zum beutemachenden Wesen sowohl gefeiert als auch auf schreckenerregende Weise neu inszeniert, und so, behaupte ich, auch im Kriege.

Nirgendwo wird dies deutlicher als im Falle von Kriegen, die – in traditionellen Kulturen nichts Ungewöhnliches – ausdrücklich zum Zweck der Initiation junger Männer in die Krieger- bzw. Raubtierrolle geführt werden. Noch wichtiger aber ist, dass die Angst und Erregung dieser Wandlung vom Beute- zum Raubtier das emotionale Kolorit *aller* Kriege bilden und sie – zumindest manchmal und für manche Beteiligte – zu packenden und erhebenden „religiösen" Erlebnissen werden lassen.[71]

So gesehen, ist der Krieg die Antwort auf den Drang unserer Vorfahren nach Blutopfern, die sich als ein Mittel entwickelten, den größten Übergang zu feiern, den unsere Spezies vielleicht jemals erlebt hat – den Wechsel der Rolle von der Beute zum Jäger.[72]

In *Dark Nature* (dt. Ausg.: *Die Nachtseite des Lebens)* dokumentiert Lyall Watson viele Beispiele von Menschenopfern: Der griechische Historiker Pausanias erzählt von der Zerstückelung und dem gemeinschaftlichen Verzehr eines Kindes, das auf dem Berg Lykaion dem Gott Zeus geopfert wurde. In ganz Europa, Asien und dem pazifischen Raum gibt es Belege für Menschenopfer an Brücken, Tempeln, Häusern und Festungen, die gewährleisten sollten, dass diese Bauten den rechten Geist bargen. Die Vorliebe der Azteken, Mayas und Inkas, ihren Göttern Menschen zu opfern, ist bekannt. Diese grausigen Bräuche bestehen fort. Nach einer Flutwelle im südlichen Chile warfen Mapuche-Indios 1960 einen fünfjährigen Jungen in das Meer, um die Geister des Ozeans zu besänftigen. 1986 wurde in Peru ein Aymara-Indio von Kokainhändlern enthauptet, „um die Erde zu bezahlen" – ein Versuch, Segen für ein neues Unternehmen anzuziehen.

In unseren jüdisch-christlichen Traditionen ist das Menschenopfer geradezu zu Hause. Es wurde überliefert und verehrt in der abgebrochenen Opferung seines Sohnes Isaak durch Abraham, im Opfer von Jephthas Tochter und selbst im Tode des Gottessohnes auf Golgatha. Bis heute hat das Opfer in der christlichen Welt seine Anziehungskraft. 1986 trieben evangelikale Christen in einem Andendorf einen Pflock durch das Herz eines neunjährigen Knaben in dem Bemühen, dadurch das Leben eines kranken Mannes zu retten.

In *Furcht und Zittern* nannte der dänische Philosoph Søren Kierkegaard die Bereitschaft Abrahams, seinen eigenen Sohn zu opfern, ein „schreckliches Paradox", für das er keine logische Rechtfertigung finden konnte. Daraus folgerte er, dass hier etwas anderes vorgehen musste, „das kein Gedanke zu begreifen vermag".

Da Tieropfer als Methode des Blutvergießens inzwischen inakzeptabel sind, haben wir Gefallen daran gefunden, einander auf unseren Altären der sozialen Gewalt zu opfern. Das Hauptwerkzeug bei diesem Blutvergießen ist die Schusswaffe. Laut Watson werden in den Vereinigten Staaten jede Sekunde zwanzig davon hergestellt, sie finden ihren Weg in einundsiebzig Millionen Haushalte. 1992 gab es in den Vereinigten Staaten dreizehntausendzweihundertzwanzig Morde durch Schusswaffen, von denen nur zweihundertzweiundsechzig als entschuldbare Tötungen in Fällen von Notwehr anerkannt wurden. Watson enthüllt, dass unser Vermögen zu morden den klassischen Philologen Walter Burkert zu dem Vorschlag bewegte, unsere Spezies in *Homo necans* umzubenennen, das heißt den „tötenden Menschen".

Als nähmen sie schließlich Rache dafür, dass sie seit Jahrtausenden zu rituellen Opfern gebraucht wurden, haben die Tiere nun angefangen zurückzuschießen: „Hunderte von Menschen", enthüllt Watsons Forschung, „werden jedes Jahr durch Schusswaffen getötet, die von Haustieren zufällig ausgelöst werden."

Krieg und Geschlecht

Wenn Männer in den Krieg *ziehen*, dann *schickt* sie jemand dorthin. Das heißt, die männliche Kriegerfunktion hat sich parallel zu der Rolle derer entwickelt, die zurückbleiben, um den Herd zu hüten – Ehefrauen, Geliebte, Eltern. Die Entdeckung, dass Frauen für den Krieg eine Komplizen-Rolle erfüllen, kann Soldaten wie ein Schock treffen, wie die Geschichte des Leutnants Adolf Andreas Latzko zeigt, der im Ersten Weltkrieg für Deutschland kämpfte. 1917 schrieb er in seinem Buch *Menschen im Krieg:*

> Was das Grässlichste war, willst du wissen? ... Die Enttäuschung war das Grässlichste, der Abmarsch. Der Krieg nicht! Der Krieg ist, wie er sein muss. Hat's dich überrascht, dass er grausam ist? Nur der Abmarsch war eine Überraschung. Dass die Frauen grausam sind, das war die Überraschung! Dass sie lächeln können und Rosen werfen; dass sie ihre Männer hergeben, ihre Kinder hergeben, ihre Buben, die sie tausendmal ins Bett gelegt, tausendmal zugedeckt, gestreichelt, aus sich selbst aufgebaut haben, das war die Überraschung! Dass sie uns hergegeben haben – dass sie uns geschickt haben, geschickt! Weil jede sich geniert hätt', ohne einen Helden dazustehen; das war die große Enttäuschung, mein Lieber. Oder glaubst du, wir wären gegangen, wenn sie uns nicht geschickt hätten? Glaubst du? So frag doch den dümmsten Bauernburschen draußen, warum er eine Medaille haben möchte, ehe er auf Urlaub geht. Weil ihn sein Mädel dann lieber hat, weil ihm die Frauenzimmer

dann nachlaufen, weil er mit seiner Medaille den anderen die Weiber vor der Nase wegangeln kann; darum, nur darum. Die Frauen haben uns geschickt! Kein General hätt' was machen können, wenn die Frauen uns nicht hätten in die Züge pfropfen lassen, wenn sie geschrien hätten, dass sie uns nicht mehr anschaun, wenn wir zu Mördern werden.

Heim und Herd zu hüten, gilt im Allgemeinen als eine *passive* weibliche Rolle – zu warten und zu sorgen, bis „die Jungen nach Hause kommen". Aber während des Krieges sind weibliche Rollen oft recht aktiv. Charles E. Montague schrieb: „Der Krieg hat nicht die Raserei eines Nichtkämpfenden." In modernen Zeiten haben Frauen energische Betätigungen übernommen wie etwa, die Unterstützung durch das Volk anzuheizen, Kriegsanleihen zu verkaufen, in der Industrie oder Landwirtschaft zu arbeiten und die Verwundeten zu pflegen. Frauen sind die Waffenhersteller für Soldaten geworden, die im Krieg sind; die berühmteste Symbolfigur war „Rosie the Riveter" im Zweiten Weltkrieg.

Obwohl er nicht nach Geschlechterparität fragt, war der Krieg doch niemals ein rein männliches Unternehmen. Frühe europäische Erforscher Westafrikas begegneten noch dem weiblichen Regiment – einem lebenden Äquivalent der sagenhaften Amazonen –, das von den Königen von Dahome unterhalten wurde.[73] Deborah Sampson verpflichtete sich im amerikanischen Unabhängigkeitskrieg und diente tapfer – jedoch erst, nachdem sie „ein Mann wurde": Sie hatte sich in „Robert Shirtluff" verwandelt und ihr Geschlecht verheimlicht (bis eine Verwundung an der Schulter sie verriet).[74] Ehrenreich schreibt in *Blutrituale:*

Der Nachteil der Frauen in puncto Muskelkraft wurde schon vor langem durch die Erfindung von Pfeil und Bogen gemildert, von dem großen Gleichmacher der neueren Geschichte – dem Gewehr – ganz zu schweigen. Wie Jean Bethke Elshtain in ihrer Untersuchung über Krieg und Geschlecht betont, haben Frauen auch keine angeborene Hemmung gegenüber Kämpfen und Blutvergießen. Bei Revolutionen und Aufständen sind Frauen immer wieder als Kombattantinnen in Erscheinung getreten, und sei es nur, weil revolutionäre Streitkräfte ganz allgemein weniger formell und traditionsverhaftet sind als nationalstaatliche Heere. ... Selbst als „Nichtkombattantinnen" haben Frauen in Männerkriegen immer wieder eine tödliche Rolle gespielt. Ein Ethnologe aus dem 19. Jahrhundert berichtet, polynesische Frauen hätten die Aufgabe, besiegte Feinde auszusuchen und für das Festmahl nach der Schlacht zu kochen. ... Es gibt also keinen zwingenden biologischen oder „natürlichen" Grund dafür, dass im Drama des Krieges die Hauptrollen fast immer Männern zufallen.[75]

Margaret Thatcher, die frühere Premierministerin Großbritanniens, gewann den Falkland-Krieg, rüstete das britische Militär mit Atom-U-Booten aus und diese mit ballistischen Raketen samt Nuklearsprengköpfen. Indira Gandhi führte eine militärische Kampagne gegen Pakistan und ließ ihre Gegner ins Gefängnis werfen. Die Attentats-Kommandos der peruanischen Guerilla-Organisation „Leuchtender Pfad" bestanden fast gänzlich aus Frauen. Noch vor einer Generation war es buchstäblich undenkbar, dass wir Frauen in den Kampf schicken würden. Tatsächlich wurde genau diese Undenkbarkeit an die Wand gemalt, um zur Abstimmung gegen den Gleichberechtigungszusatz zur Verfassung der Vereinigten Staaten zu mobilisieren. Seitdem jedoch haben Frauen in einer Vielfalt von kampfrelevanten Rollen gedient, in Gefechtsleitständen für die Artillerie und als Helikopter-Pilotinnen; einige wurden zu Kampffliegerinnen ausgebildet und kamen zu Einsätzen auf Schlachtschiffen. Als im Golfkrieg elf Frauen getötet und zwei gefangengenommen wurden, gab es keinen besonderen Aufschrei, stellt Ehrenreich fest. Aus der Sicht vieler Frauen war dies keine gänzlich negative Entwicklung.

Ist Krieg ein Fehler der Männer?

Man hört oft sagen, dass der Krieg von einem unheilbaren Defekt im männlichen Charakter herrühre. Frauen seien klüger und mitfühlender und hüteten sich, Krieg zu führen. Könnten sie nur zu Staatsoberhäuptern aufsteigen, so könne Frieden herrschen und Krieg der Vergangenheit angehören. Doch angesichts der Militanz, mit der Frauen derzeit die aktive Beteiligung bei Kampfeinsätzen beanspruchen, bekommt diese Behauptung einen hohlen Klang. Ehrenreich stellt fest: „Wer glaubte, man könne den Krieg abschaffen, wenn man jeden Zusammenhang mit männlichen Privilegien kappt, ... könnte am Ende des 20. Jahrhunderts verzweifeln."[76] Der Biologe Howard Bloom teilt diese Einschätzung. In seinem gefeierten Buch *The Lucifer Principle* schreibt er:

> Es ist nutzlos, dass Frauen den Männern Gewalt vorwerfen, und es wäre zwecklos für die Männer, den Frauen Gewalt vorzuwerfen. Denn Gewalt ist in beiden angelegt. Als Margaret Thatcher eine atomar angetriebene und bestückte Marine aufbaute, handelte sie nicht auf ausgesprochen männliche Weise, noch verhielt sie sich ausgesprochen weiblich. Sie folgte nicht einmal den Antrieben, die einzigartig menschlich sind. Thatcher

war, wie Livia im alten Rom, im Griff von Leidenschaften, die wir mit Gorillas und Pavianen gemein haben – Leidenschaften, die in den urältesten Schichten des dreieinigen Gehirns eingepflanzt sind.

Ist eine Welt ohne Krieg möglich?

Den Pfad des Kriegers zu beschreiten, war für mich eines der lehrreichsten Ereignisse in meinem Leben, denn es war eine Gelegenheit, nicht gesichtete Bereiche meines Unbewussten ins Licht des Gewahrseins hervorzubaggern. Jung nannte diesen Vorgang „Bewusstmachen". Auf eine Menge der Dinge, die ich im Keller meiner Psyche zerstreut fand, bin ich nicht stolz, und ich betrachte es als ein großes Unglück, dass ich nicht einen weniger gewaltsamen Weg zum Selbstverständnis gefunden habe. Gleichwohl war die Erfahrung heilsam und befreite mich weitgehend davon, unbewusst und endlos Sklave meines Impulses zur Gewalt zu sein.

Dies sind einige der Gründe, warum ich kein Pazifist bin. Tiefsitzende psychische Antriebe, etwa den Drang zur Kriegerschaft, gänzlich zu blockieren, erscheint mir als blanke Torheit, weil dieses Blockieren am Ende genau zu der Gewalt führt, die es zu vermeiden suchte. Doch es ist klar, dass wir uns die Art von Kriegerschaft, die sich auf den modernen Schlachtfeldern manifestiert, nicht länger leisten können. Unsere Welt ist zu klein, zu zerbrechlich und zu kostbar – und die Waffen sind zu zerstörerisch. Wie sollen wir dann mit den alten Trieben umgehen?

Die Antwort ist nicht, die Kriegerschaft abzuschaffen – als ob wir dies könnten! –, sondern weniger gewaltsame Wege zu finden, Krieger zu sein – möglicherweise indem wir Krieger für die Erde und die Umwelt werden oder Krieger gegen Armut, Analphabetentum, Überbevölkerung und menschliches Leid in all seinen Formen – mit anderen Worten: Mitgefühl zu praktizieren. Diese Aufgaben bieten die Aussicht auf Abenteuer, Begegnung mit exotischen Kulturen und fremden Ländern, ja sogar das Risiko persönlichen Schadens oder des Todes – durchweg auffällige Kennzeichen von Übergangsriten und der Teilnahme am Krieg.

Doch bereits während ich diese Worte schreibe, empfinde ich ein leichtes Misstrauen. Darauf hinzuweisen, dass der Trieb zum Krieg auf gesellschaftlich wertvolle Weise sublimiert werden kann, bedeutet, den Krieg unter Wert zu verkaufen und zu riskieren, ihm in der Zukunft zum Opfer zu fallen. Wir wählen den Krieg nicht, er wählt uns; und wenn wir diese Maxime vergessen, sind wir in großer Gefahr. Schon wenn wir den Krieg als einen Passageritus beschreiben, intellektualisieren wir ihn. Wir können uns keinen Weg aus dem Krieg hinaus *denken*. Der israelische Militärhistoriker und Theoretiker

Martin van Creveld schrieb in seinem Buch *The Transformation of War* (dt. Ausg.: *Die Zukunft des Krieges)*: „Das menschliche Bedürfnis, das Vergießen von Blut mit irgendeiner großen und sogar erhabenen Bedeutung auszustatten, ist so elementar, dass der Intellekt davor hilflos verstummen muss."

Krieg und Religion

Es ist nutzlos zu argumentieren, dass wir dem Griff des Krieges entkommen können, indem wir religiöser werden. Die großen Religionen der Welt – mit der gesegneten Ausnahme des Buddhismus – haben den Krieg schon immer als Mittel zum Zweck gebraucht.

Aufforderungen, den Krieg auf zivile Opfer auszudehnen – auch durch Vergewaltigung und das Schlachten von unschuldigen Kindern –, finden wir bereits in der Bibel. Nachdem Moses' Truppen die Midianiter geschlagen hatten, befahl er ihnen: „Nun bringt alle männlichen Kinder um und ebenso alle Frauen, die schon einen Mann erkannt und mit einem Mann geschlafen haben. Aber alle weiblichen Kinder und die Frauen, die noch nicht mit einem Mann geschlafen haben, lasst für euch am Leben!" (4Mo 31,17-18)

Das Ausmaß, in dem sich das Christentum des Krieges bedient hat, wird im Westen oft bestritten. Aber die Imperative im Christentum sind immer militaristisch gewesen: „Vorwärts, Christi Streiter, marschieret wie zum Krieg!" In *The Code of the Warrior* informiert uns Rick Fields, dass der heilige Bernhard von Clairvaux (dessen Name „stark wie ein Bär" bedeutet) im 12. Jahrhundert sagte, als die Kreuzzüge im Gange waren: „Ein Ritter Christi tötet mit gutem Gewissen, noch ruhiger stirbt er. Wenn er stirbt, nützt er sich selber, wenn er tötet, nützt er Christus. Denn nicht ohne Grund trägt er das Schwert!"[77]

Oliver Thomson berichtet in *A History of Sin,* dass man in der Zeit der Kreuzzüge zwischen 1091 und 1291 glaubte, der Weg über das Schlachtfeld führe geradewegs in den Himmel, und die Pflicht zum Krieg wurde von jeder Kanzel gepredigt. Von den neun Millionen Menschen, die in jenen zweihundert Jahren getötet wurden, waren etwa die Hälfte Christen. Und die andere Hälfte?

> In dem panoptischen Holocaust seiner Phantasie ... betrachtete der Kreuzfahrer das Töten von Juden, der Nation des Judas, gewiss nicht als unmenschlich ... [doch] die Juden waren nicht die einzigen, die unter der Gewalt der Kreuzfahrer zu leiden hatten. Da gab es auch viel unnötiges Töten von Moslems: Bei der Belagerung von Nicäa, im Jahr 1097, wurden die abgeschlagenen Köpfe der Gefangenen mit Hilfe von Ka-

tapulten in die Stadt geschleudert; und Richard I. (1157-1199), genannt Löwenherz, ein Mann von begrenzter moralischer Reflexion, schlachtete zweitausendsiebenhundert [muslimische] Kriegsgefangene [– Männer, Frauen und Kinder –] aus der Garnison Akko, als sich die Zahlung des geforderten Lösegeldes verzögerte. Er war auch der erste Herrscher, der den allgemeinen Einsatz der seinerzeit neuen, „unmoralischen Waffe" einführte, der Armbrust, welche als solche bereits auf dem Laterankonzil von 1139 verdammt worden war. Ihr Einsatz gegen andere Christen war damit verboten. [So viel zur Rüstungskontrolle.] Die Ironie des Schicksals wollte es, dass Richard infolge einer Verwundung durch einen Armbrustbolzen starb.

Das Töten für Christus kam richtig in Schwung, nachdem die Katharer – sie gehörten zu den letzten europäischen Anhängern der Gewaltlosigkeit – von Papst Innozenz III. im 13. Jahrhundert für Ketzer erklärt worden waren, die es auszurotten galt. Als Gegenleistung für Ablassbriefe fielen nordfranzösische Ritter, „in die Provence ein [wo die Katharer lebten], schindeten, henkten, köpften und verbrannten ‚mit unaussprechlicher Freude'", wie Roland H. Bainton in *Christian Attitudes toward War and Peace* berichtet. Als die Stadt Béziers eingenommen und der päpstliche Gesandte gefragt wurde, wie Katharer von regulären Katholiken zu unterscheiden seien, antwortete er: „Tötet sie alle, Gott wird die Seinen erkennen." Die Ritter folgten dieser Anweisung und töteten zwanzigtausend Menschen. Der Hauptschurke in Béziers war der Kreuzritter Simon de Montfort (ca. 1165-1218), der sich daran delektierte, seinen Opfern die Augen auszustechen und Nasen und Ohren abzuschneiden.

Die Kirche war enorm erfolgreich. Im 14. Jahrhundert, notiert Oliver Thomson, „brachte der Katholizismus eine Moral hervor, die das langsame Verbrennen von nicht-orthodoxen Angehörigen ihres eigenen Glaubens begünstigte." Die Plage der Folter erreichte schließlich auch das protestantische Neuengland. Thomson ergänzt: „Die ansonsten überaus korrekten Puritaner betrachteten es als moralisch, verwirrte alte Frauen, die sie der Hexerei verdächtigten, zu ertränken."

Es ist schwierig zu argumentieren, dass die Streitbarkeit der großen Religionen nachlasse. In jüngeren Jahren haben wir religiös begründete Kämpfe in Nordirland, im Nahen Osten, in Bosnien und anderswo ausbrechen sehen. In allen genannten Fällen haben sich die Gegner mit der gleichen Bitte an den gleichen Gott gewandt: „Lass uns über unsere Feinde siegen."

Es ist auch schwierig, wirklich zu glauben, dass das Ziel der großen Religionen Frieden sei. Obwohl Jesus auf der Erde erschien, „um unsere Schritte zu lenken auf den Weg des Friedens" (Lk 1,79), und dafür eintrat, dass seine

Anhänger „Frieden untereinander haben", warnte er auch: „Denkt nicht, ich sei gekommen, um Frieden auf die Erde zu bringen. Ich bin nicht gekommen, um Frieden zu bringen, sondern das Schwert" (Mt 10,34), und „Meint ihr, ich sei gekommen, um Frieden auf die Erde zu bringen? Nein, sage ich euch, nicht Frieden, sondern Spaltung." (Lk 12,51) Im Alten Testament finden wir ähnliche Aussagen von Jehova – zum Beispiel: „Ich erschaffe das Licht und mache das Dunkel; ich gebe Frieden und erschaffe das Böse. Ich bin der Herr, der dies alles vollbringt." (Jes 45,7)

Hier wird nicht die Absicht verfolgt, das Christentum und das Judentum herauszustellen. Was den Krieg angeht, so gibt es reichlich Blut für alle, auch für den Islam. Im Koran finden wir in der Sure unter der Überschrift „Die Buße", dass Allah, obwohl er allverzeihend und barmherzig ist, von den Gläubigen gleichwohl wünscht: „Tötet die Götzendiener, wo ihr sie trefft. Und ergreift sie, und belagert sie, und lauert ihnen auf in jedem Hinterhalt … Führt Krieg gegen sie." (Sure 9,5) Dies betrifft insbesondere ihre ursprünglichen Nachbarn. „Die Juden sagen, Esra sei Allahs Sohn, und die Christen sagen, der Messias sei Allahs Sohn. Das ist das Wort ihres Mundes. Sie ahmen die Rede derer nach, die vordem ungläubig waren. Allahs Fluch über sie! Wie sind sie irregeleitet!" (Sure 9,30)

Auf welchem Kanal läuft das?

Kurz bevor Anfang 1991 der Golfkrieg ausbrach, wollte ein sechzehnjähriger Junge wissen: „Auf welchem Kanal wird der Krieg zu sehen sein?" Die Antwort, so stellte sich bald heraus, war: „Auf jedem." Da gab es kein Entrinnen. Überall in Amerika waren die Straßen voll von Demonstranten für und gegen unsere Beteiligung am Krieg. Überall fragten sich die Menschen: Worum geht es in diesem Krieg überhaupt? Amerikanische Wirtschafts- und politische Interessen? Freiheit für die Kuwaitis?

Immer wieder wurden Soldaten in Wüsten-Tarnuniform im Fernsehen interviewt. Sie wollten „Saddam in den Arsch treten", je eher, desto besser. Gegen diese Soldaten schrien Demonstranten: „Kein Blut für Öl!" Dann wechselte die Szene, und man zeigte die Ehepartner und Eltern der Soldaten, die mit tränenverschleiertem Blick über amerikanische Werte und Demokratie sprachen. Mütter und Väter sagten, sie seien stolz, dass ihre Söhne und Töchter „dienten". Präsident Bush erklärte, sie geböten „blanker Aggression" Einhalt und deutete an, der Krieg sei eine günstige Gelegenheit: Ein begrenztes „Engagement" jetzt würde einem größeren in der Zukunft vorbeugen.

Die Menschen sagten, dieser Krieg würde anders werden. Anders als während des Vietnam-Krieges, war Amerika jetzt einig, und wir waren auch schlauer. Dieses Mal würden wir unseren Soldaten nicht die Hände binden, sondern ihnen erlauben, von Anfang an mit allen zur Verfügung stehenden Mitteln zu kämpfen. Ein anderer großer Unterschied zu Vietnam war, dass Drogen und Alkohol in diesem islamischen Einsatzgebiet verboten waren. Auf der Basis aller dieser Faktoren wurde vorhergesagt, dass psychologische Probleme der heimkehrenden Soldaten buchstäblich ausgeschlossen wären. Es kam dann doch anders. Der Erste Weltkrieg hatte seinen Schützengrabenschock, der Zweite Weltkrieg seine Kriegsneurose und Vietnam seine posttraumatische Belastungsstörung. Andere Begriffe aus dem Kontext früherer Kriege waren *Kriegsbegeisterung, Belastung, Sonnenstich, Heimweh und Nostalgie;* letzterer basierte auf dem französischen diagnostischen Begriff *nostalgie,* der seit dem 17. Jahrhundert im medizinischen Wörterbuch steht. Ein Bürgerkriegsveteran aus Indiana prägte einen der anschaulichsten Ausdrücke, als er seine Erlebnisse als „Höllenfahrt" beschrieb. *Alle* Kriege führen zu verwundeten Seelen und verstörten Gemütern; der Konflikt am Persischen Golf war keine Ausnahme.

Sieben Prinzipien für Kriegsheimkehrer

Was kann man ihnen raten, die unter den Folgen des Krieges leiden, das ihnen hilft, nach ihrer Heimkehr ein Leben mit Sinn aufzubauen? Ich bin kaum eine Autorität in dieser Frage; ich brauchte fast zwanzig Jahre, um meine eigenen Schwierigkeiten zu lösen, was mir dann auch nur durch bloßen Zufall gelang. Gleichwohl wage ich einige wenige Empfehlungen. Auf die meisten lasse ich Zitate des Dichters Rainer Maria Rilke folgen, der in seiner Jugend sechs Jahre in einer Militärrealschule verbrachte und dessen Vater früher Unteroffizier gewesen war. Rilkes Rat in den *Briefen an einen jungen Dichter* schien an den Nerv der Sache zu rühren und hat mich immer bewegt. *Erstes Prinzip:* Die grauenvollen und schrecklichen Erinnerungen an den Krieg – ob sie in Albträumen, Erinnerungen oder Gefühlen wie Schuld und Reue auftreten – werden niemals verschwinden, solange wir uns ihnen nicht stellen. Wenn wir sie ins Dunkel des Unbewussten verschließen, werden sie stärker. Rilke: „Sie haben viele und große Traurigkeiten gehabt. ... Gefährlich und schlecht sind nur jene Traurigkeiten, die man unter die Leute trägt, um sie zu übertönen; wie Krankheiten, die oberflächlich und töricht behandelt werden, treten sie nur zurück und brechen nach einer kleinen Pause umso furchtbarer aus; und sammeln sich an im Inneren und sind Leben, sind ungelebtes, verschmähtes, verlorenes Leben, an dem man sterben kann."
Zweites Prinzip: Sich diesen „Traurigkeiten" zu stellen, ist eine der schwierigsten und einsamsten Schlachten, die der heimgekehrte Krieger jemals zu be-

stehen haben. Obwohl man die Hilfe anderer in Anspruch nehmen kann – Selbsthilfegruppen, Selbsterfahrungsgruppen, Männergruppen, Veteranengruppen, Psychiater oder andere Heilberufler –, gilt es letztlich, den Weg allein zu gehen, denn jeder Einzelne muss sich seinem Problem selbst stellen. Rilke schrieb:

> Wir *sind* einsam. Man kann sich darüber täuschen und tun, als wäre es nicht so ... Wieviel besser ist es aber, einzusehen, dass wir es sind ...
> Es gibt nur *eine* Einsamkeit, und die ist groß und ist nicht leicht zu tragen ... In-sich-Gehen und stundenlang niemanden begegnen – das muss man erreichen können. Einsam sein, wie man als Kind einsam war, als die Erwachsenen umhergingen, mit Dingen verflochten, die wichtig und groß schienen, weil die Großen so geschäftig aussahen und weil man von ihrem Tun nichts begriff.

Drittes Prinzip: Heilung kann plötzlich kommen, unerwartet und radikal – im wahrsten Sinne als Durchbruch: „Für den, der einsam wird, verändern sich alle Entfernungen, alle Maße; von diesen Veränderungen gehen viele plötzlich vor sich, und wie bei jenem Mann auf dem Berggipfel entstehen dann ungewöhnliche Einbildungen und seltsame Empfindungen, die über alles Erträgliche hinauszuwachsen scheinen", schrieb Rilke.

Viertes Prinzip: Die Heilung der Wunden des Krieges geht häufig mit einer radikalen Transformation einher, deren Art und Verlauf nicht ganz vorhergesagt werden können. Diese Heilung bedeutet in jedem Falle das Verwandeln von Schwäche in Stärke und von Unwissenheit in Weisheit. „So wird das, welches uns jetzt noch als das Fremdeste erscheint, unser Vertrautestes und Treuestes werden. Wie sollten wir jene alten Mythen vergessen können, die am Anfange aller Völker stehen, der Mythen von den Drachen, die sich im äußersten Augenblick in Prinzessinnen verwandeln. ... Da dürfen Sie ... nicht erschrecken, wenn eine Traurigkeit vor Ihnen sich aufhebt, so groß, wie Sie noch keine gesehen haben."

Fünftes Prinzip: Das Steckenbleiben in dem „Warum-ich?"-Syndrom – Feindseligkeit gegen „das System", Empörung darüber, gedient haben zu müssen, Groll über eine unterbrochene Karriere oder Wut über die Ungerechtigkeit des Lebens – ist eine Garantie für das Scheitern. Wer weiterkommen will, muss die Wut aufgeben. „Sie müssen denken, dass ... das Leben Sie nicht vergessen hat, dass es Sie in der Hand hält; es wird Sie nicht fallen lassen. ... Warum wollen Sie sich mit der Frage verfolgen, woher das alles kommen mag und wohin es will?"

Sechstes Prinzip: Seien Sie geduldig. Rilke schrieb:

Sie müssen geduldig sein wie ein Kranker und zuversichtlich wie ein Genesender; denn vielleicht sind Sie beides. Und mehr: Sie sind auch der Arzt, der sich zu überwachen hat. Aber da gibt es in jeder Krankheit viele Tage, da der Arzt nichts tun kann als abwarten. ... *Leben* Sie jetzt die Fragen. Vielleicht leben Sie dann allmählich, ohne es zu merken, eines fernen Tages in die Antwort hinein.

Siebtes Prinzip: Nachdem Sie zu Ihrer eigenen Heilung gefunden haben, dehnen Sie Ihr Mitgefühl auf jene Mitkämpfer aus, die im Konflikt bleiben, deren Verständnis noch nicht umfassend ist. Geben Sie etwas zurück, indem Sie versuchen, ihnen zu helfen – denn dies ist auch ein Teil Ihrer eigenen Heilung. Rilke: „Freuen Sie sich Ihres Wachstums, in das Sie ja niemanden mitnehmen können, und seien Sie gut gegen die, welche zurückbleiben, und seien Sie sicher und ruhig vor ihnen und quälen Sie sie nicht mit Ihren Zweifeln und erschrecken Sie sie nicht mit Ihrer Zuversicht oder Freude, die sie nicht begreifen könnten. Suchen Sie sich mit ihnen irgendeine schlichte und treue Gemeinsamkeit."

Ein Ausweg?

Man schätzt, dass es in diesem Augenblick mehr Kriege an mehr Schauplätzen auf der Erde gibt als an jedem anderen Zeitpunkt in der Geschichte der Menschheit. Was ist zu tun? Zumindest in einer Weise „sind wir heute besser auf die Konfrontation mit dem Feind – dem Krieg – vorbereitet", glaubt Ehrenreich. „Das 20. Jahrhundert erlebte nicht nur das stete Vordringen des Krieges und von ihm abhängiger Unternehmungen, sondern auch die Anfänge des organisierten Widerstands von Menschen gegen den Krieg." Wir haben die Gelegenheit, vermutet sie, wie nie zuvor gegen den Krieg selbst zu kämpfen, indem wir unsere „inzestuöse Fixierung auf den Kampf" auf neue Arten von Schlachten richten – und bekämpfen dabei, wie wir erwähnten, „die Möglichkeit drastischer Klimaveränderung, die Erschöpfung natürlicher Ressourcen, die gnadenlosen Raubzüge von Mikroben"... und nehmen uns der Herausforderungen Abfallentsorgung, Ernährung, medizinische Versorgung und Umweltsanierung" an.[78]

Einige der morbidesten Prognosen unserer Zukunft kommen von Biologen, die glauben, dass wir durch unsere Gene programmiert sind, ewig kriegerisches Verhalten zu praktizieren. Doch Howard Blooms *The Lucifer Principle* – seine Bezeichnung für unsere angeborenen Veranlagungen zum bösen Verhalten – deutet an, dass wir uns über die Diktate der Natur hinwegsetzen können:

Aber es besteht Hoffnung, dass wir uns eines Tages von der Unzivilisiertheit befreien. Die Evolution hat unserer Spezies etwas Neues gegeben – die Phantasie. Mit diesem Geschenk haben wir von Frieden geträumt. Es ist unsere Aufgabe – vielleicht die einzige, die uns retten wird –, das Geträumte in Wirklichkeit zu verwandeln. Eine Welt zu gestalten, in der keine Gewalt mehr ist. Wenn es uns gelingt, dieses Ziel zu erreichen, entrinnen wir vielleicht unserem Schicksal als allzu frühreifer Nachwuchs, als passende Erben der höchsten Gabe und des übelsten Fluches der Natur, als die letzten Kinder des Luzifer-Prinzips.

Unsere erste Aufgabe im Widerstand gegen den Krieg ist es, seinen Griff nach uns zu erkennen. Dazu wird es hilfreich sein, auf die Warnungen der Krieger unter uns zu hören; sie haben die Schrecken des Krieges kennengelernt.

Ich meine damit nicht, dem gesunden Menschenverstand zu folgen – selbst ein Narr kann uns sagen, dass Krieg etwas Schreckliches ist –, sondern auf die *Träume* derer zu hören, die im Krieg gewesen sind. Diesen Ansatz empfahl Alexis de Tocqueville 1835 in *Über die Demokratie in Amerika*: „In Zeiten, da die Leidenschaften beginnen, die Durchführung menschlicher Angelegenheiten in die Hand zu nehmen, sollte man weniger Aufmerksamkeit richten auf das, was Menschen von Erfahrung und gesundem Verstande denken, als auf das, was die Vorstellungskraft der Träumer erfüllt."

Wenn ich einen Traum auswählen darf, der unsere kollektive Aufmerksamkeit verdient, entscheide ich mich für den eines Vietnam-Kameraden über die Stadt, in der ich meine Zeit als Arzt verbrachte:

> Ich versuche, Menschen zu warnen, dass ein weiterer Krieg im Kommen ist, und die Leute lachen mich aus. Ich bin in Dallas, und wir sind in einem Hubschrauber unterwegs, um eine Stellung zu sichern. Ich versuche, die Menschen zu warnen: „He! Es wird gleich Krieg geben! Geht besser von der Straße und in Deckung!" Aber sie lachten und höhnten und hörten nicht auf mich. Ich versuchte, mit den Menschen vernünftig zu reden, als die Helikopter abhoben und mich dort zurückließen. Ich ... konnte die Leute nicht dazu bringen zu verstehen, was wirklich geschah.

TEIL ZWEI
GEIST

EINFÜHRUNG

Vor einigen Jahren wurden meine Frau Barbara und ich nach Indien eingeladen, um über die Rolle des menschlichen Geistes in der Gesundheit zu sprechen. Es schien uns eine merkwürdige Situation: Indien, die Heimat des Yoga und des Buddhismus, hat die Rolle des Geistes beim Heilen seit Jahrtausenden anerkannt. Warum hatte man uns Westler gebeten, hierher zu kommen, um über diese Dinge zu referieren?

Die Gründe wurden nach unseren Vorträgen an der wichtigsten medizinischen Hochschule des Landes in Neu-Delhi klar. Wir sprachen über die jüngste Mind-Body-Forschung und darüber, wie gewisse klinische Methoden – wie Biofeedback, Bilderleben und Meditation – mit großem Erfolg eingesetzt wurden. Anschließend wurde uns mitgeteilt, dass eine Gruppe von Medizinstudenten privat mit uns zu sprechen wünsche. Die feierlich-ernsten jungen Studenten waren beunruhigt. Ihr Sprecher sagte zögernd: „Glauben Sie *wirklich,* dass der Geist den Körper beeinflussen kann?" Die Gedanken, die wir vorgetragen hatten, waren unvereinbar mit der Lehre ihrer wissenschaftlichen Ausbildung, dass der Körper alles sei, der Geist jedoch nichts. Einen Augenblick lang war ich sprachlos und tieftraurig. Diese Studenten, die besten und hellsten in Indien, waren so gründlich mit dem mechanistischen, westlichen Menschenbild indoktriniert worden, dass sie die Verbindung mit den großen Einsichten ihrer eigenen Kultur verloren hatten. Für sie war die Geist-Körper-Interaktion weitgehend undenkbar geworden. Dabei waren sie natürlich nur unserem Beispiel gefolgt.

Seit einem Jahrhundert ist es den westlichen Wissenschaftlern nicht gelungen, zu einer Entscheidung darüber zu finden, ob der menschliche Geist existiert oder nicht. Ein führendes neurologisches Lehrbuch beispielsweise erwähnt den Begriff nicht einmal in seinem Stichwortverzeichnis. Als der Autor gebeten wurde zu erklären, warum er den Geist in einem Buch über das Gehirn ausgelassen hatte, antwortete er: „Es war nicht nötig, diesen Begriff einzuführen." Für ihn war der Geist überflüssig und im Wege.

So weit ist es in der Medizin unserer modernen Zeiten gekommen. Dass medizinische Wissenschaftler von ihrem Geist Gebrauch machen, um seine Existenz zu leugnen, wäre ein kurioses Paradox – wenn nur die Konsequenzen nicht so ernst wären.

Obwohl es in der Wissenschaft in Mode gekommen ist, die Existenz des Geistes zu verneinen, nähert sich dieser Trend aus mehreren Gründen seinem Ende. Es gibt einfach zu viele Fakten über unsere Existenz, die durch die Tätigkeit des Gehirns allein nicht zu erklären sind. Wie wir gesehen haben, beziehen wir Menschen aus dem Leben Sinn, und was für uns Sinn und Bedeutung ist, beeinflusst unsere Gesundheit zum Vor- oder Nachteil. Unser Vermögen, Sinn und Bedeutung zu bilden und uns ihrer bewusst zu sein, ist tatsächlich ein großer Teil dessen, was wir unter unserem Geist verstehen.

Darüber hinaus sind wir mit Beweisen dafür konfrontiert, dass der Geist Dinge zu tun und zu wirken vermag, die dem Gehirn nicht möglich sind. Wie wir in Teil Drei sehen werden, kann der Geist über das Gehirn hinaus tätig sein – aus der Ferne und selbst außerhalb des gegenwärtigen Augenblicks. Das Gehirn ist ein Gefangener von Raum und Zeit, von Hier und Jetzt. Der Geist des Menschen ist dies nicht. Diese hartnäckigen Fakten zeigen deutlich, dass Geist mehr ist als Gehirn.

Als eine Folge des neuen Status unseres Geistes wird die Mind-Body-Medizin rasch zu einem festen Bestandteil der medizinischen Landschaft in der westlichen Welt. Heute erkennt fast jedermann die Rolle, die emotionaler Stress für Herzerkrankungen spielt, dass Depression die Immunfunktion unseres Körpers hemmen kann und Menschen, die sich um ihre mentale Gesundheit – Zufriedenheit, Freude und Erfüllung – kümmern, allgemein länger leben und gesünder sind als jene, die es nicht tun. Diese Entwicklungen zeigen an, dass der Geist nach einer längeren Abwesenheit wieder in die Welt der Medizin zurückgefunden hat.

Nun wollen wir es wagen, die ausgetretenen Pfade zu verlassen, um einige vernachlässigte Aspekte der Rolle des Geistes in der Gesundheit zu erforschen.

6

WIEDERVERZAUBERUNG DER WELT

Alles ist lebendig. Was wir tot nennen, ist eine Abstraktion.

DAVID BOHM

Die Ursprünge des Lebens sind ein Geheimnis. Die meisten Wissenschaftler glauben, dass es als Resultat der Interaktionen zwischen einfachen, Kohlenstoff enthaltenden Molekülen in einer unfertigen, sogenannten Ursuppe begann. Im Laufe der Äonen der Evolution wurden diese Baustein-Zusammenhäufungen zunehmend komplexer. Schließlich wuchsen sie zu einzelligen Organismen und höheren Formen des Lebens, und auf einer bestimmten Stufe biologischer Komplexität „trat hervor", was wir heute Geist oder Bewusstsein nennen. Es gibt mehrere Varianten dieser Geschichte, aber sie bleibt im Grunde die gleiche: Der Geist ist ein Epiphänomen, ein Neben- oder Folgeprodukt, eine hervortretende Eigenschaft des materiellen Gehirns und Körpers.

Aus Materie – Geist?

Wenn Sie sich nun fragen, wie aus Materie Geist hervortreten soll, sind Sie nicht allein. Hierüber wundern sich auch herausragende Wissenschaftler wie Sir John Eccles, ein mit dem Nobelpreis geehrter Neurophysiologe, der in seinem Buch *The wonder of being human* (dt. Ausg.: *Das Wunder des Menschseins – Gehirn und Geist*) die Emergenz-Theorie des Bewusstseins kritisiert. Eccles beobachtete: „In den ‚Naturgesetzen' existiert keine Aussage, dass es ein Hervortreten dieser seltsamen, nichtmateriellen Wesenheit gibt, die man Bewusstsein oder Geist nennt ... Jede Aussage, dass Bewusstsein auf einer bestimmten Stufe der Komplexität von Systemen hervortritt ... ist eine willkürliche Vermutung." Eccles stellt auch die weit verbreitete Ansicht in Frage, dass Bewusstsein nichts „tun" könne – da nur das Gehirn, nicht aber das Bewusstsein verursachend sei: „Falls Bewusstsein kausal ohnmächtig ist, kann seine Entwicklung nicht mit der Evolutionstheorie erklärt werden. Gemäß der biologischen Evolution konnten sich mentale Zustände und Bewusstsein *nur* entwickelt und entfaltet haben, *wenn sie kausale Kraft besaßen,* indem sie Veränderungen in das neurale Geschehen im Gehirn einführten, aus denen Veränderungen im Verhalten resultierten."

Eccles versichert zudem, dass materialistische Theorien über die Natur des Bewusstseins eine *Reductio ad absurdum* sind. Er zitiert den Philosophen Karl Popper, der in seiner Compton-Gedächtnisvorlesung an der Washington-Universität in St. Louis feststellte: „Laut Determinismus wird jede solche Theorie – wie zum Beispiel der Determinismus selbst – aufgrund einer gewissen physischen Struktur ihres Vertreters – vielleicht seines Gehirns – gehegt. Also täuschen wir uns selbst – und sind physisch so determiniert, uns selbst etwas vorzumachen –, wann immer wir glauben, dass es solche Dinge wie *Argumente oder Gründe* gebe, die uns den Determinismus akzeptieren machen. Es sind rein physikalische Gegebenheiten, einschließlich unserer physischen Umgebung, die uns sagen oder akzeptieren machen, was auch immer wir sagen oder akzeptieren."

Popper wirft eine ernste Frage auf: Warum sollten wir überhaupt auf „Mentalmaterialisten" hören? Wenn sie recht haben – falls der Geist also gänzlich physisch determiniert und freier Wille eine Illusion ist –, dann sind sie nicht aus freien Stücken zu ihren Folgerungen gelangt, sondern sagen einfach, was ihr Gehirn sie zu sagen zwingt. Der Philosoph und Wissenschaftler Willis Harman spricht das Dilemma an, vor dem alle stehen, die an einer rein materialistischen Sicht des Bewusstseins festhalten: „Die Wissenschaft baut seit dreieinhalb Jahrhunderten auf der Prämisse, dass Bewusstsein als kausaler Faktor nicht einbezogen zu werden braucht. Doch keiner hat jemals auf der Basis einer solchen eigenwilligen Prämisse gelebt. Keiner hat jemals gesagt: ‚Ich werde mein Leben führen, als ob mein Bewusstsein – mein Geist – nicht fähig wäre, Entscheidungen zu treffen, eine Wahl zu treffen oder aktiv zu werden.'"[79]

Das Verhalten der Materialisten lässt darauf schließen, dass sie an die Konsequenzen ihrer eigenen Theorien nicht wirklich glauben. Sie scheinen zu denken, dass sie und vielleicht einige wenige ihrer Kollegen zumindest *etwas* Bewusstseinsfreiheit haben. Warum sonst würden sie energisch Artikel veröffentlichen, Bücher schreiben und Reden auf Tagungen halten, die konzipiert sind, andere von ihrer Denkweise zu überzeugen? Warum sonst würden sie Einfluss auf Kongressabgeordnete nehmen, zu Gunsten ihrer Lieblings-Wissenschaftsprojekte zu stimmen? Wenn das Bewusstsein auf Autopilot geschaltet ist – warum sich Sorgen machen?

Im Gehirn herumstöbern

Der Philosoph und Wissenschaftler David Darling fasst die Probleme mit der materialistischen Sicht des Bewusstseins folgendermaßen zusammen:

Eine wachsende Zahl von Wissenschaftlern ist nun dabei, geschäftig im Gehirn herumzustöbern in dem Versuch, eine Erklärung dafür zu finden, wie es den Trick mit dem Bewusstsein zustandebringt. Forscher des Kalibers von Francis Crick, Daniel Dennett, Gerald Edelman und Roger Penrose haben sich kürzlich mit einem Spektrum geistreicher Theorien hervorgetan. Alle erwecken den Anschein, auf die eine oder andere Weise das Bewusstsein als ein Epiphänomen von physikalischen und chemischen Prozessen zu erklären, die im Gehirn ablaufen – und alle scheitern dabei kläglich. Sie scheitern nicht, weil ihre Modelle nicht akkurat oder detailliert genug sind, sondern weil sie etwas versuchen, was von vornherein unmöglich ist. Die Wahrheit ist, dass *keine* Beschreibung dessen, was auf der mechanistischen Ebene des Gehirns vorgeht, irgendein wie auch immer geartetes Licht darauf zu werfen vermag, warum Bewusstsein überhaupt existiert. Keine Theorie kann erklären, warum das Gehirn nicht genau so arbeiten sollte, wie es dies tut, doch ohne dass dabei das Empfinden aufkommt, „wie es ist, zu sein", das wir alle haben. Und es gibt, wie ich glaube, einen sehr einfachen Grund dafür. Das Gehirn *produziert* nämlich überhaupt kein Bewusstsein – nicht mehr, als ein Fernsehgerät die Programme erzeugt, die auf seinem Bildschirm erscheinen.[80]

Das Lehrbuch-Bild des menschlichen Geistes, das die meisten von uns in unserer Berufsausbildung vermittelt bekommen, stinkt buchstäblich vor Bestimmtheit. Man hat den Eindruck, dass die breiten Pinselstriche bereits auf der Leinwand sind und alles, was noch zu tun bleibt, das Ausmalen von Einzelheiten ist. Diese Art von Selbstgefälligkeit hat es in der Geschichte der Wissenschaft schon oft gegeben – gewöhnlich kurz bevor infolge unerwarteter Entdeckungen der Deckel hochgeflogen ist. Eines der dramatischsten Beispiele dieser Art ereignete sich gegen Ende des 19. Jahrhunderts auf dem Gebiet der Physik. 1894 erklärte der Physiker Albert Abraham Michelson, der dabei half, die Idee vom Äther zu Grabe zu tragen, zuversichtlich: „Die wichtigeren, grundlegenden Gesetze und Tatsachen der Naturwissenschaft sind alle schon entdeckt worden, und sie sind nun so fest begründet, dass die Möglichkeit, sie könnten in der Folge neuer Entdeckungen jemals abgelöst werden, außerordentlich gering ist. ... Unsere künftigen Entdeckungen müssen wir nun im Bereich der sechsten Dezimalstelle suchen."[81]

Etwa um die gleiche Zeit stellte Lord Kelvin fest, dass die Aufgabe der Physik und der Physiker fast erfüllt sei. Er bemerkte, dass es nur wenige Probleme gebe, die noch zu klären seien, und schlug tatsächlich vor, dass sich junge Wissenschaftler besser einem anderen, zukunftsträchtigeren Gebiet zuwendeten. Dann, 1899, nur fünf Jahre nach Michelsons behaglicher Vorhersage, brach in der Physik die Hölle los. Max Planck entdeckte, dass Energie in der Natur nicht glatt und gleichförmig war, sondern unstetig und aus Einheiten bestand, die er „Quanten" nannte: und als Albert Einstein 1905 seine „Spezielle Relativitätstheorie" veröffentlichte, sollte die gänzlich vorhersagbare, mechanistische Vision nie wieder die Gleiche sein.

Neue Betrachtungsweisen des Bewusstseins

Die Ungereimtheiten der materialistischen Sicht des Geistes wurden immer offenkundiger, und die Wissenschaftler begannen, ihre Meinung dazu auszusprechen. Ein Beispiel ist David J. Chalmers, ein Mathematiker, Philosoph und Kognitionswissenschaftler an der Universität von Arizona. In einem Artikel unter der Überschrift „The Puzzle of Conscious Experience" („Das Rätsel des bewussten Erlebens") in der Dezember-Ausgabe des *Scientific American* schildert er, wie die materialistische Sicht bei der Erklärung des Bewusstseins scheitert.[82] „Niemand weiß, warum diese physikalischen Prozesse [im Gehirn] überhaupt mit bewusstem Erleben einhergehen. Warum nehmen wir die Farbe Violett wahr, wenn unser Gehirn Licht von einer bestimmten Wellenlänge verarbeitet? Warum erleben wir überhaupt irgendetwas? Könnte ein unbewusster Automat die gleichen Aufgeben nicht ebenso gut erfüllen?"

Chalmers schreibt, dass sich alle derzeitige Arbeit in der Neurowissenschaft um das dreht, was er die „einfachen Probleme" nennt – das heißt die Frage, auf welchen Weise Information im Gehirn physikalisch verarbeitet wird. „Die Selbstsicherheit der reduktionistischen Sicht erwächst aus den Fortschritten bei den einfachen Problemen", stellt er fest, „aber keiner dieser Fortschritte bringt eine neue Aussage, wo es um schwierige Probleme geht." Das „schwierige Problem" ist die Frage, warum es bewusstes Erleben überhaupt geben sollte und wie es möglicherweise aus physikalischen Prozessen hervorgehen könnte, wie sie die Wissenschaftler untersuchen. Bis wir die Antworten darauf kennen, werden wir das, was der Philosoph Joseph Levine „die Erklärungslücke" zwischen physikalischen Prozessen und Bewusstsein genannt hat, nicht überbrückt haben. „Um diesen Sprung zu machen", glaubt Chalmers, „brauchen wir eine neue Art von Theorie".

Chalmers steht damit nicht allein. Er zitiert die Sicht des Physikers Steven Weinberg, der das Ziel der Physik als eine „Theorie von allem" beschreibt, von der alles mögliche Wissen über das Universum abgeleitet werden kann. „Weinberg jedoch", stellt Chalmers fest, „konzediert, dass es ein Problem mit dem Bewusstsein gibt. Trotz der Kraft der physikalischen Theorie scheint die Existenz des Bewusstseins nicht von physikalischen Gesetzen ableitbar zu sein ... Wenn die Existenz des Bewusstseins nicht von physikalischen Gesetzen abgeleitet werden kann, ist eine Theorie der Physik nicht eine echte Theorie von allem. Also muss eine finale Theorie eine zusätzliche, grundlegende Komponente enthalten.

Zu diesem Zweck", fährt Chalmers fort, „schlage ich vor, dass *bewusstes Erleben als eine fundamentale Eigenschaft betrachtet wird, die auf nichts Grundlegenderes zurückgeführt werden kann.*" (Hervorhebungen von mir)

Der Physiker Nick Herbert versichert in seinem Buch *Elemental Mind* ebenfalls, dass Bewusstsein eine allgegenwärtige, grundlegende Eigenschaft der Welt sei, wie Masse und Energie:

> Ein Hauptfehler der Philosophen im Mittelalter war ihre Unterschätzung der Größe der physischen Welt. Diese heimelige Erde, die sieben Himmelssphären, dazu Dantes konzentrische Kreise der Hölle – dies war der ganze Umfang des Universums in der Vorstellung des Mittelalters. Kein Mensch hat zu jener Zeit von anderen Sonnensystemen auch nur geträumt, ganz zu schweigen von Galaxien, die wie Staubkörner sind in einem gewaltigen Raum von Milliarden Lichtjahren Durchmesser. Ich glaube, dass die moderne Wissenschaft vom menschlichen Geist diesen mittelalterlichen Fehler wiederholt, indem sie die Menge des Bewusstseins im Universum gewaltig unterschätzt. Wenn Geist eine fundamentale Kraft in der Natur ist, könnten wir eines Tages erkennen, dass die Qualität und die Quantität empfindenden Lebens, das gerade diesen Raum bewohnt, den physischen Glanz des ganzen materiellen Universums bei weitem überstrahlt. Ich gestehe, dass ich denke, dass sich Bewusstsein als etwas Großartiges herausstellen wird – großartiger als unsere allerextravagantesten Träume. Ich spreche mich hier für eine Art von „Quanten-Animismus" aus, in welchem Geist die Welt auf jeder Ebene durchzieht. Ich schlage vor, dass *Bewusstsein eine fundamentale Kraft ist, die in die notwendige Kooperation mit der Materie eintritt, um die feinen Details unserer alltäglichen Welt hervorzubringen* (Hervorhebungen von mir), Mein lieber Watson, ich schlage vor, dass Geist elementar ist.

Weitere neue Sichtweisen treten in Erscheinung, die den vorherrschenden materialistischen Vorstellungen vom Bewusstsein widersprechen:

- Der mit einem Nobelpreis geehrte Physiker Brian Josephson vom Cavendish-Laboratorium der Universität Cambridge glaubt, dass es einen Zusammenhang zwischen den kausalen Kräften des Bewusstseins und Entwicklungen auf einem Gebiet der fundamentalen Physik geben könnte, das sich mit „Nichtlokalität" befasst. Ferne, gleichzeitige, „nichtlokale" Ereignisse auf subatomarer Ebene könnten am Ende verschiedene nichtlokale Verhaltensweisen des Geistes zu erklären helfen – Ereignisse wie Telepathie, Hellsehen, transpersonales Bilderleben und Fern- oder Fürbitte-Gebete. Josephson vermutet, dass diese distanzüberwindenden mentalen Verbindungen durch die einzigartige Fähigkeit des Menschen ermöglicht werden, hinter unseren verschiedenen Wahrnehmungen und Erlebnissen einen Sinn oder ein Muster zu finden.[83]
- Der englische Biologe Rupert Sheldrake hat – in seinem Buch *Seven Experiments That Could Change the World* (dt. Ausg.: *Sieben Experimente, die die Welt verändern könnten*) – ebenfalls geäußert, dass Bewusstsein nichtlokal verbreitet ist. Während Bewusstsein wohl durch das Gehirn arbeitet, so Sheldrake, ist es doch nicht auf dieses beschränkt. Sheldrake glaubt, dass der Geist nicht gänzlich von den sogenannten ehernen Gesetzen der Natur regiert wird. Tatsächlich, behauptet er, existierten solche Gesetze nicht. Er glaubt, dass Naturgesetze nicht unveränderliche Gegebenheiten sind, sondern Ereignismuster, die – wie Gewohnheiten – durch die Wiederholung der Ereignisse stärker werden. Je häufiger etwas geschieht, desto wahrscheinlicher wird es in der Zukunft geschehen. Bewusstsein ist, laut Sheldrake, ein Faktor, der das Vermögen besitzt, Naturgesetze zu gestalten.
- Der Biophysiker Beverly Rubik am Institut für Grenzwissenschaften in Oakland, Kalifornien, meint, dass Bewusstsein kausal handeln könne und seine Aktivität aufgrund von Durchbrüchen auf den Gebieten der Informationstheorie schließlich verstanden werde. Die Verbindung zwischen Bewusstsein und Information wird auch von dem Mathematiker und Kognitionswissenschaftler Chalmers bestätigt, den ich bereits erwähnte.[84]
- Der 1992 verstorbene David Bohm, Professor am Birkbeck College der Universität London, sprach von der Existenz mehrerer Ordnungsebenen in der Natur. Es gibt die offenbare oder *explizite* Welt der Dinge und Ereignisse, die unser tägliches Leben bilden. Darüber hinaus gibt es mehrere unsichtbare Schichten, die er als die *implizite* Ordnung bezeichnet. In dem impliziten Bereich ist alles – auch das Bewusstsein – eingefaltet („impliziert") und mit allem anderen in Kontakt. „Somit", schreibt Bohm, „wird man zu einem

neuen Begriff eines ungeteilten, *ungebrochenen Ganzen* geführt, welches die klassische Vorstellung von der Analysierbarkeit der Welt in separate und voneinander unabhängig existierende Teile in Abrede stellt." Dies impliziert, dass alles bewusst sein könnte – zumindest in einem gewissen Grade.[85]
- In *Janus: A Summing Up* (dt. Ausg.: *Der Mensch, Irrläufer der Evolution*) forderte der Philosoph und Schriftsteller Arthur Koestler (1905-1983) die Vorstellung heraus, dass die Natur grundsätzlich aus unabhängigen Einheiten toter, geistloser Materie bestehe. Er schlug die Idee von einer vielstufigen, gestaffelten Form von Existenz vor, die aus „Holons" bestehe, und bezeichnete sie als „Holarchie". Holons existieren auf zwei verschiedene, aber miteinander verwandte Weisen. Sie funktionieren selbstständig als individuelle, quasi-unabhängige Ganze, gleichzeitig aber sind sie Teile eines größeren Ganzen. So besitzt zum Beispiel ein Elektron eine gewisse Unabhängigkeit, verbindet sich jedoch gleichzeitig mit anderen Teilchen, um Atome zu bilden. Auf die gleiche Weise hat ein Menschenwesen eine einzigartige Existenz, gehört aber auch zu einer größeren gesellschaftlichen und kulturellen Gruppe. Koestler sah in diesen ein Selbst behauptenden und zugleich integrativen Tendenzen ein universelles Merkmal des Lebens. Er erkannte auch, dass diese Ideen sehr alt sind; man findet sie zum Beispiel in der „Sphärenharmonie" des Pythagoras und der „Sympathie aller Dinge" des Hippokrates, derzufolge „es einen gemeinsamen Strom gibt, ein gemeinsames Atmen, alle Dinge ... in Sympathie". Koestler stellte fest, dass ...

> die Doktrin, dass alles im Universum zusammenhänge – teils aufgrund mechanischer Ursachen, hauptsächlich jedoch durch verborgene Affinitäten (welche auch der Grund für scheinbare Zufälle sind) –, nicht nur die Basis für sympathische Magie, Astrologie und Alchimie liefert, sondern auch als Leitmotiv die Lehren des Taoismus und Buddhismus, den Neoplatonismus und die Philosophien der frühen Renaissance durchzieht. Sie wurde von (unter vielen anderen) Pico della Mirandola im Jahre 1489 sauber zusammengefasst: „Erstens gibt es die Einheit in den Dingen, durch welche jedes Ding mit sich selbst einig ist, aus sich selbst besteht und mit sich selbst zusammenhängt. Zweitens gibt es die Einheit, durch welche eine Kreatur mit den anderen vereint ist, und alle Teile der Welt bilden eine Welt."[86]

Dies ist nur eine Auswahl der jüngeren Ansichten über die Natur des Bewusstseins. Alle diese Ideen stimmen darin überein, dass sich das Bewusstsein über die Menschen hinaus erstreckt und ein grundlegender Aspekt des Universums ist. Obwohl sie in der Sprache der Wissenschaft formuliert wurden, sind diese

Ansichten nicht neu. Darling schrieb: „Die Idee, dass der Geist eine grundlegende, alles durchdringende Eigenschaft des Universums ist, liegt im Kern der mystischen Traditionen der vergangenen zweitausend Jahre."

Die verzauberte Welt

Es ist noch gar nicht so lange her, da hegte fast jeder eine Ansicht, wie sie der Wissenschaftsphilosoph Morris Berman in seinem Buch *The Reenchantment of the World* (dt. Ausg.: *Wiederverzauberung der Welt*) beschreibt: Die Sicht der Natur, die im Westen bis zum Vorabend der wissenschaftlichen Revolution vorherrschte, war die einer verzauberten Welt. Steine, Bäume, Flüsse und Wolken sah man alle als wundersam und lebendig an, und die Menschenwesen fühlten sich in dieser Umwelt zu Hause. Kurzum, der Kosmos war ein Ort des *Zugehörens*. Ein Mitglied dieses Kosmos war nicht dessen entfremdeter Betrachter, sondern ein direkter Teilnehmer in dessen Drama. Sein persönliches Schicksal war an das des Kosmos gebunden, und diese Beziehung gab seinem Leben Sinn. Diese Art von Bewusstsein – das „teilhabende Bewusstsein" – bedeutet eine Verschmelzung oder Identifikation mit der Umgebung und zeugt von einer psychischen Ganzheit, die schon lange von der Bildfläche verschwunden ist.

Die Geschichte der Moderne – zumindest auf der Ebene des Geistes – ist eine Geschichte fortschreitender Entzauberung. Seit dem 16. Jahrhundert wurde der Geist aus der Welt der Erscheinungen zunehmend getilgt. Zumindest in der Theorie sind Materie und Bewegung die Bezugspunkte für alle wissenschaftliche Erklärung – was Wissenschaftshistoriker als die „mechanische Philosophie" bezeichnen. Entwicklungen, die diese Weltanschauung in Frage stellten – die Quantenmechanik zum Beispiel oder einige Strömungen der zeitgenössischen ökologischen Forschung –, haben in der vorherrschenden Denkweise keinerlei bleibenden Eindruck hinterlassen.

Diese Denkweise lässt sich am besten als Entzauberung oder Nichtteilhabe beschreiben, denn sie besteht auf einer starren Unterscheidung zwischen Betrachter und Betrachtetem. Wissenschaftliches Bewusstsein ist entfremdetes Bewusstsein; es gibt kein ekstatisches Verschmelzen mit der Natur, stattdessen die völlige Trennung von ihr. Subjekt und Objekt werden immer in Opposition zueinander gesehen. Ich bin nicht meine Erlebnisse – und damit nicht wirklich ein Teil der Welt um mich herum. Der logische Endpunkt dieser Sicht der Welt ist ein Gefühl völliger Vergegenständlichung: Alles ist Objekt, fremd, Nicht-ich; und ich bin letztlich auch ein Objekt, ein entfremdetes „Ding" in einer Welt von anderen, gleichermaßen bedeutungslosen Dingen. Diese Welt habe ich nicht selbst gemacht; der Kosmos kümmert sich nicht um mich, und ich habe nicht wirklich das Empfinden, zu ihm zu gehören. Was ich tatsächlich empfinde, ist eine Übelkeit in der Seele ...

Für mehr als 99% der Zeit, die die Menschheitsgeschichte umfasst, war die Welt verzaubert, und der Mensch sah sich selbst als ihren integralen Bestandteil. Die völlige Verkehrung dieser Wahrnehmung innerhalb von nur etwa vierhundert Jahren hat die Kontinuität des menschlichen Erlebens und die Integrität der menschlichen Psyche zerstört. Um ein Haar hat sie auch den Planeten zugrunde gerichtet. Die einzige Hoffnung, so scheint es mir, liegt in einer Wiederverzauberung der Welt.

Ich vermute, dass wir uns bereits in dem Prozess einer Wiederverzauberung der Welt befinden. Die Kräfte, die eine Wiederverzauberung unterstützen, kommen aus so unterschiedlichen Gebieten wie Biologie, Physik, Kognitionswissenschaft, Medizin und Informationstheorie. Falls wir irgendeine Hoffnung haben, diese aufregenden Entwicklungen ernsthaft einzusetzen, gilt es wohl eine Denkweise neu zu beleben, die in unserer Gesellschaft nicht sehr geschätzt ist. Diese Art zu denken wurde abwechselnd schon metaphorisch, symbolisch, poetisch oder phantastisch genannt. Es besteht immer die Gefahr, dass diese Denkweise zu Exzessen wie ungezügelter Phantasie oder sogar Halluzinationen führt. Aber metaphorisches, poetisches, analoges, symbolisches Denken ist nicht irrational; es hat seine eigenen Gesetze, auch wenn diese anders sind als die vom rationalen Verstand bevorzugten.

Um diese Denkweise anzuwenden, werden wir einige unserer Neigungen abzulegen haben – zum Beispiel die in der Philosophie geschätzte Idee, die man als Anthropomorphisierung (Vermenschlichung) bezeichnet. So gesehen – und dies dürften die meisten Materialisten wohl unterschreiben – ist es falsch, leblosen Objekten menschliche Empfindungen zuzuschreiben. Weil die Dinge nicht lebendig sind, können sie keine Empfindungen haben. Wir sind im Irrtum, wenn wir das Meer „wütend", ein Lied „traurig" oder einen Reißverschluss „hartnäckig" nennen.

Hatten unsere Vorfahren recht? Ist die Welt verzaubert? Können Dinge lebendig werden?

Unter bestimmten Umständen kann sich selbst die unbelebte Welt auf sinnvolle, intelligente Weisen offenbaren. Sogenannte tote Objekte, wie Steine, Kaffeetassen und Autos, können gelegentlich gewissermaßen in ihrer eigenen Sprache reden auf eine Weise, die reich ist an Mustern und Information. Vielleicht tun das auch die Mittel und Werkzeuge, die wir in der Therapie verwenden. Möglicherweise sind unsere Stethoskope, Akupunkturnadeln, Tabletten, Kräuter und Medikationen jeder Art imstande, in einen sinnvollen Austausch mit uns zu treten.

Mir ist bewusst, dass diese Art zu denken eher als typisch für einen Schizophrenen als für einen Arzt gilt. In der Tat fragen Sie sich vielleicht gerade, ob ich nicht einen leichten Stich habe. Falls dies so ist, bin ich zumindest in guter Gesellschaft, weil immer mehr hoch geachtete Wissenschaftler und andere Denker damit beginnen, solche Vorstellungen zu hegen – wie wir sehen werden.

Jung und die Synchronizität

In seinem Buch *Synchronicity: The Bridge between Matter and Mind* (dt. Ausg.: *Synchronizität: die verborgene Ordnung*) schreibt der Physiker F. David Peat über C. G. Jungs Gedanken, dass es eine *psychoide* oder „seelenähnliche" Qualität der Welt gebe, welche uns auf eine spezielle Weise mit der natürlichen Umgebung verbinde. Diese Verbindung führt manchmal zu einer *Synchronizität*. Jung gebrauchte diesen Begriff zum ersten Mal in einem Vortrag in der Tavistock-Klinik in London, im Jahr 1929, und arbeitete ihn in *Naturerklärung und Psyche* (gemeinsam mit dem berühmten Physiker Wolfgang Pauli) und in seinem Werk *Synchronizität als ein Prinzip akausaler Zusammenhänge* weiter aus. Jung definiert Synchronizität als „die sinngemäße Koinzidenz zweier oder mehrerer nicht kausal aufeinander bezogener Ereignisse, welche von gleichem oder ähnlichem Sinngehalt sind. … Sinnhafte Koinzidenzen sind als reine Zufälle denkbar – je mehr sie sich aber häufen und je größer und genauer die Entsprechung ist, desto mehr sinkt ihre Wahrscheinlichkeit, und desto höher steigt ihre Undenkbarkeit, d. h. sie können nicht mehr als bloße Zufälle gelten, sondern müssen mangels kausaler Erklärbarkeit als sinnvolle Anordnungen aufgefasst werden."[87]

„Synchronizitäten spiegeln die geistigen, inneren Vorgänge wider und nehmen die Gestalt von äußeren Manifestationen innerer Transformationen an", schreibt Peat. „Synchronizitäten werden deshalb oft mit Phasen der Transformation assoziiert, zum Beispiel mit Geburt, Tod, Verlieben, Psychotherapie, intensiver schöpferischer Arbeit und selbst einem Berufswechsel. Es ist, als produziere diese innere Neustrukturierung äußere Resonanzen, oder als ob sich ein Ausbruch von ‚mentaler Energie' in die physische Welt hinaus ausbreitet."

Peat zitiert ein Beispiel, das von dem Psychiater Arnold Mindel berichtet wurde: Ein psychotischer Patient erklärte, er sei Jesus, der Schöpfer und Zerstörer des Lichts. Genau in diesem Augenblick fiel der Beleuchtungskörper von der Decke und schlug den Mann nieder. Hier gab es einen Sinn, eine offenkundige Signifikanz des Geschehens, die es von bloßem Zufall zu unterscheiden schien.

In *Erinnerungen, Träume, Gedanken* berichtete Jung eine berühmte Synchronizität, die sich 1909 ereignete, als er Freud in Wien besuchte – drei Jahre bevor ihre Zusammenarbeit endete. Jung wollte Freuds Meinung über außersinnliche Wahrnehmung erfahren. Freud lehnte diese seinerzeit ab, erst in späteren Jahren freundete er sich mit der Idee näher an. Jung beschreibt, was geschah:

> Während Freud seine Argumente vorbrachte, hatte ich eine merkwürdige Empfindung. Es schien mir, als ob mein Zwerchfell aus Eisen bestünde und glühend würde – ein glühendes Zwerchfellgewölbe. Und in diesem Augenblick ertönte ein solcher Krach im Bücherschrank, der unmittelbar neben uns stand, dass wir beide furchtbar erschraken. Wir dachten, der Schrank fiele über uns zusammen. Genauso hatte es getönt. Ich sagte zu Freud: „Das ist jetzt ein sogenanntes katalytisches Exteriorisationsphänomen."
> „Ach", sagte er, „das ist ja ein leibhaftiger Unsinn!"
> „Aber nein", erwiderte ich, „Sie irren, Herr Professor. Und zum Beweis, dass ich recht habe, sage ich nun voraus, dass es gleich nochmals so einen Krach geben wird!"
> Und tatsächlich: Kaum hatte ich die Worte ausgesprochen, begann der gleiche Krach im Schrank!
> Ich weiß heute noch nicht, woher ich diese Sicherheit nahm. Aber ich wusste mit Bestimmtheit, dass das Krachen sich wiederholen würde. Freud hat mich nur entsetzt angeschaut.[88]

Jungs Idee, dass ein Gefühlszustand zu einer physischen „Exteriorisation" führen kann, ähnelt sehr dem Gedanken des Physikers Peat, dass die Natur unsere Emotionen spiegeln kann – oder, wie es Lyall Watson in *The Nature of Things* schreibt, dass die Natur irgendwie unsere emotionalen Fingerabdrücke abnehmen kann.

Jungs Patienten mussten sich manchmal vorkommen, als wären sie gemeinsam mit ihm in einem Netz synchronistischer Ereignisse gefangen:

> Eine junge Patientin hatte in einem entscheidenden Moment ihrer Behandlung einen Traum, in welchem sie einen goldenen Skarabäus zum Geschenk erhielt. Ich saß, während sie mir den Traum erzählte, mit dem Rücken gegen das geschlossene Fenster. Plötzlich hörte ich hinter mir ein Geräusch, wie wenn etwas leise gegen das Fenster klopfte. Ich drehte mich um und sah, dass ein fliegendes Insekt von außen gegen das Fenster stieß. Ich öffnete das Fenster und fing das Tier im Fluge. Es war die nächste Analogie zu einem goldenen Skarabäus, welche unsere Breiten

aufzubringen vermochten, nämlich ein Scarabaeide (Blatthornkäfer), Cetonia aurata, der ‚gemeine Rosenkäfer', der sich offenbar veranlasst gefühlt hatte, entgegen seinen sonstigen Gewohnheiten in ein dunkles Zimmer gerade in diesem Moment einzudringen.[89]

Der Bibliotheks-Engel

Zuweilen kommen uns unbelebte Dinge zu Hilfe, was bedeuten mag, dass sich die Welt tatsächlich um uns kümmert. Dies illustriert der Bibliotheks-Engel, Arthur Koestlers augenzwinkernder Geist, den er mit „glücklichen Koinzidenzen" im Reich der Bibliotheken, Zitate, Quellenangaben und dergleichen assoziiert. Ein typisches Beispiel wurde Koestler von Dame Rebecca West berichtet, die einer spezifischen Begebenheit während der Nürnberger Kriegsverbrecher-Prozesse nachforschte: „Ich sah in den Prozessakten in der Bibliothek nach und war entsetzt festzustellen, dass sie in einer Form veröffentlicht wurden, die für den Forscher fast unbrauchbar ist. Es handelt sich um Zusammenfassungen, die zudem unter willkürlichen Überschriften katalogisiert sind. Nach stundenlanger Suche ging ich die Regalreihen entlang zu einer Bibliotheksassistentin und sagte: ‚Ich kann es nicht finden, es gibt keinen Hinweis, und es könnte in jedem dieser Bände sein.' Ich legte meine Hand auf einen Band, zog ihn heraus und blickte ihn gedankenlos an – und es war nicht nur der richtige Band, sondern ich hatte ihn genau an der richtigen Stelle aufgeschlagen."[90]

Können Dinge zurückschlagen?

Auch das Umgekehrte geschieht. Manchmal verhält sich die Welt der Dinge auf eine Weise, die echt bösartig erscheint. Ein Beispiel für eine solche beunruhigende Episode berichtet Peats in *Synchronizität*, es geht um Morgan A. Robertsons 1898 erschienenen Roman *Futility* über den prächtigen Ozeanriesen *Titan*, das größte Schiff, das je gebaut wurde. Wie die *Titanic* vierzehn Jahre später, überquerte die *Titan* den Atlantik, an Bord befanden sich viele reiche und berühmte Passagiere – und ebenfalls zu wenig Rettungsboote. Die fiktive *Titan* (1898) und die reale *Titanic* (1912) waren im April auf der Route zwischen England und New York unterwegs, kollidierten um Mitternacht mit einem Eisberg und sanken. War dies lediglich eine Reihe zufälliger Übereinstimmungen im Roman mit der seinerzeit noch gar nicht gebauten *Titanic*? Konnte Robertson ein zukünftiges Ereignis voraussehen – was man unter Parapsychologen Präkognition nennt – und dieses Vorauswissen in seinem Roman untergebracht haben? Oder ist die unbelebte Welt so beeinflussbar, so ansprechend, dass sich unsere Gedanken tatsächlich zu Ereignissen verdichten und diese zum Leben und realen Geschehen erwecken können, die andernfalls gar nicht eingetreten wären? Oder gibt es da einen perversen, ironischen Aspekt der Natur? Kann die Welt der Dinge zurückschlagen? Vielleicht finden wir Hinweise in den Vorgängen, die eine andere Art physischer Objekte umgeben, mit denen Menschen schon lange intensiv verbunden sind – kostbaren Steinen oder Schmuckstücken.

Der Todes-Diamant

Wertvolle Steine sind oft teurer als Gold. Die amerikanischen Ureinwohner, die dem glänzenden Metall wenig Wert beimaßen und die Goldgier der Weißen nicht verstehen konnten, hüteten wertvolle Steine, zum Beispiel Bergkristall. „Lithomanie", schreibt Watson in *The Nature of Things,* „ist eine Obsession. Überall verehren und vergöttern, lieben und sammeln Menschen eine erstaunliche Vielfalt von Steinen. Und dabei handelt es sich nicht nur um Dinge wie Jade, Alabaster und Türkis, die offensichtlich eine visuelle Anziehungskraft besitzen. Wir dekorieren unser Leben und Umfeld mit vielerlei Dingen aus Stein – von Haustieren bis hin zu Grabplatten – und sollten nicht überrascht sein, wenn einige dieser Dinge, die wir mit unserer Aufmerksamkeit überschütten, schließlich echte emotionale Fingerabdrücke tragen, die bewirken, dass sich anorganische und unbelebte Dinge auf manche erstaunlich lebensähnliche Weise verhalten."

Watson erzählt die Geschichte des scheinbar verfluchten Hope-Diamanten als ein Beispiel dafür, dass Gegenstände eine böse Kraft besitzen können. Keiner kennt den wahren Ursprung des tiefblauen herzförmigen Steins, doch die Legende sagt, dass ihn ein Dieb aus dem Auge eines geheiligten Götterbildes stahl. 1669 wurde er von Jean Baptiste Tavernier nach Europa gebracht und an Ludwig XIV., den Sonnenkönig, verkauft. Dessen Nachfolger, Ludwig XVI., schenkte ihn Marie Antoinette. Als sie beide 1793 auf der Guillotine hingerichtet wurden, verschwand der Diamant. Schließlich tauchte er in Amsterdam wieder auf, wo er neu geschliffen und erneut gestohlen wurde. Der Dieb brachte ihn nach London und beging dort 1830 Selbstmord; der Stein gelangte damals in die Hände einer Bankiersfamilie namens Hope. Er wurde Gegenstand großer Streitigkeiten und Prozesse und wurde 1901 an einen französischen Zwischenhändler verkauft, der sich noch vor Ablauf eines Jahres das Leben nahm. Dann ging der Diamant an den russischen Fürsten Iwan Kanitowski, der ihn Mademoiselle Ladré schenkte, einem Bühnenstar im Pariser Revuetheater Les Folies Bergères. Als die Tänzerin bei ihrem

Auftritt am nächsten Abend den Stein trug, wurde sie auf der Bühne von einem früheren Liebhaber erschossen. Fürst Iwan wurde kurze Zeit später von Revolutionären erstochen. Simon Montharides, ein griechischer Juwelier, war der nächste Eigentümer. Er stürzte samt Frau und Kind mit seiner Kutsche über eine Klippe, während er noch über ein Geschäft mit dem türkischen Sultan Abdul Hamid II. (Sultan Abd-al-Hamid, auch «Abdul der Verdammte») verhandelte, der wegen seiner Massaker an den christlichen Armeniern als der blutrünstige «Rote Sultan» bekannt wurde. Abdul wurde kurz darauf abgesetzt, der Diamant wurde 1910 von Cartier in Paris an die amerikanische Erbin Evalyn Walsh McLean verkauft. Es ist überliefert, dass McLean den Hope-Diamanten ständig trug, bis ihr neunjähriger Sohn von einem Auto totgefahren wurde, ihre fünfundzwanzigjährige Tochter an einer Überdosis Schlaftabletten starb und ihr Mann sich in einer psychiatrischen Anstalt zu Tode trank. Als McLean 1947 an einer Lungenentzündung starb, gelangte der Stein in treuhänderische Verwahrung für ihre sechs Enkelkinder, bis deren jüngstes das fünfundzwanzigste Lebensjahr vollendet hätte. Die Familie erwirkte eine Auflösung der Treuhänderschaft und verkaufte das Schmuckstück, um Forderungen und Schulden gegen ihr Vermögen auszugleichen. Im Dezember 1967 wurde wieder eine Evalyn McLean tot zu Hause in Dallas gefunden, kurz nach ihrem fünfundzwanzigsten Geburtstag – es war die jüngste ehemalige Miterbin des Diamanten. Die Spur des Todes, die der Hope-Diamant nach sich zog, scheint schwächer geworden zu sein. Nach jahrhundertelanger Wanderschaft ist er nun in der Smithsonian Institution in Washington, D.C., zur Ruhe gekommen und kann dort besichtigt werden.

Wie groß ist die Wahrscheinlichkeit, dass der Hope-Diamant eine solche Bilanz an gewaltsamen oder vorzeitigen Todesfällen seiner Besitzer erreichen würde? Gibt es darauf eine einfache Antwort? Neigen Personen, die sich einen solchen Stein leisten konnten, generell stärker zu rücksichtslosem Verhalten und kommen deshalb mit größerer Wahrscheinlichkeit auf tragische Weise ums Leben? Wären diese Menschen ohnehin eines gewaltsamen Todes gestorben? Oder sprechen Steine, und sind ihre Botschaften manchmal negativ? Gibt es verfluchte Steine oder «steinerne Flüche»?

Sprechen Steine?

Watson erzählt auch von einer interessanten Entdeckung durch Wissenschaftler am DeBeers-Forschungslabor in Johannesburg, im Jahr 1965. Sie stellten fest, dass das tiefe Blau des Hope-Diamanten daher rührt, dass sich an mehreren entscheidenden Punkten in der Struktur seines Kristallgitters anstelle von Kohlenstoffatomen Bor-Atome befinden. „Das Resultat ist", so Watson, „dass der Hope ein starker elektrischer Halbleiter ist und schon immer war." Watson führt aus, dass es auffällige Ähnlichkeiten zwischen unseren Nerven und künstlichen Halbleitern gibt, und zitiert die Vermutung des Festkörper-Chemikers Don Robins, dass diese Ähnlichkeiten bestimmte Rückkopplungsschleifen möglich machen könnten, die die Energien von Menschen mit denen von Gebäuden, Steinen und Artefakten verbinden. Robins deutet an, dass wir möglicherweise die Fähigkeit besitzen, in Kristall und Stein eine elektronische oder informationstragende Spur einzuprägen, und dass unser Körper zudem ein „lithisches Gedächtnis" enthalten könnte, das unter bestimmten Umständen ausgelöst und freigesetzt wird. Robins meint, dass die Koppelung zwischen Menschen und Steinen am häufigsten akustischer Art ist „und dass eine Aufzeichnung stattfindet als direktes Resultat von strukturierten Tonsignalen wie jenen, die von ritueller Musik, Gesang, Gebet, Tanz, Applaus und Lied erzeugt werden. Dies könnte die Atmosphäre erklären, das Empfinden von etwas Sakralem, das Tempeln und Kathedralen, Schreinen und Steinmalen gemeinsam ist und sehr oft auch noch fortbesteht, wenn diese baulichen Anlagen längst schon Ruinen sind."

Dies bedeutet nicht, dass Steine auf die gleiche Art und Weise bewusst seien wie Menschen, sondern dass Steine gleichwohl „ein Muster [tragen können], das eine bestimmte Gemütsstimmung bilden oder herbeiführen kann. Mit anderen Worten, in Gegenwart solcher Steine", so Watson, „können wir ‚Echos der Vergangenheit' wahrnehmen, die wiederum zu bestimmten mentalen Bildern führen können." Führen diese Echos auch zu bestimmten Verhaltensweisen, wie sie unausweichlich mit gewissen „verfluchten Steinen" (wie dem Hope-Diamanten) verknüpft zu sein scheinen?

Die Rache der Dinge

Am Samstag, dem 8. Juli 1995, schaute Cecilia Dillenham, die Organistin einer fundamentalistischen Pfingstgemeinde in der Nähe von Tamarillo, Texas, in der Kirche vorbei, um für die Gottesdienste am nächsten Tag noch etwas zu üben. Das Instrument war Dillenham noch nicht recht vertraut. Es handelte sich um eine alte deutsche Orgel, die eines der Gemeindemitglieder kürzlich gestiftet hatte. Ethan Paxen, der zweiundvierzigjährige Pastor der Gemeinde, war in der Nähe im Gemeindebüro und bereitete seine Sonntagspredigt vor. Die Organistin Dillenham sprach zu ihm und setzte sich dann zum Spielen auf die Orgelbank. Ohne dass sie davon wusste, hatte „irgendein Idiot" den Mechanismus der Orgel auf „volle Lautstärke" gestellt. Als sie die erste Taste niederdrückte – ein Cis –, bebte die alte Kirche bis in ihre Grundfesten, und die Fester klirrten. „Es klang wie ein Kanonenschuss", sagte die erschütterte Organistin. Dann hörte sie etwas in Paxens Büro. Sie ging hinüber, um nachzusehen, und fand ihn auf dem Boden liegend und die Arme um die Brust geklammert. Ein Notarztwagen wurde gerufen, aber die Wiederbelebungsversuche blieben erfolglos. „Diese Orgel hat ihn umgebracht, daran gibt es keinen Zweifel", sagte die trauernde Organistin. Dillenham sagte voraus, dass die Gemeinde die Orgel, die ihren Pastor ins Grab gebracht hat, wahrscheinlich zurückgeben werde. „Eine große Orgel wie diese ist einfach zu gefährlich für eine kleine Kirche wie unsere", klagte sie. Paxen hatte niemals Herzprobleme gehabt. Ein Pathologe stellte fest, dass er an einem Herzinfarkt gestorben war, offenbar ausgelöst durch einen extremen Schrecken oder Schock.[91]

Als Arzt bin ich mir der gewöhnlichen Erklärungen für Todesfälle wie diesen bewusst. Doch wenn ich meine Phantasie wandern lasse, kommen Fragen auf. Würde jeder laute Ton zum Tode des Pastors geführt haben, oder hatte es mit dem Cis eine besondere Bewandtnis? Musik besitzt seltsame Kräfte. In der medizinischen Wissenschaft ist zum Beispiel bekannt, dass bestimmte Musikpassagen epileptische Anfälle auslösen können – man spricht von *musikogener Epilepsie*, berichtet Macdonald Critchley in *Music and the Brain*. Früher wurden bestimmte Noten mit dem Bösen assoziiert – insbesondere H galt als „die Note des Teufels". Manche Arten von Musik gelten bis heute als dämonisch. War die alte deutsche Kirchenorgel unschuldig? War sie eine träge, weder fühlende noch denkende Maschine? War sie glücklich in ihrem neuen Zuhause? Hegte sie einen Groll, dass man sie aus ihrer deutschen Heimat gerissen und in die tristen Ebenen von Texas verpflanzt hatte? Hatte sie vielleicht Pastor Paxen seine Art von Spiritualität übelgenommen? Wehrte sie sich dagegen, zur Komplizin seiner Bibel-hämmernden, leidenschaftsbefeuerten Mahn- und Erweckungsreden gemacht zu werden? Fühlte sie sich verletzt durch die pfingst-freudigen Melodien, die Dillenham ihr abverlangte? Vermisste sie die herrlichen Werke Bachs, die früher auf ihren Tasten und Pedalen gespielt wurden? Nahm die Orgel Rache? War das mörderische Cis ihre Art zu sagen: *„Ich mache das nicht länger mit!"*?

Musikinstrumente werden einem größeren Spektrum menschlicher Emotionen ausgesetzt als vielleicht jedes andere Objekt. Wir bringen unsere intimsten Empfindungen und Gefühle durch sie zum Ausdruck. Ist es möglich, dass Musikinstrumente, weil sie ständig unseren innersten Emotionen ausgesetzt sind, mit uns in Resonanz treten? Können sie zum Leben erwachen und in ihrer eigenen Sprache sozusagen das Wort ergreifen? Wenn wir von Violinen sagen, dass sie weinen oder klagen, und von Streichinstrumenten sprechen, die singen – meinen wir da eine Lebendigkeit, die in den Gegenständen verborgen liegt? Könnten wir ihre Botschaften hören, wenn wir zu lauschen wüssten? Ich stelle diese Fragen allen Ernstes. Ich glaube, dass wir die Grenzen des Lebens und Bewusstseins zu eng gezogen haben. Wenn man sie schlecht behandelt, scheinen Dinge manchmal wie aus Rache zurückzuschlagen. Denken Sie zum Beispiel an die Golfschläger von Jean Potevan, der sie zusammen mit seiner Golftasche in einen See warf, nachdem er am letzten Loch eines verheerenden Kurses auf einem französischen Golfplatz drei Putts verfehlt hatte. Als ihm klar wurde, dass seine Autoschlüssel in der Tasche waren, watete er in voller Bekleidung hinterher und ertrank, als er tauchte und sich in Wasserpflanzen verfing. Laut seinem Golfkameraden Henri Levereau waren seine letzten Worte: „Ich gehe zurück, um die Schlüssel zu holen, aber die Schläger lasse ich unten."[92]

Wenn Autos wenden

Vielleicht die dramatischsten Anzeichen dafür, dass Gegenstände menschliches Verhalten annehmen können, erleben wir in unserer Interaktion mit Automobilen. „Kein anderes Menschenwerk hat jemals so viel Emotionen ausgelöst oder sich als so mächtiges Instrument zur Veränderung erwiesen, das die menschliche Gesellschaft in ihrem Bild neu gestaltete", beobachtet Watson in *The Nature of Things*.

> Keine andere Maschine wurde so sehr als ein Wesen mit eigenen Kräften behandelt. Die Automanie hat bereits viele Züge entwickelt, die typisch für einen religiösen Kult sind. Der Anthropologe Andrew Greeley macht uns darauf aufmerksam, dass jede Automobilausstellung eine hoch ritualisierte religiöse Darbietung ist, eine Form öffentlicher Anbetung mit Pomp, Glanz, Tempeljungfrauen in Gestalt von Mannequins, Licht, Musik, großzügiger Verschwendung von Geldmitteln und einer Gemeinde, die gekommen ist, um mit allen Anzeichen von Ehrfurcht anzubeten.

„Die *Auto*-Biographie lässt sich von jedem Autoaufkleber ablesen", stellt Watson fest. „Ein Laster muss tun, was ein Laster tun muss", „Du liebst doch nur mein Äußeres", oder das klagende „Wasch mich!"

Autos verkörpern unsere Emotionen, sie tragen Sinn und Bedeutung in das Leben der Menschen. Und Emotion und Sinn – das haben wir gesehen –, scheinen wichtige Stimulanzien für das quasi-lebendige Verhalten unbelebter Objekte zu sein. Können unsere Emotionen Autos zum Leben erwecken? Watson berichtet mehrere Fälle, die diesen Anschein vermitteln:

In Florida entstieg 1978 eine Frau auf einem Supermarkt-Parkplatz ihrem Auto, als dieses von allein startete, wendete, sie überfuhr und sie wiederholt überrollte, während es weiter im Kreise fuhr. Es hielt die Rettungskräfte eine Viertelstunde lang in Schach. Bei der Beerdigung bemerkte einer ihrer Freunde: „Sie hatte dieses Auto nie gemocht." In Sydney, Australien, versuchte Dorothy Woodward 1981, ein altes Auto, das sie hasste, über eine Klippe zu schieben; das Fahrzeug riss sie sechzig Meter tief in den Tod.

Oder denken Sie an den offenen Wagen der Marke Gräf & Stift, in dem der Erzherzog Franz Ferdinand reiste, als er in Sarajevo 1914 einem Attentat zum Opfer fiel. Zwei Wochen später überfuhr ein Hauptmann des V. Österreichischen Corps zwei Arbeiter, tötete sie und kam selbst ums Leben, als er beim Ausweichen gegen einen Baum raste. Dann ging das Fahrzeug in die Hände eines jugoslawischen Regierungsbeamten über, der vier weitere Unfälle damit erlebte; beim letzten verlor er einen Arm. „Zerstören Sie es, das Ding ist verflucht", sagte er. Stattdessen wurde das Fahrzeug an einen Arzt verkauft, der zu Tode gequetscht wurde, als es ihn überrollte. Danach gelangte das verhängnisvolle Automobil weiter an einen reichen Geschäftsmann, der seine Vorgeschichte ignorierte. Später fand man ihn tot in dem Auto, er hatte Selbstmord begangen. Ein Schweizer Rennfahrer erwarb den Wagen; als er in den italienischen Alpen in eine Mauer krachte, kam er ums Leben. Das Fahrzeug wurde repariert und von einem serbischen Bauern gekauft. Eines Tages wollte es nicht anspringen und wurde abgeschleppt. Doch der Wagen sprang an, überholte in einer Kurve und tötete seinen Besitzer. Ein Mechaniker setzte den Wagen instand und lieh ihn aus, um vier Freunde zu einer Hochzeit zu fahren. Bei dem Frontalzusammenstoß mit einem entgegenkommenden Fahrzeug kamen alle Beteiligten ums Leben. Schließlich bereitete die österreichische Regierung dem Schrecken ein Ende, indem sie das Auto kaufte und restaurierte. Heute ist der vierzylindrige Gräf & Stift – ein Automobil wie der Hope-Diamant – Teil einer ständigen Ausstellung im Heeresgeschichtlichen Museum in Wien.

Einer der rebellischsten Amokläufe eines unbelebten Objekts, berichtet Watson, war der eines Porsche 550 Spyder, den der Schauspieler James Dean 1955 erwarb. Nach Deans tödlichem Autounfall wurde das Porsche-Wrack von dem Autodesigner George Barris gekauft, der es ausschlachten und die Einzelteile verkaufen wollte. Als das Wrack gleich nach seiner Ankunft auf dem Hof von Barris' Werkstatt vom Transporter geladen wurde, rutschte es ab, traf einen Mechaniker und brach ihm das Bein. Barris verkaufte den Motor an einen Arzt in Beverly Hills, einen begeisterten Rennfahrer. Auf seiner ersten Fahrt mit dem Porschemotor baute er einen Unfall und starb. Das Getriebe des Spyders hatte ein anderer Arzt gekauft; er wurde bei dem gleichen Rennen schwer verletzt. Die Karosserie des Porsche ging nach Salinas als Teil einer Wanderausstellung zum Thema Sicherheit im Straßenverkehr, doch der Transporter, auf dem es überführt wurde, geriet ins Schleudern, der Fahrer starb. Auf einem anderen Lastwagen in Oakland unterwegs, brach das Porsche-Wrack entzwei. Ein Teil fiel auf die Straße und verursachte einen Unfall; der Rest blieb auf der Ladefläche, bis die Bremsen des Transporters versagten, der in ein Ladengeschäft krachte. Die restlichen Teile des Wracks wurden mit der Eisenbahn nach Miami zu einer weiteren Ausstellung verschickt. Dort kamen sie niemals an; vermutlich waren sie auf der weiten Reise von James-Dean-Fans auseinandergenommen und gestohlen worden.

„Die ganze Geschichte ist lächerlich", räumt Watson ein. „Nicht als verrückte Zufälle, natürlich ... Aber was soll man von Autos halten, die sich in eine lange Reihe solcher Koinzidenzen verwickeln lassen?"

Konsequenzen für das Heilen

Es gibt eine veritable „Dinge-Apartheid" in unserer Kultur, infolge derer unbelebten Objekten nicht der gleiche Respekt entgegengebracht wird wie belebten, empfindenden Wesen. Die Andeutung, dass sich Dinge gut oder schlecht benehmen können – oder dass sie überhaupt ein Verhalten aufweisen –, klingt grotesk für jeden, der in der Wissenschaft des 20. Jahrhunderts geschult ist. Doch Dinge scheinen eifrige Sammler von Bedeutungsinhalten zu sein, besonders wenn sie ständig mit Menschen zu tun haben. Sie scheinen fähig zu sein, unsere Gefühle aufzufangen, mit unseren Emotionen in Resonanz zu treten, auf unsere Sinne und Bedeutungen zu antworten und sich in unser Leben einzumischen – und dies oft, wenn wir es am wenigsten erwarten. Und die Konsequenzen für das Heilen sind weitreichend.

Seit Jahrtausenden haben Heiler die Fähigkeit kultiviert, mit der Welt der Dinge zu interagieren. Diese Fähigkeit illustriert die folgende Episode, die in *Psychological Elements in Parapsychological Traditions* von dem griechischen Arzt Angelos Tanagras (1877-1973) berichtet wurde, der auch ein hoch dekorierter Admiral der griechischen Marine war. Neben der Formulierung seiner gelehrten Veröffentlichungen über griechische Geschichte und Legende interessierte er sich sehr für das, was er „Psychobolie" nannte, nämlich die Wirkung von „Impulsen des Menschen ... auf lebende oder anorganische Materie".

Unser Fall handelt von den Erlebnissen des Monsieur A. Laforest, „eines französischen Literaten", im Dschungel von Kolumbien. Eines Tages ging Laforest in den Dschungel, um wilde Tauben zu jagen, und unterwegs begegnete er dem Kirchendiener einer Gemeinde von Simiti. Als Laforest den

Kirchendiener nach dem Zweck seiner Reise fragte, antwortete dieser: „Ich gehe zu Joselito, damit er seine Fischwürmer loswird. Es geht um einen Exorzismus. Ich gehe hierhin und dahin im Lande, um Fische von den Würmern zu befreien. Ich bin der Einzige im ganzen Land, der das tun kann."

Laforest verstand dies nicht und ging schweigend mit dem Mann, um selbst zu sehen, was geschehen würde. Bald kamen sie bei Joselitos Holzhäuschen an, und Joselito erklärte dem Kirchendiener, dass die weißen Würmer seinen Vorrat an Salzfisch befallen hatten. Er zeigte ihm etwa hundert befallene Fische, die an einem Eisendraht hingen. Der Kirchendiener untersuchte sie, sah, dass sie voller Würmer waren, und schüttelte den Kopf. „Sie werden nur durch Exorzismus verschwinden", verkündete er. Dann trat er einen Schritt zurück und begann leise eine Beschwörungsformel zu wiederholen.

„Er war kaum damit fertig, als die Würmer von den Fischen herunterfielen wie Eisenspäne", berichtet Laforest. Joselito dankte dem Kirchendiener, als wäre dieses Geschehen die natürlichste Sache der Welt.

„Ich näherte mich den Fischen, um sie zu untersuchen", sagte Laforest. „Nicht ein einziger Wurm war noch übrig. Einige wenige Worte von dem Kirchendiener hatten genügt, um sie aus dem Fleisch zu lösen, in das sie sich gefressen hatten. Ich konnte es überhaupt nicht verstehen, aber das Wunder war vor meinen Augen vollbracht worden."

Laforest kehrte sprachlos nach Simiti zurück, wo er unverzüglich zum Priester ging und ihm erzählte, was er erlebt hatte. Der gute Mann schüttelte den Kopf. „Nein, das ist keine Zauberei", sagte er, „es ist einfach Exorzismus … in Verbindung mit starkem Glauben. Mein Kirchendiener ist das einfachste und frömmste all meiner Gemeindeglieder. Die Worte selbst sind ohne Bedeutung … Seien Sie wie mein Kirchendiener, und Sie werden die gleiche Macht besitzen … Solche Dinge überraschen hier niemanden. Manchmal legen Fliegen ihre Eier in die Wunde eines Pferdes, die sich dann infiziert und lebensgefährlich wird. Aber mein Kirchendiener heilt die Wunde aus der Entfernung von mehreren Kilometern – vorausgesetzt, es wurde ihm gesagt, an welchem Körperteil des Pferdes sich die Wunde befindet."

Tanagras berichtet von einem ähnlichen Fall mit Pflanzen. Ein Priester im Kaukasus wurde gebeten, einen russischen Bauern zu besuchen, dessen Sonnenblumenfeld von Würmern befallen war, die großen Schaden verursachten. Der Priester begann mit großer Inbrunst, Gebete zu sprechen, die vom Heiligen Basilius und anderen Heiligen der griechisch-orthodoxen Kirche für solche Gelegenheiten zusammengestellt worden waren. Die in großer Zahl vorhandenen Würmer „begannen von den Pflanzen abzufallen und wie eine kleine Sturzflut in die entgegengesetzte Richtung zu fliehen".

Ähnliche Methoden scheinen bei Insekten zu wirken. Tanagras berichtete, dass 1920, während der griechischen Besetzung Kleinasiens, ein griechischer Professor in den türkischen Ort Eski ehir kam, um die lokalen Altertümer zu untersuchen. Für seine Unterbringung wurde ein leeres Haus in Beschlag genommen, doch in der Türöffnung, in etwa 1,80 Metern Höhe, hatte sich ein Bienenschwarm sein Nest gebaut. Man versuchte alles Mögliche, um das Nest auszuquartieren, doch ohne Erfolg. Das Dienstmädchen, das wegen der Nähe der Bienen sehr beunruhigt war, empfahl, den Hodscha des Ortes zu rufen, den islamischen Religionsgelehrten, der „exorzieren" könne und deshalb imstande sei, das Problem zu lösen. „Der Hodscha ... kam am Abend und blieb einige Zeit, um zu beten. Die Bienen wurden nicht wieder gesehen, und man fand auch keine toten Bienen, wie es der Fall gewesen wäre, wenn man sie ausgeräuchert oder vergiftet hätte."

Manchmal bekommen „Wesen" die Oberhand und scheinen zurückzuschlagen, wie die Ereignisse rund um den Hope-Diamanten und den Porsche Spyder andeuten. Ein solcher Vorfall betraf einen von Brasiliens berühmtesten „medialen Chirurgen" und wurde mir von Stanley Krippner, Ph.D., berichtet, dem Forschungsdirektor am Saybook-Institut in San Francisco: Die Berichte über die Heilfähigkeiten jenes Mannes wurden immer mehr und großartiger, und damit wuchs auch sein Ego. Er wurde zunehmend arroganter und stolzer – Charakterzüge, die bei echten Heilern generell als mit ihrer Berufung unvereinbar gelten. Auf der Höhe seines Ruhmes und seiner Hybris paddelten er und ein Freund in einem Boot mitten auf einem breiten Fluss, als sie aus heiterem Himmel von einem Schwarm „Killerbienen" attackiert wurden. Seltsamerweise griffen die Bienen nur den Heiler an; seinen Begleiter ließen sie unberührt. „Sie wollen nur mich!", rief der Mann und bemühte sich vergeblich, die Bienen abzuwehren. „Sie bestrafen mich wegen meines Stolzes! Ich bin als Heiler unaufrichtig gewesen!" Der Mann tauchte in den Fluss, um den Bienen zu entkommen, aber es gelang ihm nicht. Sie stachen ihn zu Tode, während sein entsetzter Freund hilflos zusehen musste.

Eine entzückende Geschichte über eine Mensch-Insekten-Interaktion wurde mir vor einigen Jahren von einem Mitglied der Findhorn-Gemeinschaft in Schottland zugetragen. In einer der unwirtlichsten Regionen des Landes haben die Bewohner von Findhorn viele Jahre lang nicht nur überlebt, sondern auch einen blühenden Garten angelegt. Seinen Erfolg schreibt Findhorn in erster Linie einer spirituellen Ausrichtung dem Leben gegenüber zu, besonders in den Bereichen Landwirtschaft und Gartenbau. Hier trägt der Glaube buchstäblich Früchte; die reichen Erträge in der Findhorn-Gemeinschaft sind legendär.

Eines Tages stellte man fest, dass die Küche der Gemeinschaft von Schaben befallen war. Insekten mit Hilfe von Schädlingsvertilgungsmitteln oder durch Ausräuchern zu töten, stand im Gegensatz zum Glauben der Gemeinschaft, dass alles Leben heilig ist, und war deshalb inakzeptabel. Doch musste etwas unternommen werden – nur was? Nach reiflicher Überlegung beschlossen die Findhornianer, mit dem Ungeziefer zu verhandeln. Sie füllten mehrere Müllkübel mit wohlschmeckenden Abfällen, um die jede Schaben-Gemeinschaft sie beneidet hätte, und stellten sie in einige Entfernung von den Wohnräumen. „Ihr könnt nicht in der Küche bleiben", verkündeten sie den Schaben. „Wir haben ein besseres Zuhause für euch. Ihr müsst die Küche bis Ende der Woche verlassen, sonst werden wir härtere Maßnahmen ergreifen, um euch loszuwerden." Laut den Berichten akzeptierten die Schaben das Angebot. Bis Ende der Woche war die Küche insektenfrei, und die Schaben-Population in den Abfallkübeln gedieh.

Schamanen und Krankenhäuser

Der Zusammenhang mit dem schamanischen Heilen, das seit mindestens fünfzigtausend Jahren existiert, sollte offensichtlich sein. Schamanen betrachten die ganze Welt als lebendig. Wenn sie sich heilerisch betätigen, reisen sie in andere Dimensionen, wo sie gütige Tiergeister treffen, die ihnen bei ihren Aufgaben assistieren. Sie begegnen auch böswilligen Wesenheiten, die Krankheiten verursacht haben, und sie verhandeln und feilschen mit ihnen, um eine Heilung für die betroffenen Personen herbeizuführen. Aus Tieren und Pflanzen „Würmer herausreden", Bienen und Schaben bannen – alle diese Fälle haben eine Ähnlichkeit mit schamanischen Praktiken. Bei beiden spielt der Glaube eine wichtige Rolle, dass die Welt lebendig ist. Mit dem richtigen Einsatz ist die Kommunikation mit allen Dingen zu erreichen, die uns dann möglicherweise zu Hilfe kommen.

Ich hege den starken Verdacht, dass die Spuren oder Reste von Schamanismus in jedem modernen Krankenhaus zu finden sind. Ein jeder weiß, dass manche Schwestern und Ärzte im Umgang mit Kranken außergewöhnliche Talente haben. Ihre Patienten schneiden einfach besser ab. Sie bekommen weniger Komplikationen, wie beispielsweise Infektionen, und sie genesen rascher und werden früher entlassen. Ich vermute, dass jene speziellen Mitarbeiter – außer dem, was auch immer sie an technischen Fertigkeiten in die Situation einbringen – auch mit den Bakterien, den Krebszellen, den T- und B-Lymphozyten und so weiter mauscheln – wie jeder gute Schamane.

Es scheint auch eine Kehrseite zu geben – ein natürliches Äquivalent zum schlechten Umgang mit einem Kranken –, auf der sich unbelebte Dinge im Umfeld bestimmter Personen (und nicht anderer) negativ verhalten. Am 4.

November 1924 verweigerten in einer Wollspinnerei im englischen Yorkshire im gleichen Saal drei Spinnmaschinen den Dienst. Der Betriebsleiter rief seine besten Mechaniker herbei, die jedoch keinen Fehler finden konnten, und so wurden die Maschinen wieder in Gang gesetzt. Wenig später blieben sie einige weitere Male stehen, eine nach der anderen. Außerstande, die Ursache zu finden, rief der Betriebsleiter die Fachleute von der Wollforschungsgesellschaft. Ihren Vorschlägen wurde Folge geleistet, doch die Maschinen begannen erneut ohne erkennbaren Grund stehenzubleiben. Das Chaos ging weiter, bis Gwynne, ein neunzehnjähriges Mädchen, das in jener Abteilung gerade erst zu arbeiten begonnen hatte, zufällig in einen anderen Bereich der Spinnerei geschickt wurde: Die technischen Störungen folgten ihr dorthin. Dies wurde dem Eigentümer der Spinnerei berichtet, aber „dieser gesetzte Yorkshire-Mann höhnte nur über Geschichten von einer ‚Hexe' in seiner Fabrik" – jedenfalls so lange, bis Gwynne in einen Raum gebracht wurde, in dem die Produktion auf Hochtouren lief. Man forderte sie auf, mit den Händen in den Taschen einen Gang zwischen den Spinnmaschinen entlang zu gehen. Innerhalb von Sekunden traten Störungen auf. Dann wurde sie in einen anderen Raum gebracht, wo die Spinnmaschinen daraufhin ebenfalls stehenblieben. Schließlich, als Gwynne aus der Spinnerei gedrängt wurde, kamen mehrere weitere Maschinen zum Stillstand, als sie an diesen vorüberkam. „Der unglücklichen Gwynne wurde verboten, sich der Spinnerei noch einmal zu nähern, statt dessen wurde sie als Küchenmädchen in der Kantine der Firma angestellt."[93]

Die meisten Behandler haben wahrscheinlich schon mit Kollegen gearbeitet, die auf medizinischem Gebiet ähnliche Wirkungen erzielen wie Gwynne in der Wollspinnerei. Ich habe Ärzte kennengelernt, deren Patienten ständig zu erkranken und ins Krankenhaus zu kommen scheinen, wo sie dann auch länger bleiben. Ihre Krankenhaus-Belegungsquote floriert immer. Doch vermutlich kennen wir alle Ärzte, die wir, wenn wir selbst krank wären, nicht bitten würden, sich um uns zu kümmern.

Wie steht es mit den unbelebten Objekten, die wir in der Therapie gebrauchen? Können sie auf unsere Emotionen, Gefühle und Assoziationen ansprechen? Können unbelebte Dinge Patienten verletzen oder töten, wie der Todeszoll andeutete, den der Hope-Diamant und der Porsche Spyder forderten? Sind die toxischen und tödlichen Wirkungen von Medikamenten und chirurgischen Prozeduren Zufallserscheinungen? Oder könnten die Injektionen, Kapseln, Tabletten und Skalpelle sich gegen uns stellen? Warum scheinen manche Therapien mit manchen Therapeuten zu kooperieren und mit anderen nicht? Und warum scheinen die Ergebnisse kontrollierter Studien eigentlich die Emotionen und Sinngebungen der Wissenschaftler widerzuspiegeln, die sie durchführen? Marilyn Schlitz, Ph.D., Forschungsdirektorin am Institute for Noetic Sciences in Petaluma, Kalifornien, war an kontrollierten Studien beteiligt, die deutlich zu zeigen schienen, dass bestehende Glaubensüberzeugungen und Einstellungen des Projektleiters mit den klinischen Ergebnissen korrelieren. Was geht hier vor? Solange wir weiterhin glauben, dass die materielle Welt aus nicht denkendem, totem Stoff gemacht sei, werden wir es wohl nie erfahren.[94]

Wenn wir in den Heilberufen unsere „medizinischen Dinge" mit einem Empfinden von Heiligung und Respekt gebrauchten – würden sie dann mit größerer Wahrscheinlichkeit dankbar darauf ansprechen, und würden die Nebenwirkungen geringer sein? Wenn wir unseren Stethoskopen, unseren Wundhaken und Otoskopen für ihren Dienst Dank sagten – würden sie sich freiwilliger und kooperativer einbringen? Würden wir feststellen, dass wir mit diesen Instrumenten mehr hören, mehr sehen und mehr tun könnten, wenn wir ihnen größeren Respekt entgegenbrächten?

Der neue Animismus

Viele Menschen denken, dass wir gewaltige Fortschritte machen, indem wir das Bewusstsein ins Heilen einführen. Aber obwohl die Fortschritte in Meditation, Hypnose, mentaler Arbeit mit Bildern, Gebet, Selbstverantwortung und Prävention mit Bewusstsein zu tun haben, gehen sie nicht weit genug. Die derzeitige Einstellung zur Rolle des Bewusstseins beim Heilen ist viel zu konservativ.

Achten Sie einmal darauf, wie wir über Bewusstsein sprechen. In der Mind-Body-Medizin sprechen wir fast ausschließlich über die Wirkungen von *meinem* Bewusstsein auf *meinen* Körper. Die Mind-Body-Medizin ist also in Wirklichkeit eine „Mein Geist, mein Körper"-Medizin geworden. Diese Entwicklung ist nicht verkehrt, aber sie ist nicht vollständig. Wir haben noch nicht einmal angefangen, unser Wissen über nichtlokale oder transpersonale Manifestationen des Bewusstseins ganz einzusetzen. Damit spreche ich von der Fähigkeit *meines* Bewusstseins, *Ihren* Körper aus der Distanz zu beeinflussen – selbst wenn Sie sich dessen, was da vorgeht, nicht bewusst sind –, und der Fähigkeit *Ihres* Bewusstseins, das Gleiche zu tun.

Unsere derzeitige Einstellung zum Bewusstsein ist nicht nur konservativ, sie ist auch arrogant. „Bewusstsein" ist für die meisten von uns durch und durch anthropozentrisch: Bewusstsein ist etwas für uns Menschen und nicht für irgendetwas sonst. Damit heben wir uns weiterhin von den sogenannten niederen Organismen und der „unbelebten" Welt ab, die – und darauf bestehen wir – per definitionem unbewusst sind. So reden wir wohl viel über Bewusstsein – aber für die meisten Menschen, die an „die Kräfte des Geistes" glauben, gilt: Sobald Sie an der Oberfläche kratzen, werden Sie jemanden finden, der an den Sonderstatus der Menschen glaubt – und an den geringeren Status von ungefähr allem anderen in dieser Welt.

Bewusstsein und Heilen zu integrieren, bedeutet, viel weiter zu gehen. Es ist nicht genug, *unserem* Geist und *unserem* Bewusstsein eine Bedeutung beizumessen. Wir müssen auch das Bewusstsein der *Dinge* bedenken – der Zellen und Gewebe, der Bakterien, der Instrumente, die wir verwenden, der Medikationen, die wir verabreichen, der Uniformen, die wir tragen, der Gebäude, in denen wir arbeiten.

Der Gefahren, die hiermit verbunden sind, bin ich bin mir bewusst. Aber lassen wir uns nicht von der Angst überwältigen, in Phantasien zu fallen, wenn wir wieder einmal beginnen, eine beseelte Welt zu erforschen. Wir wollen uns wieder in den Sinn rufen, dass diese Sichtweise während des größten Teils der Menschheitsgeschichte ganz natürlich schien. Es war erst kürzlich, dass wir unseren Weg verloren haben, und wir können ihn wiederfinden. Die Wegweiser sind noch da. Wir wollen uns auch in Erinnerung rufen, dass wir einen Vorteil haben, den unsere Vorfahren niemals hatten: Die Erkenntnisse kreativer Wissenschaftler, die, wie wir gesehen haben, Theorien von der Natur des Bewusstsein – und dem Bewusstsein der Natur – formulieren, um uns zu helfen, uns in diesem verzauberten Reich zurechtzufinden.

Lassen Sie uns einen Raum schaffen für einen „neuen Animismus" – nicht nur, weil es intuitiv richtig erscheint, dies zu tun, sondern auch weil unsere gesammelten Fakten es verlangen. Wir haben die empirischen Daten nicht untersucht, die eine Sicht des alles-durchdringenden Bewusstseins unterstützen, aber sie sind reichlich vorhanden. Sie zeigen sich in den vielen Bereichen investigativer Wissenschaft und demonstrieren das Vermögen des Bewusstseins, mit der unbelebten und halb-belebten Welt auf nichtlokale Weisen zu interagieren – auf Gebieten wie der Mensch/Maschine-Interaktion; im transpersonalen Bilderleben; in Studien zur sogenannten Psychokinese und Fernheilung oder Fürbittegebet, bei denen Menschen mit „niedrigeren", nichtmenschlichen Organismen wie Bakterien, Pilzen, Hefe- und anderen Zellen verschiedener Arten interagieren. Diese empirischen Erkenntnisse weisen auf eine nicht-empfindende Welt, die gleichwohl auf menschliches Denken und Fühlen anspricht und die deshalb nicht so tot sein kann, wie wir geglaubt haben.[95]

Die rechte Fahrstraße finden

William James sagte: „Es gibt in Wahrheit weder eine wissenschaftliche noch sonst eine Methode, die es dem Menschen ermöglicht, sicher zwischen den einander gegenüberstehenden Gefahren – zu wenig oder zu viel zu glauben – hindurchzusteuern. Diesen Gefahren ins Auge zu schauen, ist offenbar unsere Pflicht, und dass wir die rechte Fahrstraße zwischen ihnen finden, ist der Maßstab für unsere menschliche Klugheit."[96]

Wie können wir die rechte Fahrstraße finden? Zumindest müssen wir tun, was Hermann Hesse in *Demian* in die Worte fasste: „Die Lehren zu hören, die mein Blut in mir rauscht" – das heißt unsere eigenen Intuitionen, Ahnungen und was uns als Bestes erscheint. Dies ist nichts Neues, alle guten Wissenschaftler tun es ohnehin. Zweitens müssen wir den Geschichten und Erlebnissen lauschen – Geschichten, wie sie in diesem Kapitel wiedergegeben sind, Begebenheiten, die im Leben der Menschen spontan und unangemeldet auftauchen. Und drittens müssen wir willens sein, unsere Schlussfolgerungen und Theorien rigorosen experimentellen Tests zu unterwerfen. Wenn wir dies tun, lernen wir vielleicht wieder, die Steine sprechen zu hören.

7

MIT SCHNEEKÖNIGLICHER FREUDE

Ein Mythos der Apachen erzählt, wie der Schöpfer die Menschenwesen, die Zweibeiner, mit der Fähigkeit begabte, alles zu tun – zu reden, zu laufen, zu sehen und zu hören. Aber er war nicht zufrieden, bis die Zweibeiner noch eines mehr tun konnten – lachen. Und so lachten Männer und Frauen, und lachten und lachten! Da sagte der Schöpfer: „Nun habt ihr alles, was ihr zum Leben braucht."[97]

Im Himmel mag Humor regieren, wie diese Geschichte andeutet, doch hier auf Erden scheint er oft nur Mangelware zu sein. Obwohl wir das Lachen bei Kindern tolerieren, erwarten wir von ihnen, wenn sie sich dem Erwachsensein nähern, dass sie (bildlich gesprochen) das Lächeln aus ihren Gesichtern löschen, sich ihrem Alter gemäß benehmen, aufwachsen und ernst sind.

Unsere religiösen Traditionen haben diese Botschaft oft bekräftigt. Als litten sie unter einem dröhnenden puritanischen Kater, vermittelten sie oft die Botschaft, das Lachen sei der Sünde gefährlich nahe verwandt. Brian Luke Seaward beschreibt die stürmischen Beziehungen zwischen Frömmigkeit und Spiel in seinem Buch *Managing Stress*: „Lachen wurde nicht immer mit Wohlwollen betrachtet. So empfanden unter anderem die Europäer im Mittelalter und die Puritaner an den östlichen Gestaden Nordamerikas das Lachen als ein Werk des Teufels. Menschen, die ertappt wurden, wenn sie laut lachten, denunzierte man oft als Hexen oder hielt sie für vom Satan besessen. Dem Humor Ausdruck zu geben, galt in vielen christlichen Glaubensgemeinschaften als Sünde ... Erst im 20. Jahrhundert wagten die Menschen, auf einer Photographie ein Lächeln zu zeigen."

Der Psychiater und Autor Raymond Moody zitiert in seinem Buch *Laugh after Laugh: The Healing Power of Humor* (dt. Ausg.: *Lachen und Leiden: über die heilende Kraft des Humors*) eine Bemerkung von Lord Chesterfield aus dem Jahr 1748 über die korrumpierende Kraft des Lachens:

> Lautes Lachen ist die Ausgelassenheit des Pöbels, der nur an törichten Dingen Gefallen findet.
> Lachen verschleiert die Wahrheit, verhärtet das Herz und betäubt das Verständnis.
> Einen Menschen von feiner Lebensart sieht man daher nur lächeln, hört ihn aber nie lachen.[98]

Zum Glück waren viele einflussreiche Denker des Westens nicht so grimmig und erkannten, dass in einem humorlosen Leben etwas Wichtiges fehlt. Goethe: „Der Verständige findet fast alles lächerlich, der Vernünftige fast nichts."[99] Schiller: „Der Mensch ... ist nur da ganz Mensch, wo er spielt."[100] Schopenhauer: „Ein Sinn für Humor ist die einzige göttliche Eigenschaft des Menschen."[101]

Humor, genau genommen

Versuche, Humor und Lachen zu definieren, fallen mitunter selbst humorig aus:[102]

- „Lachen ist ein Reflex. Das Wort Reflex ... ist eine ... Fiktion."
- „Lachen [ist] die Verhaltensreaktion auf Humor."
- „Spontanes Lachen wird durch die koordinierte Kontraktion von fünfzehn Gesichtsmuskeln nach einem stereotypen Muster erzeugt und von einer veränderten Atmung begleitet."
- „Lächeln umfasst eine komplexe Gruppe mimischer Bewegungen ... das Zurückziehen und leichte Anheben der Mundwinkel, das Heben der Oberlippe, wobei die Zähne teilweise entblößt werden, und das Auswölben der Falten zwischen den Mundwinkeln und den Nasenflügeln ... die Bildung von Fältchen unter dem Auge ... und das vermehrte Strahlen der Augen."

Obwohl sich diese Definitionen um physiologische Präzision bemühen, sagen sie doch nichts über das *Erlebnis* von Humor und Lachen – wie diese sich *anfühlen*. Um den Unterschied zu erkennen, brauchen Sie nur an ein gewöhnliches, aber erstaunlich komplexes Phänomen zu denken – das Kitzeln.

„Alle Versuche, eine einheitliche Formel für die Ursachen des Lachens zu finden, sind an dem harmlosen Kitzeln gescheitert. Es ist der Stein des Anstoßes, der die Theoretiker des Komischen straucheln ließ und zum Aufgeben zwang oder ihre Theorien zum Versagen führte", stellt Arthur Koestler in seinem bahnbrechenden Werk *The Act of Creation* (dt. Ausg.: *Der göttli-*

che Funke) fest. Früher glaubte man, das durch Kitzeln bewirkte Lachen sei ein rein mechanischer Reflex auf die physische Stimulation der Haut, aber diese Sicht ist gewiss zu simpel. „Setzt sich eine Fliege auf den Bauch eines Pferdes", erklärt Koestler, „so kann man ein Zucken wellenförmig über die Haut gehen sehen; es entspricht dem Sich-Winden eines gekitzelten Kindes. Aber das Pferd lacht nicht, wenn es gekitzelt wird, und auch das Kind lacht nicht immer."[103] Darwin und andere Naturforscher deuteten die Kitzelreaktion als einen angeborenen Abwehrmechanismus, der empfindliche Bereiche des Körpers vor Angriffen schützen soll – die Achseln, die Fußsohlen, Hals, Bauch, Flanken. Aber wo bleibt da die Verbindung zum Lachen?

Um das Kitzeln zu verstehen, müssen auch Wahrnehmung und Erwartung einbezogen werden. Kinder lachen nur, wenn sie wahrnehmen, dass das Kitzeln ein „Scheinangriff ist, eine Liebkosung in leicht aggressivem Gewand". Dies hilft zu erklären, warum Kinder nur lachen, wenn sie von anderen gekitzelt werden, und nicht, wenn sie sich selbst kitzeln, erklärt Koestler, und auch warum das „Guckguck" beim Versteckspiel so zuverlässig ein Lachen auslöst. Überraschung trägt ebenfalls dazu bei, ein Lachen hervorzurufen – wenn das Kitzeln beispielsweise zeitlich und körperlich-örtlich unerwartet kommt.

Damit Babys durch Kitzeln zum Lachen gebracht werden können, müssen sie sich geborgen fühlen, beobachtet Koestler. Kitzelexperimente bei Kindern unter einem Jahr haben gezeigt, dass diese fünfzehnmal so oft lachen, wenn sie von ihren Müttern statt von Fremden gekitzelt werden. Denn der Scheinangriff bringt das Kind nur dann zum Lachen, wenn es weiß, dass es tatsächlich bloß ‚Schein' ist."[104] Müttern kann man vertrauen; bei Fremden weiß man nie, ob es sich um eine reale Bedrohung handelt oder nicht.

Das Kitzeln bei Kleinkindern kann uns viel über das Lachen bei Erwachsenen sagen. Bei komischem Nachahmen zum Beispiel verhält sich der Kitzelnde oft wie ein Schein-Angreifer, doch wir wissen, dass die Aggression nicht real ist. Wir fühlen uns sicher, und wir lachen. So geht es auch, wenn wir uns freiwillig Horrorfilmen aussetzen: Wir lachen, wenn der „Horror" am stärksten ist.

Humor und das Gehirn

Haben wir ein „Humor-Zentrum"? Welcher Teil des Gehirns ist beteiligt, wenn wir lachen? Peter Derks, ein Forscher am College of William and Mary, zeichnete Elektroenzephalogramme auf, während den Versuchspersonen lustiges Material präsentiert wurde. Während die witzige Szene arrangiert wurde, dominierte die Aktivität in der linken Hirnhemisphäre; die Versuchsperson analysierte und verarbeitete die Informationen. Dann verlagerte sich der Schwerpunkt der Hirnaktivität in den Vorderlappen, das Zentrum der Emotionalität. Augenblicke später, wenn die Person zu versuchen schien, den Witz „zu erfassen", schloss sich die Aktivität der rechten Hemisphäre an. Wenige Millisekunden später – noch vor dem Lachen – weitete sich die vermehrte Hirntätigkeit zum Hinterhauptslappen aus, wo die Verarbeitung der durch Sinneseindrücke übermittelten Informationen stattfindet. Wenn die Versuchsperson den Witz „erfasst" und zu lachen beginnt, nahmen Delta-Wellen zu und erreichten ein Crescendo. Derks' Entdeckungen lassen darauf schließen, dass es kein „Humor-Zentrum" gibt, sondern dass verschiedene Teile des Gehirns zusammenarbeiten, wenn wir Vergnügen und Lachen erleben.

Eine Studie der zerebralen Durchblutung durch Positronen-Emissions-Tomographie (PET) gibt zusätzliche Aufschlüsse darüber, wie das Gehirn funktioniert, während wir positive Emotionen erleben. Forscher untersuchten die Durchblutung des Gehirns bei gesunden Frauen in Zuständen von Traurigkeit und Fröhlichkeit. Bei Fröhlichkeit war nirgendwo im Gehirn eine wahrnehmbare Zunahme der Durchblutung festzustellen; tatsächlich kam es zu einer verminderten Durchblutung in den präfrontalen und temporo-parietalen Kortexbereichen, was andeutet, dass die positive Emotion das Gehirn vorübergehend ausruhen lässt – „genau das, was zum Heilen wünschenswert scheint".[105]

Die physiologischen Wirkungen des Humors

Die vergangenen zwanzig Jahre waren für die Humorforschung ein goldenes Zeitalter. Zu den kontroversesten experimentellen Entdeckungen zählen folgende:[106]

- Das Erlebnis des Lachens geht einher mit einer Senkung des Serumcholesterinspiegels, einer Zunahme an aktivierten T-Lymphozyten, einer erhöhten Zahl und Aktivität der natürlichen Killerzellen und einer Vermehrung der T-Zellen mit Helfer-/Suppressor-Rezeptoren. Diese Resultate deuten an, dass Lachen die Stressreaktion des Körpers beruhigt und die Immunaktivität steigert.
- Nach der Betrachtung eines lustigen oder Vertrauen erweckenden Videos kam es bei den Versuchspersonen zu einer Zunahme des Immunglobulins A (IgA) im Speichel. Man glaubt, dass das IgA einen Schutz vor bestimmten Viren bildet.
- Lachen scheint eine Form von „innerem Jogging" zu sein, wie der Wissenschaftsjournalist, Redakteur und Autor Norman Cousins es

nannte. Zunächst verursacht Lachen eine Steigerung der Herz- und Atemfrequenz, erhöht den Blutdruck und den Sauerstoffverbrauch, gibt den Gesichts- und Bauchmuskeln eine Übungseinheit und entspannt dabei diejenigen Muskeln, die beim Lachen nicht beteiligt sind. Kurz nach dem Lachen jedoch sinken die genannten kardiovaskulären Parameter auf Werte unter den vorherigen Ruhe-Werten.

- Als Forscher professionelle Schauspieler und Wissenschaftler baten, prototypische emotionale Gesichtsausdrücke zu zeigen und dann verschiedene Emotionen zu erleben, indem sie sich ein früheres Erlebnis in Erinnerung rufen, stellten sie auffällige Unterschiede in Pulsfrequenz, Handtemperatur, Hautwiderstand und Muskelspannung fest. Im Kontrast zu den Veränderungen, die bei Wut und Furcht zu sehen waren, wurde Fröhlichkeit von viel geringeren Steigerungen von Puls und Handtemperatur begleitet.
- Das Erleben positiver Emotionen, zum Beispiel Fröhlichkeit während der körperlichen Bewegung, scheint günstige kardiovaskuläre Wirkungen auszulösen.
- Menschen, die sagten, dass sie sich dem Humor zuwandten, um schwierige Lebenssituationen zu bewältigen, hatten die höchsten Ausgangs-Konzentrationen von Immunglobulin A im Speichel – was andeutet, dass ein durchgehend wohlgelaunter Zugang zum Leben die Immunkapazität erhöht.
- Tränen, die beim Lachen oder bei Schmerzen fließen, haben eine andere Zusammensetzung als solche, die etwa durch Zwiebelschneiden künstlich ausgelöst werden. „Emotionale Tränen" weisen eine höhere Konzentration von Proteinen und Toxinen auf, was andeutet, dass sie dazu beitragen dürften, den Körper von schädlichen Substanzen zu befreien.

Humor und Medizin

Die Medizin – wie die Religion – ist gegenüber dem Humor oft intolerant gewesen. Eine meiner frühesten Erinnerungen an eine medizinische Umgebung ist mit feierlichem Ernst und Beklemmung verbunden. Als Kind reiste ich oft mit meinen Eltern aufs Land, um kranke Verwandte im Cox-Krankenhaus zu besuchen, einer Zwanzig-Betten-Einrichtung in dem Kleinstädtchen Groesbeck, Texas. Ich werde nie das Plakat vergessen, das überall im Krankenhaus angebracht war. Es war das Bild einer schönen, strengen, weißbehaubten Krankenschwester, die einen Finger an die Lippen legte und damit universell verständliche Stille gebot. Sie hatte ein kaum erkennbares Stirnrunzeln, das zu sagen schien: „Und das meine ich ernst!" Ich konnte ihr nicht entkommen: Wohin ich auch kam, schien sie schien mich finster anzublicken wie ein drohender Wasserspeier. Ich war gründlich eingeschüchtert und hätte in Dr. Cox' Einrichtung keinen Pieps gesagt, selbst wenn mein Leben davon abhinge.

Doch es gibt auch eine andere Seite der medizinischen Einstellung zum Humor, eine Offenheit und eine Flexibilität, die nie ausgestorben sind. Die heilende Kraft eines leichten Herzens erkannte man schon in der Antike. Henri de Mondeville, ein Professor der Chirurgie im Europa des 14. Jahrhunderts, riet zum Beispiel: „Der Chirurg möge sich darum kümmern, die gesamte Lebensweise des Patienten so zu gestalten, dass dieser nur Freude und Fröhlichkeit erlebt; seinen Verwandten und besonderen Freunden soll es erlaubt sein, ihn aufzuheitern, und jemand möge ihm Witze erzählen."[107]

Das dramatischste Ereignis in der jüngeren Geschichte, das den Humor in den Brennpunkt des medizinischen Interesses stellte, war die Krankheit von Norman Cousins. 1964 wurde bei Cousins die Bechterewsche Krankheit diagnostiziert, die mit schweren entzündlichen Erscheinungen an Wirbelsäule und Gelenken einhergeht. Selbst minimale Bewegungen, wie das Umdrehen im Bett, waren unerträglich schmerzhaft. Cousins versuchte, über seine Krankheit so viel wie möglich zu lernen. Er fand heraus, dass es offenbar Zusammenhänge zwischen psychischem Stress und bestimmten Krankheiten gab. Wenn negative Emotionen mit Krankheit zusammenhingen – könnte man positive Emotionen bewusst einsetzen, um Gesundheit wiederherzustellen? Mit Hilfe seines Arztes, Dr. William Hitzig, erwirkte er seine Entlassung aus dem Krankenhaus und wechselte in ein nahegelegenes Hotel. Er erwarb lustige Bücher sowie Filme mit Laurel und Hardy und den Marx Brothers. Alan Funt, ein Freund, spendete klassische Ausschnitte aus seiner beliebten Fernseh-Show *Candid Camera*. Cousins war begeistert, als er herausfand, dass ihm zehn Minuten herzhaften Lachens aus dem Bauch heraus zwei Stunden schmerzfreien Schlaf schenkten. So wurde das Lachen zu einem wichtigen Bestandteil seiner Behandlung.

Dr. Hitzig war ebenfalls fasziniert. Er überwachte Cousins' Blutsenkungsgeschwindigkeit (einen Indikator für entzündliche Prozesse im Körper) und testete sie vor und nach seiner Reaktion auf heitere Szenen in Filmen und Büchern. Hitzig stellte fest, dass nur wenige Momente starken Lachens eine Verringerung der Blutsenkung um einige Einheiten bewirkten. Entscheidend aber war: Dieser Rückgang blieb bestehen und war durch wiederholtes Lachen zu vergrößern.

Cousins schrieb über seine Krankheit in seinem Buch *Anatomy of an Illness* (dt. Ausg.: *Der Arzt in uns selbst)*, das weltweit eine Sensation auslöste. Er erkannte klar, dass seine Besserung nicht dem Lachen allein zu verdanken war. So hatte er nicht nur auf positive Emotionen geachtet, sondern auch hohe Dosen Vitamin C eingenommen. Zudem war Humor nicht die einzige Emotion, die er in die Behandlung einführte: „Ich … versuchte, das vollständige Spektrum von positiven Emotionen einzubeziehen", schrieb er: „Liebe, Hoffnung, Zuversicht, Lebenswillen, Fröhlichkeit, Bestimmtheit und Entschlossenheit."

Cousins war vorsichtig genug, das Lachen nicht als ein Allheilmittel zu empfehlen: „Es ist offensichtlich: Was bei mir funktioniert, mag nicht für jeden anderen funktionieren. Die sich mehrenden Forschungsergebnisse weisen auf einen Zusammenhang zwischen dem Lachen und einer Immunsteigerung hin, aber es wäre ein Irrtum und in der Tat unverantwortlich anzudeuten, dass Lachen – oder positive Emotionen allgemein – eine universelle oder automatische Heilkraft besitze, ganz gleich, welches die jeweiligen Umstände sind. Die Menschen sprechen auf die gleichen Dinge unterschiedlich an. Was der eine lustig findet, langweilt einen anderen. Die Behandlung einer Krankheit muss behutsam maßgeschneidert werden, um für den individuellen Patienten zu passen."

Vor allem aber wünschte Cousins nicht, das Lachen den Maßnahmen der Schulmedizin entgegenzustellen. Er schreibt weiter: „Ich war beunruhigt durch den Eindruck, den diese [Zeitungs-] Berichte erweckt haben, nämlich dass ich dächte, Lachen sei ein Ersatz für echte medizinische Versorgung … Ich habe betont, dass mein Arzt an dem ganzen Prozess beteiligt war und wir Lachen als eine Metapher für das ganze Spektrum der positiven Emotionen betrachteten."

Cousins' Warnungen und Einschränkungen blieben jedoch weitgehend unbeachtet. In der Vorstellung der Öffentlichkeit hatte er sich buchstäblich zur Gesundheit zurück gelacht, und ein neues Fachgebiet – die Humor- oder Gelotherapie – war geboren.[108]

Theorien zum Humor

Was ist Humor? Warum lachen die Menschen? Diese Fragen sind nicht einfach, und noch keinem ist es gelungen, sie zufriedenstellend zu beantworten. In *Humor: God's Gift* beschreibt Tal D. Bonham vier große Theorien darüber, warum Menschen etwas lustig finden.

Überlegenheitstheorie

Die Überlegenheitstheorie ist vielleicht die älteste Theorie des Humors und wird oft Platon (4. Jahrhundert v. Chr.) zugeschrieben. Laut dieser Theorie lachen wir über die Fehler und Missgeschicke anderer, weil es uns ein Gefühl der Überlegenheit gibt und unser Selbstwertgefühl steigert. „Es ist typisch: Je größer die Würde des Objekts, desto größer das Gelächter – man denke zum Beispiel an Präsident Ford und seine Missgeschicke beim Golfspielen; Prinz Charles und sein Ouija-Brett, und Vizepräsident Dan Quayle und seine Rechtschreibfehler und verbalen Entgleisungen", erklärt Brian Seaward in *Managing Stress*. Humor, der sich auf das Gefühl von Überlegenheit stützt, kann schmerzhaft sein, wenn man ihm zum Opfer fällt; dies zeigen sexistische, rassistische und ethnische Witze. Das schmerzerzeugende Potenzial dieser Art von Humor lässt der Begriff erahnen: Das Wort geht auf das griechische *sarkazein* zurück, das „Fleisch reißen" bedeutet (wie Hunde es tun).

Seltsamerweise ist der Humor auf Kosten anderer ein Teil unseres religiösen Erbes. Laut einer Untersuchung sind dreizehn von neunundzwanzig Stellen im Alten Testament, die sich auf Lachen beziehen, mit Spott, Verhöhnung, Verächtlichmachung oder Geringschätzung verbunden, und nur zwei meinen tatsächlich ein „Lachen aus wirklich fröhlichem Herzen".[109]

Wir lernen bereits früh, über andere zu lachen. „Eine Umfrage unter amerikanischen Schulkindern zwischen acht und fünfzehn Jahren führte zu dem (kaum überraschenden) Ergebnis, dass Demütigung, Unbehagen oder Fopperei anderer sehr leicht Lachen hervorrufen, während eine witzige oder komische Bemerkung oft gar nicht beachtet wird."[110]

Dies alles deutet darauf hin, dass es eine dunkle Seite des Humors gibt. Die „Überlegenheitstheorie" bezeichnet Koestler in *Der göttliche Funke* als „Degradationstheorie" und stellt fest, dass sie die langlebigste Theorie des Humors in der Geschichte ist:

> Aristoteles sah das Lachen in enger Beziehung zu Hässlichkeit und Entwürdigung; für Cicero lag „der Bereich des Lächerlichen ... in einer gewissen Gemeinheit und Missgestalt"; Descartes sah im Lachen eine Äußerung der Freude, „gemischt mit Verblüffung oder Hass oder manchmal auch beidem"; und in Francis Bacons Aufzählung von lächerlichen Dingen rangiert „Hässlichkeit" an erster Stelle. Das Wesen der „Degradationstheorie" wird in Hobbes' *Leviathan* folgendermaßen definiert: „Die Leidenschaft des Lachens ist nichts anderes als ein plötzliches Hochgefühl, das entsteht, wenn wir unverhofft in uns selbst eine

Überlegenheit gegenüber der Schwäche eines anderen oder einer eigenen früheren Schwäche entdecken."[111]

Inkongruenz- oder Überraschungstheorie

Laut der Inkongruenztheorie entsteht Humor, wenn der menschliche Geist plötzlich etwas erlebt, das er nicht erwartet – wie aus einem kleinen Hinterhalt für den Intellekt. Wenn wir denken, ein Geschehen entwickele sich in die eine Richtung, und dann schwenkt es plötzlich ab in eine andere, empfinden wir dies oft als lustig. Koestler nannte dieses Phänomen „Bisoziation" – die Verbindung von zwei oder mehr Dingen, die wir für separat gehalten hatten.

Im Rahmen eines Treffens der Herausgeber von *Alternative Therapies in Health and Medicine* besprachen wir kürzlich mehrere Forschungsarbeiten, die zur Veröffentlichung eingeschickt worden waren. Michael Villaire, unser Redaktionsleiter, spürte unser Bedürfnis nach etwas heiterer Leichtigkeit und gab wie beiläufig jedem ein Blatt Papier mit einer Witzzeichnung, die einen Autounfall zeigte. Das Opfer liegt gerade auf der Straße, umstellt von Zuschauern, und eine Frau bahnt sich resolut und mit Ellbogenhilfe ihren Weg in die Mitte, um zu helfen. Die Bildunterschrift lautet: „Lasst mich durch! Ich kenne mich mit Heilkräutern aus!" Jeder von uns lachte darüber, weil unser Verstandesdenken mit dem Unerwarteten kollidierte – so bestätigt sich die Inkongruenztheorie des Humors im praktischen Leben.

Befreiungs- oder Erleichterungstheorie

Freud glaubte, dass Menschen lachen, weil sie das Bedürfnis haben, nervöse Spannungen aufzulösen, die sich aus unterdrückten Gedanken, feindseligen Trieben und sexuellen Begierden aufgebaut haben; je größer die Verdrängung dieser Gedanken sei, desto größer falle das Lachen in der Reaktion auf Humoriges aus. Auch schmutzige Witze gehören in diese Kategorie. Sie nehmen, wie eine Untersuchung von *Psychology Today* ergab, unter Witzen, die weltweit erzählt werden, einen Spitzenplatz ein.[112]

Manche Menschen kritisieren diese Form von Humor kategorisch, doch dies könnte ein Fehler sein. In ihrem epochalen Werk *Women Who Run with the Wolves* (dt. Ausg.: *Die Wolfsfrau*) vermutet die Jungsche Psychoanalytikerin Clarissa Pinkola Estés, dass sexueller Humor eine wichtige Rolle spielen kann:

> Können wir uns das Sexuelle und das Pietätlose als heilsam vorstellen? Ja, besonders wenn sie Medizin sind. Jung beobachtete: Wenn jemand in

seine Praxis kam und über ein sexuelles Thema klagte, war das eigentliche Thema oft mehr ein Problem von Geist und Seele. Wenn jemand von einem spirituellen Problem erzählte, handelte es sich in Wirklichkeit oft um ein Problem sexueller Natur.

In diesen Sinne kann Sexualität als eine Medizin für den Geist dienen und ist deshalb heilsam. Wenn sexuelles Lachen Medizin ist, so ist es ein heilsames Lachen. Und was immer heilendes Lachen auslöst, ist ebenfalls heilsam. Wenn das Lachen hilft, ohne Schaden anzurichten, wenn es erleichtert, neu orientiert, neu sortiert, Kraft und Stärke neu behauptet, ist es das Lachen, das Gesundheit bewirkt. Wenn das Lachen Menschen froh macht, dass sie lebendig sind und glücklich, dass sie hier sind, der Liebe bewusster, erhöht durch den Eros, wenn es ihre Traurigkeit lindert und sie von der Wut trennt, so ist dies heilsam. Wenn es [die Menschen] größer macht, besser, großzügiger, sensitiver, dann ist es heilsam ... In der freien Natur sind das Heilige und das Pietätlose, das Heilige und das Sexuelle nicht getrennt, sondern sie leben zusammen.

Clifford C. Kuhn, M.D., ist Professor der Psychiatrie an der medizinischen Hochschule der Universität Louisville und ein Experte auf dem Gebiet der heilenden Wirkungen des Humors. Er ist als „der Lacharzt" bekannt und zudem ein professioneller Komödiant. Dr. Kuhn gab mit einmal eine unerwartete persönliche Demonstration der „Erleichterungstheorie" des Humors. 1994 wurde ich gebeten, in Louisville, Kentucky, einen Vortrag zu halten und entdeckte zu meinem Entzücken, dass Dr. Kuhn anwesend sein würde. Wir hatten eine Gelegenheit, uns vor meinem Vortrag zu treffen, und er nahm in der ersten Reihe Platz. Etwa fünf Minuten nach Beginn meines Vortrages – es war eine ernste Rede vor einer noch ernsteren Zuhörerschaft – blickte ich vom Podium zu Dr. Kuhn hinunter. Er saß in gespannter Aufmerksamkeit, verzog keine Miene – und trug eine große rote Clownsnase. Ich platzte vor Lachen! Ich wusste, dass das Publikum wahrscheinlich dachte, dass ich soeben den Verstand verloren hatte, aber ich konnte nicht anders. Es dauerte einige Zeit, bis ich meinen Ausbruch unter Kontrolle bringen und meinen Vortrag fortsetzen konnte. Kuhn hatte sich weder störend noch respektlos verhalten. Er spürte, dass sowohl das Publikum als auch ich eine kleine „Aufheiterung" brauchten, und seine Albernheit erlaubte uns, unsere Spannungen aufzulösen.

Göttlichkeitstheorie

„Hat Gott einen Sinn für Humor?", fragt Seaward in *Managing Stress*. „Die meisten Theologen teilen diese Ansicht (und Hoffnung)."

Mit dem Göttlichen wurde das Lachen schon immer assoziiert. Kierkegaard hatte einst eine imaginäre Begegnung mit Merkur, der großen Trickster-Gestalt in der antiken römischen Mythologie, bei der er entdeckte, welche hohe Achtung die Götter vor dem Lachen haben:

Etwas Wunderbares ist mir geschehen. Ich wurde in den siebten Himmel entrückt. Da saßen alle Götter versammelt. Aufgrund besonderer Gnade wurde mir die Gunst gewährt, einen Wunsch zu äußern. „Willst du", sprach Merkur, „Jugend oder Schönheit oder Macht oder ein langes Leben oder das schönste Mädchen oder eine andere Herrlichkeit, die wir in der Kiste haben? So wähle aus, jedoch nur eines davon." Einen Augenblick lang war ich unschlüssig. Dann wandte ich mich an die Götter und sprach: „Hochverehrte Zeitgenossen, ich wähle eines: dass ich immer das Lachen auf meiner Seite haben möge." Nicht einer der Götter sprach ein Wort; im Gegenteil, sie fingen alle an zu lachen. Daraus schloss ich, dass mein Wunsch erfüllt ward und fand, dass die Götter verstanden, sich geschmackvoll auszudrücken; denn es wäre kaum passend gewesen, hätten sie feierlich geantwortet: „Dein Wunsch ist gewährt."[113]

Zu allen Zeiten haben weise Lehrer geäußert, dass spirituelles Verständnis von einer fröhlichen Einstellung komme und es ein Fehler sei, spirituelle Angelegenheiten allzu ernst zu nehmen. Der Zen-Meister Sengai sagte:

Es gibt Dinge, die selbst den Weisen nicht gelingen,
während der Tor den Punkt trifft.
Unerwartet entdeckt er den Weg zum Leben inmitten des Todes,
und er bricht aus in herzhaftes Lachen.[114]

Wie wirkt Humor als Katalysator für psychisches und spirituelles Wachstum? Sehen Sie selbst:

- Humor kann die nackte Wahrheit über uns selbst enthüllen, was wir in einem anderen Rahmen nicht akzeptieren würden.
- Humor hat die Kraft, die Mauern des Egos aufzulösen, statt sie weiter zu verstärken. Der jüdische Gelehrte Speed Vogel sagte: „Humor und Meditation erreichen einige der gleichen Ziele: Beide helfen, alles forttreiben zu lassen – und sie zeigen dir, dass du nicht der Mittelpunkt des Universums bist."[115]
- Humor löst auch die Barrieren zwischen uns selbst und anderen auf: „Humor hat eine klebende Qualität, die Menschen verbindet und vereint – und sei es nur für die Dauer eines Witzes –, und Verbundenheit

ist ein Bestandteil von spirituellem Wohlbefinden", stellt Seaward fest. Und er zitiert Victor Borge: „Ein Lächeln ist die kürzeste Entfernung zwischen zwei Menschen."

- Humor und Lachen bauen nicht nur die Barrieren ab, die uns voneinander trennen; sie helfen auch, die Hindernisse aus dem Weg zu räumen, die zwischen uns selbst und dem Absoluten stehen – Gott, Göttin, Allah, Tao, Universum. Um es präziser auszudrücken: Humor und Lachen helfen uns zu sehen, dass diese Barrieren von Anfang an gar nicht vorhanden waren.

Viele Strömungen zeitgenössischer Forschung deuten an, dass es einen Aspekt des menschlichen Bewusstseins gibt, der nicht auf spezifische Punkte in Raum (Gehirn und Körper) oder Zeit (gegenwärtiger Augenblick) begrenzt werden kann. Eine solche Qualität des menschlichen Geistes nennen wir nichtlokal, denn sie ist nicht im Hier und Jetzt verortet, sondern überall in Raum und Zeit verbreitet. Dies bedeutet, dass ein Aspekt von uns buchstäblich gottgleich und göttlich sein muss – allgegenwärtig, unsterblich, ewig. Echtes, unbändiges Lachen kann ein Weg sein, mit diesem Aspekt in Berührung zu kommen, denn wenn wir lachen, lassen wir von dem Empfinden des „kleinen Selbst" los, das uns beengt und begrenzt. Der Zen-Kenner und Übersetzer R. H. Blythe schreibt: „Lachen ist ein Zustand des Hierseins und zugleich Überallseins, eine unendliche und zeitlose Ausdehnung unseres gleichwohl unveräußerlichen Seins. Wenn wir lachen, sind wir frei von jeglicher Unterdrückung durch unsere Persönlichkeit oder andere, ja sogar von Gott, der selbst darüber lachen kann."[116]

Wie Blythe bereits impliziert, geht Lachen manchmal in Ekstase über. Der Begriff *Ekstase* kommt vom griechischen *ekstasis,* das heißt „außer sich sein". Lachen stellt uns außerhalb unseres Selbst, indem es uns vergegenwärtigt, dass wir überall sind, unbegrenzt in Raum und Zeit. Der Eintritt in diese Grenzenlosigkeit kann zu unbeschreiblicher Wonne führen. Solches ekstatisches Erleben beschrieb der Dichter Lord Alfred Tennyson, der herausfand, dass er es durch Wiederholen seines Namens hervorrufen konnte – eine Methode, die an sich bereits etwas humorig klingt:

Ich hatte noch nie irgendeine Offenbarung durch Rauschmittel, aber eine Art wachen Trancezustand – um es in Ermangelung eines besseren Ausdrucks so zu nennen – habe ich häufig, fast von Jugend an erlebt, wenn ich allein war. Dieser griff dadurch in mir Platz, dass ich schweigend meinen eigenen Namen wiederholte, bis plötzlich, gewissermaßen aus der Intensität des Bewusstseins der Individualität heraus, die Individualität sich aufzulösen und in grenzenloses Sein zu verschwinden schien. Und dies war nicht ein Zustand von Verwirrung, sondern das klarste und allergewisseste Befinden, völlig jenseits der Worte, in welchem der Tod eine fast lächerliche Unmöglichkeit war und der Verlust der Persönlichkeit (wenn er einträte) nicht Vernichtung, sondern das einzig wahre Leben zu sein schien. Meine schwache Beschreibung beschämt mich. Habe ich nicht gesagt, diese Verfassung liegt jenseits aller Worte?[117]

In *Thinking Body, Dancing Mind* (dt. Ausg.: *TaoSport, denkender Körper – tanzender Geist*) berichten Chungliang Al Huang und Jerry Lynch, dass „Lachen" in der chinesischen Schrift durch ein eigenes Zeichen abgebildet ist; es zeigt „einen Menschen mit weit ausgebreiteten Armen und Beinen, den Kopf oben im Himmel, bebend vor Fröhlichkeit wie Bambusblätter im Wind" – der Wilde Mann und die Wilde Frau, die in der Erde verankert sind, aber auch in den Himmel empordringen, und deren Lachen im Universum widerhallt.

Damit gelangen wir zu den Assoziationen, mit denen schon immer Verknüpfungen zwischen Spiritualität und Verrückten hergestellt wurden – die albernen Toren, Clowns und Spaßvögel, die uns lachen machen. Jakob Böhme, der bedeutende deutsche Mystiker im 16. Jahrhundert, beschrieb, dass Menschen, die an spirituellen Dingen interessiert sind, oft als Narren angesehen werden: „Dass du aber sagest, du würdest für töricht erkannt werden, das ist wahr; denn der Weg zur Liebe Gottes ist der Welt eine Torheit und aber den Kindern Gottes eine Weisheit. Wenn die Welt solch Liebesfeuer in Gottes Kindern sieht, so saget sie: Sie sind töricht worden. Aber den Kindern Gottes ist es der größte Schatz, den nie kein Leben aussprechen kann, auch nie kein Mund nennen mag, was da sei das Feuer der inflammenden Liebe."[118]

Die Bibel selbst bestätigt diese Sichtweise: „Das Törichte in der Welt hat Gott erwählt, um die Weisen zuschanden zu machen" (1Ko 1,27) und „Wenn einer unter euch meint, er sei weise in dieser Welt, dann werde er töricht, um weise zu werden." (1Ko 3,18)

Die Verbindung von Torheit und Spiritualität hatte auch im Zirkus Barnum & Bailey Tradition. Wie Seaward berichtet, waren vor Jahren, als der Zirkus noch Sonntagsgottesdienste für seine Mitarbeiter hielt, die Ministranten stets die Zirkusclowns.

Von „Haha!" zu „Aha!"

Im Laufe der Geschichte haben sich wissenschaftliche Entdeckung und Spiel oft zusammengetan. In *Der göttliche Funke* erzählt Koestler mehrere

Beispiele: Die Dampfmaschine wurde bereits im 1. Jahrhundert von Hero von Alexandria als ein mechanisches Spielzeug erfunden – fast zweitausend Jahre, bevor sie neu erfunden wurde und zur praktischen Nutzanwendung gelangte. Ein niederländischer Brillenmacher fertigte verschiedene „teleskopische Spielzeuge" an, die Galilei zu einem brauchbaren astronomischen Teleskop weiterentwickelte. Im 3. Jahrhundert v. Chr. befasste sich Apollonius von Perge aus purem Vergnügen mit den geometrischen Eigenschaften von Kegelschnitten; mehr als achtzehn Jahrhunderte später gaben sie Kepler die Formeln für die elliptischen Umlaufbahnen der Planeten. Die Leidenschaft fürs Würfelspiel veranlasste Antoine Gombaud, genannt Chevalier de Méré, Pascal nach einem sicheren Gewinnsystem zu fragen; auf diese Weise entstand die Wahrscheinlichkeits-Theorie und Rechnung, die zu einer wichtigen Grundlage der modernen Wissenschaft wurde. Dies veranlasste Laplace zu der Bemerkung: „Es ist erstaunlich, dass eine Wissenschaft, die mit Überlegungen über das Glücksspiel begann, zu einem der wichtigsten Gegenstände menschlichen Wissens aufgestiegen ist."

Die Psychologin Alice M. Isen von der Cornell-Universität glaubt, dass Lachen die Kreativität steigert. Bei einer ihrer Studien wurden die Teilnehmer vor die Aufgabe gestellt, eine Kerze so an der Wand zu befestigen, dass das Wachs nicht auf den Boden tropfte, wenn sie brannte. Diejenigen Versuchspersonen, die gerade eine kurze Filmkomödie gesehen hatten, fanden eher innovative Lösungen als die anderen. Isen glaubte, dass die Gruppe von „funktionaler Fixiertheit" zu „kreativer Flexibilität" wechselte, nachdem sie den Film sahen.[119]

Unter Kreativität verstehen wir oft das Vermögen, etwas Neues zu erschaffen, das vorher nicht existiert hat. Aber „der schöpferische Akt ist nicht ein Akt der Schöpfung im Sinne des Alten Testaments", erinnert uns Koestler. „Er schafft nicht aus dem Nichts – er deckt auf, wählt aus, mischt, kombiniert, bildet Synthesen aus bereits vorhandenen Tatsachen, Vorstellungen und Fertigkeiten … Das Wissen des Menschen über den Wechsel der Gezeiten und der Mondphasen ist so alt wie seine Beobachtung, dass Äpfel auf die Erde fallen, wenn die Zeit der Reife gekommen ist. Doch die Kombination dieser und anderer gleichermaßen vertrauter Daten in Newtons Theorie von der Schwerkraft veränderte das Weltbild der ganzen Menschheit."[120]

Das neue Kombinieren von bereits vorhandenen Fakten und Ideen, argumentiert Koestler, ist die Grundlage für das große Paradox der Kreativität: Je origineller eine Entdeckung ist, desto offensichtlicher erscheint sie uns anschließend. Dieses Paradox lässt uns angesichts innovativer Durchbrüche spontan mit Sätzen reagieren wie: „Das habe ich schon immer gewusst!", oder: „Diese Idee hatte ich auch schon!"

In den 1940er Jahren, berichtet Koestler, studierte der Mathematiker Jacques Hadamard die schöpferischen Gepflogenheiten bedeutender Kollegen. Mathematiker gelten oft als „nüchterne, eiskalte Logiker, gleichsam Elektronengehirne auf Kleiderständern."[121] Hadamard entdeckte, dass selbst in diesem höchst rationalen Bereich „Erfindung oder Entdeckung ... stattfinden durch Kombinieren von Ideen".

Warum können wir die Kreativität nicht unter Kontrolle bringen? Warum ist sie so schwer fassbar, ja flüchtig? Wieder gibt es Gemeinsamkeiten von Kreativität und Humor, denn in beiden Bereichen ist der Geist gefordert, unerwartete Verknüpfungen herzustellen. Wenn wir einem guten Witz lauschen, lassen wir zu, dass wir zunächst hereingelegt, aufs Glatteis einer falschen Erwartung geführt werden. Könnten wir die Pointe schon von Anfang an vorhersehen, würde der Witz nicht funktionieren. Bei diesem Vorgang erklären wir uns bereit, uns in einen Zustand der Hilflosigkeit zu versetzen, in welchem wir *die Kontrolle abgeben.*

Der schöpferische Augenblick „funktioniert" wie ein guter Witz. Sowohl Humor als auch Kreativität verlangen von uns, dass wir die Kontrolle abgeben und uns vorübergehend in einen Zustand der Hilflosigkeit versetzen. Kreativität und Humor sind Überraschungen, die aus dem Schatten des Unwissens hervorspringen. Und es gibt keinen besseren Nährboden für diese kleinen Überraschungen als das Unbewusste – zum Beispiel in Träumen.

Eines Nachmittags im Jahre 1865 schlief Friedrich August Kekulé von Stradonitz, Professor für Chemie an der Universität Gent, ein, wie Arthur Findlay in *A Hundred Years of Chemistry* berichtet. Da hatte er einen Traum:

> Ich drehte meinen Lehnstuhl dem Feuer zu und döste ein. ... Im Traum wirbelten wieder einmal die Atome vor meinen Augen umher. Dieses Mal hielten sich die kleineren Gruppen bescheiden im Hintergrund. Mein geistiges Auge, durch viele derartige Visionen geschärft, konnte nun größere Strukturen mannigfaltiger Anordnung unterscheiden; lange Reihen, zum Teil eng geschlossen, alle in schlangengleicher Bewegung verschlungen und verflochten. Aber siehe, was war das? Eine der Schlangen hatte ihren eigenen Schwanz erfasst, ihre Gestalt wirbelte spöttisch vor meinen Augen. Wie vom Blitz getroffen, wachte ich auf ... Lasst uns träumen lernen, meine Herren!

Die Schlange, die sich in den Schwanz biss, offenbarte Kekulé, dass bestimmte organische Verbindungen keine offenen Strukturen waren, sondern geschlossene Ketten oder Ringe bildeten. Kekulés Traum – eine Neuanordnung, eine neue Musterung, ein frischer Blick darauf, wie Dinge passen –, erwies sich als ein Meilenstein in der modernen Wissenschaft und veränderte buchstäblich die Weltgeschichte.

Ein guter Witz spielt mit uns; wir geben die Kontrolle auf, erlauben ihm, uns aufs Glatteis zu führen, und folgen hilflos jeder Spur, auf die er uns leitet. So ist es auch bei der Kreativität in der Wissenschaft, obwohl dieser Punkt gern übersehen wird – besonders von den Wissenschaftlern selbst, die „Wissenschaft" oft mit „Kontrolle" gleichsetzen.

„Verbindungen" spielen im schöpferischen Prozess auch in einer weiteren Hinsicht eine wichtige Rolle. Das Leben der schöpferischen Genies zeichnet sich gewöhnlich nicht durch einen sorgfältig geplanten Ablauf aus. Viel häufiger erscheint es chaotisch, haltlos, ungeordnet – ein Flickwerk von Ereignissen, deren Sinn und Reim zusammengeschustert scheinen. Kreative Menschen haben die Tendenz, sich für sehr viele Dingen zu interessieren, und manchmal haben sie ihre liebe Not, sich nicht zu verzetteln. Koestler nennt diese Qualität „multiples Potenzial" und glaubt, dass sie bei den meisten großen Wissenschaftlern anzutreffen ist. Kepler zum Beispiel plante, Theologe zu werden, bis ihm ein Lehrauftrag als Mathematiker an der evangelischen Stiftsschule in Graz angeboten wurde. Darwin, der sich auf seine Tätigkeit als Landpfarrer vorbereitete, wurde zum Glück eingeladen, sich der Expedition der *Beagle* anzuschließen; ohne dieses Erlebnis hätte er bestimmt niemals *On the Origin of Species* (dt. Titel: Über die Entstehung der Arten) geschrieben. Alexander Fleming, der Entdecker des Penizillins, wurde Mediziner, weil sein Bruder bereits Arzt war. Für das Saint Mary's Hospital – wo er sein ganzes Leben verbringen sollte –, hatte er sich ursprünglich entschieden, weil er als Militärarzt gegen die Wasserpolo-Mannschaft des Hauses gespielt hatte. Die Bakteriologie wählte er zu seinem Forschungsgebiet, weil ein bestimmter Forscher Fleming behalten wollte, der ein exzellenter Schütze in Saint Mary's Schützenverein war. In Pasteurs Notizbüchern und beiläufigen Bemerkungen finden sich zahlreiche Projekte und Andeutungen, die ihn – wenn er die Zeit gehabt hätte, ihnen nachzugehen – in gleichermaßen fruchtbare, aber völlig andere Richtungen geführt hätten. Das echte Genie, stellte Samuel Johnson fest, „ist ein Geist von großen allgemeinen Kräften, der sich zufällig für irgendeine bestimmte Richtung entschieden hat; er ist bereit für alles, doch von den Umständen für eines auserwählt."

Sofern er uns lehrt, uns selbst weniger ernst zu nehmen, kann uns der Humor vielleicht anregen zuzulassen, dass in unserem Leben vielseitigere Verbindungen sprießen. Wenn wir uns nur erlaubten „aufzuleuchten" … könnten wir dann der Tyrannei eines modernen Fluchs entrinnen, der „Laufbahn" genannten Karriere, die wir vermeintlich beschreiten, während sie in Wirklichkeit nur zu oft über uns hinweggeht? Was hätten wohl so ungemein vielseitige

Menschen wie Archimedes, Galileo, Newton, Faraday, Franklin oder Edison über die typische Akademikerlaufbahn gedacht? Ist der ominöse Trend zur Überspezialisierung in der Wissenschaft im Allgemeinen – und in der modernen Medizin im Besonderen – tödlich für Koestlers „Vielseitigkeit, die quecksilbrige Mobilität" des schöpferischen Genies? Wenn wir Wendungen und Richtungswechsel zulassen, die sich in unserem Leben – wie in einem guten Witz – spielerisch entfalten, würden wir selbst dann kreativer werden? *Humor* ist ein lateinisches Wort und bedeutet „Feuchtigkeit" oder „Flüssigkeit". Die Etymologie lässt an Bilder von Wasser denken, welche im Buddhismus und Taoismus fließende Freiheit und vollkommene Natürlichkeit bedeuten. Humor hat eine wässrige Qualität. Um einen feinen Witz zu begreifen, müssen wir dem Fluss folgen und dem Intellekt erlauben, hierhin und dorthin zu wechseln. Schöpferische Genies haben zu allen Zeiten diese Freiheit verkörpert und die Kraft, die sie erzeugt.

Nahrung für den „inneren Clown"

Patty Wooten, eine Notfallsanitäterin und Gründerin und Präsidentin von „Jest for the Health of It Services" in Davis, Kalifornien, kümmert sich um Probleme in Fällen von beruflichem Burnout unter ihren Kranke pflegenden Kolleg(inn)en. Sie führte eine Studie durch, um die mögliche Rolle des Humors als Hilfe für die Pflegekräfte zu untersuchen, ein umfassenderes Empfinden von Kontrolle und persönlicher Macht zu entwickeln. Wooten ermittelte mit Hilfe von Standardmethoden die Kontrollüberzeugung – ob die Person glaubte, dass sie oder er die Kontrolle hatte oder von den äußeren Umständen bestimmt wurde – sowie auch den Sinn für Humor bei 231 Pflegekräften in Pennsylvania, Kentucky und Kalifornien. Danach absolvierte die Versuchsgruppe ein sechsstündiges Humortraining, und die Teilnehmer erhielten die Erlaubnis und geeignete Techniken für den angemessenen Einsatz von Humor bei Patienten und Mitarbeitern. Es stellte sich heraus, dass es in der Versuchsgruppe einen signifikanten Rückgang der äußeren Kontrollüberzeugung gab, in der Kontrollgruppe hingegen keine signifikante Veränderung. „Diese Studie zeigt", stellt Wootes fest, „dass man, wenn man dazu ermutigt und angeleitet wird, Humor einzusetzen, ein größeres Gefühl von Kontrolle in seinem Leben erlangen kann." Sie empfiehlt, „mit dem ‚Clown in uns' in Verbindung zu bleiben, das heißt mit jenem spielerischen, kindlichen Wesen, das in uns allen wohnt, das wir aber unter dem (Ein-)Druck der Ernsthaftigkeit unserer Arbeit leicht aus dem Sinn verlieren."

Warnung

Wie wir bereits gesehen haben, warnte Norman Cousins vor Verallgemeinerungen über die heilenden Wirkungen des Humors. Für ihn war Humor eine Metapher für ein Spektrum von Emotionen, nicht nur Witzigkeit. Die Fakten lassen erkennen, dass Cousins recht hatte und es keinen geradlinigen, unveränderlichen Zusammenhang zwischen Humor und Gesundheit gibt.

Wir wollen uns nichts vormachen: Die Wissenschaft wirft mehr Fragen über den Humor auf, als sie beantwortet. Tatsächlich scheint der Humor einem Elektron zu gleichen: Ihn allzu intensiv zu beobachten heißt, ihn zu verändern – so die dem Humor eigene Unschärferelation. Ich bewundere diese Qualität des Humors. Sie deutet an, dass in jedem guten Witz ein wenig Mysterium steckt, und dies fühlt sich für mich intuitiv richtig an.

Aus wissenschaftlicher Sicht hat niemals jemand zufriedenstellend erklärt, warum wir Menschen die Fähigkeit zum Lachen besitzen. Vermutlich könnten wir unsere Angelegenheiten besser erledigen, wenn wir emotionell immer die Ruhe selbst blieben – wie ein Computer ohne depressive Tiefen und ohne heitere Höhen. Zugegeben, es gibt physiologische Vorteile des Lachens, wie wir gesehen haben, aber andere Geschöpfe kommen auch gut ohne sie aus. Was uns vielleicht auch gelänge.

Aber der Humor existiert nun einmal – ungeachtet seiner eigenen Unwahrscheinlichkeit –, und er scheint ein Segen zu sein, ein Geschenk, das uns allen Widrigkeiten zum Trotz gegeben ist.

8

DEN TRICKSTER ANNEHMEN

Die Einseitigen werden überrascht.

JEREMIAH ABRAMS, *THE SHADOW IN AMERICA*

Probleme zu lösen, ist eine der großen Freuden in der Ausübung der Medizin – besonders wenn die Lösung dann das Leben eines kranken Menschen bereichert. Zur Zeit meiner ärztlichen Ausbildung pflegten die angehenden Chirurgen uns internistische Assistenzärzte „Swamis" und „Kristallkugelleser" zu nennen. Diese leichten Sticheleien über unsere Methoden zur Lösung von Problemen unterstellten, dass wir in hoffnungslosem Maße dem Denken verfallen seien, statt dem Tun, welches ihr Terrain war. Jene Unterscheidung war nicht ganz unbegründet. Die meisten Ärzte werden trainiert, Denker, Analytiker und Logiker zu sein. Wenn wir klinischen Problemen wie Krebs, Herzkrankheit oder Aids begegnen, beginnt unsere Suche nach Lösungen mit der Annahme, dass wir mehr Fakten und Information benötigen, die den Nährboden bilden, auf dem der Verstand tätig werden kann. Nur ein Ansatz, der auf Analyse und Vernunft beruht, sagen wir, hat eine Chance zu funktionieren.

Viele Kulturen haben jedoch erkannt, dass man es mit dem intellektuellen Zugang zu den Problemen des Lebens auch übertreiben kann. Sie zollten daher der Irrationalität und Torheit in ihren vielen Formen – Spiel, Humor, Unsinn, Heiterkeit – großen Respekt. Eine der universellsten Ausdrucksformen dieser Sichtweise ist die Figur des Tricksters*, des „göttlichen Schelms"**, die in der Mythologie und Folklore wohl jeder Kultur auf der Erde aufgetreten ist.

---

* Die Trickster-Figur wird hier grammatikalisch maskulin verwendet, denn sie ist „gewöhnlich männlich, gelegentlich aber weiblich oder als weiblich getarnt", wie die Columbia Encyclopedia in ihrer 5. Auflage weiß.

** C. G. Jung, Karl Kerényi und Paul Radin führten 1954 durch ein maßgebliches Werk den Begriff „göttlicher Schelm" ein, der im mythologisch-psychologischen Kontext teils synonym verwendet wird. (Anm.d.Ü.)

In der modernen Psychologie wird die Gestalt des *Tricksters* oft gebraucht, wenn man sich auf ein universelles Prinzip oder Muster innerhalb des Geistes bezieht – auf einen Archetyp, wie es der Psychologe C. G. Jung nannte –, das für die irrationale, chaotische und unberechenbare Seite des menschlichen Denkens und Verhaltens steht. Dieser Aspekt des Geistes steht der logischen, analytischen und intellektuellen Seite gegenüber, die Ordnung, Präzision und Kontrolle betont. Laut den Lehren der Tiefenpsychologie ist für die optimale mentale Gesundheit eine Balance zwischen diesen beiden Vektoren der Psyche erforderlich. Wenn die rationale oder die irrationale Seite dominiert, kommen selbstkorrigierende Kräfte ins Spiel, um einen Anschein von Harmonie zwischen den beiden wiederherzustellen. Die zahllosen Trickster-Geschichten illustrieren, wie sich dieser Prozess im täglichen Leben abspielt.

Wir sind stolz auf die Ordnung und Vernunft in praktisch jedem Bereich des modernen Lebens. Den unordentlichen, unschönen und unvernünftigen Aspekten der menschlichen Natur wird nur sekundäre Bedeutung zuerkannt – oder sie werden gänzlich abgelehnt. Durch Ignorieren werden diese Züge – die jedermann in gewissem Grade besitzt –, allerdings nicht aufgelöst, sondern in den unbewussten Teil des Geistes abgeschoben, der oft als der Schatten bezeichnet wird. Der Trickster operiert also weitgehend außerhalb unseres bewussten Gewahrseins, jedoch immer aus dem Inneren unseres Geistes, nicht von außen. Wir *sind* der Trickster, und wenn wir Trickster-Phänomene beschreiben, beschreiben wir immer Aspekte von uns selbst. Deshalb ist der Trickster ein *speculum mentis* genannt worden – ein Spiegel der Seele.

Der Trickster bei den Indianern

Trickster-Sagen florierten in der Mythologie der nordamerikanischen Ureinwohner ebenso wie in anderen traditionellen Kulturen rund um den Globus. Der Trickster zeigt nicht nur Gaunereien, Clownerie und ungehobeltes Verhalten in den Geschichten der Eingeborenen, sondern er tritt auch als Schöpfer, Kulturbringer und Lehrer auf. Er ist teils göttlich, teils menschlich, teils tierisch, und er ist ein amoralischer und komischer Unruhestifter. In den Stammeskulturen im Südwesten, im Großen Becken, in Kalifornien und den Großen Ebenen erscheint er am häufigsten als Kojote, doch auch in der Gestalt vieler anderer Geschöpfe, wie dem Raben, der Krähe, dem Blauhäher, dem Amerikanischen Nerz, als Kaninchen, Spinne, Waschbär, Blässhuhn, Opossum und Bär, wie wir aus dem *Dictionary of Native American Mythology* von Sam Gill und Irene Sullivan erfahren. Trickster-Figuren gibt es auch außerhalb der Eingeborenen-Kulturen zuhauf, etwa im antiken Griechenland in Gestalt des Prometheus, Epimetheus und Hermes. Im Europa des Mittelalters erfüllte der Hofnarr eine Funktion des Tricksters. In unserer Zeit sind es die Clowns, Komödianten, Filmschauspieler und Zeichentrickfiguren.

Laut Gill und Sullivan wurde der Begriff *Trickster* erstmals vermutlich von Pater Albert Lacombe in seinem *Dictionaire de la Langue des Cris,* „Wörterbuch der Sprache des Crees", eines nordamerikanischen Indianervolkes, verwendet, in welchem er schrieb, dass der Name der Cree-Figur Wisakketjak „der Trickster, der Schwindler" bedeutet. 1885 wurde *Trickster* von Daniel Brinton in dessen Artikel „The Hero-God of the Algonkins as a Cheat and Liar" („Der Held und Gott der Algonkins [nordamerikanisches Indianervolk] als Betrüger und Lügner") übernommen, in welchem er Lacombes Verwendung des Wortes zitiert. Wenig später fand *Trickster* weithin Verbreitung als Bezeichnung für eine Rolle oder Funktion in der Mythologie der amerikanischen Ureinwohner.

Dabei ist *Trickster* keine Bezeichnung oder Kategorie, die von irgendeiner Indianerkultur verwendet wurde, vielmehr handelt es sich bei dem Begriff um eine akademische Erfindung, die man prägte, um verschiedene Figuren aus Indianerkulturen begreifbarer zu machen, die gemeinsame Züge teilen. Nachdem die Bezeichnung einmal erfunden war, erlangte sie kurioserweise eine verführerische Macht und hat – zumindest für Akademiker – mehr Realität angenommen als die verschiedenen Figuren, wie der Kojote oder der Rabe, die in der Rolle des Tricksters auftreten. Mit anderen Worten, man spricht generell von „dem Trickster", als handelte es sich um eine reale Person, statt um eine Kategorie, die man erfunden hat, um die Beschäftigung mit dem Thema zu vereinfachen. Eine Liste der Gelehrten, die über den Trickster publiziert haben, liest sich wie das *Who's Who* der Sozialwissenschaften.

Der Trickster und die moderne Medizin

Die moderne Medizin verfolgt das Ziel, wissenschaftlich zu sein. Dies hat natürlich zu einer überwältigenden Abhängigkeit vom vernünftigen Verstandesdenken geführt. Das Trickster-Prinzip zeigt, dass innere, ausgleichende Kräfte der Psyche ins Spiel kommen, wenn Vernunft und Verstand – oder irgendeine andere Qualität – die Oberhand gewinnen. Gibt es also auch in der modernen Medizin Trickster-Phänomene?

Wahrscheinlich sieht sich jeder im Gesundheitswesen Tätige früher oder später mit der Tatsache konfrontiert, dass alle medizinischen Therapien ungeachtet ihrer Wirkkraft und Beliebtheit frustrierend unberechenbar und manchmal sogar schädlich sein können. Dies gilt nicht nur für Medikamente und chirurgische Prozeduren, sondern auch für die alternativen/komplementären und bewusstseins-orientierten Methoden, die zunehmend an Popularität gewinnen. Keine einzige Therapie funktioniert immer. Alle Therapien funktionieren bei manchen Leuten sensationell, bei anderen jedoch nicht; manchmal töten, und manchmal heilen sie. Man kann in keinem konkreten Fall mit Gewissheit vorhersagen, ob eine Therapie anschlagen wird; man kann nur eine statistische Wahrscheinlichkeit aufbieten, dass sie die in sie gesetzten Erwartungen erfüllen wird. Zudem weisen wissenschaftliche Studien, die die Wirksamkeit demonstrieren, oft widersprüchliche Ergebnisse auf. Manchmal zeigen sie, dass eine Therapie, die man vordem für hilfreich gehalten hatte, in Wirklichkeit schädlich ist – und umgekehrt.

Die Trickster-Perspektive legt nahe, dass manche dieser Probleme und Paradoxa daraus resultieren könnten, dass man sich nicht zu wenig, sondern zu sehr auf Logik, Analyse und Verstand verließ – auf die Grundlagen der modernen Wissenschaft. Ist in der Medizin von heute der Trickster am Werke? Die Anzeichen für Trickster-Effekte sind subjektiv; wir haben keine Detektoren, um ein direktes Messergebnis über den Einfluss oder die Mitwirkung des Tricksters zu ermitteln. Ungeachtet dieser Einschränkung können wir einige spezifische Bereiche in der zeitgenössischen Medizin betrachten, in denen der Trickster seine Spuren hinterlassen könnte – Bereiche, in denen Verwirrung und Chaos in frustrierendem Maße aufkommen. Wir werden feststellen, dass die Verwirrung oft die Form eines Paradoxons annimmt.

- T. E. Strandberg berichtet im *Journal of the American Medical Association* über eine Studie mit 3490 leitenden Angestellten in Schweden, bei der man größte Aufmerksamkeit auf die Reduzierung von Risikofaktoren für kardiovaskuläre Erkrankungen richtete. Obwohl es gelang, die Risikofaktoren erfolgreich um 46% zu senken, war – nach fünf Jahren Behandlung und insgesamt elf Jahren der Nachsorge – die Sterblichkeit höher als bei den Angehörigen einer Kontrollgruppe.[122]
- In der in großem Stil publizierten „Mr Fit-Studie" (Multiple Risk Factor Intervention Trial, „Multiple Risikofaktoren Behandlungs-Versuch") untersuchten Forscher an zweiundzwanzig medizinischen Forschungszentren in den Vereinigten Staaten fast dreizehntausend Männer. Die Hälfte von ihnen erhielt umfassende ärztliche Unterstützung, um die Risikofaktoren für Herzkrankheiten zu verringern. Doch obwohl sie ihre Risikofaktoren mit Erfolg reduzieren konnten, war ihre Sterbequote nach sieben Jahren höher als die der Kontrollgruppe – aus Gründen, die bis heute noch strittig sind.[123]
- Ungeachtet der Tatsache, dass Bewegung bekanntlich viele vorteilhafte Wirkungen für Herz und Kreislauf hat, „gibt es bis heute keinen klinischen Versuch, der zeigt, dass zunehmende körperliche Aktivität in einer Gruppe

Den Trickser annehmen | 171

von vorwiegend sitzenden Menschen die Erkrankungshäufigkeit im Vergleich zu den weiterhin sitzenden Angehörigen der Kontrollgruppe reduziert", wie eine im *Journal of the American Medical Association* veröffentlichten Studie von 1991 belegt.[124]

- Eine in den *Archives of Internal Medicine* vorgestellte Studie zeigt, dass „es bei der röntgenografischen Diagnose der Lungenentzündung eine beträchtliche Interobserver-Variabilität* gibt" – mit anderen Worten, dass die Diagnose von Lungenentzündungen aufgrund von Röntgenaufnahmen weitgehend davon abhängt, wer diese betrachtet. „Diese Variabilität nimmt mit zunehmender Erfahrung nicht ab."[125]

- *Science News* berichtet über eine Studie über Kalzium: „Weil die meisten Nierensteine aus Kalzium bestehen, empfehlen Ärzte häufig, dass Patienten, die bereits Nierensteine gehabt haben, ihre Kalziumaufnahme reduzieren ... Ein Forschungsteam von der Harvard School of Public Health (HSPH) berichtet, dass Männer, die eine kalziumreiche Ernährung zu sich nahmen, ein um 34 % geringeres Risiko aufwiesen, Nierensteine zu entwickeln, als Männer, die sich kalzium-reduziert ernährten. „Dies widerspricht allem, das uns gelehrt worden ist", sagte Nierenspezialist Gary C. Curhan, der die Kalzium-Studie leitete."[126]

- „Obwohl vor mehr als achtzig Jahren die regelmäßige Gesundheitsprüfung eingeführt wurde, bleibt sie in der Inneren Medizin umstritten. Es gibt wenige Daten von kontrollierten Studien, die die Effizienz der Untersuchung bei Erwachsenen dokumentieren; dessen ungeachtet hat ihre Popularität sie in den Vereinigten Staaten zu einer Multimillionen-Dollar-Industrie gemacht", schreibt H. C. Mitchell in den *Annals of Internal Medicine*.[127]

- Eine neue Studie empfiehlt, dass Ärzte und Schwestern ihren Patienten, die auf eine Operation warten, folgenden, scheinbar paradoxen Rat geben: „Entspannen Sie sich nicht, sondern bleiben Sie beunruhigt." Obwohl ein Entspannungstraining vor der Operation den Menschen hilft, weniger angespannt zu sein, haben Wissenschaftler, die die Ängstlichkeit vor Operationen untersuchten, festgestellt, dass die größten postoperativen Zunahmen von Adrenalin und Kortisol – zwei mit der Reaktion des Körpers auf Stress und Gefahr in Zusammenhang stehende Hormone – bei den Patienten, die vor ihrer Operation ein Entspannungstraining erhalten haben, signifikant höher waren als bei den Patienten der Kontrollgruppe.[128]

- In *Science News* wurde eine Studie an Männern mit einem niedrigen Cholesterinspiegel veröffentlicht: „Manchmal ist es wie verhext. Typisches

---

* Das Maß für die Unterschiedlichkeit der Ergebnisse eines Untersuchungsverfahrens bei wechselnden Untersuchern, somit auch für die Abhängigkeit eines Untersuchungsverfahrens von der Person des Untersuchers. (Anm.d.Ü.)

Beispiel: Neue Beobachtungen zeigen, dass ältere Männer, die sich niedriger Cholesterinspiegel rühmen können, auch deutlich mehr Depressions-Symptome haben als Gleichaltrige mit moderatem oder hohem Cholesterinspiegel ... Mehrere Versuche mit cholesterinsenkenden Mitteln haben unerwartete Anstiege bei Suizid und anderen gewaltsamen Todesarten ergeben. ... Weder Gewichtsverlust (der oft auch das Cholesterin senkt) noch das Vorliegen verschiedener medizinischer Probleme ist für den Zusammenhang von Cholesterin und Depression verantwortlich."[129]

- „Die derzeitigen Risikofaktoren für Koronarerkrankungen erklären nur etwa 50% der Neuerkrankungen", sagt R. S. Eliot im *Journal of the American Medical Association*.[130]

- Berufstätige Frauen erfreuen sich eines niedrigeren Blutdrucks als Frauen, die zu Hause bleiben, lautet das Ergebnis einer Studie, über die in *Science News* berichtet wird. „Im Grunde wird die Theorie, dass Stress am Arbeitsplatz Frauen so anfällig wie Männer [für Bluthochdruck] mache, nicht bestätigt."[131]

- Daten über die Gesundheit des Kleinkinds, die im *Journal of the American Medical Association* präsentiert wurden, stellen die weit verbreitete Annahme in Frage, dass Frauen in den Vereinigten Staaten, die sich gewöhnlich höherer Bildung, Beschäftigung und Einkommen erfreuen, gesündere Kleinkinder hätten als Immigrantinnen. Laut der Statistik aus dem Verwaltungsbezirk San Diego von 1978 bis 1994 wurde bei südostasiatischen und hispanoamerikanischen Frauen – die meisten von ihnen im Ausland geboren – die geringste Säuglingssterblichkeit festgestellt. Die höchste Säuglingssterblichkeit betraf die weißen und afroamerikanischen Frauen, die größtenteils im Inland geboren waren. Bei der Säuglingssterblichkeit sind die Vereinigten Staaten, die sich rühmen, über das bestentwickelte Gesundheitssystem der Welt zu verfügen, laut einem in *The Sciences* veröffentlichten Bericht im Vergleich mit anderen Industriestaaten auf Platz zweiundzwanzig. Im Jahr 1992 waren die Ausgaben von Unternehmen für die Gesundheitsversorgung höher als die Unternehmensgewinne. Doch wir bieten weniger Dienstleistungen und haben bereits bei der Geburt eine kürzere Lebenserwartung als die Menschen in vielen anderen Industrienationen.[132]

- Laut Zahlen, die im *Journal of the American Medical Association* veröffentlicht wurden, sterben in Krankenhäusern in den Vereinigten Staaten jährlich zweihundertfünfundzwanzigtausend Menschen infolge von Behandlungsfehlern und den Nebenwirkungen der Medikamente. Damit ist die Krankenhauspflege in den Vereinigten Staaten die drittgrößte Todesursache nach Herzerkrankungen und Krebs.[133]

Sehen wir uns mit Paradoxa wie diesen konfrontiert, neigen wir dazu, weitere und bessere Studien zu ersinnen, um die Unklarheiten zu klären. Die Probleme, sagen wir uns, zeugen nicht von einem Versagen der Vernunft, sondern von einem Mangel an Information, auf welche die Vernunft zur Anwendung gebracht werden kann. Können wir also mit guten und immer besseren Studien alle Unklarheiten und Widersprüche ausmerzen? Es wäre töricht, von unserem Intellekt nicht so geschickt wie möglich Gebrauch zu machen. Aber wie umfassend kann der Verstand uns dienen, ohne für die selbstkorrigierenden innerpsychischen Kräfte der Irrationalität und Unberechenbarkeit anfällig zu werden?

In der Medizin von Grenzen des Verstandes zu sprechen, ist nicht populär. Es dennoch zu tun, gilt als defätistisch. Aber die Trickster-Perspektive sagt *nicht,* dass die Probleme, vor denen wir stehen, nicht zu lösen seien oder der Verstand irgendwie „falsch" sei, sondern dass die Probleme durch Logik allein eventuell nicht zu lösen sind. Es ist uns vielleicht nicht möglich, uns den Weg zur Lösung allein mit der Vernunft freizuschlagen, wie wir aus alter Gewohnheit zunächst versuchen. Der Weg hin zur Klarheit könnte, so paradox es scheint, durch die Unvernunft führen.

Alternative Medizin und der Trickster

Alle Gesundheitslehren orientieren sich an der einen oder anderen Art von Mythologie. Die moderne Medizin folgt dem Mythos des Helden, der nicht nur auf den Verstand, sondern auch auf Anstrengung, Willen und Mut basiert. Die alternative/komplementäre Medizin orientiert sich ebenfalls generell an einem rationalen, kausalen Bezugsrahmen: Wenn Du X tust, wird Y die Folge sein – gleichgültig, ob X nun bedeutet, Vitamine oder Kräuter zu nehmen, ein homöopathisches Mittel zu verwenden, zu beten, zu imaginieren oder zu meditieren. In alternativen Kreisen ebenso wie in der Schulmedizin wird stets auf heroische Vitalität und Bestimmtheit Wert gelegt, wie die häufige Empfehlung zeigt, dass Patienten „die Sache in die Hand nehmen", „Verantwortung übernehmen" und ihre Krankheit „bekämpfen" sollen.

Da die komplementäre Medizin versucht, mit der intellektuellen Strenge der Schulmedizin schritthalten, läuft sie Gefahr, die Kräfte des Tricksters in der Psyche ebenfalls zu übersehen. Wo dies geschieht, wird sie leicht anfällig für die Unberechenbarkeiten und Verwirrung, welche bereits die konventionelle Medizin so häufig plagen. Das Reich der komplementären Medizin ist für Trickster-Effekte nicht unerreichbar, es genießt keinen privilegierten Status. Der Trickster stiftet Verwirrung, *wo auch immer* sich Hyperintellektualität manifestiert.

Viele Forscher und Kliniker auf dem Gebiet der alternativen Medizin erkennen, dass es bei manchen Heilmethoden wohl unmöglich sein dürfte, sie rationalen Strategien zu unterwerfen, wie man sie in der heutigen biomedizinischen Forschung favorisiert, zum Beispiel Doppelblind-Methoden. Denken Sie etwa an Studien zur Wirkung des Gebets bei Patienten, die schwer krank sind. Wie könnte man eine Kontrollgruppe zusammenstellen, die, wie es die Definition verlangt, kein Gebet erhalten sollte? Es entspricht der Lebenserfahrung, dass Menschen, die schwer krank sind, für sich selbst beten, ob sie einer Kontrollgruppe angehören oder nicht. Sogar wenn sie selbst nicht beten, würden ihre Angehörigen es für sie tun. Bis heute hat noch keiner einen Weg ersonnen, das „Problem des Gebets von außen" auszuschalten. Ein alternativer Ansatz für die Forschung war, nicht die Wirkungen des Gebets auf Menschen, sondern auf nichtmenschliches Leben zu studieren – und zum Beispiel den Effekt von gebetsartiger Intentionalität auf das Wachstum von Bakterien oder Pilzen oder auf die Heilungsquote von chirurgisch beigefügten Wunden bei Ratten oder Mäusen zu ermitteln. Man kann vermuten, dass weder die Bakterien oder Mäuse in der Kontrollgruppe für sich selbst beten, noch dass andere Angehörige der jeweiligen Spezies für sie beten.[134]

Trotz dieser Schwierigkeiten sollten wir die üblichen Wege und Formen der Forschung nicht fallenlassen, die mehr auf Verstandesdenken bauen, als von einer „Alles-ist-möglich"-Einstellung auszugehen, denn dieser Ansatz würde zu der entgegengesetzten Übertreibung führen, bei der zu wenig statt zu viel Vernunft zum Tragen kommt. Die Grenzen der Vernunft sollten wir bei unseren Forschungsstrategien so weit wie möglich ausdehnen und uns von Anfang an darüber im Klaren sein, dass sie real sind. Auch sollten wir bereit und willens sein, nach schöpferischen Alternativen zu suchen, wenn wir auf Paradoxa stoßen, die wir nicht überwinden können.

Der Trickster und der schöpferische Prozess

Der Trickster bedeutet uns also *nicht,* auf unsere rationalen Fähigkeiten ganz und gar zu verzichten, sondern vermittelt uns, dass die Vernunft, um zur vollen Blüte zu gelangen, durch Unvernunft ergänzt werden muss. Nirgends wird diese Lektion deutlicher als im schöpferischen Wirken großer Wissenschaftler.

Als Jonas Salk das Polio-Vakzin erforschte, das seinen Namen tragen würde, entschloss er sich zu einer kurzen Auszeit von seiner Arbeit und begab sich zu diesem Zweck in das Kloster von Assisi. Salk interessierte sich sehr für Architektur, und seine Begegnung mit den Formen und Räumen, dem Licht, den Baustoffen und Farben und der Geschichte dieses Klosters beeindruckte ihn tief und nachhaltig und gaben ihm neue Energie. „Unter jenem Einfluss", erinnerte er sich später, „gelangte ich intuitiv zu einem Plan für die Forschung, die mich – das spürte ich deutlich – zu dem gewünschten Impfstoff führen würde. Ich kehrte in mein Laboratorium in Pittsburgh zurück, um meine Ideen zu erproben, und stellte fest, dass sie in der Tat korrekt waren!"[135]

Was Salk erlebte, ist kein Einzelfall. Im Laufe der Geschichte gelangten Forscher oft erst dann zum Erfolg, wenn sie zuließen, dass sich Spiel und andere Zerstreuungen unter das intellektuelle Bemühen mischten – wenn sie also dem Trickster erlaubten, zum Spielen hervorzukommen.

Arthur Koestler schreibt in *Der göttliche Funke*:

> Schöpferisches Tun setzt, soweit es sich auf unbewusste Quellen stützt, eine Lockerung dieser Kontrolle und eine Regression auf Formen der Gedankenbildung voraus, die den Regeln der verbalen Logik, den Widersprüchen, Dogmen und Tabus des sogenannten gesunden Menschenverstands gegenüber ihre Unabhängigkeit bewahren. Im entscheidenden Stadium der Entdeckung sind die Regeln des disziplinierten Denkens aufgehoben, wie im Traum oder in Träumereien, wenn der Strom der Gedanken mit Hilfe seiner eigenen emotionalen Kraft entweichen kann, um scheinbar „gesetzlos" umherzuirren.[136]

Die Paradoxa, die am schöpferischen Prozess beteiligt sind, finden sich lebhaft veranschaulicht im Leben des englischen Naturforschers Michael Faraday (1791-1867), einem der größten Physiker der Geschichte. Die wohl erstaunlichste Tatsache in Bezug auf Faraday ist, dass er keinerlei mathematische Bildung oder Begabung besaß und laut Koestler „ohne Kenntnis der grundlegendsten Elemente der Arithmetik" war. Faraday war ein Visionär im buchstäblichen Sinne des Wortes. Er vermochte die Feldlinien um Magnete herum zu sehen und elektrische Strömungen als Bögen und Kurven im Raum wahrzunehmen, für die er den Begriff *Kraftlinien* prägte. Für ihn waren diese Muster so real, als bestünden sie aus fester, greifbarer Materie. Solche Bilder „entstanden vor seinen Augen wie Gegenstände", so Koestler, und erwiesen sich als ungemein fruchtbar, da sie zur Erschaffung des Dynamos und des Elektromotors führten sowie zu dem Postulat, dass Licht elektromagnetische Strahlung ist.

In den 1940er Jahren widmete sich der Mathematiker Jacques Hadamard der systematischen Erforschung der Psychologie hoch kreativer Mathematiker, deren Werk gemeinhin als der Inbegriff von Vernunft und Logik gilt. In seinem Buch *The Psychology of Invention in the Mathematical Field* berichtet er, dass „praktisch alle … in den Vereinigten Staaten geborenen oder lebenden Mathematiker … nicht nur den Gebrauch von mentalen Wörtern meiden, sondern auch … die mentale Nutzung von algebraischen oder anderen präzisen Zeichen; … sie verwenden vage Bilder … Die mentalen Bilder … sind in den meisten Fällen visuell, aber sie können auch von einer anderen Art sein, zum Beispiel kinetischer Natur. Es kann auch auditive Bilder geben, aber selbst diese … behalten generell durchweg ihren vagen Charakter."

Im Rahmen seiner Umfrage wandte sich Hadamard auch an Albert Einstein. Dieser beschrieb seinen schöpferischen Prozess folgendermaßen: „Die Worte der Sprache, so wie sie geschrieben oder gesprochen werden, scheinen in meinem Denkmechanismus keine Rolle zu spielen. Die geistigen Einheiten, die als Elemente meines Denkens dienen, sind bestimmte Zeichen und mehr oder weniger klare Vorstellungsbilder … Dieses kombinatorische Spiel scheint die Quintessenz des produktiven Denkens zu sein – bevor es Verbindungen mit logischen Konstruktionen in Worten oder Symbolen anderer Art gibt, die anderen mitgeteilt werden können."

Solche Aussagen widersprechen der stereotypen Sicht, dass schöpferische Forschung nur eine zähe Übung in rationalem Denken sei. Es gibt einen unkontrollierbaren, unberechenbaren, „tricksterischen" Aspekt der Kreativität, der auf die Vernunft pfeift und sich über den Verstand hinwegsetzt. Dies wiederum bedeutet, dass „Kreativität auf Abruf" – von der Art, wie sie in Wochenend-Workshops oft vermittelt wird – ein Widerspruch in sich ist.

In einem Artikel im *Scientific American* in den 1950er Jahren vermittelte Frank Barron, ein Experte auf dem Gebiet der Psychologie der Imagination, Einblicke in das im Grunde unbändige Wesen des schöpferischen Prozesses:

> Kreative Menschen fühlen sich wohler mit Komplexität und sichtlicher Unordnung als andere Menschen … Das schöpferische Individuum mit seiner generellen Vorliebe für sichtbare Unordnung wendet sich dem nur schwach erkannten Leben des Unbewussten zu und hat wahrscheinlich mehr als das gewöhnliche Maß an Respekt vor den Kräften des Irrationalen in seinem Inneren und in Anderen … Der kreative Mensch respektiert nicht nur das Irrationale in sich selbst, sondern hofiert es auch als die vielversprechendste Quelle von Neuem in seinem Denken. Die Forderung der Gesellschaft, das Primitive, Unkultivierte, Naive, Magische und Unsinnige in sich selbst zu meiden, lehnt er ab … Wenn jemand auf eine Art und Weise denkt, die gewöhnlich mit einem Tabu belegt ist, betrachten ihn seine Zeitgenossen leicht als geistig unausgeglichen … Doch diese Art von Unausgeglichenheit ist eher gesund als ungesund. Das wahrhaft schöpferische Individuum ist bereit, alte Klassifizierungen

hinter sich zu lassen und anzuerkennen, dass das Leben – insbesondere sein eigenes, einzigartiges Leben – eine reiche Fülle neuer Möglichkeiten birgt. Für ihn ist Unordnung das Potenzial von Ordnung.[137]

Barrons Aussage eignet sich wohl als Manifest des Tricksters, da es die zentrale Rolle der irrationalen, chaotischen Elemente der Psyche im schöpferischen Prozess charakterisiert.

In meiner internistischen Praxis befasste sich ein Kollege mit der Frage, wie wir den schöpferischen Impuls bei uns Ärzten nähren und fördern könnten. Als unermüdlich Reisender wusste er, dass es wichtig war, für kreative Einsichten die optimalen Voraussetzungen zu schaffen – zum Beispiel durch Reisen in eine nicht vertraute Umgebung, wie in Salks oben erwähntem Falle. Also schlug er vor, jedem Arzt zu empfehlen, die Stadt hin und wieder für eine längere Auszeit zu verlassen, in der er sich mit einem Thema von persönlichem Interesse beschäftigte, und danach vor der Gruppe über die Ergebnisse seiner Arbeit zu referieren. Dies wäre nicht nur eine Herausforderung für den einzelnen Arzt, sondern diente auch als Anregung für die Kollegen. Zudem würde der Arzt dafür bezahlt. Doch der Vorschlag wurde abgeschmettert. Dieses Beispiel zeigt, dass wir Ärzte – wie praktisch alle anderen – fast keine Mühen scheuen, um in vertrauten Routinen eingespannt zu bleiben, die auf unser kreatives Potenzial eine lähmende, ja tödliche Wirkung haben können.

In der griechischen Mythologie ist Hermes die klassische Trickster-Gestalt, der leichtfüßige Götterbote und Gott der Sprache, der Kommunikation und des Schreibens, dessen erste Tat als Baby darin bestand, dem Gott Apollon fünfzig Rinder zu stehlen. Damit verkörpert Hermes die „Qualitäten" Diebstahl, Gaunerei und List in Verbindung mit seiner Fertigkeit in der Kommunikation.

Dies mag als eine seltsame Kombination von Eigenschaften anmuten, doch wenn wir sie genauer betrachten, können wir sehen, dass die Paarung von Täuschung und Kommunikation sinnvoll erscheint. Weil Trickster-Phänomene paradox, verwirrend und chaotisch sind, können sie uns in den Bahnen unseres Denkens überrumpeln und uns so auf unerwartete Muster, Verbindungen und neue Bedeutungen stoßen. Der englische Schriftsteller G. K. Chesterton charakterisierte dieses „Durchbruchs-Potenzial", indem er das Paradoxon als eine Wahrheit definierte, die einen Kopfstand macht, um Aufmerksamkeit zu erregen. Im Gefolge des Paradoxen sehen wir Zusammenhänge und Muster, für die wir vorher blind gewesen sind. Es ist, als wäre unsere normale Art der Wahrnehmung ausgetrickst worden. Das logische Denken – gewohnt, den ausgetretenen Pfaden der Vernunft zu folgen –, wird vorübergehend zu einer anderen Wahrnehmungsweise abgelenkt. Plötzlich tut sich ein neuer Weg der Kommunikation mit dem Universum auf, und großartige Muster werden offenbar – Kreativität und Entdeckung sind die Früchte eines Schelmenstreichs, der den Gewohnheiten des Verstandes gespielt wird.

Macht wirr im Kopf

Ähnliche Vorgänge gibt es beim Heilen.

Myrin Borysenko war ein herausragender Forscher auf dem Gebiet der Immunologie an der medizinischen Hochschule der Tufts-Universität. Er war fasziniert von der Arbeit des Harvard-Psychologen David McClelland über den Einfluss des Glaubens beim Heilen. Einmal fragte Borysenko McClelland, auf welche Weise ein bestimmter Heiler in der Gegend von Boston Menschen helfe: „O, der macht einen wirr im Kopf", antwortete McClelland.

Eines Morgens, bei der Arbeit im Laboratorium, entwickelte Borysenko Symptome einer Grippe – Fieber, Schmerzen, Husten und verstopfte Nase. Um die Mittagszeit fühlte er sich krank und elend. Außerstande, sich auf seine Tätigkeit zu konzentrieren, beschloss er, nach Hause und ins Bett zu gehen. Auf dem Heimweg dachte er plötzlich an den medialen Heiler, über den er mit McClelland gesprochen hatte. Warum sollte er ihm nicht eine Chance geben? Außerdem, sagte er sich, wird es ja keiner erfahren.

Er fand den Heiler in einem recht heruntergekommenen Teil der Stadt. Als er die wackeligen Stufen hinaufstieg, kamen ihm Zweifel. Was, wenn meine Kollegen mich jetzt sehen könnten?, sorgte er sich. Die Tür zur Wohnung des Heilers war offen, als würde Borysenko schon erwartet. Er trat ein und fand einen enorm korpulenten, ungepflegten Mann, auf einem Sofa ausgestreckt, der eine Seifenopfer im Fernsehen verfolgte und Wein aus einer Vier-Liter-Flasche trank. All seinen Mut zusammennehmend, sagte Borysenko: „Ich habe gehört, dass Sie Leute heilen können. Können Sie meine Grippe kurieren?" Ohne den Blick vom Fernseher abzuwenden, griff der Heiler nach einer kleinen Flasche mit violetter Flüssigkeit auf dem Boden. „Gehen Sie ins Bad, lassen Sie die Wanne halb voll laufen, gießen Sie dieses Zeug dazu und setzen Sie sich eine halbe Stunde hinein. Dann sind Sie geheilt."

Borysenko tat, wie ihm geheißen. Als er in der Wanne saß, bis zur Taille in dem tiefvioletten Wasser, wurde ihm schlagartig bewusst, wie überaus absurd es war, was er gerade tat. Er fühlte sich so verrückt, dass er laut zu lachen begann. Als er sah, dass seine halbe Stunde vorüber war, lachte er immer noch. Er kleidete sich an und ging ins Wohnzimmer, wo der Heiler nach wie vor gebannt die Seifenoper betrachtete. „Jetzt sind Sie geheilt", stellte er lapidar fest. Dann wies er zur Tür und bedeutete seinem Besucher, dass er sich entfernen könne.

Auf der Fahrt nach Hause merkte Borysenko allmählich, dass er sich anders fühlte. Er spürte überhaupt keine Symptome mehr. Er fühlte sich wohl – so wohl, dass er beschloss, zurück zur Arbeit zu fahren. Es wurde ein langer Arbeitstag. Als er abends seiner Frau von seinem Abenteuer erzählte, während er sich zum Schlafengehen entkleidete, brach sie plötzlich in Gelächter aus. Ein Blick in den Spiegel verriet ihm, warum: Er war von der Taille abwärts violett![138]

Borysenkos Heiler war ein Trickster ersten Ranges – einer, der Erwartungen durchkreuzt, Verwirrung stiftet und die normalen Kategorien des Denkens durcheinanderbringt. Borysenko war verleitet worden, alles loszulassen, was er bisher über das Heilen gewusst und geglaubt hatte, seinen Intellekt vorübergehend auszuschalten und es einfach „geschehen zu lassen".

Es ist nur natürlich, Zugänge zum Heilen finden zu wollen, die ganz objektiv sind und sich mit Erfolg auf alle Personen anwenden lassen, die die gleiche Krankheit haben. So mag man zum Beispiel versuchen, Borysenkos Erlebnis auf ein Verfahren zu reduzieren, das jedem Patienten mit der Diagnose „Grippe" empfiehlt, eine bestimmte Menge der violetten Flüssigkeit ins Badewasser zu geben. Aber wenn man sie auf eine sich wiederholende, formelhafte Weise gebraucht, funktionieren solche Abstraktionen selten so dramatisch wie bei Borysenko, vielleicht weil sie einen nicht „wirr im Kopf machen", wie McClelland es trefflich ausdrückte. Vielleicht ist dies ein Grund hinter dem Sprichwort: „Eine neue Medikation sollte man so oft wie möglich nehmen – solange sie noch wirkt."

Arroganz und der Trickster

Richard Smoley erfasste das Wesen des Tricksters in der Zeitschrift *Gnosis* folgendermaßen:

> Solange wir uns selbst belügen, ist der Trickster bei uns. Er taucht auf, wenn wir ihn gerade am wenigsten wollen, um uns bei unserer ersten Verabredung zu beschämen, um uns als Narren auszuweisen vor der gelehrten Gesellschaft, die wir zu beeindrucken suchen, oder um es so einzurichten, dass wir ein Arbeitsfrühstück mit einem ganz wichtigen Geschäftskontakt versäumen. Ja, auf unser Bitten hin wird er uns verlassen – aber er kommt immer zurück und rächt sich. Der einzige Weg, um ihn loszuwerden, ist, auf seine Botschaft zu lauschen – und die Wahrheit über uns selbst in all ihrer Schönheit und Hässlichkeit einzugestehen.[139]

Der Trickster täuscht nicht nur andere; sondern er wird immer auch selbst überlistet, oft durch Streiche, die nach hinten losgehen. Trickster-Geschichten zeigen, dass Demütigung niemals fern ist, und so warnt uns der „göttliche Schelm" vor den Gefahren von Arroganz und Anmaßung.

1994 hatte ich mehrere Tage an der Vorbereitung einer wichtigen Rede gearbeitet. In der Nacht vor Halloween hatte ich einen trickster-typischen Traum, der eine wichtige Lektion über die Tücken und Fallen des Stolzes vermittelte:

> Ich warte darauf, vor einer erlauchten Versammlung eine Rede zu halten. Das Umfeld ist prächtig – ein halbkreisförmiger Bau mit marmornen korinthischen Säulen und einem Podium in der Mitte. Ich soll von Albert Einstein vorgestellt werden. Als Einstein sich von seinem Patz erhebt und zum Podium geht, fällt mir auf, dass etwas an ihm anders ist. Er ist lebhaft und angeregt, nicht die onkelhafte, scheue, heiligmäßige Gestalt, die ich erwartete. Ich habe das Gefühl, dass gleich etwas Ungewöhnliches geschehen wird. Einstein stellt mich mit überschwänglichen Worten vor, und ich gehe zum Podium, um eine sensationell wichtige Ansprache zu halten. Da vernehme ich ein Raunen aus dem Kreis der ehrwürdigen Wissenschaftler um Einstein, die von überall auf der Welt gekommen sind, um meine Rede zu hören. Plötzlich erkenne ich den Grund des Geflüsters: Ich bin nackt, bis auf ein Paar schwarz-weiße Shorts. Aus irgendeinem Grund bin ich selbst nicht beunruhigt. Mir ist klar, dass es zu einer schwerwiegenden Komplikation gekommen ist, mit der ich fertig werden muss. Ich entschuldige mich, gehe nach links von der Bühne und entdecke, dass dort eine Herrentoilette parat ist. Ich trete ein, schließe die Tür und sehe, dass an der Wand eine vollständige Herrenausstattung hängt, die gerade auf mich wartet – ein Smoking und ein Hemd, schwarz und weiß, passend zu meinen Shorts und genau in meiner Größe. Ich erkenne, dass diese Verzögerung nur vorübergehend ist und für meinen Vortrag nicht verhängnisvoll sein wird. Ich kleide mich an, betrete wieder das Podium und setze meinen Vortrag mit großer Sorgfalt fort.

In der Medizin stellen wir häufig fest, dass wir – symbolisch gesprochen – ohne Kleidung sind. Arroganz und Rücksichtslosigkeit bauen oft die Bühne für solche demütigenden Situationen. Wenn wir einem Patienten unüberlegte Zusicherungen machen – „alles wird gut" –, dass die Therapie unserer Wahl gewiss anschlagen werde oder wir das Problem finden können (was einer Reihe von Diagnostikern bisher nicht gelungen war), dann manövrieren wir uns selbst aufs Glatteis. „Du kannst noch so viel denken", warnt ein russisches

Sprichwort, „aber etwas Besseres als Brot und Salz wirst du nicht erfinden." Und wenn die moderne Medizin allmächtig würde? Und es den Heilern eines Tages gelänge, alle Krankheiten zu heilen, so dass die Menschen ewig leben können? Eine Trickster-Geschichte der Winnebago[-Indianer] enthält eine Warnung vor der Hybris, die mit solchen Phantasien oft einhergeht:

Hase beschließt, den Menschenwesen zu helfen, und macht, dass alle Tiere wehrlos gegen sie sind. „Nun werden die Menschen für immer und in Frieden leben", denkt er. Aber seine weise Großmutter widerspricht: „Enkel, deine Rede stimmt mich traurig. Wie kannst du die Menschen für immer leben machen? Der Erdenschöpfer hat sie nicht so gemacht. Alle Dinge müssen ein Ende haben." Und der Körper der Großmutter beginnt vor Hases Augen zu zerfallen. „Wenn alle Menschen für immer leben", fährt sie fort, „werden sie bald die Erde füllen. Da gäbe es dann mehr Leiden als jetzt schon, denn wenn sie sich stark vermehren, wird es manchen Menschen immer an Nahrung ermangeln. Deshalb hat alles ein Ende." Hase ist untröstlich. Seine Absichten waren doch so edel![140]

In Herrymon Maurers *The Way of the Ways* finden wir eine ähnliche Warnung. Hier wendet sich Lao-Tse, der angebliche Gründer des Taoismus in China um das 6. Jahrhundert v. Chr., gegen das unermüdliche Bestreben des Verstandes, Dinge festzulegen:

Das Leben zu verbessern, ist verhängnisvoll.
Den Atem durch den Geist zu zwingen, ist schädlich.

Solche Warnungen werden oft als antiquierte Empfehlungen für einen Rückzug in die Passivität kritisiert, doch ihr Kern liegt tiefer. Es gibt kein Licht ohne Dunkelheit, scheinen sie uns zu sagen, und kein Leben ohne Schwierigkeiten. Alle Gegensätze durchdringen und erhalten sich gegenseitig, wie uns der Trickster-Aspekt der Psyche vor Augen hält. Wir können nicht nur das Eine haben. Wenn wir diese ewige Polarität außer Acht lassen, werden wir einen Preis dafür zu bezahlen haben.

Ist der Trickster gefährlich?

Beim Umgang mit den Trickster-Aspekten der Psyche ist die Methode des Intellektualisierens sehr verbreitet. Sie geht davon aus, dass wir – wenn wir nur genügend Bücher über Trickster-Geschichten lesen –, die Bedeutung der Trickster-Erzählungen am Ende entschlüsseln und den Fallen entgehen können, vor denen sie warnen. Ein solches Vorhaben ist prinzipiell unmöglich, und dies aus zwei Gründen. Erstens liegt das Trickster-Element so tief im Unbewussten, dass es grundsätzlich jenseits der Reichweite des Verstandes ist. Es gehört zu dem, was man das *wirklich* Unbewusste genannt hat. Zweitens gibt es etwas an dem Trickster, das sich jeglicher Analyse entzieht. Je aggressiver das Verstandesdenken versucht, den Schelm zu zähmen, desto heftiger widersetzt sich dieser.

Der Anthropologe Barre Toelken berichtet über seine Erlebnisse im Rahmen seiner vierzigjährigen Feldforschung bei den Navajos im Südosten Utahs, deren Geschichten vom Trickster Kojote er untersuchte. Einmal fragte sein Navajo-Informant: „Bist du bereit, einen Familienangehörigen zu verlieren?" Toelken verstand die Frage nicht. „Weißt du", erklärte der Mann, „wenn du die Zauberei aufnimmst, musst du dafür bezahlen – mit dem Leben von jemand aus deiner Familie." Der Navajo-Geschichtenerzähler hatte erkannt, dass sich Toelken mit den Kojote-Erzählungen auf typisch akademische Weise intellektuell beschäftigte, sie analysierend zergliederte und ihre Teile und Motive einzeln besprach. Werden die Geschichten aber auf diese Weise zerpflückt – so glauben die Navajos –, können ihre verschiedenen Elemente von Zauberern benutzt werden, um Disharmonie zu fördern und Heilung zu vereiteln. Deshalb waren die Navajos beunruhigt, dass Toelken, ohne davon zu wissen, mit der Zauberei flirtete. „Ich rate dir eines", sprach sein Navajo-Informant weiter: „Wenn du dich nicht den Zauberern anschließen willst, so dringe in dieses Gebiet nicht tiefer ein."

Nachdem der Navajo Toelke die überlieferten Geschichten von Kojote erzählt hatte, traf den Informanten und seine Familie eine Reihe von Unglücksfällen. Der Mann selbst bekam Probleme mit seinen Beinen; später starb er an einem Herzschlag, als er aus einer Schwitzhütte hervortrat. Bei einem Autounfall wurde seine Enkelin getötet, seine Tochter kam knapp mit dem Leben davon. Ein Sohn wurde schizophren. Ein Bruder kam durch einen Steinschlag ums Leben. Die übrigen Angehörigen der Familie entfremdeten sich voneinander und wurden weit verstreut. Toelkens Pflegesohn, ein Navajo, beging Selbstmord. Toelken erhebt die beängstigende Frage, ob alle diese Vorfälle bloß Zufälle waren oder eine Vergeltung für die Preisgabe der Geschichten vom Trickster Kojote. Er beantwortet sie selbst: Aus der Sicht des Verstandesdenkens handelte es sich um Zufälle; aus der Perspektive der Navajos sind sie die Strafe für den Verrat der Geschichten.

Schließlich entschied Toelken: Auch wenn ein bestimmter Bereich wissenschaftlichen Fragens „interessant" und „wichtig" sein mochte, rechtfertigten diese Gründe nicht in jedem Falle, dass ein Forschungsprojekt fortgesetzt wurde. „Ein Augenblick der Erkenntnis kann einen Wissenschaftler begeistern, einem Thema weiter nachzugehen", stellte er fest; „doch er kann auch die Notwendigkeit aufzeigen, etwas zu stoppen." Nachdem er zu dem Schluss gelangte, dass „es mit großer Wahrscheinlichkeit für die Informanten ebenso wie für mich und meine Familie gefährlich war", gab er dieses Thema seiner Feldforschung auf. Toelken rät nicht, das Studium von Trickster-Phänomenen grundsätzlich zu meiden. Er gibt jedoch zu verstehen, dass für die Entscheidung zur Forschung auf diesem Gebiet möglicherweise ein hoher Preis zu bezahlen ist.[141]

Viele Psychologen, die die Tiefen des Unbewussten auslotetet, haben sehr viel Respekt vor diesem Teil des menschlichen Geistes. C. G. Jung zum Beispiel nannte den Versuch, das Unbewusste zur Preisgabe seiner Geheimnisse zu zwingen, eine Torheit. Jung schrieb über die Notwendigkeit, geduldig zu warten, um dann zu sehen, was das Unbewusste aus freien Stücken offenbarte. Können wir uns eine Zukunft vorstellen, in der Experimente mit Ehrfurcht und Achtsamkeit gewählt werden – als gehe es um die Erkundung eines heiligen Ortes – und erst nach gebührendem Reflektieren darüber, welche Konsequenzen der intellektuelle Vorstoßes nach sich ziehen könnte?

Sei achtsam – oder nimm dich in Acht!

Warum können wir nicht so rational funktionieren wie ein Computer? Warum lehnt sich die Psyche auf, wenn wir allzu logisch und analytisch werden? Warum bedarf es einer Balance zwischen Verstand und Unverstand, Spontaneität und Beherrschtheit? Warum brauchen wir irrationale Erlebnisse wie Lachen, Spielen und Liebe?

Wir entscheiden nicht selbst, töricht zu sein, irrational und spielerisch; das Bedürfnis dazu ist angeboren. Torheit ist notwendig für unsere psychische Gesundheit; wir können an einem Mangel an Torheit erkranken wie an einem Mangel eines bestimmten Vitamins.

Die Notwendigkeit einer Balance zwischen den irrationalen und den rationalen Kräften der Psyche wird von „harten" Denkern oft abgelehnt; sie glauben, dass es kein Zuviel der Rationalität gebe, die wir anstreben sollten. Menschen dieser Überzeugung sagen oft, wir besäßen nicht den Mut, dem Intellekt zu folgen, und sie beschreiben den Absturz in die Irrationalität als eine Schwäche. Der Kern dieser Sichtweise ist vielleicht mehr heroisch als klug, weil er die unleugbaren Tatsachen der menschlichen Erfahrung und die Forschungsergebnisse der modernen Psychologie im Hinblick auf die Rolle des Unbewussten in unserem mentalen Leben ignoriert. Ken Wilber, der Vertreter einer transpersonalen Psychologie, schrieb die klugen Worte: „Entweder nehmen Sie [Ihre verdrängten Gegenteile] als Ihr Eigen an, oder

Sie werden ihr Eigentum – der Schatten verschafft sich stets Gehör … Wir mögen klug und *achtsam sein* auf unsere Gegensätze, oder wir werden gezwungen sein, uns vor ihnen *in Acht zu nehmen*."[142]

Geblendet von den Errungenschaften des Verstandes, sind wir immer in Versuchung, zugunsten von Ordnung und Kontrolle alles abzulehnen, was irrational ist. Aber den Trickster können wir nie verscheuchen. Ihn zu verbannen, würde bedeuten, einen lebenswichtigen Teil von uns selbst zu amputieren, einschließlich unseres Bedürfnisses zu erschaffen, herumzutollen, zu lieben – mit einem Wort: menschlich zu sein.

9
VOM GEIST DER FORELLE

In meiner Kindheit, in den 1940er Jahren, wurden überall Vitamine und Spurenelemente identifiziert. Werbetreibende bliesen zur Jagd auf Mütter und machten ihnen weis, dass sie, wenn sie ihre Kinder *wirklich* liebten, diese täglich mit Vitaminen vollstopfen sollten. Hätten die Vitaminvermarkter dabei den richtigen Maßstab angelegt, so wären mein Bruder, meine Schwester und ich damals in Liebe ertrunken. Ich sehe meine Mutter heute noch in überragender Größe vor mir stehen, eine riesige Flasche Vitamin-D-reichen Lebertrans in der einen und einem Esslöffel in der anderen Hand. Ich ertrug dieses tägliche Ritual durch Beschwören einer überspannten Phantasie: Gott habe das Vitamin D ausdrücklich für die Dosseys erschaffen. Dies bedeutete nämlich, dass meine Mutter ein Werkzeug des göttlichen Willens war, und das Mindeste, was ich tun konnte, war, ihr zu helfen, ihre himmlische Mission zu erfüllen, indem ich das üble Zeug schluckte.

Doch trotz jener unangenehmen Begegnungen mit Lebertran wurde meine Beziehung zu Fischen besser. Das Angeln war eine der wenigen Gelegenheiten zur Freizeitbeschäftigung, die meinem Zwillingsbruder und mir in der Agrarlandschaft der texanischen Prärie zur Verfügung standen, und wir machten das Beste daraus. Als Junge betete ich um Regen – nicht für die Ernte, sondern weil mein Vater nicht auf den Feldern arbeiten konnte, wenn sie durchnässt waren, und uns statt dessen vielleicht zum Angeln mitnahm. Mit Papa angeln zu gehen, war ein magisches Ritual. Es begann damit, dass wir auf dem Scheunenhof Würmer ausgruben – lange, fette, träge Würmer, veritable Monster im Vergleich zu den hyperaktiven, mageren, thyreotoxisch aussehenden Regenwürmern, die seinerzeit als Fischköder verkauft wurden. Eine meiner lebhaftesten Erinnerungen ist, dass ich auf die Fersen der Stiefel meines Vaters starrte und versuchte, seinen Riesenschritten zu folgen, als wir durch Wälder und Felder stapften auf dem Weg zu irgendeinem namenlosen Angelteich.

Das Angeln war unser Rauschmittel, und mein Bruder und ich wurden zu Süchtigen. Unberührte Seen und fließende Gewässer gab es auf dem dürren texanischen Prärieland nicht; ein Angel-Loch war ein ernüchternder Teich oder ein „Becken", eine Höhlung, in den Prärieboden gehauen bei einem Abfluss, wo das Vieh zu trinken pflegte. Wir kannten jedes Angel-Loch in unserem Teil des Landkreises Limestone, und die Eigentümer erlaubten uns immer, dort zu fischen. Fast jedes Mal waren wir erfolgreich und kehrten mit Schnüren von Barschen und Katzenfischen nach Hause; gelegentlich fingen wir sogar einen Schwarzbarsch, den – das wussten wir mit Bestimmtheit – majestätischsten Fisch der Welt.

Wir lernten schon in jungen Jahren viele Angler kennen, und manche von ihnen ließen uns mitkommen. Einer meiner liebsten war ein alter Farmer, der jeden Sonntagmorgen fischen ging statt in die Kirche, aus welchem Grunde er bei den Frommen als Verdammter galt. Er lachte über die Kritik und behauptete, dass er Gott beim Angeln näher komme, als es ihm in der Kirche je möglich wäre. Das glaubte ich ihm.

Dies war meine erste Ahnung, dass Angeln und Religion einander ins Gehege kommen könnten. In dem Bedürfnis, die Spannung zwischen den beiden zu lösen, begann ich, in der Kirche besonders auf diejenigen biblischen Geschichten zu achten, die mit Fischen zu tun hatten. Wenn man zwischen den Zeilen las, schien es offenkundig, dass Fische als spezielle Botschafter oder Werkzeuge Gottes dienen konnten, was ich als tröstlich empfand. Besonders beeindruckt war ich von der alttestamentlichen Geschichte von Jona und (bzw. in) dem Wal. (Damals wusste ich noch nicht, dass Wale keine Fische, sondern Säugetiere sind.) Meine Vernunft fand Anregungen und Begründungen für das Fischen. Dass Jesus *Fischer* als seine Jünger rekrutierte, fand ich höchst bedeutsam. Und welche Speisen wählte er zur Vermehrung aus, um die Hungrigen zu füttern, die gekommen waren, um ihn predigen zu hören? *Fische,* und dazu einige Laibe Brot. Darüber hinaus gelobte er, diejenigen, die ihm nachfolgten, zu Menschen*fischern* zu machen, was doch bedeutete, dass den Fischern eine glorreiche Zukunft beschieden war. Als ich meine Analyse abgeschlossen hatte, war die westliche Religion ein Aufhänger fürs Fischen; ich hielt es für meine Christenpflicht, so oft wie möglich angeln zu gehen.

Fische als Boten

Damals erkannte ich natürlich nicht, dass es einen immensen Kanon universaler Mythologie gibt, der – wie auch die Bibel – andeutet, dass die Fische und das Fischen Mittler zwischen dem Sakralen und dem Weltlichen sind. Es gibt zahlreiche Geschichten, in welchen Fischer spezielle Einsichten, Macht und Transformation vermitteln – vom goldenen Fisch, dessen Magen einen magischen Ring birgt, von der Meerjungfrau, die einen armen Fischer aus seiner gewöhnlichen Existenz in eine transzendente Dimension verhilft, oder von dem Fischer, der einen Seemann durch tückische Gewässer lotst. Diese Mythen bestehen fort, weil tief in unserem Inneren etwas auf die geheimnisvollen Kräfte anspricht, die in den dunklen Tiefen des Wassers wohnen. Jedes Mal, wenn eine Fischersfrau eine Leine ins Wasser eines Flusses, eines Sees oder des Meeres senkt, ahnt sie vage, dass jederzeit etwas Folgenschweres geschehen kann. Der Akt des Fischens ist immer wieder ein Wagnis, ein Vorstoß ins mythische Unbekannte. Deshalb ist es respektlos, das Angeln als bloße Freizeitbeschäftigung zu bezeichnen. Man könnte ebenso gut sagen, dass sich Kapitän Ahab auf der Jagd nach dem großen weißen Wal in Melvilles *Moby Dick* als „Sportfischer" betätigte.

Das Fischen ist durchdrungen von mythischer Kraft, und es ist eine der am weitesten verbreiteten Tätigkeiten, in der sich mythische Wirklichkeit ins gewöhnliche Leben verirrt. Darum wird das Fischen oft zum Träger, Vermittler und Kristallisationspunkt von Ereignissen, die gänzlich fremd, erstaunlich und schockierend sein können. Denken Sie nur, was der fünfzehnjährige Robert Johansen erlebte, der an einem Sommertag 1979 im norwegischen Oslofjord fischen ging. Gewöhnlich kam er ohne Fang zurück, doch an jenem Abend zog er einen zehnpfündigen Kabeljau aus dem Wasser, den er stolz seiner Großmutter, Thekla Aanen aus Larkollen, präsentierte. Als diese den Fisch für das gemeinsame Mahl der Familie zubereitete, öffnete sie seinen Magen und fand darin einen Brillantring – ein Familienerbstück, das sie verloren hatte, als sie drei Jahre zuvor im Fjord schwimmen war.

Oder denken Sie an das Erlebnis von John Cross aus Newport News, Virginia, der 1980 einen Ring verlor, als er in einem Sturm den Hampton Roads überquerte. Zwei Jahre später tauchte der Ring im Inneren eines Fisches auf, der ihm in seinem Lieblingsrestaurant in Charlottesville serviert wurde.

Begebenheiten dieser Art sind nichts Neues. Aus der Antike ist uns überliefert, dass Polykrates, der Tyrann von Samos, seinen goldenen Smaragd-Siegelring opferte, indem er ihn ins Meer warf – und ihn im Bauch eines Fisches zurückerhielt. – Der Heilige Mungo, Bischof und Patron der schottischen Stadt Glasgow, rettete den Ruf einer verheirateten Frau, die verdächtigt wurde, ihren Ring nicht verloren, sondern einem Liebhaber geschenkt zu haben. Der Bischof betete die Nacht hindurch und bat schließlich darum, dass der erste Fisch, der am nächsten Morgen im Fluss Clyde gefangen würde, direkt auf seinen Tisch gebracht werden solle. Im Inneren des Fisches war der verlorene Ring. – Nachdem Bischof Gerbold aus seinem Palast in Bayeux vertrieben wurde, warf er seinen Bischofsring entrüstet ins Meer und zog sich in eine Einsiedelei zurück. Kurze Zeit später wurde ein Fisch gefangen, in dessen Magen sich der Ring befand. Die Bruderschaft, die den Bischof vertrieben hatte, war sehr beeindruckt und setzte ihn wieder in sein früheres Amt ein.

Was geht da vor? Die mythischen Dimensionen dieser seltsamen Vorgänge interessierten Lyall Watson, der diese Ereignisse in *The Nature of Things: The Secret Life of Inanimate Objects* berichtet. „Abgesehen von ihrer Neigung, glänzende Gegenstände zu schlucken, hat es mit den Fischen die Bewandtnis, dass sie sehr symbolträchtig von Mutterschaft und Mutterleib sprechen – ‚aus dem alle Schätze fließen' –, und so überrascht es nicht, dass wir sie an der *Wiederherstellung der Ganzheit* [Hervorhebung von mir] und bei Wiedervereinigungen beteiligt finden. Solche archetypische Verstärkung muss als Ermutigung wirken, von diesen Ereignissen zu berichten, da sie ihnen bis heute große Glaubwürdigkeit verleiht und alte Mythen neu belebt."

Fliegenfischen als alternative Therapie

Watsons Hinweis, dass Fische als Mittel zur Wiederherstellung der *Ganzheit* dienen können, impliziert, dass sie auch *Heilung* vermitteln könnten, denn Ganzsein und Heilung sind miteinander verwandt. Tatsächlich wirken Fische und das Angeln im Leben von Kranken oft wie eine alternative Therapie.

Denken wir nur an den bemerkenswerten Fall von Mike Crockett, dem Mitverfasser eines Buches über das Fliegenfischen mit dem Titel *Flywater*. Nach konventionellem Maßstab war Crocketts Leben ein Erfolg: Er hatte eine schöne Frau, zwei wunderbare Kinder, eine blühende Karriere, ein Ferienhaus in den Bergen, Freunde, die er schätzte – „einfach alles, was ich mir je gewünscht hatte", sagt er selbst, „und mehr, als ich erwartete." Doch dann – Anfang der 1980er Jahre und in der gleichen Woche, in der seine Tochter auf die Welt kam – erhielt Crockett die niederschmetternde Nachricht: Die Schwellungen, die er kürzlich entdeckt hatte, waren unheilbare Lymphknotentumore. Obwohl man mit einer Chemotherapie begann, riet ihm der Arzt, seine Angelegenheiten zu ordnen.

Crockett wusste, dass er keine Zeit zu vergeuden hatte. „Ich begann, Inventur zu machen und erkannte, das ich in eine Vielzahl von Aktivitäten involviert war, die mir nicht wirklich Freude bereiteten", berichtet er. Er begann, sich auf Tätigkeiten zu konzentrieren, die ihm Erfüllung vermittelten – und jene abzustellen, die dies nicht taten – und beschloss, „als Essenz meines Lebens etwas Neues zu versuchen".

Wenige Monate nach seiner Krebsdiagnose überredete er auf einer Reise nach Colorado einen Freund, ihn auf dem San-Miguel-Fluss ins Fliegenfischen einzuführen. „Es dürfte schwierig sein, sich einen schöneren Platz zur Erholung oder für eine heilsame Auszeit vorzustellen", sagt Crockett über diesen kleinen Fluss, der sich durch Buntsandsteinschluchten und Wälder aus Blaufichten, Erlen und Pappeln schlängelt. Der absolute Anfänger erwarb binnen weniger Tage genügend Fertigkeiten, um einige Bachforellen zu fangen. Obwohl jene Tage auch eine Zeit der Sorge und Beunruhigung über die Zukunft waren, wurde sich Crockett eines sehr interessanten Phänomens bewusst: Fast jeden Moment auf dem Fluss verbrachte er in entspannter Zufriedenheit. Er schreibt: „Angeln – das heißt Fliegenfischen – war die einzige Betätigung, mit der ich meine beträchtlichen Befürchtungen über die bevorstehenden Schwierigkeiten hinter mir lassen konnte. Gelegentlich führte es sogar zu einer effektiven Linderung meiner körperlichen Schmerzen oder der Übelkeit. Mit der Zeit begann ich, das Angeln als eine Art von Therapie wahrzunehmen ... die Vorbereitungen zu treffen, durchs Wasser zu waten, die Schnur auszuwerfen und zuzusehen, wie sie sich entfaltete, dann der auf dem Wasserspiegel treibenden Fliege mit dem Blick zu folgen – alle diese verschiedenen Aktivitäten fließen zusammen in eine Art von Meditation, in eine spirituelle Beschäftigung."

Crockett überlebte zwei Todesurteile, ein halbes Dutzend Chemotherapien und mehrere Krankenhausaufenthalte. Irgendwann war er resistent gegen alle seine Medikationen und fuhr zu einer zweimonatigen experimentellen Behandlung mit monoklonalen Antikörpern in die Stanford-Universitätsklinik. Dort stellte sich nach den einleitenden Tests heraus – erst zum zweiten Mal bei mehr als fünfzig ähnlichen Versuchen –, dass die Antikörper nicht mit Crocketts Zellen reagierten, und man musste die Behandlung aufgeben. Er und seine Frau versuchten, aus dieser Situation das Beste zu machen. Sie beschlossen, den Rest des Sommers in Colorado auf dem San Miguel zu verbringen und viel Zeit mit dem Forellenfischen auszufüllen. Als Crockett zwei Monate später seinen Arzt konsultierte, wusste er schon vor der Untersuchung, dass sich sein Zustand verbessert hatte und drei Jahre stetiger Verschlechterung umgekehrt worden waren. Der Arzt konnte diese ungewöhnliche Remission nicht erklären, empfahl ihm aber, weiter zu betreiben, was auch immer er unternommen habe.

Was es war, das letztlich den Ausschlag gegeben hatte, wusste Crockett nicht wirklich. Er schrieb:

Ich möchte nicht behaupten, dass Fliegenfischen Krebs zu heilen vermag. Als die konventionelle Medizin bei mir versagte, probierte ich jeden alternativen Ansatz, der mir in den Sinn kam. Es ist möglich, dass einer davon – oder sogar alle zusammen – dazu beigetragen haben … Doch ich kann dies sagen: Mehr als jede andere Tätigkeit befreit Fliegenfischen meinen Geist und erquickt meine Seele. Und ich weiß bestimmt, dass mir die Zeit, die ich auf dem Fluss verbrachte, oft ein tiefes Wohlbefinden geschenkt hat – jenes Empfinden, in der Gegenwart verwurzelt zu sein und frei von Bedürfnissen oder Sorgen, die über den Augenblick hinausgehen … Ein altes Sprichwort sagt: Man kann nicht zweimal in denselben Fluss steigen. Der Fluss ist jedes Mal neu; der Mensch ist für immer verändert.

Fischregen

Die mythische Merkwürdigkeit der Fische erreicht buchstäblich ungeahnte Höhen. Zuweilen fallen die Fische nämlich vom Himmel auf die Menschen herunter – ein Phänomen, das in manchen Quellen als Fischregen bezeichnet wird. So haben Fische Menschen im Gesicht getroffen, sind ihnen in den Kragen gerutscht, vor ihren Augen auf Windschutzscheiben geklatscht, haben die Dachrinnen ihrer Häuser verstopft und den Verkehr zum Erliegen gebracht. Als könnten sie es nicht erwarten, gefangen zu werden, kommen sie den Fischern entgegen.

An einem Oktobermorgen im Jahre 1947 saß A. D. Bajkov, ein Meeresbiologe am Ministerium für Wildtiere und Fischereiwesen, mit seiner Frau in einem Restaurant in Marksville, Louisiana, beim Frühstück, als „die Bedienung uns informierte, dass Fische vom Himmel … auf die Straßen und Höfe fielen. Wir gingen unverzüglich hin, um einige der Fische zu fangen." Bajkov identifizierte vier Arten, darunter einen dreiundzwanzig Zentimeter langen Forellenbarsch (Micropterus salmoides), der ihm vom Himmel herab direkt vor die Füße fiel. Dieser Vorfall wurde in *Science* berichtet, einer der angesehensten wissenschaftlichen Zeitschriften der Welt.[143] Bajkovs Bericht ist interessant, weil er zeigt, dass auch geschulte Beobachter, selbst erstklassige Wissenschaftler, Zeugen solcher Ereignisse werden.

Ein anderer typischer Fischregen ereignete sich am 8. Mai 1985. Zuerst dachte Louis Castoreno, das ihm jemand einen Streich spielte, als Dutzende kleiner Fische auf seinen Hof niedergingen, während eine dunkle Wolke über ihn hinwegzog. „Auf einmal kam ein ganzer Pulk davon herunter", sagte er. „Es erschreckte mich. Ein Sprecher des örtlichen Wetteramtes sagte, so etwas sei schon in den vergangenen fünf Jahren passiert, gewöhnlich kurz vor einem Tornado oder einem schweren Sturm."[144]

Die Fische tun das also schon seit langem. Athenaios beschrieb etwa 200 n. Chr. im alten Griechenland mehrere Fälle von Fischregen in seinem Werk

Deipnosophistai (Das Gelehrtenmahl), einer Zusammenfassung der Werke von achthundert Autoren, die er in der Bibliothek von Alexandria gelesen hatte, bevor diese zerstört wurde. Unter der Überschrift „Fischregen" (De pluvius piscium) schrieb er: „Phainias zum Beispiel sagt im zweiten Buch der *Herrscher von Eresos,* dass es in Chersonesos drei ganze Tage lang Fische geregnet habe. Und Phylarkos sagt in seinem vierten Buch, dass gewisse Personen an vielen Orten Fische herabregnen sahen, und das Gleiche geschieht mit Kaulquappen."[145]

Im späten 19. Jahrhundert machte sich eine kleine Zahl wohlbekannter Wissenschaftler daran, Fälle zu sammeln, in denen Fische vom Himmel fielen. Unter ihnen waren der englische Meteorologe D. P. Thompson und der Naturforscher George Buist, der französische Astronom Camille Flammarion und der deutsche Naturforscher G. Hartwig. 1917 veröffentlichte Aldo McAfee, ein Biologe am United States Bureau of Biological Survey, einen viel gelesenen Bericht über diese seltsamen Vorgänge.[146] J. R. Norman publizierte 1928 einen Artikel unter der provozierenden Überschrift „Fish from the Clouds" („Fische aus den Wolken") im *Natural History Magazine*.[147] Die Qualität des Beweismaterials ist recht gut, die Zahl der gut beobachteten Fälle groß. Obwohl noch niemand gefilmt oder fotografiert hat, wie Fische vom Himmel fallen, sind zahlreiche Fotos kurz danach aufgenommen worden.

Das Phänomen ist weltweit beobachtet worden. Es gibt dokumentierte Fälle aus Südafrika, Indien, Guam, Australien, England, Nordamerika und vielen anderen Gegenden, die sich zu einer ansehnlichen Besetzungsliste addieren lassen: Elritzen, Stichlinge, Ährenfische, Flundern, Barsche, Krabben, Schnecken, Kaulquappen, Menhaden und weitere. Manche der abgestürzten Fische landen lebend, unverletzt und zuckend, andere zerschellen und sind tot; manche sind gefroren, wie in dem von Bajkow beschriebenen Fall in Louisiana. Gewöhnlich sind die Fälle von Fischregen auf ein relativ kleines Gebiet begrenzt. Eine erstaunliches Merkmal vieler solcher Ereignisse ist, dass die Fische einer einzigen Art angehören – was besonders verblüffend ist, falls sie von Tornados oder Wasserhosen aus einem großen See oder dem Meer gezogen worden sind, wie viele Forscher glauben.

Wie machen die Fische das? Dazu wurden schon die verschiedensten Theorien ersonnen – was wiederum ein Anzeichen dafür ist, dass es niemand wirklich weiß. Manche der potenziellen Erklärungen erscheinen sinnvoll, andere sind eher bizarr oder sogar komisch.[148]

- Die führenden Kandidaten auf der Liste der Verdächtigen sind Wirbelstürme, Tornados und Wasserhosen. Fische fallen manchmal gefroren oder zusammen mit Hagel vom Himmel, was einen stürmischen vorübergehenden

Aufenthalt in großen Höhen vermuten lässt. Doch diese meteorologischen Umstände liegen nicht immer vor, wie in dem wohl beobachteten Bajkov-Fall, in dem das Wetter „neblig, aber ruhig" war. Wenn Wirbelwinde oder Tornados über dem Wasser die Erklärung sind – so fragt sich Robert Schadewald in Minnesota, der sich mit diesen Ereignissen beschäftigt hat –, warum „haben wir so viele Fälle von Fischregen in Großbritannien, aber keinen in Minnesota, dem ‚Land der zehntausend Seen', das im Jahr durchschnittlich siebzehn Mal von Tornados heimgesucht wird?"

- Die „Ausspuck-Hypothese" ist ebenfalls beliebt. Große, fischfressende Vögel verschlingen Fische manchmal ganz oder tragen sie in ihren Schnäbeln durch die Lüfte; gelegentlich erbrechen sie ihre Beute, wenn sie im Flug gestört werden. Dies könnte einzelne herabfallende Fische erklären, aber nicht einen Regen von Tausenden – es sei denn, wie manche meinen, dass gigantische Vogelschwärme in einem erstaunlich koordinierten Gemeinschaftsakt ihr letztes Mahl von sich geben.

- Von manchen Fischarten, etwa einer australischen Spezies der Grunzbarsche, ist bekannt, dass sie über weite Landstrecken wandern, gewöhnlich über Teiche und Tümpel, die durch Regenfälle oder Überflutungen entstanden. Manche Theoretiker argumentieren deshalb, dass die Fische tatsächlich nicht vom Himmel fallen, sondern sich über Land fortbewegten. Die meisten „gefallenen" Fische sind jedoch Arten, von denen nicht bekannt ist, dass sie auf dem Landweg migrieren.

- Vielleicht, so vermuteten manche, wurden die Fische über größere Entfernungen teleportiert – durch physikalische Vorgänge, die der Wissenschaft derzeit noch unbekannt sind. Dies könnte erklären, warum sie intakt und unbeschädigt ankommen.

- Manche Leute stellen sich vor, dass es eine noch unentdeckte Sammlung – eine Art Archiv – des organischen Lebens gibt, irgendwo im Himmel, so etwas wie ein Atlantis der Lüfte. Wird dieser Fundus der Lebensformen von heftigem Donner erschüttert, könnte sich sein Inhalt entladen und zur Erde fallen.

- Es gibt auch die Theorie vom Sommerschlaf, die davon ausgeht, dass die Fische, kurz bevor sie beobachtet oder entdeckt wurden, spontan zustande gekommen sind, und zwar durch die Einwirkung der befruchtenden Kräfte des Regens auf Eier, die in großer Zahl in Staub und Schmutz lagen und auf diese Erweckung gewartet hatten. Dies mag gar nicht so verrückt sein, wie es vielleicht klingt. Manche Fische und Frösche können über lange Zeit wie im Schlaf erstarrt liegen, um dann zum Leben erweckt zu werden, wenn der Regen oder eine Flut kommt. Allerdings wäre dies keine Erklärung für die Fische, die tatsächlich gesehen werden, während sie vom

Himmel fallen, oder für das Herabregnen von Fischen, von denen solche Latenz- oder Schlafzeiten nicht bekannt sind – auch nicht für Fische, die ein deutlich größeres Format und Lebensalter aufweisen als frisch geschlüpfte Exemplare.

- Schließlich gibt es das so alte wie beliebte Totschlag-Argument der Skeptiker und Zyniker: die „Phantom-Fischhändler"-Hypothese. „Ein Musterbeispiel ereignete sich 1881, als es große Mengen von Strandschnecken und Krabben auf die englische Stadt Worcester regnete. Die Behörden gingen damals davon aus, dass ein verrückter Fischhändler ungesehen die Nebenstraßen der Stadt abgegangen war und dabei Tausende von Strandschnecken von seinem Karren geschaufelt haben musste."

Alle diese Ideen haben ihre Schwächen und Lücken. So berechnete zum Beispiel Schadewald anhand von Experimenten, dass die Endgeschwindigkeit von kleinen herabfallenden Fischen rund fünfzig Kilometer je Stunde beträgt. Obwohl manche der Fische zerdrückt zu Boden gegangen sind, wurden auch Fälle von Fischregen beobachtet, in denen keiner der Fische beschädigt war. Nachdem sie aber mit solcher Geschwindigkeit auf die Erde gestürzt sind – warum gleichen sie dann nicht *alle* und jedes Mal eher Sardellenpaste als einem Lebewesen?

Urteilen Sie selbst, ob die hier wiedergegebenen Hypothesen Früchte lichter Erkenntnis oder dunkler Verzweiflung sind. Falls Fische einen Sinn für Humor haben, müssen sie über manche der Theorien wohl lachen.

Obwohl vermutlich einer der mit Wind argumentierenden Erklärungsversuche der führende Kandidat ist, vermag keine Theorie alle beobachteten Fälle von Fischregen zufriedenstellend zu begründen – insbesondere nicht jene, die bei ruhiger Witterung eintreten. So haben wir, bis eine umfassende Erklärung bekannt wird, die Freiheit, unserer Phantasie zu erlauben, in die mythischen Dimensionen dieses merkwürdigen Phänomens einzutauchen bzw. aufzusteigen. Der mythischen Phantasie steht es frei, Fragen zu stellen, die unser praktisches, alltägliches Denken als peinlich empfände: Wenn Fische herabregnen, gehen sie dann auf Menschenfang – so wie Menschen sonst fischen zu gehen pflegen? Warum geben sich Fische nicht damit zufrieden, ihren Aufenthalt auf das wässrige Element zu beschränken? Ist Fischregen ein Indiz für einen elementaren Drang, die von der Schwerkraft auferlegten Grenzen zu überwinden? Haben Fische – wie Menschen – die Sehnsucht zu fliegen? Warten sie auf einen genügend kräftigen Aufwind, um sich in die Lüfte zu erheben, so wie ein Adler oder Falke sich eine Thermik suchen und von ihr emportragen lassen? Wenn sie uns schließlich auf Kopf und Windschutzscheiben fallen – versuchen sie damit, unsere Aufmerksamkeit auf sich zu ziehen? Sind Fälle von Fischregen eine Art Kurierdienst, durch den die Fische versuchen, uns eine Botschaft zu übermitteln? Wie könnte sie lauten? Wollen sie mit uns kommunizieren? *Kümmern* sie sich um uns?

Fischen und Kinder

Man könnte den Eindruck gewinnen, dass Fische sich *tatsächlich* um uns kümmerten, denkt man an den therapeutischen Nutzen, den Menschen davon haben, dass sie ihre Zeit mit Fischen verbringen.

Einige der besten Beschreibungen der gesundheitlichen Vorteile des Fischens finden wir in dem ausgezeichneten Buch *Pavlov's Trout* („Pawlows Forelle") von Paul Quinnett, der im Nordwesten der Vereinigten Staaten am Pazifik lebt. An einem warmen Frühlingstag des Jahres 1980 war er mit seinem mittleren Sohn an einem Forellenfluss im Osten des US-Bundesstaats Washington, als sich im Westen eine unheimliche schwarze Wolke zusammenbraute. Der Himmel wurde immer bedrohlicher, und eine pulvrige schwarze Substanz begann herabzuregnen.

„Au weia, Papa, wir werden von diesem Zeug noch lebendig begraben!", protestierte der Junge. „Wir sollten machen, dass wir von hier wegkommen. Das ist keine normale Wolke!"

Quinnett wusste, dass etwa hundertfünfzig Kilometer südwestlich von ihrem Forellenfluss der Atomreaktor von Hanford lag. Während sein Sohn schon sechs Forellen gefangen hatte, war ihm selbst kein Anglerglück beschieden. Falls Hanford explodiert war, so wurde ihm klar, könnte dies seine letzte Chance sein.

„Nur noch eine Forelle, bevor es zu dunkel wird, um etwas zu sehen", erwiderte Quinnett, als er eine Forelle aufsteigen sah und noch einmal auswarf.

Auf der Fahrt nach Hause erfuhren sie aus dem Radio von dem Ausbruch des Mount Saint Helens und dass in diesem Teil des Landes die Hölle los war. Während die Scheibenwischer die fallende Asche beiseite schoben, wandte sich die Unterhaltung natürlich den letzten Dingen zu – Leben, Tod und Unsterblichkeit. Quinnett, für den das Fischen und die Eschatologie nahe Verwandte waren, nutzte die Gelegenheit, seinem Sohn von einem Mann zu erzählen, der eines seiner Meinung nach guten Todes gestorben war.

„Ein *guter* Tod?", fragte sein Sohn nachdenklich. Was könnte am Tod gut sein? Der alte Mann, erklärte Quinnett, war ein Holzfäller, der wirklich fürs Angeln lebte. Als seine Frau gestorben war, verkaufte er das Haus und erwarb eine Waldhütte an der Pazifikküste von Washington. Er ließ der Natur freien Lauf, und bald war der Platz überwuchert von wilden Brombeeren, die zusammen mit Wild und Fisch zu seiner Ernährung beitrugen. Eines Tages, während er mit einem Freund im Regen angelte, bekam er eine gewaltige Stahlkopfforelle an den Haken. Er kämpfte lange mit ihr und watete schließlich hinaus, um den Fisch zwischen sich und das Ufer zu drängen. Schließlich, als er die Rute hoch gebogen hielt, unter der sich der herrliche silbrige Fisch im seichten Wasser wehrte, winkte er seinem Freund zu – und brach mit einem tödlichen Herzschlag zusammen. Seine letzten Worte waren: „Hol das Netz!"

Quinnett ist davon überzeugt, dass das Angeln heilbringend sein kann und unsere Chance, dem Allmächtigen ins Netz zu gehen, durchs Fischen größer wird. Er verdient, angehört zu werden. Er ist nicht nur ein begeisterter Angler, sondern auch eine Autorität, wo es um Drogenmissbrauch oder Suizid geht; wir haben ihm mehrere Bücher zu diesen Themen zu verdanken. Er leitet Erwachsenen-Angebote am kommunalen psychiatrischen Zentrum in Spokane, Washington, und ist Mitglied der klinischen Fakultät in der Abteilung Psychiatrie und Verhaltenswissenschaft an der medizinischen Hochschule der Universität Washington. Sein Buch *Pavlov's Trout* bewundere ich ungemein – und dies auch, weil es meines Wissens das einzige Buch über das Fischen ist, das einem *nicht* erklärt, wie man einen Fisch fängt.

Quinnett spricht voll Begeisterung über ein Drogenpräventionsprogramm namens „Hooked on Fishing – Not on Drugs" („Häng' an der Angel, nicht an der Nadel!"). „Dies könnte die aufregendste Drogenpräventionsbemühung sein, die jemals für Schulen und Gemeinden ersonnen wurde", sagt er. Das sehr gelobte Programm bietet einen Leitfaden für Lehrkräfte vom Kindergarten bis zur zwölften Klasse, in dem Aktivitäten und Lektionen für Kinder aller Altersstufen beschrieben werden. „Die Ziele sind einfach: Angele Kinder für einen gesunden, fürs ganze Leben geeigneten Sport, der die Prinzipien von Naturschutz, Sportlichkeit und ethischem Verhalten vermittelt und Stress abbaut, während er zwischenmenschliche Beziehungen fördert."[149]

Ein Vierzehnjähriger namens Matthew Deakins hatte die Idee für das Programm. Matthew sagte, er sei zu viel mit Angeln beschäftigt, um noch Zeit zu haben, mit Drogen herumzuspielen; das Fischen gebe ihm Zeit, „über Dinge nachzudenken". Vielleicht könnte das Angeln auch anderen Kindern helfen, von Drogen fernzubleiben. „Mir gefällt diese Aktion", sagt Quinnett. „Unsere Schulen bieten nur eine bestimmte Zahl von Plätzen in den Basketball- und Fußball-Mannschaften, nur einige Kinder spielen in der Band, und nur wenige von den allerhübschesten bilden die Cheerleader-Riege. Zwischen der Handvoll von Supersportlern an der Spitze, die Aufmerksamkeit auf sich ziehen, und den Unruhestiftern ganz unten, die Aufmerksamkeit suchen, steht die große Mehrheit der Kinder, die unser Schulsystem durchlaufen – Kinder ohne viel Anerkennung, Aufmerksamkeit, Zielsetzung oder Leidenschaft. In mancher Hinsicht sind diese Kinder am meisten gefährdet, mit Drogen zu experimentieren, sie zu missbrauchen und schließlich von ihnen abhängig zu werden."

Doch warum Angeln? Quinnett erklärt: „Fische fragen nicht, ob du begabt bist oder in einem Rollstuhl sitzt, ob du blind bist oder mager oder fett oder lang oder kurz oder auch welcher Hautfarbe. Das Angeln kann für *jedes* Kind sofort lohnend sein. Es gibt jedem ein ausgeglichenes Spielfeld und eine gleiche Chance ... Einen Fisch zu fangen, wird nicht ein High herbeiführen wie – oder besser als – Crack Cocain, aber der *Prozess,* durch welchen man ein Kind zum Angeln bringt, bringt etwas, das Drogen niemals bringen oder ersetzen können: Eine positive Beziehung zu einem anderen Menschen. Es ist diese Beziehung, nicht das Fischen an sich, was ein Kind retten kann."

Es gibt nur eines, was stärker ist als Drogen und Alkohol, versichert Quinnett, nämlich Liebe. Nicht nur sexuelle Liebe, sondern Menschenliebe, geschwisterliche Liebe, Elternliebe – jene Art von Liebe, die – so glaubt er – in einem Fischerboot oder am Ufer eines Wasserlaufs entwickelt und genährt werden kann.

Der einzige und Hauptgrund, warum junge Menschen Drogen in ihren Körper spritzen, schnupfen, schlucken oder inhalieren, sagt Quinnett, eine Autorität zum Thema Drogenmissbrauch und Rehabilitation, ist, dass sie sich selbst nicht besonders mögen. Kann Fischen da helfen? „Ja, ich denke, das kann es", sagt er, „denn das Fischen kann zu einer positiven Sucht werden." Warum sollte man eine Abhängigkeit durch eine andere ersetzen? Das ist einfach, sagt Quinnett: Drogen bringen einen um, das Angeln nicht. Obwohl man tatsächlich Schwierigkeiten haben könnte zu kontrollieren, wie oft man fischen geht, oder allzu fanatisch werden könnte über die Frage, wie scharf ein Angelhaken sein oder welche Form und Musterung eine Fliege haben sollte, oder sich zum zwanghaften Lügner entwickelt bei der Frage, wie viele Fische man gefangen hat oder bei Aussagen über den einen, der einem entwischt ist – doch diese Gewohnheiten zerstören einem nicht die Leber, Gehirn, Familie oder Freunde, bemerkt Quinnett augenzwinkernd. Stattdessen bereiten sie Kindern Freude und helfen ihnen, Selbstwertgefühl aufzubauen.

Für Quinnett jedenfalls ist das Angeln mehr als ein Werkzeug zum seelischen Wachsen und Reifen. Es ist letztlich ein spiritueller Pfad und potenziell ein Weg zu Antworten auf manche der großen Fragen des Lebens, zu denen er folgende zählt: „Was ist die Bestimmung des Menschen? Welches ist sein Platz im Kosmos? Was geschieht nach dem Tode? Warum entwischen die Großen?" Und schließlich: „Nägel mit Köpfen zu machen, darum geht es doch."

Im Geist der Forelle – ein veränderter Bewusstseinszustand

Ich kenne mehrere Fliegenfischer, die sich stolz „Fischköpfe" nennen. Das ist ihre Art zuzugeben, dass sie ihren Kopf ans Fischen verloren haben, dass sie buchstäblich verrückt nach dem Fischen sind. Für jeden, der diese Verrücktheit noch nie selbst erlebt hat, mag dies wie eine Übertreibung klingen. Aber das Fischen kann tatsächlich einen veränderten Bewusstseinszustand mit sich bringen, bei dem wir drei Merkmale unterscheiden können.

Erstens verlangsamt sich beim Angeln das subjektive Zeitempfinden – ein Merkmal von echter Meditation, Kontemplation und Gebet. Ein Kollege aus dem Fachbereich Onkologie entwaffnete mich einmal mit der Bemerkung: „Ich habe gerade herausbekommen, warum sich so viele meiner Patienten auf das Angeln verlegen, nachdem sie die Diagnose Krebs erhalten haben." Diese Erkenntnis kam ihm, als er am vorausgehenden Wochenende selbst angeln war, und er hatte sich dafür einen unangenehmen Sonnenbrand eingehandelt. „Wenn man so im Boot sitzt und nichts anderes tut, als darauf zu warten, dass ein Fisch anbeißt", sagte er, „zieht sich die Zeit in die Länge. Ich kann mir keine bessere Art und Weise vorstellen, die Tage zu verlängern. Das ist geradezu die perfekte Erholung für jemanden, der glaubt, er müsse sterben und seine Zeit sei begrenzt."

Der zweite wichtige Aspekt des veränderten Bewusstseinszustandes, den Fischer erleben, ist, dass sie die Dualität hinter sich lassen; sie hören auf, die Welt als separat oder „außerhalb" zu erleben. Das Wort *nichtdual* bedeutet „nicht zwei", was ein Empfinden von Einheit andeutet, Einheit mit allem, was es gibt. Millionen passionierter Angler und Anglerinnen kennen diesen Bewusstseinszustand „von innen", auch wenn sie ihn nicht mit diesen Worten beschreiben würden. Sie können so erfüllt sein vom Angeln und sich mit ihrer Tätigkeit so stark identifizieren, dass sie die Fische *werden* – und nicht nur die Fische, sondern auch das Wasser, die Wälder und die Berge, welche ebenfalls Teil ihres unmittelbaren Erlebens sind. Oft fühlt sich beim Angeln alles vollkommen und richtig an, und man fühlt sich selbst vereint mit allem, das ist. Dieses Erlebnis lässt einen wiederkehren – denn Fische ködern Angler.

Wer mit den Grundzügen der Mystik vertraut ist, wird erkennen, dass dieser Zustand dem des Einsseins ähnelt, nach dem der Mystiker strebt. Um ein ordentlicher Fischer zu werden, reicht es nicht, das Handwerkliche, das Mechanische des Auswerfens der Leine und der Auswahl der Fliege zu beherrschen. Man muss lernen, wie ein Fisch zu *denken* und mit dem Fisch zu *verschmelzen*. Deshalb entspricht der „Geist der Forelle" etwa dem „leeren Geist" im Buddhismus, in welchem man das Empfinden eines isolierten Selbst hinter sich lässt und in einen Zustand eintritt, der transpersonal und universell ist. Die *Fliege* der Fliegenfischerin ist eine perfekte Metapher für diese Transformation, weil sie beim Eintritt in den Geist der Forelle aufsteigt und sich über die Identifikation mit dem Selbst erhebt und in eine Einheit verliert, die artenübergreifend ist.[150]

Ich habe viele Augenblicke auf Forellenflüssen erlebt, in denen die ganze Welt verwandelt schien – zum Beispiel, als ich in einer frostigen grauen Morgendämmerung im Clarks Fork Yellowstone River im Grenzgebiet zwischen Montana und Wyoming stand und eine Ricke und ihr Kitz ans Ufer kamen, mich mit einem Blick begrüßten, ohne Scheu zu mir in den Bach traten, eine Portion von dem kristallklaren Wasser tranken, zum Abschied nickten und still in den Wald verschwanden. Und als ich in einem Wildwasser-Abschnitt des Pecos River im nördlichen Neumexiko angelte, als plötzlich die untergehende Sonne das Wasser in eine so blendende, überwältigende Flut von Gold und Türkis verwandelte, dass ich meinte, es müsse augenblicklich in Flammen aufgehen. Ein ähnliches Gefühl überkam mich eines Spätnachmittags in einer entlegenen Bergschlucht des Rio Mora, wo das Licht der Sonne niemals die Wasseroberfläche erreicht – an einem Ort, der so ursprünglich geblieben war, dass er Schauer durch meine Wirbelsäule schickte und mich daran erinnerte, dass es Plätze gibt, die so heilig sind, dass Menschen sie nicht betreten sollten. Es gab auch einen Bilderbuchtag, den ich an einem Nebenfluss des Yellowstone River in Wyoming verbrachte, während ein einzelner Büffelbulle in der Nähe graste. Nachdem ich eine große Cutthroat-Forelle an Land geholt hatte, kniete ich neben ihr auf einer Kiesbank und beseitigte behutsam und mit zitternden Händen die Fliege. Dann, überwältigt von einem Gefühl der Liebe zu diesem unbeschreiblich farbenprächtigen Fisch, hob ich ihn sanft mit beiden Händen auf und küsste ihn auf die Nase, bevor ich ihn in die wirbelnden Wasser zurückwarf. Als ich meinem Bruder später davon erzählte, verriet er mir, dass mein Handeln noch angemessener gewesen sein könnte, als mir wohl bewusst war, denn der wissenschaftliche Name dieser Regenbogenforelle, einer nahen Verwandte der Cutthroat-Forelle, laute *Oncorhynchus mykiss*[*].

Doch mein unvergesslichstes Angel-Erlebnis, neben dem alle anderen verblassen, ereignete sich an einem heißen Juli-Nachmittag, als Großmutter Dossey meinen Zwillingsbruder und mich zum ersten Mal zum Angeln mitnahm; wir waren damals vier Jahre alt. Als Oma aus heiterem Himmel verkündete, dass wir angeln gehen würden, waren wir perplex. Sie hätte uns ebenso gut sagen können, dass wir zusammen auf den Mond gehen würden, denn wir hatten nicht die geringste Vorstellung, was *Angeln* bedeute-

---

[*] mykiss entspricht in der deutschen Schreibweise "meinKuss" (Anm.d.Ü.)

te. Sie suchte Rohrstock, Schnur, Haken und Schwimmer zusammen, und schon machten wir uns auf den Weg, eine staubige Landstraße hinab. Unser Ziel war ein kleiner Teich unter einer schmalen Holzbrücke. Oma fing einen Grashüpfer, spießte ihn auf den Haken und hängte ihn ins Wasser. Der Korken verschwand augenblicklich, und mit blitzschnellem Reflex zog sie einen kleinen Mondfisch heraus. Mein Bruder und ich waren wie hypnotisiert und sprachlos. Nie zuvor hatten wir so etwas gesehen! Der Zauber, der junge Kinder betört, wenn sie das Angeln zum ersten Mal erleben, hatte von uns Besitz ergriffen und uns nie wieder verlassen. Als sich unsere Starre löste, ließ Oma uns selbst probieren. Am Ende des Nachmittags hatten wir beide Fische gefangen, und unsere Welt war ein für allemal verwandelt.

Ich gebe nicht vor, diese Kraft zu begreifen, aber sie hat gewiss etwas mit dem Unbewussten zu tun. Beim Fliegenfischen scheint sie am stärksten, wenn man im Wasser steht; Wasser ist ein Symbol für das Unbewusste. Symbolisch betrachtet, bedeutet Fliegenfischen also, im Geheimnisvollen zu stehen. Deshalb bezeichnet die Fotografin und Schriftstellerin Kitty Pearson-Vincent Fische als „nicht von dieser Welt ... Forellen sind wie Träume, die in dem schwer fassbaren Unbewussten schweben. Wenn man einen fängt, und sei es nur ganz kurz, bevor man ihn wieder freilässt, empfindet man etwas wie die Nähe einer kleinen Offenbarung, wie sie eintritt, wenn man in der Nacht erwacht und von den dunklen Pforten des Schlafes einen Traum erhascht."[151]

Dies bringt uns zu der dritten Verbindung zwischen dem Angeln und dem mystischen Erleben – zum Nichtanhaften, zum Ablassen von der Erwartung oder Forderung nach bestimmten Ergebnissen. Fliegenfischen lehrt uns Demut und erinnert uns immer wieder daran, das man Dinge und Ereignisse nicht erzwingen kann. Man wählt lediglich eine Fliege aus und präsentiert sie so geschickt wie möglich: Dann wartet man ergeben ab, was sich – ergibt. Das ist wie bei jedem guten Laborexperiment, das, richtig vorbereitet, eine respektvolle Einladung an die Natur ist, sich auf eine bestimmte Weise zu manifestieren.

Beim Fliegenfischen nehme ich diesen Einladungs-Aspekt ernst, und ich habe ein Ritual, das ich jedes Mal beachte, bevor ich die erste Schnur auswerfe. Wenn ich am Bachufer stehe, begebe ich mich in einen andächtigen Zustand, in welchem ich den Fischen mitteile, was ich vorhabe. Dann lade ich sie ein, daran teilzunehmen, wenn sie es wünschen, und sage ihnen, dass ich sie wieder freilassen werde, nachdem ich sie gefangen habe. Die meisten von ihnen, glauben Sie mir, lehnen meine Einladung ab.

Das Angeln mit Nichtanhaften zu assoziieren, mag als ein Widerspruch anmuten, weil doch viele von denen, die angeln gehen, stolz auf die Zahl und

Größe ihres Fanges sind. Doch zur Zeit kommt bei Fischern aller Disziplinen eine neue Ethik auf – „fange und lasse frei" –, die eine eindeutige Affinität zu dem mystischen Ideal des Nichtverhaftetseins aufweist. Auf diesem Wege erkennt die Anglergemeinde an, dass es beim Fischen etwas Wichtigeres gibt, als den Fang zu behalten. Vielleicht erkennen sie die Wahrheit in Henry David Thoreaus Maxime – „Viele gehen ihr Leben lang angeln, ohne zu wissen, dass es nicht Fisch ist, auf das sie aus sind." – und lassen dann ihren Fang wieder frei.

In *Fly Fishing through the Midlife Crisis* beschreibt Howell Raines, ein früherer Weißes-Haus-Korrespondent und politischer Journalist für die *New York Times,* wie er als Jugendlicher angelte, als er nur ein Ziel im Sinne hatte: Tonnage. Die Größe und Zahl der Fische, die er fing, waren alles. Als er jedoch älter wurde und zum Fliegenfischen überging, veränderte sich etwas. Und schließlich war es ohne Belang, ob er Fische fing oder nicht.

Das Nichtverhaftetsein beim Angeln scheinen Männer nur mit großer Schwierigkeit zu lernen, Frauen hingegen kommen anscheinend intuitiv an diesen Punkt. Dave Decker leitet das Angler-Resort „Complete Fly Fisher" in Wise River, Montana. Etwa die Hälfte seiner Kunden sind Frauen, und im August hat er eine Woche ausschließlich für Frauen reserviert. Er und seine Angelführer haben die Geduld der Frauen schätzen gelernt. „Männer messen Erfolg daran, ob sie einen dicken Fisch gefangen haben", sagt Decker. „Frauen kümmern sich nicht darum. Und raten Sie einmal, wer die Fische fängt?"[152]

Die Radiologin und Forschungswissenschaftlerin Kathryn Ann Morton ist so ein Fall. Sie kehrt jeden Sommer in die Anlage zurück, um ihre Fertigkeiten zu vervollkommnen. „Ich genieße es einfach, die Schnur auszuwerfen, mit der Präzision, die das erfordert, und ich habe meine Freude daran, ob ich etwas fange oder nicht", sagt sie. „Der Lohn liegt im Tun – obwohl es natürlich immer schön ist, eine große braune Forelle zu fangen." Ihre Geduld am Wasser scheint Morton aus ihrer Arbeit als professionelle Forscherin zu beziehen. „Ich verbringe meine Zeit mit Versuchen, verborgene Muster in komplexen Bildern zu finden", sagt sie. „Ein Aspekt beim Fliegenfischen, der mich anspricht, ist, dass ich Dinge sehen kann: Ich kann die Oberfläche des Wassers betrachten und sehe dabei winzige Veränderungen, die anzeigen, dass irgendwo darunter ein Fisch ist."

Vielen Menschen dient das Angeln auch als spirituelle Zuflucht oder als psychologischer Hafen oder Ankerplatz – ein Ruhepunkt, an dem sie zu Ausgeglichenheit und Wohlbefinden zurückfinden können. In seinem Buch *The Face of Battle* (dt. Ausg.: *Das Antlitz des Krieges)* schreibt der britische Militärhistoriker John Keegan, wie das Angeln diese Funktion selbst unter unwahrscheinlichsten Umständen erfüllte – im Krieg. Seit Mitte des 19. Jahrhunderts hat sich die Breite der Schlachtfelder so rapide ausgedehnt, dass kein General hoffen konnte, an aufeinander folgenden Punkten der Krise präsent zu sein, um seine Männer zu führen, wie Wellington es bei Waterloo einst tat. Die Hauptaufgabe eines Generals musste nun in seinem Büro erledigt werden, bevor die Schlacht begann. Vor dem ersten Weltkrieg war eine der populärsten Lektüren im britischen Heer eine Kurzgeschichte von General Sir Edward Swinton mit dem Titel „A Sense of Proportion". Die Hauptfigur war ein General, der offenbar nach dem Vorbild des legendären deutschen Generalfeldmarschalls Helmuth von Moltke gezeichnet war, „der, nachdem er seine Verfügungen am Vorabend der Schlacht getroffen hatte, die Zeit während des Kampfgeschehens damit verbringt, Fliegen nach Forellen auszuwerfen, gelassen in der Gewissheit ... dass er alles getan hatte, was er konnte."

Mir ist bewusst, dass die Analogien, die ich zwischen dem Fliegenfischen und religiösem oder spirituellem Erleben gezogen habe, für manche Menschen eine Zumutung sind; viele Leser werden denken, ich litte unter einer überhitzten, überschäumenden Phantasie. Andere teilen den trüben Blick auf das Angeln im Allgemeinen und empfinden meine Sicht als spirituell nicht korrekt. Jene, die das Angeln für ein Anzeichen einer spirituellen Bankrotterklärung halten, bitte ich, einen weiteren Blick aus einer anderen Perspektive darauf zu werfen. Das Angeln wurde im Laufe der Geschichte schon immer als ein legitimes spirituelles Bemühen betrachtet. Kein geringerer Meister als Jesus Christus empfahl es einst: „Geh an den See", hieß er Petrus bei einer Gelegenheit, „und wirf die Angel aus; den ersten Fisch, den du heraufholst, den nimm." Jesus als Angellehrer.

Die Literatur zum Angeln

Weil das Angeln ein beseligendes Erlebnis sein kann, ist es bekanntlich schwierig zu beschreiben. Ich vermute, dies ist der Grund, warum der größte Teil der Literatur zum Thema so trostlos ist. Die Welt des Angelns hat noch keinen Shakespeare hervorgebracht – was uns Übrigen die Freiheit lässt, unbeholfen weiter und weiter über dieses unerklärliche Unterfangen zu lästern. Dies erklärt vielleicht – wie Howell Raines feststellt –, warum es über das Fischen fünftausend Bücher in englischer Sprache gibt – was zugleich die umfangreichste Literatur über eine Sportart überhaupt ist – und warum jeder gute Anglerladen heutzutage auch Bücher im Angebot hat.

Das Angeln ist stets in Gefahr, romantisiert zu werden, und die Egos seiner Anhänger können sich unerträglich aufblähen. So überrascht es nicht, dass das Angeln und die Angler für Satiriker schon immer eine leichte Beute gewesen sind. Eine typische Tirade wird sowohl Samuel Johnson (1709-1784) als auch Jonathan Swift (1667-1745) zugeschrieben: „Fliegenfischen mag ein angenehmer Zeitvertreib sein; aber beim Angeln oder Schwimmerfischen vermag ich nur einen Stock mit einem Bindfaden zu sehen, mit einem Wurm am einen Ende und einem Narren am anderen."

Nicht jeder ist so zynisch. Der Romanautor Robert Traver spricht in seinem „Testament eines Anglers" auch den spirituellen Aspekt der Tätigkeit an:

> Ich angele, weil ich es liebe; weil ich die Umgebungen liebe, in denen Forellen zu finden sind – sie sind ausnahmslos schön –, und die Umgebungen verabscheue, wo Menschenmassen zu finden sind – sie sind ausnahmslos hässlich –; weil ich dabei allen Fernseh-Werbespots, Cocktailpartys und aller Art von gesellschaftlichen Getue entkomme; weil mein Angeln – in einer Welt, in der die meisten Männer ihr Leben damit verbringen, Dinge zu tun, die sie hassen – eine endlose Quelle des Entzückens und zugleich ein kleiner Akt der Rebellion ist; weil Forellen nicht lügen oder betrügen und sich durch Macht nicht kaufen oder bestechen oder beeindrucken lassen, sondern nur auf Stille, auf Demut und auf endlose Geduld ansprechen; weil ich den Verdacht habe, dass die Menschen diesen Weg zum letzten Mal beschreiten, und ich für meinen Teil die Reise nicht vergeuden will; weil es an Forellengewässern barmherzigerweise keine Telefone gibt; weil ich nur in den Wäldern allein sein kann, ohne einsam zu sein; weil Bourbon aus einem alten Zinnbecher dort draußen immer besser schmeckt; weil ich vielleicht eines Tages eine Meerjungfrau fangen werden; und schließlich nicht, weil ich das Fischen für so schrecklich wichtig halte, sondern weil ich den Verdacht hege, dass so viele Belange der Menschen gleichermaßen unwichtig sind – und nicht annähernd so viel Vergnügen bereiten.

Das Angeln zum Selbstschutz

Die Angst vor Flüchen und Verwünschungen ist uralt, und die Methoden zum Schutz vor den bösen Absichten anderer Menschen sind mannigfaltig. Auf den ersten Blick erscheinen viele von ihnen verrückt. Manche jedoch dürften bei genauerer Betrachtung eine rationale Basis haben, darunter auch bestimmte Methoden, die mit dem Fischen in Verbindung stehen.

Denken Sie an den uralten Glauben, dass man durch Überqueren fließenden Wassers eine Hexe von ihrem Vorhaben abbringen könne. Als ich zum ersten Mal über diese Schutzmaßnahme las, wanderten meine Gedanken zum Flie-

genfischen an einem Bach in den Bergen, den man im Laufe des Tages viele Male durchquert. Das Wasser ist kristallklar, die Szenerie majestätisch, die Luft erfrischend. Ich fühle mich in dieser Umgebung so erbaut, dass ich die Gewissheit empfinde, *allem* Negativen widerstehen zu können – einschließlich dem Einfluss von Hexen, falls diese existieren. Immer Ausschau haltend nach einem (weiteren) Grund, zum Fliegenfischen zu gehen, habe ich großes Vertrauen in diese Methode des Schutzes entwickelt und wende sie an, wann immer ich kann.[153]
Mehr als nur Vernunfterwägungen könnten hier eine Rolle spielen. Wir wissen heute, dass eine positive Einstellung und körperliche Bewegung eine Heerschar von leib-seelischen Ereignissen in Gang setzt, die unsere Immunfunktion anregen und unsere kardiovaskuläre Gesundheit und Leistungsfähigkeit steigern können. Vielleicht locken uns bestimmte Aktivitäten wie Wandern und das Überqueren von Gebirgsbächen, weil wir über Generationen gelernt haben, dass sie irgendwie gut für uns sind. Gebirgsbäche zu überqueren, macht uns gesünder, kräftiger, widerstandsfähiger – „geschützter".[154]

Die Geschlechter und das Angeln

Aufgrund seines Buches *The Compleat Angler,* publiziert in England 1653 (dt. Ausg.: *Der vollkommene Angler oder eines nachdenklichen Mannes Erholung),* betrachten die meisten Menschen Izaak Walton als den Vater der Angelei. Die erste bekannte Abhandlung über das Thema in englischer Sprache wurde jedoch um 1496 von einer katholischen Nonne, Dame Juliana Berners, geschrieben, bei der Walton viele Anleihen gemacht (manche sagen: gestohlen) hat. Dame Juliana schrieb „Treatyse on fysshinge wyth an Angle", ein Kapitel in *The Boke of St Albans.* Somit hat das Angeln keinen Vater, sondern eine Mutter, und eine geistliche noch dazu. „Alles Schreiben über das Angeln geht auf Dame Juliana zurück", stellt Howell Raines in *Fly Fishing through the Midlife Crisis* fest. „Gelehrte, zumeist männliche, haben ihre Urheberschaft kürzlich in Frage gestellt. Dies können wir vielleicht auf Neid zurückführen, da nur wenige Autoren die Urfreude an diesem Sport besser zum Ausdruck gebracht haben." Dame Juliana lieferte auch die ersten schriftlichen Anleitungen zum Fliegenbinden auf britischem Boden.
Raines listet noch weitere wichtige Frauen in der Geschichte des Angelns auf. Die erste Amerikanerin, die erforschte, wie man Wasserinsekten nachbilden kann, indem man fliegenähnliche Gebilde band, war Sara J. McBride aus Rochester, New York. Sie schrieb im Jahre 1876 über ihre Experimente mit Nymphen in ihrem häuslichen Aquarium – dreizehn Jahre bevor es Theodore Gordon, dem „Vater" des amerikanischen Fliegenfischens, gelang,

seine erste braune Seeforelle zu fangen, und drei Viertel eines Jahrhunderts bevor Ernest Schwiebert mit *Matching The Hatch* berühmt wurde, einem seit 1955 Maßstäbe setzenden Standardwerk. Mary Orvis Marbury, die Tochter von C. F. Orvis, der die moderne Fliegenrolle erfand und dessen Firma heute zu Recht berühmt ist, war für die Fliegenbinderei des Geschäfts verantwortlich und veröffentlichte 1892 das bahnbrechende Buch *Favorite Flies and Their Histories*. Carrie Stevens, eine Amerikanerin, erfand in den 1920er Jahren das Streamer-Fischen (mit künstlichen, größeren und schweren Ködern, die eher Köderfische imitieren als Insekten), und die Muster, die sie erschuf, sind noch heute sehr geschätzt. Joan Wulff, die an ihrer Schule am Beaverkill River in Lew Beach, New York, Frauen unterrichtet, ist zur Zeit die Grande Dame des Fliegenfischens. Sie ist die einzige Frau, die jemals einen nationalen Wettbewerb im Weitwerfen gegen ausschließlich männliche Konkurrenz gewonnen hat.

Viele Menschen denken stereotyp, das Angeln sei „Männersache". Doch von den dreiundfünfzig Millionen Menschen, die in den Vereinigten Staaten angeln, sind achtzehn Millionen Frauen; zweihunderttausend von ihnen fischen regelmäßig.

Das Angeln und die Liebe

Der englische Dichter John Donne (1572-1631) sprach in seinem überschwänglichen Gedicht „The Bait" („Der Köder") in einem Atemzug vom Angeln und der romantischen Liebe:

> Komm, leb mit mir und werde mein,
> dass neue Freuden unser sein
> von goldnem Sand, kristallner Flut
> und Silberhaken, Seidengut.

Eine ähnliche Stimmung leuchtet aus Renoirs Gemälde „Der Angler", auf dem ein junger Mann – korrekt gekleidet, mit Mantel, Binder und Hut – an dem üppig bewachsenen Ufer eines Flüsschens angelt, während eine prachtvoll gekleidete Frau (Freundin? Ehefrau? Geliebte?) daneben sitzt und näht oder liest. Das impressionistische Gemälde ist in weichen Farben und Pinselstrichen gestaltet, wie sie für Renoir typisch sind, und zeigt, dass Angeln ein Medium für Harmonie und Liebe sein kann.

Meine Erfahrung bestätigt mir, dass Renoir recht hat. Obwohl Barbara, meine Frau, noch nie eine Fliegenschnur ausgeworfen und auch kein Interesse hat, es zu lernen, waren wir seit drei Jahrzehnten an Bächen und Seen auf dem ganzen Kontinent gemeinsam fischen. Sie ist eine fruchtbare Autorin und nimmt auf unseren Ausflügen oft eine kleine Bibliothek und Schreibmaterial mit. Einige ihrer kreativsten Durchbrüche als Schriftstellerin erlebten wir an solchen Schauplätzen. Barbara ist auch eine versierte Stickerin und hat manche ihrer schönsten Handarbeiten in spektakulären Umgebungen an alpinen Seen und Bächen angefertigt. Das Fliegenfischen war immer ein Katalysator für eine besondere Nähe zwischen uns. Daher weiß ich, dass Donne nicht übertrieben und Renoir es genau richtig getroffen hat.

„Jetzt kann er mich haben."

Ich kenne einen abgelegenen Gletschersee in einer sehr ursprünglichen gebirgigen Gegend mitten im Bundesstaat Idaho, der für mich alle Eigenschaften hat, die ich vom Himmel erwarte. An seinen Ufern liegen Felsen von Hausgröße, und er ist auf drei Seiten von granitenen Felswänden und Gipfeln umringt, an denen Adler ihre Horste gebaut haben. Seine kristallklaren Wasser bevölkern Cutthroat-Forellen, die mich über die Jahre viel stärker gelockt haben als ich sie. Ihre Leiber haben mich auf dem Weg über ein Lagerfeuer schon einige Male genährt. Wenn ich dereinst sterbe, hoffe ich, diese Geste zu erwidern, indem ich meine Asche an diesen Gewässern verstreuen lasse und damit in die Nahrungskette der heiligen Cutthroats eingehe – und wirklich zur Forelle werde.

Jahrelang habe ich geglaubt, dieser Wunsch sei eine Idiosynkrasie, doch er könnte weiter verbreitet sein, als ich dachte. Im *Fly Fisherman*, der Zeitschrift für Fliegenfischer, schrieb Nick Lyons über einen Freund, der auf seinem Weg zum Angeln an einem abgelegenen Fluss in Neuengland immer an einer bestimmten Brücke Halt machte.[155]

Als er Anfang Fünfzig war, hatte der Mann in etwa sechs Metern Entfernung, in der Nähe des ersten Stützpfeilers etwas gesehen, das, wie er glaubte, der zitternde Schwanz einer gigantischen Bachforelle war – doch es könnte auch einfach eine Pflanze oder ein Schatten gewesen sein. Im Jahr darauf sah er es deutlich: Eine sechs- bis achtpfündige Bachforelle, vielleicht 65 Zentimeter lang – die größte Forelle, die er in einem Fluss im Osten je entdeckt hatte. Er watete in das Wasser und versuchte, eine Fliegenschnur zu werfen, aber die Strömung vereitelte sein Vorhaben. Er wusste, dass er auf die Brücke steigen und versuchen könnte, den großen Fisch mit einem Köder zu fangen, oder er könnte einen Metallköder auswerfen, um sie zu erbeuten, doch keine dieser Optionen war für ihn akzeptabel.

Jedes Mal, wenn der Mann in dem Fluss fischte – drei oder vier Mal in jeder Saison –, stand er still und starrte auf jenen Fleck unbewegten Wassers.

Es wurde ihm zum Ritual. In der Zwischensaison träumte er oft von dem Fisch und ersann neue Strategien, doch keine davon war erfolgreich. Der Fisch war zwei Jahre lang da, dann war er verschwunden; doch er kam wieder zurück. Zehn Jahre lang ging das so, und der Angler gelangte allmählich zu dem Schluss, dass es wahrscheinlich nicht mehr derselbe Fisch war, den er betrachtete. Die ursprüngliche Bachforelle – sie war schon alt gewesen, als er sie zum ersten Mal erblickte –, war inzwischen gewiss gestorben, und an ihre Stelle war ein anderer sehr großer Fisch getreten.

Der Mann wurde es nie müde, an den Fisch zu denken, ihn zu besuchen und ihn nicht zu fangen. Schließlich wurde er selbst alt und ging seltener zum Angeln, weil die Arthritis ihn plagte. Doch dies führte dazu, dass er noch mehr an seinen Fisch dachte, „den ersten und seine Nachfolger, die über sich hinauswuchsen und zu *einem* Tier verschmolzen, und eine Art Symbol für ihn wurden". Im Juli 1997 sah er ihn zum letzten Mal.

Der Mann erklärte, er werde nie wieder angeln gehen. Er hatte Krebs bekommen, der sich rasch ausbreitete. Seiner Frau teilte er mit, dass er kremiert werden wolle und den Wunsch habe, dass ein Freund seine Asche auf der stromaufwärts gelegenen Seite jener Brücke ausschütte, so dass die Strömung sie zu der großen Forelle trüge:

„Jener Fisch bereitete mir über Jahre hinweg so viel Freude – wenn ich an ihn dachte, wenn ich nach ihm Ausschau hielt und wenn ich eine Fliege in Richtung jenes Stützpfeilers auswarf. Jedes Mal auf meinem Weg dorthin war ich von Hoffnung erfüllt, und wenn ich ihn gesehen hatte, kehrte ich strahlend zurück …" Er hielt einen Moment inne. „Wir waren wirklich miteinander verbunden, weißt du."

Sein Freund bestätigte, dass er ihn verstand.

„Und jetzt, da ich ihn nicht haben konnte, kann er mich haben."

TEIL DREI
NICHTLOKALITÄT

EINFÜHRUNG

Bei manchen Dinge dauert es ein wenig, bis man sich an sie gewöhnt. Denken Sie zum Beispiel an Internet und E-Mail. Obwohl ich mir heute kaum vorstellen kann, ohne sie auszukommen, habe ich mich dem Anschluss jahrelang widersetzt und meine Vorbehalte auf hunderterlei Weise mit Vernunftgründen untermauert. Ich konnte schon meine normale Post kaum bewältigen; warum sollte ich die Dinge komplizieren, indem ich einen weiteren Korrespondenzstrom zuließ? Zudem erschien mir die Vorstellung von elektronischem Nachrichtenversand unpersönlich und entmenschlichend; warum sollte ich die Qualität meiner Interaktion mit Freunden reduzieren? Die meisten meiner Kollegen, die sich bereits auf E-Mails verließen, lachten über meine Weigerungen, schalten mich realitätsfremd und drängten mich, den Sprung zu wagen. Schließlich knickte ich ein. Innerhalb einer Woche fand ich heraus, dass alle meine Voreingenommenheiten falsch waren. Die E-Mail brachte mich meinen Freunden tatsächlich näher und machte meine Arbeit effizienter, und das Internet eröffnete Quellen der Information, von deren Existenz ich gar nichts gewusst hatte. Doch keines der früheren Argumente meiner Freunde für die elektronische Kommunikation hatte mich überzeugen können; ich musste E-Mail und das Internet selbst erleben, damit sie für mich Wirklichkeit wurden.

Mit der Nichtlokalität oder Grenzenlosigkeit des Geistes, mit der wir uns jetzt befassen werden, ist es ähnlich. Die Vorstellung, dass der Geist grenzenlos sein könnte, erscheint so vernunftwidrig, so irrational, dass wir es persönlich erleben müssen, damit sie uns einleuchtet.

Nichtlokal bedeutet buchstäblich „nicht örtlich" – das heißt nicht hier und nicht jetzt. In der Welt der Physik hat *Nichtlokalität* eine spezielle Bedeutung und wird gebraucht, um subatomare Teilchen, wie Elektronen und Photonen, zu beschreiben, wenn diese sich verhalten, als wären sie nicht auf spezifische

Punkte in Raum und Zeit begrenzt – wenn sie überall gleichzeitig auftreten und sich nicht durch die Zeit zu bewegen scheinen. Jahrtausendelang haben Menschen beobachtet, dass sich Bewusstsein oft ähnlich verhält – als wäre es ebenfalls unbegrenzt in und durch Raum und Zeit. Zum Beispiel hört man Menschen häufig berichten, dass sie etwas wussten, schon bevor es geschah, oder dass sie Information über große Entfernungen und über die Reichweite ihrer Sinne hinaus erlangten. Solche Phänomene hat man Hellsehen, Telepathie und Präkognition genannt – Erscheinungsformen der sogenannten außersinnlichen Wahrnehmung, abgekürzt ASW. In unserer modernen Zeit sind Ereignisse dieser Art weitgehend ausgeblendet worden, weil die Wissenschaft an einem lokalen Begriff des menschlichen Geistes festhält: Geist ist nur innerhalb des Körpers und im jetzigen Augenblick tätig, was die Möglichkeit nichtlokaler mentaler Ereignisse von vornherein ausschließt.

Angesichts unserer erschreckenden Unwissenheit über die Natur des Geistes sollten wir jedoch vorsichtig sein mit Aussagen darüber, was er kann und was er nicht kann. Niemand kennt wirklich den Ursprung des Bewusstseins oder sein Schicksal nach dem Tod oder weiß, wie es mit dem Gehirn interagiert. Tatsache ist, dass es sich bei der lokalen Sicht des Geistes um eine bloße Annahme handelt, um einen tief verwurzelten Glauben, der uns in Anbetracht der heute bekannten Indizien ein falsches Bild davon vermittelt, wer wir sind.

Als ich, kurz nachdem ich Arzt geworden war, begann, die nichtlokale Natur des Bewusstseins zu erkunden, glaubte ich, mich lediglich auf eine intellektuelle und philosophische Übung einzulassen. Als ich mich jedoch der faktischen wissenschaftlichen Evidenz zu Gunsten der Idee öffnete, dass der Geist über den Körper hinaus agieren kann, fing ich an, persönliche Erlebnisse zu haben, die diese Sicht bestätigten. Drei Mal hatte ich präkognitive Träume, die detaillierte klinische Ereignisse offenbarten, die tatsächlich erst später eintraten. In dem komplexesten Fall träumte ich von Begebenheiten, die einen kranken Patienten betrafen, dem ich erst am nächsten Tag begegnen sollte. Der Traum war überaus spezifisch, bis in die kleinsten Einzelheiten, und konnte kaum einem bloßen Zufall entsprungen sein.[156] Bald wurde mir klar, dass meine Fragen über die Natur des Geistes nicht nur intellektuelle Gedankenspiele waren; sie hatten durchaus weitreichende, praktische Konsequenzen für die Gesundheit und das Heilen.

Wie mir meine Konfrontation mit E-Mail und Internet zeigte, bedarf es persönlicher Erlebnisse, damit der nichtlokale, unendliche Geist Wirklichkeit für uns wird. Aber auf welche Weise? Wie sich herausstellte, ist es tatsächlich nicht allzu schwierig. Diese Ereignisse sind für Milliarden von

Menschen weltweit bereits ein Teil des Lebens. Oft begegnen sie uns als Aspekt einer spirituellen Disziplin wie Meditation oder Gebet. Und sie wählen uns aus, ob wir bereit für sie sind oder nicht. Dies belegt eine 1987 durchgeführte Umfrage des nationalen Meinungsforschungszentrums der Universität Chicago, die ergab, dass 67% der Amerikaner bereits nichtlokale mentale Erlebnisse wie Hellsehen, Telepathie und Präkognition hatte. Befragungen in ganz Nordamerika, Großbritannien, dem Nahen Osten, Brasilien, Asien und Australasien zeigen ähnliche Ergebnisse: Mehr als die Hälfte der Bevölkerung hat solche Dinge bereits selbst erlebt.[157]

Wie jene Blinden, die unterschiedliche Teile des Elefanten betasten und infolge ihrer begrenzten Wahrnehmung zu unterschiedlichen Beschreibungen des Tieres gelangen, ergeben unterschiedliche Blickwinkel auf den Geist einander widersprechende Bilder. Aus diesem Grunde stimmen Philosophen, Neurowissenschaftler, Physiker, Schamanen, Spiritualisten und Theologen in Bezug auf Aussagen über die Natur des Bewusstseins fast niemals überein: Sie betrachten unterschiedliche Ausdrucksformen des Bewusstseins isoliert. Es ist wahr, dass jeder Zugang zu unserem Verständnis des Geistes etwas Wertvolles beitragen kann, aber wir irren, wenn wir einen einzelnen Zugang für umfassend halten. An diesem Punkt haben wir in der Medizin im Laufe des 20. Jahrhunderts eine falsche Richtung gewählt – und betrachten nun „Geist-ist-Gehirn" als das umfassende Bild. Dies hat uns dazu gebracht, die Möglichkeit zu verneinen, dass der Geist nichtlokal – über das Gehirn hinaus – tätig sein kann und seine nichtlokale Tätigkeit die menschliche Gesundheit zu beeinflussen vermag.

Wenn wir jetzt die unendliche Reichweite des Geistes untersuchen, wollen wir anerkennen, dass es an dieser Sichtweise nichts Neues gibt. Dieses Bild des Bewusstseins finden wir in den großen spirituellen Traditionen seit Beginn der überlieferten Geschichte. Neu jedoch ist, wie wir sehen werden, die Wissenschaft, die eine solche Sicht unterstützt, und die Evidenz, dass der nichtlokale, unendliche Geist des Menschen Gesundheit und Heilung beeinflusst.

Das nichtlokale Bild des Bewusstseins ist eine der erhabensten und herrlichsten Sichtweisen des Geistes, die wir fassen können: Geist ist unendlich, Geist ist unsterblich. Dies sehen wir uns jetzt näher an.

10

WAHRNEHMUNG ÜBER RAUM UND ZEIT HINWEG

> Da schaute ich das Sinnbild eines Geistes,
> der von Unendlichkeit sich nährt.
>
> WORDSWORTH, THE PRELUDE

Eines Morgens, als ich in meinem Sprechzimmer in der Dallas Diagnostic Association saß, klopfte eine Patientin an die Tür, und ohne meine Antwort abzuwarten, schob sie sich an der Schwester vorbei und kam herein. Sie war eine intelligente Frau mittleren Alters und in ihrem Beruf überaus erfolgreich. Ich hatte sie schon seit Jahren betreut und zählte sie zu meinen Freunden. Sie war beunruhigt und den Tränen nahe. Ohne Zeit mit Förmlichkeiten zu vergeuden, kam sie zur Sache

„Ich brauche Ihre Hilfe", sagte sie. „Letzte Nacht hatte ich einen Traum, in dem ich drei kleine weiße Flecken auf meinem linken Eierstock sah. Ich habe Angst, dass es Krebs ist."

Das war alles – keine Symptome, nur ein beunruhigender Traum. Aufgrund meiner eigenen beunruhigenden Traumerlebnisse, die ebenfalls mit Gesundheit zu tun und sich auf unheimliche Weise als prophetisch erwiesen hatten, war ich von ihrem Bericht fasziniert. Wir gingen ins Untersuchungszimmer. Die Untersuchung blieb ohne Befund, was der Patientin jedoch kein Trost war.

„Der Traum war einer der lebhaftesten, die ich je hatte", sagte sie. „Ich kann ihn nicht einfach abtun. Ich weiß, dass etwas nicht stimmt."

„Lassen Sie uns eine Ultraschalluntersuchung und ein Bild von Ihren Eierstöcken machen", schlug ich vor.

Sie stimmte eifrig zu, und ich begleitete sie in die radiologische Abteilung hinunter, wo ich sie einem eher sachlichen Kollegen vorstellte, der über ein hervorragendes technisches Geschick verfügte. Als der Radiologe sie nach ihrem Anliegen fragte, schilderte sie ohne zu zögern ihren Traum – drei kleine weiße Flecken auf dem linken Eierstock. Er war nicht gerade entzückt von diesem klinischen Leckerbissen und warf mir einen unmissverständlichen „Du-machst-wohl-Witze!"-Blick zu. Es war offensichtlich, dass er zum ersten Mal eine Untersuchung aufgrund eines Traumes durchführte. Gleichwohl ließ ich die Patientin bei ihm und kehrte in mein Sprechzimmer zurück, um mich um die anderen Patienten zu kümmern.

Keine Stunde später kam der Radiologe zu mir herauf. Die Tatsache, dass er den Ultraschallbefund selbst brachte, ließ darauf schließen, dass er etwas Interessantes festgestellt hatte – ein schlechtes Zeichen. Überdies war er nervös und blass, als hätte er ein Gespenst gesehen.

„Was, um Himmels Willen, ist denn passiert?", fragte ich. „Was haben Sie gefunden?"

„Drei kleine weiße Flecken", stammelte er. „Auf ihrem linken Eierstock."

„Krebs?"

„Nein. Es sind nur Zysten, völlig harmlos."

„Genau das, was sie in ihrem Traum gesehen hatte?", rieb ich ihm unter die Nase.

„Ja", räumte er ein, „genau das, was sie in ihrem Traum gesehen hatte."

Zufall?

Wer solchen Dingen skeptisch gegenübersteht, wird nun sagen, dass die Tatsache, dass meine Patientin im Traum drei kleine weiße Flecken auf ihrem linken Eierstock gesehen hatte, die sich als echt erwiesen, ein glücklicher Zufall gewesen sei, wie er zuweilen vorkommt. Es war alles eine Koinzidenz – ein bedeutungsloses, zufälliges Zusammentreffen von ansonsten nicht zusammenhängenden Ereignissen. Vorkommnisse wie dieses *müssen* zufälliger Natur sein – so die Skeptiker –, weil Menschen weder ins Innere ihres Körpers noch in die Zukunft sehen können.[*]

Außerdem, argumentieren die Skeptiker, erinnern wir uns nur an die Glückstreffer unter unseren Träumen und vergessen jene, die sich nicht bezahlt machten, und so entstehe die Illusion, wir könnten durch Träume Wissen erlangen. Würden wir die erinnerten Treffer statistisch mit den vergessenen Fehlschüssen vergleichen, sähen wir, dass hier nichts Bemerkenswertes vorgefallen ist und „wahre" Träume lediglich zufällige Ereignisse sind.

Doch dieser Gedankengang ist allzu oberflächlich. Es ist einfach nicht korrekt, dass Menschen sich nur an Träume erinnern, die sich bewahrheiteten.

---

[*] Vgl. dazu auch das jüngste Werk des Verfassers: *Ich habe es geahnt! Wie Vorahnungen sich bestätigen und unser Leben bestimmen*, Amerang 2011.

Zudem ist es anmaßend und arrogant, wenn ein Individuum erklärt, dass Ereignisse im Leben eines anderen kein Muster, noch Zusammenhang oder Bedeutung besäßen. „Sinnometer" gibt es nicht, und so ist die Wahrnehmung von Mustern und Zusammenhängen – auch jener in Träumen – ungemein subjektiv. Was für die eine Person sinnlos ist, mag für eine andere höchst bedeutsam sein. Darüber hinaus sind manche Menschen geschickter darin, einen inneren Sinn wahrzunehmen, während andere es in dieser Hinsicht schwerer haben: Sie sind außerstande, Zusammenhänge und Muster auszumachen, selbst wenn sie ihnen direkt vor der Nase stehen.

Ein Sprichwort sagt: „Alles, was zählt, kann man nicht zählen." Selbst wenn Dinge gezählt und statistisch analysiert werden *können,* ergibt sich oft ein falsches Bild. Dies trifft nirgends mehr zu als bei der nichtlokalen Fernwahrnehmung, besonders in Träumen. Wären zum Beispiel, wie es der Statistik entspräche, dem Traum meiner Patientin über ihren linken Eierstock mehrere Träume gefolgt, die falsch lagen, so wäre der eine korrekte Traum, technisch gesehen, ohne Belang und dem Zufall zuzuschreiben. Doch die Patientin selbst würde niemals bestätigen, dass ihr Traum bedeutungslos und eine rein zufällige Angelegenheit gewesen sei – und kein Statistiker der Welt könnte das Gegenteil beweisen. Der Grund ist, dass die Erlebnisse des Menschen oft einzigartig und so selten und spezifisch sind, dass sie die Idee der statistischen Signifikanz ad absurdum führen. Einem bedeutenden Athleten gelingt es zum Beispiel unter den Hunderten von Wettrennen, an denen er im Laufe des Lebens teilnimmt, nur ein einziges Mal, eine Meile in vier Minuten zu laufen. Eine mathematische Analyse würde dieses singuläre Ergebnis für statistisch unbedeutend erklären und dem Zufall zuschreiben. Aber der Athlet weiß natürlich, dass seine Leistung nicht auf Zufall beruhte, sondern die Frucht jahrelangen fleißigen Trainierens war. Als er die Ziellinie überquerte, war weit und breit kein Zufall in Sicht. Er wäre wahrscheinlich wütend geworden, wenn ihm dort ein Statistiker begegnet wäre, der seinen Lauf als belanglos abtat, weil so etwas „zuweilen vorkommt". Auch beim Analysieren der Signifikanz von Träumen stößt der statistische Ansatz an seine Grenzen. Doch ungeachtet dieser Unzulänglichkeiten bleibt die Statistik eine der bevorzugten Waffen der Traum-Klatscher.

Viele in den Gesundheitsberufen Tätige lehnen die Signifikanz von Träumen ab, als ob sie sie verständen, doch das ist überwiegend intellektuelle Angeberei. Das wissenschaftliche Verständnis von Träumen ist außerordentlich begrenzt. James Pagel, M.D., der Vorsitzende der Traum-Abteilung der Amerikanischem Gesellschaft für Schlafstörungen, sagt: „[Das Träumen ist] immer noch eine sehr begrenzte Wissenschaft. Wir wissen nicht einmal, warum die Menschen schlafen, ganz zu schweigen davon, warum sie träumen."[158]

Angesichts unserer erschreckenden Unwissenheit über Träume scheinen Vorurteile der Hauptgrund für die Ablehnung ihrer Signifikanz zu sein. Die meisten Therapeuten sind in einer Weltanschauung verwurzelt, die nicht zulässt, dass Träume tatsächliche Ereignisse offenbaren. Könnten Träume krankhafte Vorgänge in unserem Körper anzeigen oder Erkrankungen vorhersagen – so fürchten jene Behandler –, würde die Medizin auf Wahrsagerei und Prophetie reduziert. Dies illustriert das Beispiel des Radiologen, der den Traum meiner Patientin für verrückt hielt. Der herausragende Biologe Theodosius Dobzhansky (1900-1975) charakterisierte die Situation so: „Kein Beweis ist mächtig genug, um die Akzeptanz einer Schlussfolgerung zu erzwingen, die emotionell als unangenehm empfunden wird."[159]

Indem wir Träume ablehnen, stellen wir uns in einen Widerspruch zu unserer eigenen Geschichte. Griechische Ärzte, die die Grundlagen für die heutige Medizin legten, setzten im Asklepieion, ihrem Tempel der Heilung, wie selbstverständlich auf die Träume ihrer Patienten, um Einsichten in die Natur der Erkrankung zu erlangen. Die meisten modernen Ärzte betrachten dies als einen Makel auf der antiken griechischen Medizin – nichts, das man ernst nehmen sollte.

Die größten Stolpersteine für uns moderne Menschen sind unsere Annahmen über die Natur des Geistes und die Art und Weise, wie wir Informationen erlangen. Träumen eine Bedeutung zuzuschreiben, setzt voraus, dass wir uns von dem Diktum lösen, Dinge nur durch Vermittlung unserer physischen Sinne erfahren zu können. Wenn wir Informationen auf nichtlokale Weise – unter Umgehung der Sinne – erlangen könnten, müssten wir unsere Lehrbücher umschreiben und unsere Sicht der Welt neu sortieren. Echte Träume weiterhin den altbewährten Patent-Ausreden Illusion, Koinzidenz und Zufall zuzuschreiben, kostet hingegen weitaus weniger Mühe und ist bedeutend weniger bedrohlich.

Ich sage damit nicht, dass Koinzidenz und Illusion nicht existieren, wo es um Träume, Vorahnungen, Vermutungen und Intuitionen geht. Es ist bekannt, dass Menschen Muster und Zusammenhänge sehen, die nicht real sind, besonders in Angelegenheiten der eigenen Gesundheit. Augustinus zum Beispiel bestand darauf, dass alle Krankheit eines Christenmenschen von Dämonen verursacht sei, und die Anzeichen und Beweise dafür sah er allerorten. Später lösten sich die Ärzte von der augustinischen Theorie zugunsten der Vier-Säfte-Lehre, und auch sie fanden Beweise, die ihre Sicht unterstützten. Heute ist das Pendel der Wissenschaft ins gegensätzliche Extrem ausgeschlagen. Anstelle von Leichtgläubigkeit und laschen Maßstäben für die Aussagekraft von Indizien herrscht nun eine intellektuelle Feigheit gegenüber gewissen Arten von Fakten, insbesondere über die Natur des

Bewusstseins. Der Physiker David Bohm, einer der führenden Experten auf dem Gebiet der Quantentheorie im 20. Jahrhundert, stellte fest: Die große Leistung der modernen Wissenschaft besteht darin, dass sie sich auf Fakten stützt und verlässt; ihre Schwäche ist jedoch, dass sie nur bestimmte Arten von Fakten zulässt.

Gesundheits-Radar

Ich habe die Aussagen über die Erlebnisse von Hunderten von Menschen gehört, die darauf schließen lassen, dass sie Dinge auf Wegen und Weisen erfahren können, die konventionell nicht zu erklären sind. Diese Botschaften kommen nicht nur in Träumen, sondern auch in Form von Vorahnungen, Intuitionen und vagen Vermutungen. Ich bin beeindruckt von der Tatsache, dass so viele dieser Fälle etwas mit Gesundheit zu tun haben; der oben berichtete Traum einer Patientin ist ein typisches Beispiel.

Warum liegt der Schwerpunkt auf der Gesundheit? Weil es, so vermute ich, einen aufs Überleben ausgerichteten Aspekt des Bewusstseins gibt, der unsere normalen Sinne umgehen und aus der Ferne funktionieren kann – nichtlokal, unendlich, über Raum und Zeit hinweg. Es ist, als hätten wir eine Art von Gesundheitsradar, das die Welt ständig abtastet, um Bedrohungen für unser Überleben zu registrieren. Wir können es als „nichtlokale Fernwahrnehmung" bezeichnen und mit NFW abkürzen.

Ich stelle zur Diskussion, dass meine Patientin während ihres Traumes von dieser Fähigkeit Gebrauch machte. Sie nahm eine Bedrohung für ihr Überleben wahr, eine Störung in einem ihrer Eierstöcke. Ihre Information war nicht völlig akkurat; sie vermutete, dass die drei Flecken Krebs bedeuteten, während es sich tatsächlich um gutartige Zysten handelte. Dies lässt darauf schließen, dass die Befähigung zum nichtlokalen Wissenserwerb unvollkommen funktioniert. Sie übertreibt Gefahren, sie ist zu empfindlich – was im Hinblick auf das Überleben besser ist, als nicht empfindlich genug zu sein. Dies könnte erklären, warum Träume oft nicht zutreffen. Die Schwelle des Warnsystems ist sehr niedrig, der Auslöser reagiert sehr empfindlich. So kommen auf jeden echten Alarm häufige Fehlalarme. Für jede gültige Warnung in Bezug auf unsere Gesundheit müssen wir uns wohl mit mehreren Meldungen abfinden, die sich als falsch erweisen. Doch auch dies ist, wie es wohl sein sollte; schließlich ist es der Löwe im Busch, den wir *nicht* sehen, der uns tötet.

Für jedes Geschöpf mit einem solchen Warnsystem ist es eine Herausforderung, Fehlalarme von echten Alarmen zu unterscheiden. Menschen aus meinem Bekanntenkreis, die eine gute Fertigkeit besitzen, ihre eigenen Träume zu deuten, erklären, dass echte Träume oft bestimmte Eigenschaften oder Merkmale aufweisen, die sie von „ungültigen" Träumen unterscheiden. Träume, die sich als wahr erweisen, haben eine noetische oder numinose Qualität, als seien sie „realer als real". Im Gegensatz hierzu weiß man bei einem falschen Traum oft, dass es „nur ein Traum" ist, noch während er seinen Fortgang nimmt. Zudem begegnen uns echte Träume auch wiederholt, als bettelten sie um Aufmerksamkeit. Meine Patientin konnte den Unterschied zwischen gewöhnlichen und ungewöhnlichen Träumen anscheinend erkennen. Nie zuvor hatte sie infolge eines Traumes über ihre Gesundheit falschen Alarm gegeben, und dies ist auch seitdem nie wieder geschehen. Ihr Traumleben schien wohl geordnet und teilte ihr mit, wann sie auf Traumbotschaften achtgeben sollte und wann sie sie außer Acht lassen konnte.

NFW und die Wissenschaft

Aus der Sicht der *Biologie* erscheint die Existenz der nichtlokalen Fernwahrnehmung überaus sinnvoll, weil ein intelligenter, aufs Überleben ausgerichteter Organismus früher oder später gerade diese Art von Fähigkeit entwickeln könnte – ein Frühwarnsystem, das uns über drohende Ereignisse informieren kann, die jenseits der Reichweite unserer körperlichen Sinne liegen. Jeder Organismus, der eine solche Fähigkeit besitzt, könnte die räumlichen und zeitlichen Horizonte abtasten, drohende Gefahren abschätzen und geeignete Maßnahmen veranlassen. Im Sinne der Evolutionsbiologie hätte ein solcherart ausgestatteter Organismus in dem Spiel um hohe Einsätze, in dem es um das Überleben des Stärkeren geht, einen deutlichen Vorteil.

Aus der Sicht der *Physik* lautet die Frage: Welcher Mechanismus könnte eine solche Fähigkeit ermöglichen? In den letzten Jahren haben herausragende Wissenschaftler mehrere Modelle des Bewusstseins formuliert, die diese Qualität verkörpern.[160] Ihre Hypothesen fasse ich im Folgenden kurz zusammen:

- David J. Chalmers, ein Mathematiker und Erkenntniswissenschaftler von der Universität von Arizona, argumentierte: Bewusstsein ist ein grundlegendes Prinzip in der Welt, vielleicht auf einer Stufe mit Materie und Energie. Bewusstsein geht aus nichts anderem hervor und lässt sich auf nichts Grundlegenderes reduzieren. Chalmers' Sicht befreit das Bewusstsein von seiner lokalen Begrenzung auf das Gehirn und öffnet die Tür für nichtlokale, bewusstseins-vermittelte Ereignisse, wie wir sie besprochen haben.[161]
- Der Physiker Amit Goswami vom Institut für Theoretische Wissenschaft der Universität von Oregon hat seine Theorie einer Wissenschaft in-

nerhalb des Bewusstseins (Science Within Consciousness, SWC) vorgelegt, in der das Bewusstsein nicht auf das Gehirn, den Körper oder die Gegenwart begrenzt, sondern als ein grundlegender, kausaler Faktor im Universum anerkannt wird.[162]

• Der Physiker Nick Herbert plädiert für eine ähnliche Sicht: Bewusstsein ist im Universum reichlich vorhanden, und wir haben seine „Menge" gravierend unterschätzt – so wie die Physiker früher die Größe des Universums erheblich unterschätzten.[163]

• Der mit dem Nobelpreis ausgezeichnete Physiker Brian D. Josephson vom Cavendish-Laboratorium der Universität Cambridge äußerte, dass Bewusstsein „die biologische Nutzung der Quanten-Nichtlokalität" ermöglicht habe. Er glaubt, dass nichtlokale Ereignisse nicht nur auf der subatomaren Ebene existieren, sondern aufgrund der Tätigkeit des Geistes in unserem alltäglichen Erleben verstärkt werden und als mentale Fern-Ereignisse verschiedenster Erscheinungsform hervortreten können.[164]

• Der englische Biologe Rupert Sheldrake hat in seiner weithin bekannten „Hypothese von der formgebenden Verursachung" ein nichtlokales Bild des Bewusstseins formuliert. Sheldrake verspricht sich von seinem Modell viel zur Erklärung mentaler Fern-Ereignisse.[165]

• Der Systemtheoretiker Ervin Laszlo vertritt die Ansicht, dass nichtlokale, bewusstseins-vermittelte Ereignisse wie Fürbitte-Gebet, Telepathie, Präkognition und Hellsehen durch Entwicklungen in der Physik des Quantenvakuums und des Nullpunktfeldes erklärbar werden könnten.[166]

• Der Physiker David Bohm (1917-1992) erklärte, dass Bewusstsein in einem gewissen Grade in allem vorhanden ist. „Alles Materielle ist auch mental, und alles Mentale ist auch materiell. ... Die Trennung der beiden – Materie und Geist – ist eine Abstraktion. Der Urgrund ist ebenfalls eine." Bohms Sichtweise, illustriert durch die hier zitierten Hypothesen, befreit das Bewusstsein von seiner Begrenzung auf den Körper und ermöglicht prinzipiell die nichtlokalen Fern-Phänomene, die wir untersuchten.[167]

• Robert G. Jahn und seine Kollegen am *Princeton Engineering Anomalies Research* (PEAR) Laboratorium an der Universität von Princeton haben ein Modell des menschlichen Geistes erarbeitet, in welchem Bewusstsein durch Raum und Zeit frei agiert und tatsächlich Veränderung in der physischen Welt erschafft. Ihre Hypothese stützt sich auf experimentell gewonnene Evidenz aus dem umfangreichsten Datenmaterial über die Wirkungen von Fern-Intentionalität, das jemals gesammelt wurde.[168]

• Der Mathematiker C. J. S. Clarke von der Fakultät für mathematische Studien der Universität Southampton hält es für „notwendig, Geist als den wichtigsten Aspekt des Universums an die erste Stelle zu setzen". Clarks Hypothese stützt sich auf einen quantenlogischen Ansatz der Physik und nimmt Nichtlokalität als Ausgangspunkt.[169]

• Der Physiker und Nobelpreisträger Erwin Schrödinger (1887-1961), dessen Wellengleichungen den Kern der modernen Quantenphysik bilden, stellt in seinem Buch *What Is Life?* fest: „Geist ist von Natur aus ein *singulare tantum*.* Ich sollte sagen: Die Gesamtanzahl von Geist ist genau eins."

• Sir Arthur Eddington (1882-1944), der berühmte Astrophysiker und Mathematiker, wird in Ken Wilbers *Quantum Questions* zitiert: „Die Idee von einem universellen Geist oder Logos wäre, wie ich meine, eine recht plausible Folgerung aus dem derzeitigen Stand wissenschaftlicher Theorie; zumindest harmoniert sie mit dieser."[170]

• Sir James Jeans (1877-1946), der britische Mathematiker, Astronom und Physiker, sagt in seinem Werk *Physics and Philosophy* (dt. Ausg.: *Physik und Philosophie)*: „Wenn wir uns in Raum und Zeit betrachten, sind unsere Bewusstseine offenbar die separaten Individuen eines Teilchen-Bildes, aber wenn wir Raum und Zeit hinter uns lassen, bilden sie vielleicht die Bestandteile eines einzigen, ununterbrochenen Lebensstromes. Wie es sich mit Licht und Elektrizität verhält, könnte es auch mit dem Leben sein: Die Phänomene mögen Individuen sein, die in Raum und Zeit separate Existenzen führen, während wir alle in der tieferen Wirklichkeit jenseits von Raum und Zeit Glieder eines einzigen Leibes sein könnten."

Obwohl diese Zitate aus jüngerer Zeit stammen, sind sie Teil einer langen Tradition innerhalb der Wissenschaft. Sie zeigen, dass eine nichtlokale Sicht des Bewusstseins keine abwegige oder radikale Idee ist, wie Kritiker oft behaupten. Im Gegenteil: Viele der größten Wissenschaftler des 20. Jahrhunderts waren offen für ein erweitertes, einheitliches Modell des Geistes, das die Art mentaler Fern-Intentionen erlaubt, die wir untersucht haben.

Empathie

An der nichtlokalen Fernwahrnehmung sind häufig andere Menschen beteiligt, besonders jene, mit denen wir durch Empathie und Liebe verbunden sind. Der folgende Fall, den L. A. Dale im *Journal of the American Society for Psychical Research* berichtete, ist ein typisches Beispiel:

> Eines Nachmittags hatte eine Frau das sehr starke Empfinden, dass ihr sechsjähriger Sohn in einem kleinen Boot aufs Meer hinaustrieb. (Um

---

* (lateinisch) etwas, das ausschließlich in der Einzahl existiert oder gebräuchlich ist (Anm.d.Ü.)

diese Zeit, das wusste sie, spielte der Junge normalerweise mit seinen Schwestern an einem Strand am Long-Island-Sund, zehn Kilometer von zu Hause.) Die Mutter hörte ihren Jungen „Mami, Mami!" rufen, was sie sehr beunruhigte. Da sie jedoch kein Auto hatte, konnte sie nicht an den Strand fahren. Sie kniete nieder und betete inständig, dass ihrem Jungen geholfen würde, dass er im Boot sitzen bliebe und nicht aufstände. „Ich wusste: Wenn er aufstände, wäre er verloren", schrieb sie. Bevor sie ihr inneres Erlebnis verifizieren konnte, erzählte sie es einigen Freundinnen; eine von ihnen bestätigte dies. Später an jenem Tag erfuhr sie, dass ihr Sohn genau zu der Zeit ihrer Beunruhigung tatsächlich in einem Boot auf Meer hinaus trieb; er wurde von Personen gerettet, die ihn „Mami, Mami!" rufen gehört hatten. Dass er nicht ertrank, schrieben sie der Tatsache zu, dass er in dem Boot sitzen geblieben war, statt aufzustehen.[171]

Wie wir bereits festgestellt haben, tun die meisten Experten solche Erlebnisse als Zufälligkeiten ab. Wenn sie jedoch einer großen Zahl von Menschen gleichzeitig begegnen, verflüchtigt sich die Erklärungskraft der Zufälligkeit rasch, wie in dem folgenden Beispiel aus dem Buch *The Dreams of Dragons* des Biologen Lyall Watson:

Die Chorprobe in der Kleinstadt Beatrice in Nebraska begann gewöhnlich um 19.20 Uhr, doch am Abend des 1. März 1950 kamen alle fünfzehn Mitglieder zu spät. Die Frau des Pfarrers, die die Orgel zu spielen pflegte, bügelte noch das Kleid ihrer Tochter. Eine Sopranistin arbeitete noch an ihren Geometrie-Hausaufgaben, das Auto einer anderen sprang nicht an. Zwei der Tenöre verfolgten – jeder für sich zu Hause – das Ende einer Sportübertragung im Radio. Der Bass hatte sich kurz hingelegt und verschlafen. Es gab zehn voneinander unabhängige Gründe für die ungewöhnliche Tatsache, dass keiner der Chorsänger pünktlich zur Probe kam. Und um 19.25 Uhr an jenem Abend kam es zu einer verheerenden Explosion: Die Kirche von Beatrice flog in die Luft.

Wenn wir annehmen, dass jedes Chormitglied bei jeder vierten Probe zu spät kam, beträgt die Wahrscheinlichkeit, dass an einem Abend alle verspätet waren, etwa 1 : 1.000.000.000. Es ist also eher eine Unwahrscheinlichkeit, aber nicht unbedingt überraschend. So etwas kann passieren. Dass es jedoch an demselben Abend geschah, an dem der Ofen explodierte, ist viel mehr als überraschend und grenzt schon fast ans Unheimliche. Zufälligkeiten dieser Dimension bedürfen einer Erklärung.

Doch welche Art von Erklärung ist hier gefragt? Ich bevorzuge eine, die biologisch sinnvoll erscheint, wie die aufs Überleben ausgerichtete Fähigkeit, welche die Zukunft abtasten, sich gesundheitsrelevante Informationen verschaffen und diese in die Gegenwart „zurückbringen" kann – und sie uns anzeigt und uns damit ermöglicht, so darauf anzusprechen, das es unserer Gesundheit und unserem Überleben dienlich sind.

Ein Heiliger in der Gemeinde: Warum NFW unbewusst tätig ist

Keines der Mitglieder des Kirchenchors von Beatrice war sich bewusst, dass sie einem Unglück entrannen, indem sie an jenem Abend zu spät zur Probe kamen; jedes von ihnen hatte eine vollkommen konventionelle Erklärung für sein Säumen. Dies lässt darauf schließen, dass unsere nichtlokale Überlebens-Begabung auf der Ebene des Unbewussten tätig ist.

Warum sollte eine so wertvolle Gabe außerhalb des uns bewussten Erlebens tätig sein? Es hat beträchtliche Vorteile: Wichtige Körperfunktionen, wie Atmung, Herzschlag, Blutdruck und die Immunaktivität, sind überwiegend automatisiert, sie funktionieren also außerhalb der Reichweite bewusster Einmischung. Es ist wohl wahr, dass wir lernen können, diese Vorgänge mit Hilfe von Yoga-Techniken oder Biofeedback-Training in einem begrenzten Ausmaß absichtlich zu beeinflussen, doch sie bleiben weitgehend autonom und entziehen sich unserer bewussten Kontrolle. Es ist ein Segen, dass wir uns nicht bewusst um sie kümmern müssen, andernfalls brächten wir die Dinge oft durcheinander. Wenn die Menschen zum Beispiel zu sehr auf ihre Atmung achtgeben, hyperventilieren sie oft, was zu vorübergehender Benommenheit und Bewusstlosigkeit führen kann. Würden wir versuchen, unser nichtlokales Alarmsystem einer bewussten Kontrolle zu unterwerfen, würde es wahrscheinlich nicht mehr funktionieren.

Es gibt gewichtige soziokulturelle Gründe, warum die nichtlokale Fernwahrnehmung außerhalb des bewusst wahrzunehmenden Bereichs abläuft. Ein altes Sprichwort sagt: „Kein Priester mag einen Heiligen in seiner Gemeinde." Die Präsenz eines Heiligen bewirkt, dass wir Übrigen uns minderwertig fühlen. Auch Menschen, die den Anspruch erheben, die Zukunft erahnen zu können, sind bei ihren Zeitgenossen selten beliebt. Man hält sie oft für sonderbar, abartig, geisteskrank oder dämonisch. In der westlichen Welt wurden solche Menschen immer an den Rand der Gesellschaft gedrängt und galten als Ausgestoßene; oft wurden sie als Hexen oder Ketzer verdammt und mussten für ihre Gabe mit dem Leben bezahlen. (In Eingeborenen-Kulturen ist die Situation natürlich anders; hier gelten nichtlokale Wege zum Wissen als ein hochgeschätzter Aspekt im Repertoire jedes Schamanen.)

Weil die Gesellschaften im Westen gegenüber solchen Individuen oft mörderisch reagierten, ist eine bescheidene, unauffällige Form nichtlokalen Wissens viel sicherer als eine, die offenkundig wird. Mit am effektivsten kann sich eine solche Begabung verbergen, indem sie in den Untergrund geht, sich also ins Unbewusste des Menschen zurückzieht, dem sie angeboren ist. So ist gewährleistet, dass die Begabung nicht nur von Außenseitern unentdeckt bleibt, sondern auch der Person nicht bewusst wird, die sie besitzt – eine optimale Tarnung.

Wenn die nichtlokale Fernwahrnehmung im Bereich des Unbewussten am Werke ist, nehmen ihre Besitzer diese Aktivität nicht wahr. Wenn sie Informationen auf nichtlokalem Wege gewinnen, schreiben sie es anderen Faktoren zu, wie dies bei allen fünfzehn Mitgliedern des Kirchenchors von Beatrice der Falle war. Wenn keine passenden Ersatzgründe zur Hand sind, kann man immer den Zufall als Erklärung bemühen. Damit wird einer Reaktion des Umfeldes und der Gemeinschaft gegen den Wissenden vorgebeugt, der im Hinblick auf seine unbewusste Begabung ebenso ignorant ist wie alle anderen. Somit können alle Beteiligten kopfschüttelnd über die Wunder des Zufalls staunen und sich ihre Einbildung bewahren, die körperlichen Sinne seien alles.

Es ist paradox, dass wir eine Gabe, die so zutiefst dazu bestimmt ist, uns zu dienen, auf diese Weise verleugnet haben. Es ist, als wollten wir mit unserem eigenen Herzschlag nichts zu tun haben.

Das Ego schlägt zurück

Wenn wir auf nichtlokale Weise Informationen erlangen, ist das Wirken unseres Geistes offenbar nicht auf unseren Körper oder das Gehirn begrenzt. Dass wir Information nichtlokal erlangen, bedeutet, dass das menschliche Bewusstsein mehr ist als das physische Gehirn und der Körper, und dass die Schranken, die uns von anderen trennen, nicht so undurchlässig sind, wie wir es uns vorstellen. Diese Tatsache ist für jedermann offenkundig, der schon einmal das Empfinden hatte, Gedanken oder Gefühle mit einer nicht anwesenden Person zu teilen – ein überaus häufiges Erlebnis. Wenn es uns begegnet, wissen wir augenblicklich, dass unser Getrenntsein von anderen Menschen nur eine Illusion ist.

Es ist, als wären wir durch eine durchlässige Membran getrennt, die Information über Raum und Zeit hinweg durchlässt, als wären wir Teile eines weit ausgedehnten Organismus mit einem einzigen Geist. Diese kollektive Sicht des Bewusstseins ist bei Menschen, die Individualität höher schätzen als Verbundenheit, schon immer auf Ablehnung gestoßen. Das Ego wehrt sich dagegen, ein Teil von etwas Größerem zu sein; es hat Angst, verschluckt

Wahrnehmung über Raum und Zeit hinweg | 221

zu werden, seine Identität zu verlieren. Dies erklärt auch, warum zuweilen recht vehement gegen die nichtlokale, einheitliche Natur des Bewusstseins argumentiert wird und die Fakten darüber so oft aus den Augen verloren werden. Natürlich ist ein gesundes Empfinden von Individualität für eine normale mentale Gesundheit wichtig. Doch wenn das Selbst oder Ego die Herrschaft an sich reißt und die kollektiven, mit anderen Menschen gemeinsamen Eigenschaften verneint, entstehen Probleme. Um zu einer angemessenen Darstellung des menschlichen Erlebens zu gelangen, müssen wir das ganze Spektrum des Bewusstseins anerkennen – einschließlich unseres ausgedehnten, nichtlokalen Aspekts.

Dies ist nicht einfach. In unserer Kultur legt man sehr viel Wert darauf, individuell und einzigartig zu sein. Wir Amerikaner beten unser eigenes Image als rauer Pionier, als einsamer Neuerer an, der auf jedem Gebiet ganz vorne steht und dessen jüngste Ausdrucksform der „dot.com-Typ" ist, der über Nacht zum Multimillionär wird. Angesichts unserer Vorliebe für Individualität überrascht es nicht, dass wir lieber glauben, wir könnten nur auf individueller Basis und durch Vermittlung unserer Sinne Wissen über die Welt sammeln, und dass dies der einzige Wahrnehmungsmodus sei, den es gibt.

Plötzlicher Kindstod

Betrachten wir ein weiteres Beispiel von den Möglichkeiten unseres Geistes, unsere Sinne zu umgehen und an lebensrettende Informationen über zukünftige Ereignisse zu erlangen. Der plötzliche Kindstod oder Krippentod (engl. SIDS = sudden infant death syndrome), bei dem ein Kleinkind ohne erkennbaren Grund im Schlaf stirbt, ist ein tragisches Problem. Im Jahre 1993 führten Forscher vom Southwest SIDS Research Institute in Lake Jackson, in der Nähe von Houston, Texas, eine Umfrage unter Eltern durch, die ein Baby durch den plötzlichen Kindstod verloren hatten. Die Eltern wurden gefragt, ob sie je das Empfinden gehabt hätten, dass ihrem Kind etwas zustoßen werde. 21% der SIDS-Eltern bestätigten, dass sie eine solche Vorahnung gehabt hätten; während nur 2,1% der Nicht-SIDS-Eltern von einer solchen Vorahnung berichteten. Um sicherzugehen, dass ihre Ergebnisse wohlfundiert waren, fragten die Forscher eine zusätzliche Kontrollgruppe von zweihundert aufeinander folgenden Patienten in einer Vorstadt-Kinderklinik, ob sie jemals das Gefühl hatten, dass ihr Kind sterben werde, ohne dass es dann starb. Nur 3,5% antworteten mit Ja.

Die SIDS-Eltern berichteten, dass sie selten ernst genommen worden seien, wenn sie ihre Vorahnung vom drohenden Tod ihres Babys einem Arzt oder Behandler, Partner oder Freund mitteilten. Trotz ihrer Bitte an ihre Ärzte um zusätzliche medizinische Abklärung und Behandlung, wurde bei *keinem* der SIDS-Kinder etwas unternommen oder empfohlen, das über die Routinemaßnahmen hinausging. Die Antworten der Ärzte auf die Bitte um spezielle Vorsorge für ein anscheinend gesundes Kind reichten von „beschwichtigender Ablehnung" bis zu „Empörung".[172]

Die konventionelle Erklärung lautet: Die SIDS-Eltern registrierten subtile Hinweise, dass etwas mit ihrem Kleinkind nicht in Ordnung war. Sie haben nicht in die Zukunft gespürt und dabei eine bevorstehende Bedrohung der Gesundheit ihres Babys entdeckt, denn dies ist nicht möglich.

Das „Auffangen subtiler Signale" ist schon seit langem die bevorzugte „Erklärung" von Skeptikern für Ereignisse dieser Art. In der Glanzzeit der „medialen Forschung", Mitte des 19. Jahrhunderts in England und Europa, war „Überempfindlichkeit der Sinne" eine beliebte Formulierung, mit der sich telepathische und hellsichtige Vorgänge leicht abtun ließen. Skeptiker behaupteten, so wie ein blinder Mensch einen sehr empfindlichen Tastsinn entwickelt, besäßen manche Individuen extrem empfindliche Körpersinne, die ihnen Fernwahrnehmungen ermöglichten. Die Skeptiker hielten an dieser Hypothese verbissen fest, selbst wenn Versuchspersonen viele Meilen entfernt waren und dennoch von Ereignissen wussten, bevor diese überhaupt stattfanden. Sie schienen nicht zu erkennen, dass sie – indem sie diese Position vertraten – den physischen Sinnen Kräfte zuschrieben, die so ungeheuerlich waren wie der Zauber, den zu leugnen sie sich so bemühten. Es wäre weitaus einfacher gewesen zu konzedieren, dass es sich um eine Fähigkeit zur nichtlokalen Fernwahrnehmung handelte.

Nichtlokale Wahrnehmung in der Geschichte

Die Idee von einer nichtlokalen Fernwahrnehmung ist uralt, und viele Begriffe haben schon dazu gedient, sie zu bezeichnen oder zu umschreiben: Universeller Geist, kosmisches Bewusstsein, der Eine Geist, Gott- oder Christus-Bewusstsein, Buddha-Natur und so weiter. Das gemeinsame Element dieser Sichtweisen ist eine grenzenlose Intelligenz, die alle Menschen in einer gemeinsamen Existenz vereint. Hippokrates sagte: „Es gibt einen gemeinsamen Fluss, einen gemeinsamen Atem, und alle Dinge empfinden gemeinsam." Der Renaissance-Philosoph Pico della Mirandola (1463-1494) glaubte, dass die Welt von einem ähnlichen Prinzip der Ganzheit regiert werde, einer „Einheit, durch welche eine Kreatur vereint ist mit den anderen, und alle Teile der Welt eine Welt bilden." In jüngerer Zeit bezeichnete der Philosoph Hegel (1770-1831) den gedanklichen Austausch zwischen Menschen über Distanz als „das magische Band". Er glaubte, dass „der intuitive

Geist die Grenzen von Zeit und Raum überschreitet; er schaut Dinge, die in der Ferne liegen, Dinge, die lange vergangen sind, und Dinge, die erst noch kommen werden." Arthur Schopenhauer (1788-1860), ein Philosoph im 19. Jahrhundert, vermutete, dass ein einziges Ereignis Teil von zwei oder mehr verschiedenen Verkettungen von Umständen sein könnte, wodurch die Geschicke von verschiedenen Individuen tiefgreifend miteinander verknüpft würden. Er glaubte an eine Form von Kommunikation zwischen den Menschen, die in ihren Träumen stattfand. Der Schweizer Psychologe Carl Gustav Jung (1875-1961) prägte in seinem Werk *Die Dynamik des Unbewussten* den Begriff *Synchronizität,* um Erlebnisse zu bezeichnen, die zufällig schienen, aber für die Beteiligten höchst bedeutungsvoll waren. Synchronistische Ereignisse, versicherte Jung, illustrieren einen „akausalen Zusammenhang", der nicht den Gesetzen der klassischen Physik folgt.

Diese eher philosophischen Sichtweisen unterstützen eine verborgene Einheit, die unserer scheinbaren Getrenntheit zugrunde liegen kann. Deshalb hätte die Möglichkeit, dass die Schicksale von fünfzehn Kirchenchormitgliedern in Beatrice, Nebraska, miteinander verflochten sein konnten, oder dass SIDS-Eltern das Schicksal ihrer Kleinkinder vorausgeahnt haben, unsere Vorfahren wohl kaum überrascht.

Hätte die Geschichte einen anderen Verlauf genommen?

Viele faszinierende Beispiele verleiten zu der Vermutung, dass sich die Geschichte beträchtlich anders entwickelt haben könnte, wenn Menschen achtgegeben hätten, als ihr Gesundheits-Radar Warnungen von drohenden Problemen gab. In seinem bahnbrechenden Buch *Our Dreaming Mind* bietet Robert L. van de Castle, der frühere Leiter des Schlaf- und Traum-Labors der medizinischen Hochschule der Universität von Virginia, ausführliche Beschreibungen von „Träumen, die die Welt verändert haben", die bis in die Antike zurückreichen, sowie auch Berichte über solche, die die Welt verändert haben *könnten,* wenn sie ernst genommen worden wären. Eine Varietät sind prophetische Träume, die sich auf Morde beziehen. Van de Castle beschreibt Präsident Lincolns Traum von seiner eigenen Ermordung etwa zwei Wochen, bevor diese geschah, den Traum von Bischof Joseph Lanyi in Ungarn, der von dem Attentat auf den Erzherzog Franz Ferdinand von Österreich handelte, das zum Auslöser für den ersten Weltkrieg wurde, sowie den wohl dokumentierten Traum von George Wallace jun. von der versuchten Ermordung seines Vaters 1972, und viele andere.

Einen weiteren schicksalsschweren Traum berichtet Dean Radin in *The Conscious Universe.* Obwohl Lincolns Traum von seinem eigenen Tod beträchtliche Aufmerksamkeit auf sich gezogen hatte, ist es weniger bekannt, dass General Ulysses S. Grant und seine Frau Julia den Präsidenten und dessen Gattin am Abend von Lincolns Ermordung ins Ford's Theater in Washington, D.C., begleiten sollten. Grant war damals der Stolz der Stadt; erst wenige Tage zuvor hatte er die Kapitulation der Konföderierten-Armee unter General Lee entgegengenommen, die das Ende des Bürgerkrieges besiegelte. Den Präsidenten zu begleiten, war eine große Ehre, die Grant kaum abgelehnt hätte. Am Morgen jenes Tages jedoch hatte Mrs. Grant das intensive und beunruhigende Gefühl, dass der General, sie selbst und ihr Kind am Abend nicht ins Theater gehen, sondern Washington sofort verlassen und nach New Jersey nach Hause fahren sollten. Aus offensichtlichen Gründen hielt General Grant dagegen, dass er das nicht tun könne. Aber die Angst und das Drängen seiner Frau nahmen im Laufe des Tages noch zu, und sie ließ dem General wiederholt ausrichten, dass sie abreisen müssten. Schließlich gab Grant nach. Als sie Philadelphia erreichten, war die Nachricht von der Ermordung des Präsidenten dort bereits angekommen. Später erfuhren sie, dass sie in der gleichen Loge gesessen hätten wie der Präsident, und dass der Name des Generals ebenfalls auf der Abschussliste des Schauspielers John Wilkes Booth gestanden hatte.

Van de Castle überliefert auch einen weiteren wenig bekannten, aber lebhaft detaillierten Attentats-Traum, den John Williams aus Cornwall am 3. Mai 1812 berichtete. Er träumte, dass er sich in der Eingangshalle des Unterhauses aufhielt und einen kleinen Mann eintreten sah, der ein weißes Wams und einen blauen Mantel trug. Dann beobachtete er, wie ein weiterer Mann, der einen zimtfarbenen Mantel mit auffälligen metallenen Knöpfen trug, eine Pistole abfeuerte, und sah, wie sich ein großer Blutfleck über die linke Brust der weißen Weste des kleinen Mannes ausbreitete, bevor dieser zu Boden stürzte. Der Attentäter wurde von mehreren Männern ergriffen, die Zeugen der Szene waren. Der Träumer fragte sie nach der Identität des Opfers und erfuhr, dass es sich um Spencer Perceval handelte, den Premierminister.

Williams wachte auf und erzählte den Traum seiner Frau, die ihn bat, ihn zu ignorieren. Er schlief wieder ein, erlebte denselben Traum aber ein zweites Mal. Wieder redete ihm seine Frau zu, es sei nur ein Traum, und er solle ihn einfach ignorieren. Als er diesen Traum in jener Nacht noch ein drittes Mal hatte, beunruhigte ihn das. Er besprach sich mit mehreren Freunden, ob er eine Amtsperson darüber in Kenntnis setzen solle. Sie rieten ihm entschieden davon ab, andernfalls mache er sich als Fanatiker lächerlich. Etwa eine Woche später, am 11. Mai 1812, wurde Perceval in der Eingangshalle des Unterhauses tatsächlich ermordet. „Die Einzelheiten des Attentats", berichtet van de Castle, „einschließlich der Farben der Kleidungsstücke, der Knöpfe an der Jacke des Attentäters und der Stelle des Blutflecks auf Percevals weißer Weste, waren identisch mit dem, was Williams in seinem Traum gesehen hatte."

Mehr als Anekdoten: Was Experimente zeigen

Inzwischen hat die Wissenschaft begonnen, sich bei der Dokumentatoin von Fällen nichtlokaler Fernwahrnehmung nicht auf das Aufzeichnen von Anekdoten zu beschränken. Im Laufe der vergangenen etwa dreißig Jahre sind zum Beispiel viele Studien durchgeführt worden, um festzustellen, ob Menschen durch sogenannte Traum-Telepathie während des Schlafes und im Traum Information über eine Entfernung hinweg vermitteln können. In *The Conscious Universe* berichtet Dean Radin über eine Meta-Analyse von vierhundertfünfzig Traumtelepathie-Sitzungen, die in Zeitschriften zwischen 1966 und 1973 veröffentlicht wurden. Fasst man alle einzelnen Experimente zusammen und stellt sie der gewonnenen Evidenz gegenüber, ergibt sich bei den vierhundertfünfzig Sitzungen eine Erfolgsquote von 63%. Die Wahrscheinlichkeit eines solchen Ergebnisses liegt bei 1 : 75.000.000.

In der Wissenschaft spielt die Wiederholung von Versuchen bei jedem kontroversen Thema eine wichtige Rolle; dies gilt insbesondere, wo es um nichtlokale Manifestationen des Bewusstseins geht. Die Wiederholbarkeit ist eine Stärke, nicht eine Schwäche bei einem großen Teil dieser Forschungen. In „Ordinary State ESP Meta-Analysis", einer Präsentation bei der 36. Jahresversammlung der *Parapsychological Association,* berichtete die britische Psychologin Julie Milton von der Universität Edinburgh über ihre Analyse von achtundsiebzig zwischen 1964 und 1993 veröffentlichten Studien, in denen Menschen versuchten, durch außersinnliche Wahrnehmung (ASW) und unter Umgehung der physischen Sinne Informationen zu erlangen. Über diese Experimente berichteten fünfunddreißig Forscher in fünfundfünfzig Publikationen; sie umfassten 1158 Teilnehmer, die meisten von ihnen Freiwillige, über deren Begabungen nichts bekannt war. Milton stellte fest, dass das Gesamtergebnis überaus positiv war, seine Wahrscheinlichkeit lag bei 1 : 10.000.000.

Rückwirkende Beeinflussung

Die oben zitierten Resultate deuten darauf hin, dass räumliche Entfernungen für die nichtlokale Fernwahrnehmung kein Hindernis sind. Dass sie auch außerhalb der linearen Zeit funktioniert, zeigen andere Daten, zum Beispiel die Studien zur Fernwahrnehmung, die über zwei Jahrzehnte am *Princeton*

Engineering Anomalies Research (PEAR) Laboratorium durchgeführt wurden. Laut Beschreibung des PEAR-Laboratoriums versucht ein Individuum („Sender"), ein bestimmtes Bild gedanklich über eine räumliche Distanz an ein anderes Individuum zu übermitteln, das sich dabei sogar auf der anderen Seite des Globus befinden mag; der „Empfänger" versucht, die Information, die er aufnimmt, aufzuzeichnen. Das Bild, das mental gesendet wird, wurde dabei von einem Computer aus einer Datenbank zufällig ausgewählt, und die Auswertung, ob es sich um einen Treffer oder einen Versager handelt, erfolgt mit Hilfe eines computergestützten Verfahrens. Am PEAR-Laboratorium wurden mit beträchtlichem Erfolg Hunderte von Fernwahrnehmungs-Versuchen durchgeführt, trotz Wahrscheinlichkeiten von nicht mehr als 1 : 100.000.000.000. Radin berichtet, dass der Empfänger die Information von dem Sender in den meisten Fällen präkognitiv „erhält" – und zwar bis zu mehrere Tage, *bevor* sie ausgesandt wurde, und damit auch, *bevor* das zu übermittelnde Bild von dem Computer ausgewählt wurde. Diese Studien wurden laut Radin in mehreren Einrichtungen von vielen verschiedenen Wissenschaftlern wiederholt, zum Beispiel im Stanford Research Institute (Wahrscheinlichkeit 1 : 1.000.000.000.000.000.000) und bei der Science Application International Corporation (SAIC). Die Ergebnisse wurden in namhaften Zeitschriften wie *Nature, Proceedings of the IEEE* und im *Journal of Scientific Exploration* veröffentlicht.[173] Nach seiner Auswertung der von der Regierung geförderten SAIC-Tests räumte Ray Hyman, der Psychologe von der Universität von Oregon und prominenteste Kritiker auf diesem Gebiet, ein: „Ich sehe mich außerstande, mögliche Fehlerquellen zu benennen – falls es überhaupt welche gibt."[174]

Unsere alltäglichen Annahmen über die Zeit erhielten auch durch die Resultate von Studien über die rückwirkende wissentliche Beeinflussung einen Dämpfer. William Braud, Professor und Forschungsleiter am Institut für Transpersonale Psychologie in Palo Alto, Kalifornien, und Mitdirektor des William-James-Zentrums für Bewusstseins-Studien des Instituts, begutachtete alle Experimente auf diesem Gebiet. Im Rahmen dieser Experimente versuchen Menschen, in der Zeit „zurückzugreifen", um Ereignisse gedanklich zu beeinflussen, die vermutlich bereits geschehen, aber möglicherweise noch nicht abgeschlossen sind. Bei fünf solcher Experimente – sie betrafen unbelebte Objekte, etwa elektronische Zufallsgeneratoren – gelang es den Teilnehmern, die Ausgaben der Maschinen zu beeinflussen, *nachdem* diese bereits gelaufen waren, wenn die frühere Anzeige der Maschine von keinem Menschen beobachtet worden ist. Die Zufallswahrscheinlichkeit erfolgreicher Resultate lag bei weniger als 1 : 10.000. Braud prüfte auch die Ergebnisse von neunzehn ähnlichen Experimenten mit lebenden (sowohl menschlichen als auch nichtmenschlichen) Organismen. Die Zufallswahrscheinlichkeit lag hier bei 32 : 100.000.000.[175]

Holger Klintman vom Fachbereich Psychologie der Universität Lund, Schweden, begann in den frühen 1980er Jahren eine Reihe von Experimenten, bei denen den Teilnehmern eine farbige Fläche gezeigt wurde – rot, grün, blau oder gelb –, danach die Bezeichnung der Farbe (das heißt das Wort Grün, Rot, Blau oder Gelb). Er bat die Teilnehmer, so schnell wie möglich den Namen der gezeigten Farbe zu nennen und danach so rasch wie möglich die folgende Farbbezeichnung vorzulesen. Wenn die zuerst gezeigte Farbe mit der danach zu lesenden Bezeichnung übereinstimmte, so stellte Klintman fest, konnten die Probanden die Farbbezeichnung rasch und richtig aussprechen. Wenn hingegen die zuerst gezeigte Farbe nicht der danach zu lesenden Bezeichnung entsprach, wurde die Aufgabe überraschend schwierig und frustrierend, und die Versuchspersonen lasen die schriftlich präsentierte Farbbezeichnung langsamer vor.

Dann beschloss Klintman, die Zeit zu bestimmen, die die Probanden benötigten, um die Farbe der zuerst gezeigten Fläche auszusprechen. Zu seiner Überraschung stellte sich heraus, dass die Reaktionszeit kürzer war, wenn die farbige Fläche der folgenden Farbbezeichnung entsprach, und länger, wenn Farbfläche und Farbbezeichnung nicht übereinstimmten. Wie aber konnte die Versuchsperson gewusst haben, ob die beiden später übereinstimmen würden? Klintman glaubte, dass dieser Effekt zeigt, was er als *zeitverkehrte Schlussfolgerung* bezeichnete, da sich hier ein späteres Ereignis irgendwie in der Zeit rückwärts bewegte und eine kognitive Schlussfolgerung bewirkte, wenn der zukünftige Reiz nicht passte, wobei sich die Zeit bis zur Reaktion verzögerte.

Um seine Hypothese zu prüfen, ersann er ein weiteres Doppelblind-Experiment, das er mit achtundzwanzig Versuchspersonen durchführte; die Wahrscheinlichkeit eines Zufallsergebnisses betrug hier 1 : 67. Insgesamt führte er fünf erfolgreiche Experimente durch – jedes etwas anders aufgebaut –; die Wahrscheinlichkeit eines Zufallsergebnisses betrug insgesamt 1 : 500.000.[176]

Reaktion auf Zukünftiges

Der Bewusstseinsforscher Dean Radin und seine Kollegen an der Universität Las Vegas untersuchten, ob das Zentralnervensystem auf zukünftige Ereignisse anspricht – das heißt auf Dinge, die noch gar nicht geschehen sind. Sie machten sich dabei die wohlbekannte Orientierungsreaktion zunutze, die in einer Kampf- oder Flucht-Situation zu beobachten ist. Wenn Menschen mit einer Krise oder einer unbekannten, angsteinflößenden Situation konfrontiert sind, zeigt das autonome Nervensystem eine typische Reaktion: Die Pupillen weiten sich, die Gehirnwellen verändern sich, die Aktivität der Schweißdrüsen nimmt zu, der Puls wird beschleunigt und die Extremitäten werden blasser, weil die Blutzufuhr in die Peripherie gedrosselt wird. Diese physiologischen Veränderungen sind biologisch sinnvoll, denn wenn wir in Gefahr sind, schärfen diese Anpassungen unsere Sinneswahrnehmung. Sie steigern unsere körperliche Kraft, vermindern die Gefährlichkeit von äußeren Blutungen und vergrößern allgemein unsere Chance, die akute Bedrohung zu überleben.

Bei Radins Experiment saßen die Probanden vor einem Computerbildschirm. An der linken Hand der Versuchsperson maßen Radin und sein Team drei Indikatoren physiologischer Erregung: Herzschlag, Durchblutung der Fingerspitze und die elektrodermale Aktivität, das heißt die elektrische Leitfähigkeit bzw. den Leitungswiderstand als Anzeichen für eine Veränderung der Schweißsekretion. Mit der Rechten bedienten die Versuchspersonen eine Computermaus. Wenn sie auf die Taste klickten, zeigte der Computer ein zufällig aufgerufenes Bild aus einem Fundus von einhundertzwanzig hochwertigen digitalisierten Fotos. Dann wartete der Computer fünf Sekunden lang – der Bildschirm blieb in dieser Zeit leer –, danach zeigte er drei Sekunden lang das Bild. Danach blieb der Bildschirm wieder fünf Sekunden lang leer, worauf eine Ruhepause von fünf Sekunden folgte. Danach begann der nächste Versuch. Vierundzwanzig Personen nahmen an den Versuchen teil, sie betrachteten insgesamt neunhundert Bilder. Es gab zwei verschiedene Arten von Bildern: Die ruhigen Fotos waren angenehme Bilder von Naturszenen, Landschaften und wohlgelaunten Menschen. Emotionelle Fotos waren beunruhigend, schockierend oder erregend, zum Beispiel erotische und sexuelle Bilder und grausige Fotos von Autopsien.

In den fünf Sekunden nach Drücken der Maustaste – während der Bildschirm also nichts anzeigte – begann die elektrodermale Aktivität in der gespannten Erwartung des folgenden Fotos zuzunehmen, was nicht überraschend ist. Verblüffend war jedoch, dass die elektrodermale Aktivität stärker zunahm, wenn das nächste Bild aus der „emotionellen" Kategorie stammte. Mit anderen Worten, die Teilnehmer „prä-agierten" auf ihre eigenen *zukünftigen* Gefühlszustände schon, bevor die emotionalen Bilder zu sehen waren. Radin und Kollegen bezeichneten dieses Phänomen als den Vorempfindungs-Effekt, um damit ein Gefühl oder Empfinden zu bezeichnen, das seinem Auslöser zuvorkommt. Professor Dick Bierman, ein Psychologe an den Universitäten Amsterdam und Utrecht, wiederholte Radins Experimente mit den gleichen Fotos und Ergebnissen.

In seiner Zusammenfassung dieser Studien schreibt Radin: „Klintmans Reaktionszeit-Studien und die physiologischen Experimente zum Vorausempfinden … zeigen, dass wir unter bestimmten Umständen bewusst oder unbewusst auf Ereignisse in der Zukunft ansprechen können – auf Ereignisse, von denen wir auf keinem normalen Wege Kenntnis erlangen können." Interessanterweise waren die zwei zukünftigen Reize, die Radins und Biermans Probanden am meisten erregten, Fotos mit sexuellen oder Gewalt-Darstellungen. Aus biologischer Sicht erscheint dies sinnvoll. Wenn ein Organismus gewahr wird, dass eine sexuelle Gelegenheit oder Aktivität in Aussicht ist, kann er oder sie sich auf Fortpflanzung einstellen; wenn Gewalt oder Gefahr drohen, kann er oder sie sich darauf vorbereiten oder ihr ausweichen. Dieses Vorauswissen gereicht uns zum Vorteil für Überleben und Fortpflanzung und damit bei der Erfüllung unseres evolutionären Auftrags.[177]

Diese Studien wirken etwa so wie ein „Weichmacher für die Zeit", der an den Grenzen zwischen unseren starren Kategorien Vergangenheit, Gegenwart und Zukunft nagt. Die Debatten unter den Forschern darüber, wie solche Ergebnisse zu deuten sind, halten an. Zeigen sie uns tatsächlich, dass die Zukunft rückwärts in die Gegenwart wirkt und diese beeinflusst? Falls dies zutrifft – was bedeutet dann Zeit? Wie können Wirkungen vor den Ursachen eintreten? Und wie steht es um den freien Willen? Wenn wir wissen, was vor uns liegt – ist dann die Zukunft vorherbestimmt? In Bezug auf Fragen dieser Art gesteht Dean Radin: „Sie bereiten mir Kopfschmerzen." Mir auch.

Obwohl wir die Bedeutung dieser verschiedenen experimentellen Entdeckungen noch nicht ganz verstehen, scheint es doch klar, dass genügend Daten auf dem Tisch der Wissenschaft liegen, dass wir uns von der Vorstellung von einem auf das Gehirn beschränkten Bewusstsein getrost verabschieden können. Die überkommenen Ideen weichen nun dem Modell von einem Bewusstsein, das nichtlokal ist, weil nur ein nichtlokales Modell unseres Geistes die Unabhängigkeit von Raum und Zeit aufweisen kann, die in den Experimenten bewiesen wurde – und die wir selbst erleben.

Es ist hauptsächlich „akademischer Schwulst", sagt der Physiker Russell Targ, was verhindert, dass diese Information weithin anerkannt wird.[178] Wie dem auch sei; die Räder der Wissenschaft mahlen langsam, aber zuverlässig. Eines schönen Tages wird die Zeit des nichtlokalen Geistes gekommen sein, und angesichts der rapide zunehmenden Masse an Hin- und Beweisen können wir zuversichtlich vorhersagen, dass diese Zeit nicht mehr allzu fern ist.

Unter Umgehung der Sinne

Professor David Ray Griffin glaubt, dass die Rolle der physischen Sinne weit überschätzt werde. Griffin ist eine angesehene Gestalt in der zeitgenössischen Philosophie. Er ist Professor der Religionsphilosophie und Theologie an der Theologischen Hochschule und der Claremont Graduate School in Claremont, Kalifornien, und zählt zu den bedeutendsten Kennern der Werke des Mathematikers und Philosophen Alfred North Whitehead, eines Giganten in der westlichen Geisteswelt des 20. Jahrhunderts.

Griffin argumentiert, die grundlegendste Art und Weise, wie wir Information von der Welt gewinnen, sei nicht *durch Vermittlung der Sinne,* sondern finde *unter Umgehung der Sinne* statt. In seinem Buch *Parapsychology, Philosophy, and Spirituality* schreibt er: „Die Sinneswahrnehmung ist eine eher seltene Form der Wahrnehmung, die nur Tiere mit einem Zentralnervensystem aufweisen ... Sinnliche Wahrnehmung ist nicht unsere einzige und nicht einmal unsere grundlegende Art der Wahrnehmung ... Nichtsinnliche Wahrnehmung ist ... ein grundlegenderer Modus ... Bei der nichtsinnlichen Wahrnehmung nehmen wir ständig und unmittelbar wahr, nicht nur Ereignisse in unserer unmittelbaren Umgebung ... sondern auch fernes Geschehen. Das heißt, Wahrnehmung über Distanz findet zu jeder Zeit statt."

Falls Griffin recht hat – falls ein nichtlokaler, nicht an die Sinne gebundener Wahrnehmungsmodus unser grundlegendes Mittel zum Kenntniserwerb ist –, wie könnten wir seine Funktion steigern? Wenn wir unsere alltäglichen Annahmen und unsere gewohnte Weise, Dinge zu betrachten, außer Acht lassen könnten – wäre unsere nichtlokale Fernwahrnehmung dann offenkundiger und stärker?

Hypnose

Seit Jahrzehnten haben Forscher auf dem Gebiet der Parapsychologie die Hypnose eingesetzt, um genau dies zu tun – um unsere Vorurteile und eingefahrenen Gewohnheiten zu umgehen, in der Hoffnung, einen umfassenderen Zugang zu nichtlokalen Wahrnehmungen zu erlangen. Im Jahre 1994 veröffentlichten die Psychologen Rex Stanford und Adam Stein von der Saint-John's-Universität in New York eine Meta-Analyse über Studien zur außersinnlichen Wahrnehmung (ASW), in denen der gewöhnliche Zustand mit der Wahrnehmung unter Hypnose verglichen wurde. Sie fanden neunundzwanzig relevante Studien, von denen fünfundzwanzig genügend Information boten, um eine Analyse der Ergebnisse der Experimente zu erlauben. Diese Studien waren von elf verschiedenen Wissenschaftlern zwischen 1945 und 1982 in diversen Zeitschriften publiziert worden. Die Hypnose führte zu signifikanten ASW-Effekten bei einer Wahrscheinlichkeit von 1 : 2700. Im Vergleich hierzu ergaben Studien bei der gewöhnlichen Wahrnehmung eine Wahrscheinlichkeit gegen den Zufall von nur 1 : 8. Diese Meta-Analyse zeigt, dass sich nichtlokale Wege zur Information häufiger auftun, wenn wir unseren mentalen Filter ausschalten – zum Beispiel durch Hypnose.[179]

Schafe und Böcke

Manche Menschen halten nichtlokale Wege der Wahrnehmung für so unglaublich, dass auch noch so viele Beweise sie nicht bewegen könnten, ihre Meinung zu ändern. Ein skeptischer Forscher höhnte: „Keine tausend Experimente mit zehn Millionen Versuchen von hundert verschiedenen Forschern und einer Wahrscheinlichkeit von 1 : 1000" könnten ihn dazu bringen, ASW zu akzeptieren.[180] Wissenschaftler haben untersucht, ob Voreingenommenheiten für oder gegen nichtsinnliche Wahrnehmungen tatsächlich deren Auftreten beeinflussen. Dean Radin beschreibt diese Befunde in seinem Buch *The Conscious Universe:* „Dies erweist sich als einer der gleichbleibenden experimentalen Effekte in der Psi-Forschung (Parapsychologie). Die Psychologin Gertrude Schmeidler sprach vom ‚Schafe-Böcke-Effekt'. Sie vermutete 1943, dass ein Grund, warum eingefleischte Skeptiker keine Psi-Erlebnisse berichteten, darin liege, dass sie diese unbewusst meiden. Menschen, die solche Erlebnisse berichteten, nannte Schmeidler ‚Schafe', die Skeptiker bezeichnete sie als ‚Böcke'."

1993 veröffentlichte der Psychologe Tony Lawrence von der Universität Edinburgh eine Meta-Analyse aller Schafe-Böcke-Experimente aus der Zeit von 1943 bis 1993, bei denen eine begrenzte Zahl von Auswahlmöglichkeiten geboten wurde, wie zum Beispiel bei Karten-Rateversuchen. Er fand dreiundsiebzig veröffentlichte Berichte von siebenunddreißig verschiedenen Forschern; sie umfassten mehr als 685.000 Fragen an 4500 Teilnehmer. Die Ergebnisse sprachen sehr deutlich für einen Schafe-Böcke-Effekt, wobei Glaubende bessere Leistungen zeigten als Ungläubige; die Wahrscheinlichkeit lag insgesamt bei 1 : 1.000.000.000.000. Beruhte dieses Resultat auf der Tatsache, dass die Forscher es versäumten, Studien mit gegenteiligem Ausgang zu veröffentlichen, die jene Ergebnisse für nichtig erklärt hätten? (Man spricht vom sogenannten *„file drawer effect"*, wenn unliebsame Forschungsergebnisse oder Daten nicht veröffentlicht werden, sondern in der Schublade bleiben.) Die Analyse zeigte, dass man für jedes veröffentlichte Experiment etwa 1726 unveröffentlichte, nicht signifikante Studien bräuchte, um die Schafe/Böcke-Unterschiede auszugleichen. Lawrence stellte weiterhin fest, dass die Ergebnisse nicht durch Unterschiede in der Qualität der Studien zu erklären waren oder dadurch, dass einige Studien besonders umfangreiche Ergebnisse hatten. Er kam zu dem Schluss: „Die Resultate dieser Meta-Analyse sind recht klar: Wenn Sie an das Paranormale glauben, werden

Sie bei Forced-Choice-ASW-Tests (Zwangswahlverfahren) durchschnittlich höhere Ergebnisse erzielen als jemand, der nicht daran glaubt."[181]

Widerstand gegen die nichtlokale Wahrnehmung kenne ich aus persönlicher Erfahrung. Meine präkognitiven Träume, die ich bereits erwähnte, ereilten mich gebündelt innerhalb von nur wenigen Wochen. Dann hörten sie auf, und ich hatte seitdem keine weiteren Träume dieser Art mehr. Ich habe mich oft gefragt, warum. Machen meine mentalen Filter gegen solche Erlebnisse nun Überstunden, weil mein Ego versucht, meine persönlichen Grenzen abzuschotten? Ich habe mir oft gesagt, dass ich gerne mehr von diesen Erlebnissen hätte, doch ich muss gestehen, dass ich in diesem Punkt ein schrecklicher Heuchler bin. Ich hätte mich zum Beispiel mit Hypnose beschäftigen können, die, wie die oben erwähnten Forschungen zeigen, ein Weg ist, der sich zur Anregung solcher Erlebnisse eignet, aber ich habe es nicht getan. Ich muss gestehen, dass ich – wie die meisten Menschen – zögere, mich ganz in die nichtlokalen Dimensionen der Psyche zu stürzen. Meine lokale, an und durch die Sinne gebundene persönliche Identität passt mir doch ganz gut. Aber mein persönliches Erleben mit auf nichtlokalen Wegen erlangtem Wissen, so begrenzt es auch sein mag, war überaus segensreich. Es erschloss mir eine Seite der Wirklichkeit, die die Art und Weise, wie ich die Welt zu sehen pflegte, zutiefst beeinflusste und mir Anlass gab, meine Scheuklappen gegenüber den glänzenden Forschungsarbeiten auf diesem Gebiet abzulegen.[182]

Geteilte Gefühle

Das nichtlokale Fernwahrnehmen geht manchmal in nichtlokales Fernempfinden über. Wenn zum Beispiel ein Mensch auf nichtlokale Weise spürt, dass eine ihm liebe Person in einer Krise ist, dann erlebt er oder sie oft die gleichen körperlichen Symptome, die bei dem fernen Individuum vorkommen. Gewöhnlich jedoch bleibt die körperliche Untersuchung des „Empfängers" ohne Befund.

Der Psychiater Ian Stevenson von der Universität von Virginia hat über die klinischen Konsequenzen dieses Phänomens nachgedacht. Es ist eine bekannte Tatsache, dass viele Menschen, die einen Arzt oder Psychiater aufsuchen, keinen erkennbaren Grund für ihre Symptome haben. Könnten ihre Beschwerden von irgendeinem anderen Menschen in der Ferne herrühren, mit dem sie empathisch und nichtlokal verbunden sind? Stevenson glaubt, die Antwort könnte Ja lauten. In *Telepathic Impressions* schreibt er: „Ich glaube, wenn Psychiater häufiger an die Möglichkeit paranormaler Einflüsse auf ihre Patienten denken würden, könnten sich diese als Ursache mancher sonst unerklärlicher Veränderungen in der Verfassung ihrer Patienten herausstellen."

Die dunkle Seite

Wir können nicht Krisen in das Leben von Menschen „einbauen", um unter kontrollierten Versuchsbedingungen die Fernwirkungen auf andere zu studieren. Solche Ereignisse sind von Natur aus spontan und anekdotisch. Gleichwohl verdienen sie unsere Aufmerksamkeit. Stevenson beschreibt einen Patienten, dessen klinische Anamnese vermuten lässt, dass mentale Symptome auf nichtlokale Weise mit Ereignissen in der Ferne verknüpft sein könnten. Der Patient war ein fünfundvierzigjähriger Professor, der so deprimiert wurde, dass er ins Krankenhaus eingeliefert werden musste. Ein Grund für seine Depression waren Unstimmigkeiten mit Kollegen in seiner Fakultät. Er stand unter Medikation, und die äußeren Umstände seines Lebens veränderten sich nicht während der Zeit, in der Stevenson ihn beobachtete. Obwohl sich die Verfassung des Patienten allmählich zu verbessern schien, ging es diesem eines Tages deutlich schlechter, und er klagte über die Verschlimmerung, die er empfand. „Später stellte sich heraus", schreibt Stevenson in *Telepathic Impressions*, „dass diese Verschlechterung seines Zustandes zeitlich mit Treffen seiner Opponenten in der Fakultät übereinstimmte, die sich verschworen, ihn aus seiner Position zu vertreiben."

Paranoide Personen behaupten häufig, dass feindselige Empfindungen auf außersinnlichem Wege zu ihnen übermittelt würden. Der Psychoanalytiker Jan Ehrenwald deutete in *Telepathy and Medical Psychology* an, dass sie – wie Stevensons Patient – möglicherweise durch nichtlokale Fernwahrnehmung die negativen Wünsche und Gedanken anderer aufnehmen.

Die Distanzen überwindende gemeinsame Teilhabe an Gedanken und Gefühlen nimmt gelegentlich makabre Dimensionen an, wie im Leben der Zwillinge, die Rozalia Cosma im rumänischen Brasov (Kronstadt) im Frühjahr 1962 gebar. Sie nannte sie Romulus und Remus, nach den mythologischen Zwillingen, die – bald nach ihrer Geburt im Flusse Tiber ausgesetzt – von einer Wölfin gefunden, gerettet und gesäugt wurden. Romulus wurde der Gründer und erste König der Stadt Rom.

Wie es bei Zwillingen oft der Fall ist, waren die rumänischen Zwillinge im Denken und Fühlen auch über die Entfernung miteinander verbunden. Wenn einer einen Unfall hatte, empfand auch der andere den Schmerz.

Als sie herangewachsen waren, ließ sich Remus im siebenbürgischen Cluj (Klausenburg) nieder, Romulus in der Hafenstadt Konstanta am Schwarzen Meer, etwa achthundert Kilometer entfernt. Auch als Erwachsene teilten sie die gleichen Symptome. Zur gleichen Zeit erkrankten sie an Gelbsucht. Als Romulus bei einer Exkursion in die Karpaten ein Bein brach, fiel Remus in Cluj die Treppen hinunter und brach sich ebenfalls das Bein.

Im Herbst 1987 begann Remus, Monika Szekely den Hof zu machen. Eine Woche später begann Romulus ebenfalls, ein Mädchen namens Monika zu umwerben. Im folgenden Frühling heiratete Remus seine Monika, 1989 zogen sie in eine gemeinsame Wohnung. Ihre Ehe begann bald zu kriseln, und sie hatten täglich Streit. Am 16. Mai 1993 um 22 Uhr kam Remus betrunken nach Hause, und seine Frau schrie ihn an, dass sie vorhabe, sich einen Geliebten zu nehmen. Er drängte sie gegen die Wand, woraufhin sie sich ein Messer griff, das auf dem Tisch lag. Remus entwand es ihr und stach zwölf Mal auf sie ein. Um Mitternacht ging er zur Polizei und stellte sich.

Um 23 Uhr am selben Abend hatte Romulus ein Gespräch mit seiner Monika. Ihre Beziehung war zwar bis zu jener Zeit unproblematisch verlaufen, doch an jenem Abend war Romulus von einer unerklärlichen Wut erfüllt und erdrosselte Monika. Bei der Polizei in Constanta sagte er aus: „Ich weiß nicht, warum ich dieses furchtbare Verbrechen begangen habe. Als ich anfing, meine Freundin zu würgen, fühlte ich mich wie unter dem Zwang einer unsichtbaren Macht. Ich konnte – oder vielleicht: wollte – ihr nicht widerstehen." Bei den Ermittlungen stellte sich heraus, dass Remus seine Untat nur wenige Minuten vor der seines Zwillingsbruders begangen hatte.[183]

Warum nicht Freude?

Warum sind die Dinge – Gedanken, Gefühle, Eindrücke –, die Menschen an unterschiedlichen Orten gleichzeitig und gemeinsam erleben, so häufig negativer Art? Dies könnte damit zusammenhängen, dass negative Wahrnehmungen für das Überleben wichtiger sind als positive, wie Stevenson in *Telepathic Impressions* vermutet. „Ist es das Versäumnis der Menschen, dass sie mittels außersinnlicher Vorgänge nicht häufiger Eindrücke von ... glücklichen Ereignissen kommunizieren? Oder liegt es daran, dass das Übermitteln von Freude keinen, das Melden von Notsituationen hingegen einen hohen Überlebens-Wert für uns besitzt?"

Stevenson berichtet, dass Gerhard Sannwald in seiner Analyse von auf nichtlokalen Wegen übermittelten Informationen feststellte, dass nur in 15% der spontanen Fälle emotional positive Inhalte empfangen wurden, während in 85% negative Gemütsbewegungen mitgeteilt wurden. In den 15% der Fälle, in denen positive Gefühle übertragen wurden, handelte es sich bei den nichtlokalen Mitteilungen oft um Nachrichten wie: „Mir geht es gut."

Wie Stevenson berichtet, betraf ein berühmter Fall dieser Art General John C. Frémont, einen der frühen Entdecker und Erforscher des amerikanisches Westens. Im Winter 1853/54 nahm er an einer gewagten Expedition in den Rocky Mountains teil, die mit großen Gefahren für Leib und Leben einschließlich des Risikos zu verhungern verbunden war. Seine Frau, die in Washington, D. C., lebte, war inzwischen von so großer Sorge erfüllt, dass sie kaum noch schlafen und essen konnte und in Schwermut verfiel. Dies war früher ihre typische Reaktion, wenn General Frémont auf Expeditionen unterwegs war. Doch plötzlich, aus heiterem Himmel, hatte sie den untrüglichen Eindruck, dass ihr Mann nicht mehr in Gefahr war. Dies beruhigte sie so, dass sie in einen tiefen Schlaf fiel, in dem sie sich von ihrem geschwächten Zustand weitgehend erholte.

Schließlich erhielt sie die Nachricht, dass General Frémont genau zu der Zeit, als sie sich erleichtert fühlte, seine Gruppe nach einer langen Phase, in der sie dem Hungertod nahe gekommen waren, in eine Siedlung führte, wo sie Nahrung, Wärme und Erholung fanden. Der General bestätigte, dass Mrs. Frémonts Erlebnis zeitlich recht genau mit dem Augenblick übereinstimmte, als er sich niedersetzte, um auszuruhen und in sein Tagebuch zu schreiben, nachdem er sich vergewissert hatte, dass der Rest seiner Gesellschaft versorgt war. Da wünschte er irgendwie, dass „Mrs. Frémont nur wüsste, dass alle Gefahr vorüber und mit mir selbst alles in Ordnung war."[184]

Der Preis der Individualität

Zufälliges Zusammentreffen? Das hoffen viele Menschen, weil ihnen die Vorstellung missfällt, dass das Handeln eines Individuums von dem Verhalten und Denken eines anderen in der Ferne beeinflusst sein könnte. Es ist ein Grundpfeiler unseres Rechtssystems, dass jeder Mensch für sein Tun verantwortlich ist. Wenn wir alle in unserem Denken und Handeln nichtlokal verbunden sind, wer ist dann anzuklagen? In einer Gesellschaft, in der jeder verantwortlich ist, hat keiner die Verantwortung. Nähmen wir die Idee von der nichtlokalen Verbundenheit ernst, könnte dies eine Orgie der Zügellosigkeit und eine Epidemie gesellschaftlicher Unordnung entfesseln – so jedenfalls lauten die Warnungen.

Der Irrtum bei dieser Denkweise ist die Annahme, dass wir zwischen zwei unvereinbaren Alternativen wählen müssten – entweder verantwortungsvolle Individuen zu sein oder in einer gesichtslosen, gleichförmigen Masse unterzugehen, in der sich individuelle Verantwortlichkeit verflüchtigt. Dieses Entweder-Oder ist natürlich falsch, weil jeder von uns sowohl individuelle als auch kollektive Eigenschaften besitzt.

Würden wir unsere nichtlokale Verbundenheit und Einheit offen anerkennen, könnte dies zu nichts weniger als einer *größeren* Eigenverantwortlichkeit und gesellschaftlicher Harmonie führen. Wir zahlen einen hohen Preis dafür, dass wir die Einheit leugnen, die durch unsere nichtlokale Verbundenheit ohnehin besteht. Die großen Kriege des 20. Jahrhunderts und die Konflikte, die noch immer im Gange sind – in Nordirland, auf dem Balkan und im Nahen Osten – wurden und werden angeheizt von dem Glauben an die Besonderheit, Einzigartigkeit und Überlegenheit einer Religion, einer Rasse oder eines politischen Systems sowie der Individuen, die diese bilden und repräsentieren. Es ist nicht die nichtlokale Einheit und Verbundenheit, sondern der kompromisslose Individualismus, der uns in den Ruin führen könnte. Ohne ein Empfinden der Einheit und Verbundenheit mit anderen gehen Empathie, Mitgefühl und Nächstenliebe den Bach hinunter, und an ihre Stelle treten unnachgiebiger Egoismus und Intoleranz.

Paradoxerweise stärkt es uns als Individuen, wenn wir unsere „Transindividualität" anerkennen. Wenn wir uns mit anderen verbunden fühlen, werden wir selbst belastbarer. Elizabeth Berg schreibt über diesen scheinbaren Widerspruch: „Jemandem von Nutzen zu sein, hat einen unglaublichen Wert. Ich denke, die meisten Menschen in Therapie würden sich von einer gewaltigen Last befreit fühlen, wenn sie sich als Teil eines größeren Ganzen empfänden, indem sie zum Beispiel eine Arbeit am Fließband aufnähmen."[185]

Die nichtlokale Verbundenheit hängt nicht von unserer Erlaubnis ab. Wir sind nichtlokal miteinander verbunden, ob wir es erkennen oder nicht, und wir beeinflussen einander ständig zum Vor- oder Nachteil. Wir können unsere nichtlokalen Verbindungen auch nicht durch beharrliches Leugnen auflösen. Wenn wir sie verneinen, wirken sie außerhalb unseres Gewahrseins und damit außerhalb unserer Kontrolle. Indem wir ihre Existenz zugeben, erhalten wir die Möglichkeit, sie in die Sphäre unseres bewussten Gewahrseins einzubeziehen und ein gewisses Maß an Kontrolle über sie auszuüben, wenn sie uns in eine krankhafte Richtung drängen, wie im Falle der rumänischen Zwillinge.

Von etwas beeinflusst zu werden, ist nicht das Gleiche, wie von etwas beherrscht zu werden. Wir können von anderen Menschen nichtlokal beeinflusst werden, ohne dass sie uns beherrschen und ohne dass wir unsere Selbstverantwortung aufgeben – aber *nur*, wenn wir anerkannt haben, dass diese Einflüsse existieren. Der zuverlässigste Weg zum Verlust unserer Selbstkontrolle führt über die Leugnung, dass wir nichtlokal miteinander verbunden sind, und die Übernahme der sozialen Fiktion, wir seien Individuen, die stets unabhängig agieren.

Um unsere nichtlokale Ein- und Verbundenheit annehmen zu können, müssen wir erst einen Bogen um jenen verzückenden New-Age-Ruf nach „Einssein" machen – einem eingebildeten Zustand, in dem alle unsere kostbaren Differenzen zugunsten irgendeiner seligen Gleichheit glattgebügelt sind. Die Verheißung der nichtlokalen Verbundenheit ist weder Glückseligkeit noch Gleichförmigkeit, sondern Ganzheit.

Das Gehirn als Sender

Heute glauben die meisten Wissenschaftler in Amt und Würden, dass das Gehirn den Zustand, den wir Bewusstsein nennen, irgendwie *erzeuge*. Diese Sichtweise beschränkt das Bewusstsein auf das materielle Gehirn, den Körper und die Gegenwart; sie lässt keinen Raum für die nichtlokale Fernwahrnehmung, mit der wir uns beschäftigt haben. Hin und wieder jedoch äußern sich rare Stimmen der Gelehrten und deuten an, dass das Gehirn Bewusstsein nicht produziere, sondern übermittle. Die sogenannten Übermittlungstheorien gehen davon aus, dass Bewusstsein über Gehirn und Körper hinaus existiert, und sind deshalb aufgeschlossen für die nichtlokale Fernwahrnehmung.

Ein Vertreter dieser Sichtweise war der Harvard-Psychologe William James (1842-1910), der als der Vater der amerikanischen Psychologie gilt. James focht im Kampf über die Natur des Bewusstseins mit den Materialisten seiner Zeit. Seine Argumente sind bis heute relevant. In der Ingersoll-Vorlesung des Jahres 1898 an der Harvard-Universität, die er mit „Die Unsterblichkeit des Menschen: Zwei vermeintliche Einwände gegen die Lehre" überschrieb, sagte James: „Die nackte Wahrheit ist, dass man sich die mentale Welt hinter dem Schleier in einer beliebig individualistischen Form vorstellen kann, ohne dass dies der allgemeinen Vorstellung, der zufolge das Gehirn ein Organ zur Übermittlung darstellt, irgendeinen Abbruch tut."[186]

Der Neuropsychiater Peter Fenwick ist ein weiteres Beispiel. Er gilt heute als Großbritanniens führende Autorität auf dem Gebiet der Todesnähe-Erlebnisse (TNE). Als er auf diesem Gebiet zu forschen begann, tat er dies als Skeptiker. Als er erstmals von dem starken Interesse erfuhr, das diese Fälle in den Vereinigten Staaten auf sich zogen, und wie Amerikaner durch einen dunklen Tunnel reisten und Lichtwesen begegneten, erschien ihm die Sache fragwürdig. Er hatte den Verdacht, dass hier ein starker „Kalifornien-Faktor" mitspielte und bezweifelte, dass es derlei Erlebnisse über den Atlantik schaffen und im gesetzteren Britannien landen können. Doch Fenwick wurde zunehmend fasziniert von diesen Berichten, und als er sein Interesse an ihnen öffentlich kundtat, wurde er von Geschichten überschwemmt, die mit jenen in Amerika buchstäblich identisch waren. Er und seine Frau Elizabeth erhielten detaillierte Schilderungen von dreihundertfünfzig Todesnähe-Erlebnissen von Menschen aus ganz England, Schottland und Wales. Ihre Erkenntnisse berichteten sie in ihrem Buch *The Truth in the Light*. Es ist ein fesselndes Werk, weil es aus der Sicht eines Neurologie-Experten geschrieben wurde, der ein enormes Wissen über das menschliche Bewusstsein und die Funktionen und Tätigkeit des Gehirns besitzt.

Fenwick befasst sich mit den verschiedenen Hypothesen, die zur Erklärung der Todesnähe-Erlebnisse herangezogen werden. Werden TNEs durch Drogen, durch Sauerstoffmangel oder durch ein Zuviel an Kohlendioxid herbeigeführt? Handelt es sich um Halluzinationen, dissoziative Phänomene oder Träume? Werden sie durch Angst erzeugt oder durch eine subtile Funktionsstörung der Schläfenlappen? Werden sie durch eine Ausschüttung von Endorphinen ausgelöst, den natürlich vorkommenden gehirneigenen Opiaten?[187] Fenwick untersuchte systematisch, was für und gegen jede Möglichkeit sprach, und gelangte zu dem Schluss, dass alle diese Mechanismen versagen:

> Es ist offensichtlich, dass es Hirnstrukturen geben muss, die die TNEs vermitteln; dabei handelt es sich wahrscheinlich um die gleichen Strukturen, die alle mystischen Erlebnisse vermitteln ... Doch die Hauptfrage bleibt weiter unbeantwortet: Wie ist es möglich, dass dieses zusammenhängende, hoch strukturierte Erlebnis manchmal während einer Bewusstlosigkeit eintritt, in der man unmöglich eine geordnete Folge von Ereignissen in dem kranken Gehirn postulieren kann? Man sieht sich zu der Schlussfolgerung gezwungen, dass entweder der Wissenschaft ein fundamentales Bindeglied fehlt, das erklären würde, wie folgerichtige Erlebnisse in einem durcheinander geratenen Gehirn entstehen können – oder manche Formen des Erlebens transpersonal sind, das heißt, sie entspringen einem Geist, der nicht untrennbar mit einem Gehirn verbunden ist.

Fenwick befasst sich gewissenhaft mit der Hypothese, dass das Gehirn Bewusstsein irgendwie übermittelt, aber nicht erzeugt. Auch er würdigt William James als einen der überzeugendsten Vertreter der Übermittlungstheorie und glaubt, dass James' Theorie „für unsere Wissenschaft heute so relevant ist, wie sie es bereits vor fast einem Jahrhundert war".

Die Übermittlungstheorie geht, wie schon erwähnt, von der Annahme aus, dass es eine Form von Bewusstsein außerhalb des Gehirns gibt. Das Gehirn steht in Verbindung mit dieser Quelle, es empfängt und modifiziert Informationen, die es von ihr bezieht. Laut Fenwick werden Erinnerungen zwar zum Teil im Gehirn aufgehoben, ein großer Teil wird jedoch außerhalb des Gehirns gespeichert. Dieser externe Bewusstseins-Speicherort ist vergleichbar mit einem Überleben des Bewusstseins über den Tod von Gehirn und Körper hinaus. Es mag auch zu erklären helfen, warum viele Menschen das Empfinden haben, Teil eines größeren Ganzen zu sein.

Fenwick ist sich der Problematik eines solchen Modells bewusst. Er schreibt: „Wir stoßen dabei auf die Schwierigkeit, dass uns derzeit kein Mechanismus bekannt ist, der Gehirn und Geist auf diese Weise miteinander verbindet oder ermöglicht, dass Erinnerung außerhalb des Gehirns gespeichert wird." Er fügt hinzu:

Ein weiterer Schwachpunkt der Übermittlungstheorien allgemein ist, dass sie sich, selbst wenn sie korrekt sind, nur schwierig testen lassen. Aus der Sicht einer Übermittlungstheorie könnte man argumentieren: Da der Geist durch das Gehirn übermittelt wird, führen Störungen der Gehirnfunktion zu Störungen des Geistes, weil sie dessen Übermittlung stören. Ein ähnliches Argument kann man ins Feld führen, wenn man davon ausgeht, dass Geist seinen Sitz im Gehirn hat und eine Funktion des Gehirns ist. Auch dann wird eine Störung der Gehirnfunktion eine Störung des Geistes bewirken. Es gibt kein Experiment, das eine leichte Unterscheidung zwischen diesen beiden Möglichkeiten erlaubt.

Obwohl alle Übermittlungstheorien spekulativ sind, misst man bei ihrer Bewertung allzu leicht mit zweierlei Maß. Die konventionelle Wissenschaft verwirft diese Theorien oft, weil sie, wie auch Fenwick erkennt, die Interaktion eines externen Geistes mit dem materiellen Gehirn nicht zu erklären vermögen. Doch die Vorstellung, die in der heutigen Wissenschaft dominiert – dass Bewusstsein vom Gehirn erzeugt werde –, ist ebenfalls reine Spekulation. Der Philosoph Jerry Fodor stellt nüchtern fest: „Niemand hat die geringste Ahnung, wie irgendetwas Materielles [wie das Gehirn] bewusst sein könnte. Niemand weiß auch nur, wie es wäre, die geringste Ahnung davon zu haben, wie etwas Materielles bewusst sein könnte. So viel zur Philosophie des Bewusstseins."[188]

Obwohl alle Theorien über das Bewusstsein spekulativ sind, haben die Übermittlungstheorien einen deutlichen Vorteil: Sie können die empirischen Daten unterbringen, die von nichtlokaler Fernwahrnehmung zeugen, und sie zwingen uns nicht, zu leugnen, was wir selbst erlebt haben.

Die Bewusstseins-Übermittlungstheorien tragen jedoch eine falsche Bezeichnung. Übermitteln bedeutet, etwas von A nach B zu senden. Es gibt keinen Beweis dafür, dass bei einem nichtlokalen Erlebnis tatsächlich irgendetwas übermittelt oder gesendet wird, und dafür gibt es gute Gründe. Falls Bewusstsein von Natur aus nichtlokal ist, wie die Indizien vermuten lassen, ist es unendlich oder allgegenwärtig in Raum und Zeit. Es gibt deshalb keinen Ort, an dem Bewusstsein *nicht* ist – was wiederum bedeutet, dass es keine Notwendigkeit gibt, irgend etwas von A nach B zu übermitteln: Es ist bereits dort. Ist aber der Geist von Natur aus nichtlokal, ist die Vorstellung von einem externen Speicherort für Bewusstsein außerhalb des Gehirns bedeutungslos. Etwas zu speichern heißt, es in einen Rahmen zu lokalisieren, es zu begrenzen; das Wesen der Nichtlokalität ist jedoch Unbegrenztheit, das heißt die Abwesenheit einer räumlich-örtlichen Bindung. In einem nichtlokalen Bewusstseins-Modell besteht deshalb kein Bedarf, sich darüber den Kopf zu zerbrechen, wie Bewusstsein übermittelt wird und wo außerhalb des Schädels ein Erinnerungsspeicherplatz zu lokalisieren ist, denn Nichtlokalität macht diese Art von Fragen überflüssig.

„Übermittlung" ist ein Begriff aus der klassischen mechanistischen Sicht der Welt. Auf nichtlokale Phänomene angewandt, vermittelt er einen irreführenden Eindruck vom Wesen des Bewusstseins. Gleichwohl sind die Übermittlungstheorien weiterhin ein Fortschritt im Vergleich zu den aufs Gehirn gestützten und begrenzten Bewusstseinsmodellen, weil sie das Bewusstsein aus seiner Versklavung unter das Gehirn befreien. Eines Tages – wenn wir gelernt haben, mit Leichtigkeit über nichtlokale Phänomene zu denken und zu sprechen – werden wir ein Vokabular entwickeln, das für sich selbst stehen und sprechen kann, ohne mit unpassenden Begriffen durchsetzt zu sein, die aus der klassischen Sicht der Welt entlehnt wurden. Bis dahin sollten wir „Übermittlung" vielleicht in Anführungszeichen setzen, um seine vorläufige, bedingte Verwendung zu signalisieren.

Wenn wir auch nur auf die geringste Aussicht hoffen, die Beziehung zwischen Geist und Gehirn zu begreifen, werden wir lernen müssen, nicht lokal, sondern nichtlokal zu denken. Andernfalls werden wir für immer hinter Problemen herjagen, die in einer nichtlokalen Welt schlicht und einfach – nicht vorhanden sind.

Auf dem Weg zur Nichtlokalität

Ich pflegte zu glauben, dass der beste Weg für Angehörige der Gesundheitsberufe, ihre Marotten über die Existenz der nichtlokalen Fernwahrnehmung zu überwinden, darin bestehe, selbst eines dieser ungewöhnlichen Erlebnisse zu haben. Aber das ist nicht ganz richtig. Diese Erlebnisse sind nicht selten, denn solche Dinge geschehen Tag für Tag; sie sind keine Ausnahmen, sondern der Normalfall. Der Philosoph David Griffin vertrat die Sicht: Nichtsinnliches Erfahren ist unsere grundlegende Art und Weise, Information zu erlangen. Das heißt, wir müssen nicht einen besonderen Weg einschlagen, um nichtlokale Erlebnisse zu haben; wir brauchen sie nur wahrzunehmen.

William B. Steward, M.D., ist der medizinische Direktor des *Institute for Health and Healing* und der *Health and Healing Clinic* im California Pacific Medical Center in San Francisco. Bill gehört schon seit langem zu den Pionieren beim Wiedereinführen von Methoden echter Heilung und Fürsorge in die Medizin. Vor einigen Jahren bekam jemand Wind von den faszinierenden Entwicklungen im California Pacific und rief an, um mehr zu erfahren. Zufällig war Bill am Telefon. Der Anrufer fragte: „Haben Sie einen Visionär in Ihrer Belegschaft?" Bill, ein Ophthalmologe, antwortete: „Von einem Visionär weiß ich nichts, aber wäre Ihnen vielleicht auch mit einem herkömmlichen Augenarzt gedient?"

Diese Antwort gefällt mir. Wir brauchen keine exotischen Visionäre, die uns helfen, uns die nichtlokale Dimension des Bewusstseins zunutze zu machen und um zu erfahren, wer wir sind. Wir brauchen nur – aufzuwachen.

11

DIE RÜCKKEHR DES GEBETS

Margaret Mead, die bekannte Anthropologin, sagte einmal: „Das Gebet bedarf keiner künstliche Energie, es verbraucht keine fossilen Brennstoffe und verschmutzt nicht die Luft."[189] Doch es besitzt eine weitere, von Mead nicht erwähnte Eigenschaft, die für alle Angehörigen der Gesundheitsberufe von Interesse sein sollte: Es funktioniert offenbar. Eine eindrucksvolle Masse an Beweismaterial deutet darauf hin, dass Gebet und religiöse Andacht mit positiven gesundheitlichen Ergebnissen zu assoziieren sind.[190]

Da sich diese Erkenntnis immer weiter herumgesprochen hat, kehrt das Gebet wieder in die Welt der Medizin zurück, in der es den größten Teil des 20. Jahrhunderts auf der Ersatzbank fristen musste. Dieses Phänomen hat zu einer Vielfalt von Reaktionen geführt, von Euphorie bis hin zu Verwirrung und Entsetzen.

„Das Gebet wirkt tatsächlich?"

Eine solche Reaktion erlebte ich 1996, als ich eingeladen wurde, in einem großen Krankenhaus in der Stadt New York zu sprechen und zu beraten. Der Tag begann mit einem Referat an die Belegschaft des Hauses, in welchem ich über die wachsende wissenschaftliche Evidenz für die Wirksamkeit des Fürbittegebets sprach. Ich gab einen Überblick über einige der bemerkenswertesten Experimente, die die Aufmerksamkeit des ärztlichen Berufstandes auf sich gezogen hatten, und fasste einige der Studien zusammen, die seinerzeit gerade durchgeführt wurden. Im weiteren Verlauf des Tages stand ein Folgetreffen mit den Angestellten der Hospiz-Abteilung auf meinem Programm. Bevor unsere Diskussion beginnen konnte, wurde ich von einem Geistlichen angesprochen, der offenbar recht beunruhigt war. Er arbeitete ganztags im Hospizbereich und betrachtete es als seine Lebensaufgabe, sterbenden Patienten mit spirituellem Geleit und Gebet und den Angestellten des Hospizes mit psychologischer und spiritueller Unterstützung beizustehen. Er sagte:

"Hören Sie, ich muss da etwas klarstellen. Ich habe Ihren Vortrag heute Morgen gehört – und wenn ich Sie recht verstanden habe, behaupten Sie, dass ein Fürbittegebet *tatsächlich wirkt?*"

Für einen Augenblick war ich sprachlos und wusste nicht, wie ich reagieren sollte. Obwohl das Leben dieses Mannes von Gebeten erfüllt war, hegte er selbst offenbar tiefe Zweifel, ob seine Gebete überhaupt irgendeine Wirkung zeitigten. Konfrontiert mit Indizien und Beweisen, dass ein Fürbittegebet tatsächlich wirksam sein könnte, war er erstaunt und verwirrt. Wir plauderten einige Minuten privat, und ich bestätigte ihm, was ich bereits vorgetragen hatte. Ich bewunderte seine Ehrlichkeit. Die meisten von uns sind nicht so mutig wie er, wenn es darum geht, unsere Zweifel am Gebet zu äußern.

Jenes Erlebnis bestärkte meinen Glauben, dass selbst „echte Gläubige" oft in irgendeinem Winkel ihres Innenlebens an der Wirksamkeit von Gebeten zweifeln, und dass selbst von Berufs wegen religiöse Menschen schockiert sein können, wenn sie erfahren, dass die Wissenschaft über das Gebet etwas Positives zu sagen hat. Die Gründe sind zweifellos komplex, doch sie hängen mit den stürmischen Beziehungen zusammen, die Wissenschaft und Religion in den vergangenen zwei Jahrhunderten verbanden, besonders seit der Zeit Darwins. Kam es zu Meinungsverschiedenheiten zwischen den beiden Lagern, ist es der Religion dabei gewöhnlich nicht gut ergangen. In der Folge sind die meisten religiösen und gläubigen Menschen verständlicherweise misstrauisch geworden gegenüber dem, was die Wissenschaft über ihren Glauben zu sagen hat.

Ein weiterer Grund, warum viele religiöse Menschen das Betreten ihres „Hoheitsgebietes" durch die Wissenschaft ablehnen, ist die stereotype Einstellung gegenüber der Wissenschaft, die die meisten von uns im Laufe ihrer Erziehung, Ausbildung und Sozialisierung im Amerika des 20. Jahrhunderts entwickelt haben. Auf unseren Oberschulen und Universitäten wurde fast allen die Botschaft eingebläut: „Es gibt zwei Arten, sein Leben zu führen. Sie können entweder intellektuell, rational, analytisch, logisch und wissenschaftlich sein – oder sich entscheiden, intuitiv, spirituell und religiös zu sein. Diese beiden Ausrichtungen der Psyche schließen einander aus und lassen sich nicht miteinander vereinbaren; Sie können also nicht beides haben."

Die meisten entschieden sich für den einen oder den anderen Weg und leiden den Rest ihres Lebens unter dieser künstlichen, schizophrenen Spaltung. Die Entwicklungen in der Gebetsforschung zeigen jedoch, dass die beiden Wege einander nicht ausschließen. Wissenschaft und Spiritualität *können* zusammenkommen, und wir *können* beides haben.

Was ist ein Gebet?

Ich habe mit Tausenden von Amerikanern darüber gesprochen, was sie glaubten, dass ein Gebet sei. Die am häufigsten zu hörende Definition in unserer Kultur lautet, wenn wir wirklich ehrlich sind mit uns selbst: „Beten heißt, entweder laut oder lautlos zu einer weißen kosmischen Vaterfigur zu sprechen."

Natürlich ist dies eine äußerst begrenzte und kulturell bedingte Sicht des Gebets. Sie lässt große Teile der Weltbevölkerung unberücksichtigt, aber auch jene Mitglieder unserer eigenen Gesellschaft, die diese Vorstellung nicht teilen. So glauben zum Beispiel viele Menschen, dass das Gebet mehr eine Sache des *Seins* als des *Tuns* ist – etwa Thomas Merton, der einmal die Bemerkung machte, dass er bete, indem er *atme*. Viele Menschen, die beten, begeistern sich auch nicht für die Vorstellung von einem männlichen Gott oder überhaupt einen persönlichen Gott irgendeiner Art. Denken Sie an den Buddhismus, eine der großen Weltreligionen: Der Buddhismus ist keine theistische Religion, doch spielt das Gebet in der buddhistischen Tradition eine zentrale Rolle. Die Buddhisten richten ihre Gebete an das Universum, nicht an einen persönlichen Gott. Deshalb widerspricht der Buddhismus den meisten für unsere Kultur typischen Vorstellungen über die Natur des Gebets. Sollen wir nun die Buddhisten und andere, die von unserer kulturellen Norm abweichen, darüber in Kenntnis setzen, dass sie nicht wirklich beten?

In der folgenden Diskussion will ich den Begriff Gebet in einer bewusst breiten und mehrdeutigen Definition verwenden: „Gebet ist Kommunikation mit dem Absoluten." Diese Definition schließt ein, nicht aus. Sie bejaht religiöse Toleranz und lädt die Menschen ein, für sich selbst zu definieren, was „Kommunikation" ist und wer oder was „das Absolute" sein mag. Diese Definition ist breit genug, dass Menschen der verschiedensten Glaubensrichtungen sie akzeptieren können, die als Versuchspersonen an der Gebetsforschung teilgenommen haben.

Was ist ein *Fürbitte-Gebet?* Die Fürbitte bedeutet, dass jemand für jemand anderen oder dessen Wohl eintritt oder bittet. Das fürbittende Gebet wird zuweilen auch Fernheilungsgebet genannt, weil die Person, für die gebetet wird, oft fern von der Person ist, die für sie betet.

Es gibt beträchtliche Meinungsunterschiede darüber, wie viel von den experimentell gewonnenen Daten die Wirksamkeit des Fürbittegebets bestätigt. Ein Teil des Problems, diese festzustellen, liegt in der fehlenden Übereinkunft in Bezug auf die Sprache. Wenn man eine elektronische Datenbanksuche durchführt und *Gebet* als Suchbegriff eingibt, wird man wahrscheinlich etwa ein halbes Dutzend Studien zweifelhafter Qualität finden. Andererseits

Die Rückkehr des Gebets | 245

hat der Arzt Daniel J. Benor ein vierbändiges Werk unter dem Titel *Healing Research* geschrieben (dessen beide ersten Bände veröffentlicht wurden), welches nahezu einhundertfünfzig Studien zitiert, die auf diesem Gebiet durchgeführt wurden; viele von ihnen sind von exzellenter Qualität, mehr als die Hälfte weist statistisch signifikante Resultate auf.

Viele Forscher scheuen sich, das Wort *Gebet* zu verwenden und bevorzugen einen neutraleren Begriff wie *Fernintentionalität*. Auch wenn im Rahmen ihres Experiments tatsächlich gebetet wird, vermeiden sie dieses Wort oft in der Überschrift ihrer Arbeit. Wenn die Versuchsteilnehmer beten, sagen die Wissenschaftler stattdessen vielleicht, dass die Teilnehmer „sich konzentrierten" oder „gedankliche Anstrengung" einsetzten, um die zu untersuchende Wirkung zu erzielen, oder sie verwenden Begriffe wie *mentales Heilen, Psi-Heilung* oder *geistiges Heilen,* um die Tätigkeit zu umschreiben.

Vielleicht sollten wir mit den Forschern in diesem Punkt nicht zu kritisch sein. Die Untersuchung der Fernwirkungen des menschlichen Bewusstseins gilt generell als Domäne der Parapsychologie. Dieses Gebiet ist bereits hinreichend umstritten, auch ohne die zusätzliche Furore um die Vorstellung von in die Ferne wirkenden Fürbitten. Aber die Aversion der Experimentatoren gegen die Verwendung des Wortes *Gebet* kostet ihren Preis, nämlich die Schwierigkeit, Studien zu identifizieren, die sich mit Gebet und Heilen befassen, und die Unterschätzung der Anzahl von Gebets-Experimenten, die bereits durchgeführt worden sind.

Umgekehrt empfinden viele religiöse Menschen großes Unbehagen im Hinblick auf „Parapsychologie" und missbilligen die Praxis der Parapsychologen, Gebet mit mentaler Intentionalität, zielgerichteter Aufmerksamkeit, Konzentration oder gar Meditation gleichzusetzen. Oft haben sie das Gefühl, dass Parapsychologen das Beten nicht gebührend würdigen und die spirituellen Traditionen, in denen es zu Hause ist, nicht respektieren. Ich sympathisiere mit diesen Vorbehalten, doch nachdem ich mich mehrere Jahre forschend mit Gebet und Parapsychologie beschäftigt habe, ist mein Eindruck, dass eine saubere Trennung zwischen diesen Gebieten nicht existiert und auch unmöglich zu erreichen ist. Wenn Menschen im Rahmen parapsychologischer Experimente versuchen, lebende Dinge über eine Entfernung zu beeinflussen, beten die Teilnehmer oft tatsächlich oder begeben sich in einen andächtigen, ehrfürchtigen, gebetsähnlichen Zustand, um ihre Aufgabe zu erfüllen. Andererseits haben Menschen, wenn sie beten, oft paranormale Erlebnisse – wie Telepathie, Hellsehen, Präkognition und so weiter. Jeder, der daran zweifelt, tut gut daran, das kluge Werk *Spirituality and Human Nature* des Philosophen Donald Evans zu lesen oder den Klassiker *Natural and Supernatural: A History of the Paranormal* von Brian Inglis.

Betrachten Sie als ein Beispiel dafür, wie schwierig, wenn nicht unmöglich Parapsychologie (oft einfach „Psi" genannt) und Gebet auseinanderzuhalten sind, eine Studie von Erlendur Haraldsson und Thorstein Thorsteinsson, in der die Teilnehmer versuchten, mittels Gedankenkraft das Wachstum von Hefekulturen zu beschleunigen.[191] Der Titel der Arbeit – „Psychokinetische Effekte auf Hefe: Ein exploratives Experiment" – gibt keinen Hinweis darauf, dass hier Geistheiler und Gebet beteiligt sind. Die Forscher rekrutierten sieben Teilnehmer – zwei Geistheiler, die mit dem Gebet arbeiten, einen Arzt, der Geistheilung und Gebet in seiner Praxis einsetzt, und vier Studenten ohne Erfahrung oder besonderes Interesse am Heilen. Die Teilnehmer wurden gebeten, „ihre heilenden Wirkungen auszurichten", um das Wachstum von Hefe in einhundertzwanzig Teströhrchen zu fördern. Die Studie war gut geplant, und es gab auch eine angemessene Zahl von Kontrollversuchen. Die Ergebnisse zeigten, dass „mentale Konzentration oder Intention" tatsächlich das Wachstum der Hefekulturen beeinflusste. Die größten Erfolge erzielten die beiden Geistheiler und der Arzt; die Wahrscheinlichkeit, das gleiche Ergebnis zufällig zu erreichen, betrug weniger als 14 : 100.000. Im Kontrast hierzu entsprachen die Ergebnisse der Studenten, die weniger Interesse am Beten oder Heilen hatten, der Zufallswahrscheinlichkeit.

Der Titel dieser Publikation macht einen glauben, es handele sich nur um eine Studie aus Parapsychologie und Psychokinese („Der Geist beherrscht die Materie"), doch bei näherer Betrachtung zeigt sich, dass es eindeutig ein Experiment über die Wirkungen des Gebets war. Aufgrund ihres Titels würde diese Studie in einer Übersicht über die Literatur zum Thema Gebet und Heilen vermutlich nicht auftauchen oder zu erkennen sein. Dieses Experiment ist ein typisches Beispiel und zeigt, warum die Grenzen zwischen Gebet und experimenteller Parapsychologie künstlich sind.

Glücklicherweise scheint die lange bestehende Antipathie zwischen Religion und Parapsychologie nachzulassen. Das *Journal of Religion and Psychical Research*, veröffentlicht in den Vereinigten Staaten[192], sowie der in Großbritannien erscheinende *Christian Parapsychologist*[193] sind namhafte Beispiele für einen Brückenschlag zwischen diesen Gebieten. Letztere Publikation wurde 1953 von einer Gruppe von britischen Geistlichen und Laien ins Leben gerufen, die, wie die Selbstdarstellung der Zeitschrift erklärt, „überzeugt waren, dass psychische Phänomene für den christlichen Glauben sowohl im Leben als auch im Tode eine große Bedeutung haben … [aber dass] psychische Studien ebenso wahrscheinlich zum Schaden wie zum Guten führen, wenn sie außerhalb der Bereiche des spirituellen Lebens betrieben werden … durch die Übung in Gebet, Andacht und Dienst an [unseren] Mitgeschöpfen."

Als weiteren Beleg für den zunehmenden Dialog zwischen Religion und Parapsychologie haben Michael Stoeber, Assistenzprofessor in der Abteilung für Religion und Religionsunterricht an der Katholischen Universität von Amerika in Washington, D.C., und Hugo Meynell, Professor in der Abteilung für Religiöse Studien an der Universität Calgary, gemeinsam das von der Kritik gefeierte Buch *Critical Reflections on the Paranormal* herausgegeben, das Themen von beiderseitigem Interesse sowohl der Parapsychologie als auch der Religion untersucht.

Ein Überblick

An Studien zur gebetsartigen Fern-Intentionalität bei lebenden Systemen sind nicht nur Versuchspersonen beteiligt, es gibt auch nichtmenschliche Teilnehmer. William G. Braud, Forschungsleiter am Institut für Transpersonale Psychologie in Palo Alto, Kalifornien, berichtet, dass „es Personen mental und über eine Entfernung gelungen ist, eine Vielfalt von biologischen Zielsystemen zu beeinflussen, darunter Bakterien, Hefekulturen, freibewegliche Algen, Pflanzen, Protozoen, Larven, Asseln, Ameisen, Küken, Mäuse, Ratten, Rennmäuse, Katzen und Hunde, aber auch Zellpräparate (Blutzellen, Nervenzellen, Krebszellen) und die Aktivität von Enzymen. Bei menschlichen ‚Zielpersonen' wurden Augenbewegungen, grobmotorische Bewegungen, elektrodermale Aktivität, Atmung und Gehirnrhythmen beeinflusst."[194] Wie bereits erwähnt, hat Benor in seiner vierbändigen Analyse zum Thema etwa einhundertfünfzig solcher Studien identifiziert.

Die am meisten gefeierte Gebets-Studie im 20. Jahrhundert, die mit Menschen durchgeführt wurde, veröffentlichte 1988 der Arzt Randolph Byrd, ein Kardiologe der medizinischen Hochschule der Universität von Kalifornien in San Francisco.[195] Byrd teilte wahllos 393 Patienten der Herz-Kreislauf-Station des San Francisco General Hospital entweder einer Gruppe zu, die mit Fürbitte-Gebeten bedacht wurde, oder einer Kontrollgruppe. Das Fürbittegebet kam von Gruppen außerhalb des Krankenhauses; sie hatten keine Anweisungen erhalten, wie oft sie beten sollten, sondern nur, dass sie nach Gutdünken beten mögen. Bei dieser Doppelblindstudie, in welcher weder die Patienten noch die Ärzte oder Schwestern wussten, für wen gebetet wurde, wiesen die „bebeteten" Patienten in mehreren Aspekten bessere Ergebnisse auf: Es gab weniger Todesfälle in dieser Gruppe (wenngleich dieser Faktor nicht statistisch signifikant war); die Patienten mussten weniger intubiert und beatmet werden; sie benötigten weniger starke Medikamente (einschließlich Diuretika und Antibiotika); es kam seltener zu Lungenödemen und zur Notwendigkeit einer Herz-Lungen-Reanimation.

Byrds Studie illustriert einige der Schwierigkeiten bei der Untersuchung der Wirkungen des Fürbittegebets beim Menschen. In einer Variante einer kontrollierten Studie – zum Beispiel beim Testen eines neuen Medikaments – erhält die Kontrollgruppe nicht die Behandlung, um deren Bewertung es geht. Doch bei Gebets-Studien mit Menschen, die schwerkrank sind, könnten Teilnehmer in der Kontrollgruppe für sich selbst beten, vielleicht beten auch ihre Angehörigen und Freunde für sie – was zu dem unwägbaren Faktor „Fremdbeten" führt. Selbst wenn wir annehmen, dass das Gebet „von außerhalb" bei beiden Gruppen, der behandelten und der Kontrollgruppe, einen gleich starken Einfluss ausübt, bleibt ein größeres Problem doch bestehen. Wenn für beide Gruppen gebetet wird, handelt es sich nicht mehr um ein Experiment, das die Einflüsse von „Gebet" im Vergleich zu „kein Gebet" ermittelt, sondern nur noch um eine Gegenüberstellung von unterschiedlichen *Mengen* oder *Stärken* des Gebets. „Es könnte sein, dass die Bemühungen dieser Fremden [die rekrutiert werden, um für die ‚gebetsbehandelte' Patientengruppe zu beten] übertroffen werden von den Herzensgebeten jener, die mit den Patienten direkt verbunden sind", sagt der Physikprofessor Russell Stannard von der Open University in England.[196] Falls dem so ist, könnten beide Gruppen gleichermaßen vom Gebet profitieren, ohne dass signifikante Unterschiede zwischen ihnen feststellbar sind. Im technischen Jargon spricht man dann von einer „Verringerung der Effektgröße" zwischen den beiden Gruppen. Dies kann zum ärgerlichen methodischen Problem werden, denn es bedeutet, dass ein Gebet wirkungslos scheinen kann, selbst wenn es wirkt. Obwohl dieses Problem durch ausgeklügelte Forschungsmethoden in den Griff zu bekommen ist, bildet es vielleicht in allen Gebets-Studien mit kranken Menschen ein signifikantes Hindernis.

Forscher haben Wege ersonnen, das Problem des Eigengebets von Menschen in der Kontrollgruppe zu lösen – zum Beispiel, indem sie als Versuchsteilnehmer kranke Kleinkinder oder Neugeborene genommen haben, oder bewusstlose, gehirngeschädigte Erwachsene, die nicht für sich selbst beten oder beten können. Doch dies reduziert noch immer nicht die „Störvariable" des Gebets von Angehörigen und Freunden der Versuchsteilnehmer.

Kritiker haben deshalb vorgebracht, kontrollierte Studien über die Wirkung des Gebets seien unmöglich, weil Gebete von außerhalb für die Personen in der Kontrollgruppe nicht ausgeschlossen werden könnten. Doch eine kontrollierte Studie verlangt nicht in jedem Fall, dass die Kontrollgruppe der zu testenden Variablen nicht ausgesetzt ist. Dies zeigen kontrollierte Tests zum Vergleich der Wirkung von Behandlungen mit einem bestimmten Wirkstoff oder Medikament, das die eine Gruppe in höherer, die andere in geringer Dosis erhält. Hier wird sowohl der Kontrollgruppe als auch der Behandlungsgruppe das zu bewertende Medikament verabreicht – eine Situation, die den Gegebenheiten in den meisten Studien über Fürbittegebet für Menschen entspricht.

Solche Erschwernisse der Forschung lassen sich jedoch gänzlich überwinden, wenn man nicht mit menschlichen Teilnehmern arbeitet. Wird zum Beispiel das Wachstum von Bakterienkulturen durch Gebete manipuliert, kann man davon ausgehen, dass die Organismen in der Kontrollgruppe weder für sich selbst beten noch von freundlichen Artgenossen „außerhalb" mit Gebeten bedacht werden. Auf diese Weise kann man durch „nichtmenschliche" Gebets-Studien eine hohe Ergebnisgenauigkeit erreichen, was der Grund sein dürfte, warum die Effektgrößen dieser Studien häufig die Resultate von Experimenten mit Menschen gering erscheinen lassen.

Obwohl man die Anordnung von Byrds Untersuchungen verbessern könnte, verdient er höchste Anerkennung dafür, dass er das Experiment durchgeführt hat. Damit bewies er grundsätzlich, dass fürbittende Gebete aus der Ferne bei Menschen wie ein Medikament getestet werden können, wenn dies innerhalb eines kontrollierten Rahmens in einem komplexen medizinischen Umfeld geschieht. Byrds Beitrag ist monumental – nicht weil es sich um die erste Gebets-Studie handelte (viele andere gingen ihr voraus) oder weil sie fehlerlos war, sondern weil sie half, das Tabu um das Gebet als Gegenstand medizinischer Forschung zu durchbrechen.

Einwände gegen die Gebets-Forschung
Die religiöse Gemeinde

Als ich begann, mich mit Experimenten zu befassen, in denen es um Gebet ging, dachte ich, dass religiöse Menschen, die an das Gebet glaubten, einhellig entzückt seien, von den wissenschaftlichen Beweisen zu erfahren, dass Gebete wirken. Deshalb war ich überrascht festzustellen, dass manche religiöse Gruppen auf diese Entdeckungen mit vehementen Einwänden reagierten. Dafür gab es mehrere Hauptgründe.

Viele Menschen glauben, dass ein Gebet mehr ein Aspekt religiösen Zeremoniells sei, als dass es in die sehr praktisch orientierte Welt wissenschaftlichen Experimentierens passe – als wäre das Gebet von einer Art himmlischem Heiligenschein umgeben und würde allzu leicht beschmutzt, wenn man es für säkulare Zwecke gebraucht. Der Benediktinerorden wäre mit dieser Einschränkung wohl kaum einverstanden. Er wählte das Motto *Orare est laborare, laborare est orare* – „Beten heißt arbeiten, arbeiten heißt beten." Was ist, wenn das *laborare* sogar in einem Versuchslabor stattfindet? Kann das Gebet nicht ein Teil der Arbeit im Labor sein, wie die Einstellung der Benediktiner andeutet? Warum sollte das Gebet in der Kirche echt sein, im Labor aber Schwindel?

Manchmal kann uns eine kleine Änderung des Blickwinkels zu sehen helfen, wie ein Gebet selbst in den unwahrscheinlichsten Situationen nützlich werden kann. Jean Kinkead Martine beschreibt ein Gespräch zwischen zwei Zen-Mönchen. Beide waren mächtige Raucher, die sich fragten, ob es zulässig sei, während der Gebetszeit zu rauchen. Sie beschlossen, den Abt des Klosters einzeln nach seiner Meinung zu fragen und dann die Antworten zu vergleichen. Der eine berichtete: „Ich fragte: ‚Ist es zulässig, während des Betens zu rauchen?', und wurde scharf zurechtgewiesen." Der andere bemerkte: „Ich habe gefragt: ‚Ist es zulässig, beim Rauchen zu beten?', und der Abt bejahte dies beifällig."

Martine sagt: „Wenn man beim Tippen betet oder während man einen Telefonanruf entgegennimmt – würde dies eine ganz andere Art zu beten erfordern – ein Beten, wie es sich Zen-Mönche im Laufe ihres Trainings erarbeiten müssen –, so etwas wie jenes wortlose Flehen oder Bitten, auf das man unwillkürlich kommt bei dem Versuch, ein Auto auf einer vereisten Straße zu lenken, oder bei der Durchführung irgendeiner sehr anspruchsvollen Arbeit unter nahezu unmöglichen Umständen?"[197] Mir gefällt Martines Bild – „jenes wortlose Flehen ... [wie] bei dem Versuch, ein Auto auf einer vereisten Straße zu lenken." Teilnehmer an Studien zur Fernintentionalität gebrauchen eine Art von „wortlosem Flehen". Sie versuchen zu drängen, zu schubsen, zu beeinflussen, nachzuhelfen und das Experiment irgendwie zu lenken in die Richtung eines bestimmten Ergebnisses – oft durch Gebet.

In meinem Buch *Healing Words* (dt. Ausg.: *Heilende Worte*) entwickelte ich das Konzept der „Andacht", um zu beschreiben, wie das Gebet zu einem ganz natürlichen Teil unseres täglichen Lebens werden kann. Andacht ist mehr eine Frage des *Seins* als des *Tuns*. Ich habe festgestellt, dass dies vielen Ärzten sinnvoll erscheint. Ein berühmter Chirurg schrieb mir, dass er nach seiner medizinischen und fachärztlichen Ausbildung das Gebet aufgegeben habe und für seine Patienten niemals formell bete. Doch nachdem er über den Begriff der Andacht nachgedacht hatte, erkannte er nun, dass er für seine Patienten ständig betete durch seine Empathie, seine Fürsorge und das Mitgefühl für sie – und dass die Chirurgie für ihn tatsächlich eine ständige Übung im Beten ist.

Andere, die Einwände gegen Gebetsforschung haben, betrachten deren Experimente als das Werk von ungläubigen Ketzern, die darauf versessen sind, „Gott auf die Probe zu stellen". Ich glaube, dies ist eine falsche Darstellung von Wissenschaftlern, die sich mit dem Gebet befassen, und sie ist zudem irrational. Glaubt denn irgendjemand wirklich, dass ein eingefleischter Skeptiker kostbare Zeit und knappe Forschungsgelder darauf verwenden würde, ein Phänomen zu untersuchen, das er aus innerer Überzeugung ablehnt? Wissenschaftler wählen gewöhnlich Themen, die ihnen etwas bedeuten, nicht solche, die sie für irrig halten.

Tatsächlich scheint die Einstellung der meisten Gebetsforscher genau das Gegenteil von einem „Auf-die-Probe-Stellen Gottes" zu sein. Eine Gebetsforscherin sagte: Wenn sie ein Gebets-Experiment durchführt, stellt sie nicht eine Falle, sondern öffnet ein Fenster, durch das sich der Allmächtige manifestieren kann. Ein anderer Gebetsforscher vergleicht das Vorbereiten eines Gebets-Experiments mit dem Zubereiten einer eleganten Mahlzeit bei sich zu Hause. Wenn der Tisch gedeckt ist und die Speisen serviert sind, öffnet er die Haustür und wartet geduldig, ob jemand zum Essen kommt. Wenn ein Gast erscheint (wenn das Experiment funktioniert), ist das Mahl ein Erfolg; wenn niemand auftaucht, heißt es „zurück ans Zeichenbrett", um eine noch einladendere Situation zu planen. Wie bereits gesagt: Ich kenne die meisten Forscher auf diesem Gebiet und halte sie für einige der am tiefsten spirituell verankerten Menschen, denen ich je begegnet bin. Ich glaube, sie alle würden darin übereinstimmen, dass man Gebetsforschung mit einem tiefen Empfinden von Andacht, Ehrfurcht und Respekt betreiben kann.

Wie ich feststellte, gab es auch einen subtileren Einwand gegen Gebets-Experimente, den einige religiöse Gruppen vorbringen. Sie schienen beunruhigt, weil es keinerlei Zusammenhang zwischen der *Wirkung* des Gebets und der *religiösen Zugehörigkeit* der betenden Person gab. Die Gebetsversuche zeigten deutlich, dass keine Religion ein Monopol aufs Beten hat und das Gebet ein universelles Phänomen ist, das der ganzen Menschheit gehört und nicht irgendeiner bestimmten Religion. Manche fundamentalistischen Gruppen empfanden diese Schlussfolgerung als beleidigend und zogen es vor, alle experimentell gewonnenen Beweise, die das Gebetswirken bestätigten, zu verdammen, in dem Versuch, ihr eigenes Empfinden von Besonderheit zu bewahren.

Wieder andere beanstanden spezifisch das Beten für Tiere. Diese Einstellung ist recht weit verbreitet, selbst unter frommen Betern. Kürzlich erhielt ich einen Brief von einer Frau in Italien. Ihre Katze war von einem Auto überfahren worden, und nun waren ihre Hinterbeine gelähmt. Als sie die örtlichen Klosterbrüder fragte, ob sie für die Heilung ihrer Katze beten würden, teilten sie ihr mit, es sei fruchtlos, für Tiere zu beten, weil diese keine Seele hätten und deshalb auf Gebete nicht ansprechen könnten. Bei dem Gedanken, dass ihre geliebte Katze für Gebete unerreichbar sei, war sie untröstlich. Es ist paradox, dass diese Meinung nicht weit von Assisi, der Heimat des heiligen Franziskus, kam, der über die diskriminierende Einstellung der modernen Mönche gegenüber Tieren wahrscheinlich entsetzt wäre.

Susan J. Armstrong, Professorin für Philosophie und Frauenforschung an der Humboldt State University, hat diese Fragen in ihrem provozierenden Aufsatz „Souls in Process: A Theoretical Inquiry into Animal Psi" („Seelen im Prozess: Eine theoretische Untersuchung über Psi bei Tieren") ausführlich untersucht.[198] Sie bemerkte, dass Papst Johannes Paul II. kürzlich die frühchristliche Lehre bestätigte, dass Tiere Seelen haben – was vermutlich bedeutet, dass sie als Objekte für Gebete geeignet sind. Sie schreibt: „In einer Homilie im Vatikan zitierte der Papst 1989 den Psalm 104, in welchem über Tiere gesagt wird, dass sie den Lebensodem Gottes haben, und rief auf zur ‚Solidarität mit unseren kleineren Geschwistern'."

Ein Teil des Widerstandes gegen das Beten für Tiere in formellen Experimenten rührt von der wachsenden Kluft zwischen Tieren und Menschen her, die sich mit der zunehmenden Verstädterung entwickelt hat. Als die ländliche Besiedelung in Amerika noch dominierte, war das Gebet für Tiere weit verbreitet und schien ganz natürlich. Ich bin auf einer Farm in Texas aufgewachsen, und auch wenn wir nie für Mäuse oder Bakterien gebetet haben, beteten wir unablässig für Kühe, Schweine, Pferde, keimende Saaten und wachsende Pflanzen, wie es Bauern überall auf der Erde tun. Selbst im städtischen Amerika fühlen sich Millionen von Vegetariern mit Tieren so eng verbunden, dass sie es undenkbar finden, sie zu essen. Viele beten und arbeiten fleißig für das Wohl der Tiere und die Erhaltung bedrohter Arten. Für viele Veterinäre ist es ganz selbstverständlich, für ihre Patienten zu beten. Ich habe Kirchen in den Vereinigten Staaten besucht, die helfen, heimatlose Tiere unterzubringen und einen Teil ihres Gottesdienstes als „Gebet für die Tiere" bezeichnen. Empfindungen wie Mitgefühl, Liebe, und Verbundenheit gegenüber nichtmenschlichen Wesen sind zwar sehr wechselhaft, doch gleichwohl weit verbreitet und sprechen für die Idee, dass die Macht des Gebets bei ihnen und bei Menschen gleichermaßen experimentell erforscht werden kann.[199]

Kühe sind eine Sache, Bakterien etwas anderes. Viele Menschen sind verblüfft, wie jemand Bakterien, keimende Saaten, Ratten oder Mäuse genügend lieben kann, um für sie zu beten, oder sie glauben, dass Studien mit unsichtbaren Mikroorganismen unmöglich mit Gebet zu tun haben könnten, weil es keine biblische Aufforderung gebe, für oder gegen Mikroben zu beten. Aber natürlich bleibt die Bibel in dieser Frage stumm, weil Begriffe wie Bakterien, Pilze, Hefen- und Viren zu biblischen Zeiten noch nicht existierten. Deshalb müssen wir selbst entscheiden, ob es angebracht ist, für solche Geschöpfe zu beten.

Allerdings gibt es Stellen in der Bibel, die es indirekt billigen, für und gegen Mikroben zu beten. Wenn wir zum Beispiel für die Kranken beten, wie wir geheißen wurden, so betrifft dies oft Menschen, die an Infektionen leiden. Ein Gebet *für* jemanden mit einer Infektionskrankheit ist ein Gebet *gegen* die beteiligten Mikroorganismen, ob uns dies klar und bewusst ist oder nicht. Auch wenn wir um Segen bitten für unsere Nahrung, die niemals keimfrei ist, beten wir wohl darum, dass schädliche Bakterien in unseren Speisen außer Gefecht gesetzt werden. Eine Aufforderung, *für* Mikroben zu beten, finden wir im Vaterunser. Unsere Bitte um unser täglich Brot schließt vermutlich ein Gebet für die Hefezellen ein, die dafür sorgen, dass der Teig aufgeht.[200] Im Vergleich mit den Menschen sind Mikroben *nicht* unbedeutend, denn ohne sie gäbe es kein menschliches Leben. Alle ökologischen Systeme sind von Mikroben abhängig. Wie könnte ein Gebet für Mikroorganismen ohne Bedeutung sein, wenn unser Leben mit deren Leben unentflechtbar verbunden ist?

Konfrontiert mit den experimentellen Beweisen, dass Gebet tatsächlich das Wachstum von Mikroben steigern oder bremsen kann, flüchten sich manche Menschen, die sich einer anthropozentrischen Sicht des Gebets verschrieben haben, zu einem letzten, verzweifelten Einwand, dass diese Effekte nicht wirklich auf das Gebet zurückzuführen seien, sondern auf „Der Geist beherrscht die Materie" oder irgendeine „mentale Kraft" – auch wenn es ihnen bislang noch nicht gelungen ist zu klären, welcher Art diese Kraft sein könnte. Andere verdammen die in Versuchen bewiesenen Wirkungen als „Teufelswerk" und lassen es dabei bewenden. Manche gehen zum Angriff über und richten diesen gegen die Beter mit der Behauptung, dass Leute, die bereit sind, sich an solchen Experimenten zu beteiligen, wohl versuchten, ihre persönliche – statt Gottes – Macht zu demonstrieren, was nur ein weiterer Beweis dafür sei, dass diese Studien verderbt und gotteslästerlich sind.

Vielleicht der überzeugendste Beweis, dass es in diesen Studien um echtes, authentisches Gebet geht, ist die Tatsache, dass oft geachtete Geistheiler als Versuchspersonen dienen, wie wir bereits bei dem Experiment von Haraldsson und Thorsteinsson gesehen haben. Ein weiteres Beispiel ist eine Studie mit der bekannten Geistheilerin Olga Worrall, die jahrelang Gebetsheilungs-Gottesdienste in der New Life Clinic der Mount Washington United Methodist Church in Baltimore abhielt. Frau Worrall wurde von allen, die sie kannten, als eine demütige Dienerin Gottes hoch geachtet. Bei einer Gelegenheit nahm sie die Einladung der Physikerin Elizabeth A. Rauscher und der Biophysikerin Beverly A. Rubik an, sich an einem Laborexperiment mit Bakterien zu beteiligen. Die Studie sah ursprünglich vor, dass Worrall in einer bestimmten Phase des Experiments die Aktivität von Bakterien hemmte. Als sie dagegen protestierte, mit Hilfe ihres Gebets anderen Geschöpfen Gottes zu schaden, wurde die Studie geändert. Nun brauchte sie den Mikroorganismen nicht mehr zu schaden, sondern konnte ihnen helfen, indem sie sie vor den tödlichen Wirkungen von Antibiotika schützte. Die Ergebnisse zeigten, dass sie dazu in der Lage war. Es dürfte schwerfallen, diese Studie mit der Begründung zurückzuweisen, es habe sich nicht um echtes Gebet gehandelt; mit diesem war Frau Worrall bekanntlich bestens vertraut.[201]

Stimmt es schließlich, dass es den Betern bei diesen Experimenten mehr um den eigenen Ruhm geht als um die Verherrlichung des Allmächtigen, wie oft behauptet wird? Setzen sie tatsächlich ihr Ego an die erste Stelle? Soviel ich weiß, mag dieser Vorwurf in einigen Fällen etwas für sich haben. Aber wenn dies zutrifft, so gilt er gewiss nicht nur für Gebete im Versuchslabor, sondern auch für diejenigen, die in der Kirche gesprochen werden. Doch wir können keinen Einblick in das Herz eines anderen Menschen nehmen. Diese Tatsache sollte uns zur Zurückhaltung mahnen, Urteile über die Aufrichtigkeit der Gebete anderer zu fällen – ob innerhalb oder außerhalb eines Labors.

Die wissenschaftliche Gemeinde

Innerhalb der wissenschaftlichen Gemeinde scheint man zunehmend zu der Einstellung überzugehen, dass das fürbittende Gebet wie jedes andere Phänomen erforscht werden kann; dies zeigen die Studien, die zur Zeit in mehreren akademischen Zentren durchgeführt werden. Doch es gibt auch Opposition aus den Reihen der Wissenschaft; sie kommt größtenteils von einer kleinen, aber lautstarken Minderheit.

Ihre Vertreter, die gegen die Idee des Fürbittegebets opponieren, tun dies hauptsächlich aufgrund des vorherrschenden Glaubens, dass menschliches Bewusstsein generell mit der Aktivität des Gehirns gleichgesetzt werden könne, was wiederum bedeute, dass seine Effekte auf das physische Gehirn und den Körper begrenzt sind. Aus dieser Sicht kann Bewusstsein grundsätzlich nichts bewirken, was in einer Entfernung geschieht, ob aus eigener Kraft oder durch eine transzendente Übermittlung. So gesehen, lässt das fürbittende Gebet das alte Schreckgespenst vom „Spuk auf Entfernung" auferstehen, was als ungeheuerlich gilt.

Wenn mentale Fernwirkungen und Fürbittegebet so verrückt sind, wie manche Skeptiker behaupten, warum beschäftigen sich dann immer mehr prominente Wissenschaftler mit ihrer Erforschung? Eine Theorie sagt: Entweder sind die Forscher inkompetent, sie sind Lügner und Betrüger, oder ihre Gehirne funktionieren nicht richtig. Diese Einschätzung äußerte G. R. Price in einem Artikel in *Science:* „Meine Meinung bezüglich der Feststellungen [jener Forscher] ist, dass viele von ihnen auf geistlichen und statistischen Irrtümern und der unbeabsichtigten Einbeziehung von sensorischen Indizien beruhen, *und dass alle über den Zufall hinausgehenden Resultate, die nicht so erklärbar sind, auf bewusste Täuschung oder einen leicht gestörten Geisteszustand zurückzuführen sind."* (Hervorhebung von mir).

Vermutlich lehnen alle Skeptiker, die gegen fürbittende Gebete eingestellt sind, auch das weite Feld der Parapsychologie ab, die sich mit mentalen Fernphänomenen wie Telepathie, Hellsehen, Präkognition, Psychokinese und so weiter befasst. Tatsächlich verwerfen Skeptiker fürbittende Gebete und Parapsychologie aus praktisch den gleichen Gründen. Sie scheinen davon überzeugt, dass derlei Phänomene so massiv gegen die Gesetze der Physik verstoßen, dass man sie von vornherein ablehnen sollte.

Der bedeutende Physiker Gerald Feinberg war anderer Ansicht. Über Präkognition – das Wissen von etwas, bevor es geschieht –, die wohl stärkste Herausforderung unter den parapsychologischen Phänomenen, da sie eine große Ähnlichkeit mit der Prophetie aufweist, schrieb er: „Sollten solche Phänomene tatsächlich auftreten, bedürfte es keiner Veränderungen in den fundamentalen Gleichungen der Physik, um sie zu beschreiben."[202] Darüber hinaus haben der Psychologe Paul Meehl und der Wissenschaftsphilosoph Michael Scriven darauf hingewiesen, dass viele Einwände von Skeptikern gegen mentale Fernintentionalität auf zwei höchst fragwürdigen Annahmen beruhen, nämlich dass das wissenschaftliche Wissen von heute vollständig sei, und dass ASW – und, so möchten wir hinzufügen, fürbittendes Gebet – zwangsläufig nicht mit ihm zu vereinbaren sei.[203] Der Epidemiologe Jeffrey S. Levin, eine der führenden Autoritäten auf dem Gebiet der Zusammenhänge zwischen religiöser Praxis und Gesundheit, hat ein theoretisches Modell über die heilende Wirkung des Gebets entworfen, das dieses Phänomen gänzlich innerhalb des Rahmens wissenschaftlicher Seriosität zeigt.[204]

Der skeptische Vorwurf, dass die Fernwirkungen des Gebets einfach nicht eintreten *können,* weil es innerhalb der Wissenschaft keine allgemein akzeptierte Theorie gibt, die es erlaubte, ist ein sonderbarer Einwand. Wie jedermann weiß, geht die Demonstration empirischer Fakten in der Wissenschaft oft der Entwicklung einer akzeptierten, erklärenden Theorie voraus. In seinem Werk *Introduction to the History of Medicine* schildert Fielding H. Garrison das Beispiel von der Praxis des Händewaschens vor der Entbindung von Babys oder einem chirurgischen Eingriff. Als Ignaz Semmelweis 1848 überwältigendes Beweismaterial für die Wirksamkeit des Händewaschens sammelte, konnten seine Kollegen es nicht glauben. Damals existierte die Keimtheorie der Erkrankung noch nicht, und man hielt die Vorstellung, sich die Hände zu waschen, für grotesk. Semmelweis wurde aus Wien vertrieben, floh nach Budapest und wurde in der Folge der unaufhörlichen Kritik und Ablehnung schließlich geisteskrank. Eine umfassende Theorie, die das Händewaschen unterstützte, wurde erst später entwickelt; sie gab Semmelweis nachträglich recht.

Ähnliche Dinge ereigneten sich in Amerika. Als der Bostoner Arzt Oliver Wendell Holmes seinen Kollegen 1843 ebenfalls das Händewaschen und peinliche Sauberkeit empfahl, so berichtet Garrison, wurde er von den prominenten Geburtshelfern Hugh Hodge und Charles Meigs in Philadelphia heftig attackiert.

Geschehnisse wie diese zeigen, dass es der medizinischen Wissenschaft möglich ist, auch in einem dichten theoretischen Nebel Fortschritte zu machen. Denken Sie nur an viele Therapien, die heute gang und gäbe sind, zum Beispiel die Verwendung von Aspirin, Chinin, Kolchizin und Penizillin. Lange Zeit haben wir gewusst, *dass* sie wirkten, bevor wir erkannten, *wie* sie wirken. Heute sind wir mit dem fürbittenden Gebet in einer ähnlichen Situation: Daten und Fakten, die seine Wirksamkeit bestätigen, liegen uns bereits vor der Entwicklung einer allgemein akzeptierten Theorie vor. Dies sollte niemanden beunruhigen, der auch nur ein wenig Kenntnis darüber hat, wie sich die Medizin im Lauf der Zeiten entwickelt hat.

Manchmal werden wissenschaftliche Fakten akzeptiert, aber nie erklärt. Anfang des 17. Jahrhunderts, als Newton mit der Vorstellung einer universellen Schwerkraft auftrat, wurde er von seinen Zeitgenossen angegriffen, er sei einem Mystizismus verfallen. Sie missbilligten die geheimnisvolle Schwerkraft, weil Newton nicht erklären konnte, *warum* Körper sich entsprechend der von ihm formulierten Gesetzmäßigkeiten verhielten, oder *wie* physische Körper, die durch eine Entfernung getrennt waren, aufeinander einzuwirken vermochten. „Diese Sorge beunruhigt uns heute nicht mehr – aber nicht, weil wir sie beantwortet haben", stellt der Philosoph Eugene Mills von der Virginia Commonwealth University fest.[205] Wir haben uns einfach an die Vorstellung gewöhnt. So könnte es auch mit dem Fürbittegebet geschehen.

Andererseits beanstanden manche, dass das Reden über die Beweise für die Wirksamkeit von fürbittenden Gebeten dazu führen werde, dass sich Scharen kranker Menschen aufs Beten verlegen – ausschließlich aufs Beten – und sich vom Einsatz „echter Medizin" distanzieren – mit tödlichen Folgen.[206] Diese Sorge erscheint irrational. Umfragen von Gallup und dem nationalen Meinungsforschungszentrum der Universität Chicago zeigen, dass die überwiegende Mehrheit der Amerikaner (80–90%) bereits regelmäßig beten; sie werden sich also nicht erst „aufs Beten verlegen", wenn sie krank sind. Es ist auch unwahrscheinlich, dass sie sich von der Schulmedizin verabschieden, wenn sie in eine gesundheitliche Krise geraten. Obwohl gewisse Glaubensgemeinschaften, wie etwa die Christlichen Wissenschafter, den ausschließlichen Einsatz des Gebets im Erkrankungsfalle favorisieren, zeigen Umfragen übereinstimmend, dass die überwiegende Mehrheit der Amerikaner äußerst pragmatisch ist, wenn sie krank werden. Sie wenden im Allgemeinen *sowohl* Standard- als auch komplementäre Methoden an, einschließlich des Gebets, und entscheiden sich nicht für eine allein.

Enthüllung der Enthüller

Außer ihren Vorwürfen über nachlässige Methodik, bewusste Täuschung und leicht gestörte Gehirne behaupten Skeptiker oft, dass diese Studien von skrupellosen Wissenschaftlern durchgeführt würden, die außerhalb des akademischen Umfelds am Werke seien, dass die Ergebnisse nicht in von Experten begutachteten und geprüften Zeitschriften veröffentlicht würden, dass man über negative Ergebnisse nicht berichte (*„file drawer effect"*) und überhaupt, dass die Studien nicht durch Wiederholung verifiziert worden seien. Die meisten dieser ständig wiederkehrenden Vorhaltungen sind schlicht und einfach falsch.[207]

Wie wir gesehen haben, sind die Beweise für die Gebetswirkung nicht auf einen einzigen Typ von Organismus beschränkt; die „Ziele" umfassen ein Spektrum von Lebensformen: Menschen, verschiedenste Tiere, Bakterien, Pilze, gesundes und verkrebstes Gewebe von Mensch und Tier sowie Enzympräparate. Diese Vielfalt der Zielorganismen ist immens wichtig. Kritiker behaupten, die Wirkungen des Gebets beruhten nur auf psychologischen Vorgängen wie Suggestion und Erwartung, es handele sich also um Plazebo-Reaktionen. Doch die Tatsache, dass diese Studien auch mit nichtmenschlichen Empfängern durchgeführt werden, widerlegt jenes Argument – es sei denn, die Skeptiker bestehen darauf, dass Mikroben, Enzyme und Zellen ein Gefühlsleben besitzen, das ähnlich dem des Menschen funktioniert.

Forscher auf dem Gebiet der Fernintentionalität und des Gebets halten oft Fakultäts-Treffen an renommierten Institutionen ab, darunter sind große medizinische Hochschulen. Viele ihrer Studien werden den höchsten wissenschaftlichen Maßstäben gerecht – einschließlich ordentlicher Randomisierung und Kontrollprozeduren, und viele von ihnen sind wiederholt und reproduziert worden. Darüber hinaus sind es gerade die rigorosesten Studien – nämlich jene mit nichtmenschlichen Organismen –, welche allgemein die tragfähigsten und signifikantesten Resultate hervorbringen – also genau das Gegenteil dessen, was die meisten Skeptiker behaupten.

Damit ist nicht gesagt, dass alle Studien auf diesem Gebiet perfekt seien. Die Qualität von Experimenten ist in jedem Bereich der Wissenschaft unterschiedlich, und dieses Gebiet bildet keine Ausnahme. Bei der Bewertung dieses oder irgendeines anderen Feldes sollte man die allerbesten Studien betrachten und versuchen, die allgemeine Richtung zu erkennen, in die ihre Ergebnisse weisen. Die Strategie vieler Skeptiker verfolgt das Gegenteil: Sie zitieren oft die schlechtesten Studien, die sie finden konnten, und verallgemeinern sie, um das ganze Forschungsgebiet schlechtzumachen.

Es gibt nicht die eine „Killer-Studie", die aus dem fürbittenden Gebet eine unwiderlegbare Sache macht. Auf diesem Gebiet und in den meisten anderen Bereichen der medizinischen Wissenschaft ist es die Aneinanderkettung oder das Miteinander-Verbinden von vielen Indizienssträngen, was eine These schließlich belegt, nicht das Resultat irgendeiner einzelnen Studie.

Das wechselnde Antlitz der Skepsis

Einige der am besten informierten Skeptiker mental erzielter Fernwirkungen scheinen eine defensive Haltung einzunehmen. Der skeptische Psychologe Ray Hyman gibt zu: „Die Argumente für ein psychisches Geschehen sehen besser aus denn je. Die aktuellen Erkenntnisse ... scheinen in der Tat anzudeuten, dass sich hier etwas jenseits statistischer Schwankungen abspielt. Ich ... muss gestehen, dass ich für die hier beobachteten Effekte keine Erklärung parat habe."[208]

Dieses Geständnis ist wichtig, weil es die Tendenz zeigt, die Debatte, *ob* diese Ereignisse überhaupt geschehen, zunehmend der Frage zu widmen, *wie* sie stattfinden. Hyman und viele seiner skeptischen Kollegen sind auch weiterhin nicht bereit anzuerkennen, dass die Phänomene real sind. Er sagt auch: „Unerklärliche statistische Abweichungen vom Zufallsgeschehen sind jedoch noch weit entfernt von einem zwingendem Beweis für anormale Wahrnehmung" – und vermutlich auch für das fürbittende Gebet. Diese Reaktion scheint extrem willkürlich und beliebig und lässt zweierlei Maß vermuten. Welche Statistik ist akzeptabel und welche ist es nicht? Können wir das selbst aussuchen und wählen? Wenn man die Validität des statistischen Ansatzes in der Parapsychologie oder beim Gebet leugnet – wie kann man dann ihre Anwendung in anderen kontroversen Bereichen der Wissenschaft verteidigen?

„Das wichtigste Anzeichen für einen Sinneswandel [zugunsten dieser kontroversen Phänomene] ... ist in den sich allmählich verändernden Haltungen prominenter Skeptiker zu erkennen", stellt der Forscher Dean Radin vom Boundary Institute in Los Altos, Kalifornien, in seinem Buch *The Conscious Universe* fest. Radin, der innovative Forschungen auf dem Gebiet der Parapsychologie für AT&T, Contel, die psychologische Abteilung der Universität Princeton, die Universität Edinburgh und die Regierung der Vereinigten Staaten durchgeführt hat, zitiert das Beispiel von Carl Sagan [1934-1996], der seine lebenslange Mission darin sah, die Öffentlichkeit über die Wis-

Die Rückkehr des Gebets | 259

senschaft zu unterrichten. Radin entdeckte in Sagans 1995 veröffentlichtem vierhundertfünfzigseitigen Werk *The Demon-Haunted World* (dt. Ausg.: *Der Drache in meiner Garage oder die Kunst der Wissenschaft, Unsinn zu entlarven*) – das „von durchdringender Skepsis gesättigt" ist gegenüber Entführungen durch Aliens, Channeling-Medien, Glaubensheilern, das „Gesicht" auf dem Mars und „praktisch allem, was man in der New-Age-Abteilung der meisten Buchhandlungen finden kann" – in einem einzigen Absatz ein erstaunliches Eingeständnis:

> Zur Zeit der Niederschrift gibt es drei Behauptungen auf dem Gebiet der ASW, welche meiner Meinung nach eine ernsthafte Untersuchung verdienen: 1) dass Menschen allein durch Denken Zufallszahlen-Generatoren in Computern (leicht) beeinflussen können, 2) dass Menschen unter leichter sensorischer Deprivation Gedanken und Bilder empfangen können, die zu ihnen „projiziert" werden, und 3) dass kleine Kinder manchmal die Einzelheiten eines früheren Lebens berichten, welche sich nach der Prüfung als akkurat erweisen und die sie auf keine andere Weise als aufgrund von Reinkarnation erfahren haben konnten.

Sagans Bekenntnis – wie auch Hymans – impliziert, dass der Widerstand der Wissenschaftler gegenüber nichtlokalen Verhaltensweisen des menschlichen Bewusstseins – zu denen wir auch fürbittende Gebete auf Distanz zählen können – nachlässt.

Über mehrere Jahre lautete der Lieblingsvorwurf von Kritikern, dass Beweise für das fürbittende Gebet und mentale Fernwirkungen nicht existieren. Aber da sowohl die Menge als auch die Qualität des experimentell gewonnenen Beweismaterials zugenommen haben, scheinen Kritiker jetzt dazu überzugehen, eine alte Klage wiederzubeleben – dass es nämlich, wie wir gesehen haben, keine akzeptierte wissenschaftliche Theorie gebe, die diese Phänomene zu erklären vermag. Dieser Vorwurf ignoriert signifikante Entwicklungen in der Wissenschaft, welche die Ereignisse, die wir untersucht haben, theoretisch untermauern – auch das fürbittende Gebet. Das Modell des Bewusstseins, das wir benötigen, um in die Ferne wirkenden mentalen Einflussnahmen Rechnung zu tragen, muss meiner Meinung nach eine nichtlokale Qualität des menschlichen Geistes anerkennen. *Nichtlokaler Geist* ist ein Begriff, den ich 1989 in meinem Buch *Recovering the Soul* eingeführt habe. Es besagt, wie wir im vorliegenden Buch gesehen haben, dass Bewusstsein nicht gänzlich lokalisiert oder begrenzt werden kann auf spezifische Punkte im Raum (etwa Gehirn oder Körper) oder auf spezifische Punkte in der Zeit (etwa den gegenwärtigen Augenblick).

Warnungen

Viele der Theorien, die ersonnen wurden, um die nichtlokale Fernwahrnehmung zu erklären, stützen sich auf Entwicklungen und Interpretationen im Bereich der Quantenphysik. Doch wir wollen nicht aus den Augen verlieren, dass die Physik – ob Quanten- oder andere Physik – weder Bewusstsein erklärt noch die Wirkung von Gebeten beweist. Mit dem Begriff Quantenphysik ist in den letzten Jahren nahezu alles Mögliche erklärt oder verklärt worden, von der Psychologie über das Heilen bis hin zum Golfspielen. Zweifellos werden wir schon bald vom „Quanten-Gebet" hören.

Einen Konsens über die Natur des Bewusstseins gibt es unter Physikern – oder Wissenschaftlern allgemein – bis heute nicht; es hat auch in der Vergangenheit niemals einen gegeben. Manche hochgeachteten Forscher auf dem Gebiet der Neurophysiologie, wie zum Beispiel William H. Calvin, bezweifeln, dass die Physik überhaupt etwas zum Verständnis des Bewusstseins beitragen kann. Er bestätigt in seinem Buch *How Brains Think* (dt. Ausg.: *Wie das Gehirn denkt: die Evolution der Intelligenz)*: „Bewusstsein, gleichgültig in welcher seiner verschiedenen Facetten, ist gewiss nicht ... tief unten im Keller der Physik zu finden ... [Diese] Bewusstseins-Physiker gebrauchen mathematische Begriffe, mit denen sie mehr blenden als erhellen ... Solche Theoretiker meiden gewöhnlich das Wort Geist und reden etwas über Quantenfelder ... Alles, was die Bewusstseins-Physiker erreicht haben, ist, dass sie ein Mysterium durch ein anderes ersetzten."[209]

Einige prominente Physiker sind im Zweifel darüber, wie viel ihr Fachgebiet zu unserem Verständnis von Spiritualität beitragen kann. So sagte zum Beispiel John S. Bell (1928-1990), dessen berühmtes Theorem zu einem immensen Interesse an der Quanten-Nichtlokalität geführt hat: „Meiner Meinung nach ist die Physik noch nicht weit genug für eine Verbindung mit Psychologie oder Theologie oder Soziologie ... Ich denke nicht, dass Bells Theorem Sie Gott näherbringt."[210]

Betrachten wir sie im Kontext der wachsenden Forschung mit Fürbittegebeten, ist diese Ansicht vielleicht allzu konservativ. Nach Meinung einer zunehmenden Zahl von Wissenschaftlern öffnet die Physik einen wichtigen Zugang für alle, die sich für Fernintentionalität und Gebet interessieren. Zumindest aber erlaubt uns die Physik sozusagen, es für möglich zu halten, dass sich Bewusstsein in der Welt nichtlokal offenbart. Warum? Weil die Physik heute die Existenz von Ereignissen im Quantenmaßstab anerkennt, die zweifellos nichtlokaler Natur sind, wie die Spin-Korrelationen zwischen subatomaren Teilchen. Wie Nick Herbert in seinem Werk *Quantum Reality* schreibt, haben diese Ereignisse drei auffällige Eigenschaften gemein. Man sagt, sie seien *immediat* (das heißt, sie treten gleichzeitig ein), sie sind *unvermittelt* (das heißt, sie sind nicht abhängig von der „Übermittlung" durch irgendeine bekannte Form von Energie), und sie sind *ungemildert* (das heißt, ihre Stärke nimmt nicht mit wachsender räumlicher Distanz ab). *Das fürbittende Beten aus der Entfernung weist eine starke Ähnlichkeit mit diesen Ereignissen auf.* Wenn Physiker die Existenz von nichtlokalen Ereignissen im subatomaren Reich entdeckt haben, ist es deshalb völlig legitim, dass wir auch unsere makroskopische Welt nach Evidenz für nichtlokale Ereignisse (wie das fürbittende Gebet auf Distanz) erkunden. Die Wichtigkeit dieses Beitrages der Physik ist monumental, denn er hilft, die Debatte über „mentale Ferntätigkeit" und fürbittende Gebete zu legitimieren, die in der Welt der Wissenschaft drei Jahrhunderte lang im Grunde so gut wie ausgeschlossen war.

Eine weitere Warnung: Wir müssen erkennen, dass kontrollierte Experimente nur *einen* Aspekt des Gebets testen und deshalb nur von begrenzter Aussagekraft sind. Um noch einmal den britischen Physiker Russell Stannard zu zitieren: „Das Gebet insgesamt hat viele Facetten, denn es umfasst Danksagung, Buße, Weihe, Kontemplation, Meditation etc. Die Fürbitte ist nur eine Komponente. Darüber hinaus befasst sich das Experiment allein mit jenen fürbittenden Gebeten, die zum Wohle von Fremden verrichtet werden. Wie viele andere, hege auch ich den Verdacht, dass der eigentliche Kern des fürbittenden Gebets mehr mit den flehenden, engagierten Gebeten von geliebten und eng befreundeten Menschen zu tun hat ... als mit jenen von fernen Unbekannten."[211]

Aber wir wollen nicht *zu* bescheiden sein bei der Beurteilung unserer Ernte. Der Physiker Daniel J. Benor resümiert in einer Zusammenfassung des aktuellen Status' auf diesem Gebiet: „Es gibt eine ausreichende Anzahl von wohlgeplanten, sorgfältig durchgeführten Studien, die statistisch signifikante Wirkungen zeigen und die Aussage stützen, dass Heilen eine starke Behandlungsform ist."[212]

Ein Blick in die Zukunft

Obwohl wir mehr experimentelle Daten benötigen (das sagen alle Wissenschaftler), ist es, wie ich meine, nicht ein Mangel an empirischen Beweisen, was uns am meisten daran hindert, das fürbittende Gebet ernst zu nehmen. Unsere Hauptschwierigkeit ist vielmehr, dass wir anscheinend an einem Versagen unserer Vorstellungskraft leiden. Unfähig zu sehen, wie Gebet wirken *könnte*, versteifen sich zu viele Menschen darauf, dass es nicht wirken *könne*. Wenn wir nicht lernen, die Welt mit neuen Augen zu sehen, werden wir auch in Zukunft nicht das Beweismaterial für die Wirkungen des Fürbittegebets wahr- und annehmen können, das bereits existiert. Wir werden versucht sein, künftige Zeugnisse zu ignorieren oder zu verwerfen, ganz gleich wie stark oder überzeugend sie auch sein werden. Der Arzt und Forscher Jan Ehrenwald schrieb in *The Journal of Nervous and Mental Disease*, womit wir es zu tun haben:

> Es ist paradox: Mehr als ein halbes Jahrhundert nach dem Aufkommen der relativistischen Physik und der Formulierung der Quantenmechanik sind unsere Theorien von der Persönlichkeit immer noch von der klassischen jüdisch-christlichen, aristotelischen oder kartesianischen Tradition durchdrungen. Unsere neurophysiologischen Modelle des Organismus, unsere psychologischen und psychoanalytischen Konzepte des menschlichen Geistes sind im euklidischen Raum verwurzelt und mit den im Wesentlichen mechanistischen, newtonschen, kausal-reduktiven Prinzipien konform.
> Welches sind die Merkmale des klassischen Modells? Es erfasst die Persönlichkeit als ein geschlossenes, unabhängiges, homöostatisches System, das in einem Universum operiert, das sich in den prärelativistischen Raum und die Zeit ausdehnt und den ehernen Gesetzen von Ursache und Wirkung unterworfen ist. Seine klassische bildliche Darstellung findet es in Leonardo da Vincis männlicher Gestalt idealer Proportionen, sicher verankert in der doppelten Umschließung von Kreis und Quadrat, die den Menschen vom Rest der Welt abheben und zugleich trennen.[213]

Selbst Menschen, die an das fürbittende Gebet glauben, scheinen meist mit den klassischen Bildern verheiratet zu sein, auf die Ehrenwald Bezug nimmt – und die hoffnungslos brüchig scheinen. Das Gebet fassen sie generell als eine Art energetisches Signal auf, das zum Allmächtigen hinaus- und hinaufgesendet wird, der als eine Art von Satelliten-Relaisstation fungiert, die die Wirkung zu dem Empfänger des Gebets weiterleitet. Aus Studien zu Gebet und Fernintentionalität gibt es keine wie auch immer gearteten Beweise dafür, dass diese Bilder zutreffen. Zugegeben, viele scheinen schon lange die Hoffnung zu hegen, dass eines Tages eine Art von „subtiler Energie" entdeckt und die Fernwirkungen des Gebets erklären wird.[214] Obgleich dies vorstellbar ist, lässt die bis heute bekannte Evidenz darauf schließen, dass die alten energie-basierten, klassischen Konzepte nicht in der Lage sein werden, das Wirken des fürbittenden Gebets zu erklären; es werden neue Bilder notwendig sein.[215]

Sowie wir die Fakten und Daten anerkennen, die andeuten, dass wir lebende Organismen durch Gebet aus der Ferne *positiv* beeinflussen können, eröffnet sich natürlich die Möglichkeit, dass wir sie auch *zu ihrem Schaden* beeinflussen können. Diese Überlegung veranlasst fast jeden, sich eilends in Deckung zu begeben – einschließlich jener, die an das Gebet glauben –, weil wir, wie der Philosoph Alan Watts es einst ausdrückte, „Gottes Weste rein halten" wollen. Es wird schwierig sein, dies zu leisten. Mehrere Studien zur Fernintentionalität mit Bakterien und Pilzen zeigen deutlich, dass wir nicht nur deren Wachstum beschleunigen, sondern es auch *hemmen* können.[216] Diese Aussicht sollte uns nicht erschrecken. Manchmal *brauchen* wir Gebet, um zu verletzen und Schaden zu bewirken – etwa wenn wir dafür beten, dass eine Krebsgeschwulst aufgelöst werde, dass eine Verstopfung in einem Herzkranzgefäß verschwinde oder Aids-Viren getötet werden.

Bis wir eine angemessene wissenschaftliche Erklärung für die Wirkung des fürbittenden Gebets gefunden haben, brauchen wir weder unseren Glauben an das Gebet aufzugeben noch zu leugnen, was seine Wirkung bestätigt. Selbst wenn künftig Erklärungen vorliegen, wird „Gott tut das!" immer noch eine vollkommen vernünftige Alternative sein, weil jede neue Theorie gewiss mehr Fragen aufwerfen wird, als sie beantwortet. Schließlich ist es prinzipiell unmöglich, dass eine wissenschaftliche Theorie die Existenz und das Wirken des Absoluten widerlegt.

Erinnern wir uns auch, dass das Gebet einer Bestätigung durch die Wissenschaft nicht bedarf. Es ist nicht nötig, dass wir den Atem anhalten in herzklopfender Erwartung der Ergebnisse eines weiteren Doppelblindversuchs zum Thema Gebet. Die Menschen testen das Gebet in ihrem täglichen Leben, und das eigene Leben ist das wichtigste Versuchslabor überhaupt. Gleichwohl ist Selbsttäuschung möglich, und die Wissenschaft ist eine effektive Schutzvorrichtung gegen manche Spielarten der Illusion. In unserer Kultur ist die Wissenschaft unleugbar zu einem mächtigen Schiedsrichter geworden in den Fragen, wie wir unsere Weltanschauung aufbauen und wie wir unser Leben führen. Wenn also die Wissenschaft etwas Positives über das Gebet sagt, mögen sich selbst jene, die bereits an das Gebet glauben, in ihren Überzeugungen bestärkt fühlen.

Die Wiederspiritualisierung der Medizin

Die Studien über Fürbittgebete und Fernintentionalität bieten eine wichtige Gelegenheit für einen echten Dialog zwischen Wissenschaft und Spiritualität. Diese Debatte hat Fortschritte verzweifelt nötig, besonders innerhalb der Medizin.

Die moderne Medizin hat sich zu einer der spirituell am stärksten unterernährten Professionen in unserer Gesellschaft entwickelt. Weil wir die spirituelle Komponente des Heilens so gründlich verneint haben, würden die meisten Heiler in der Geschichte des Menschen unseren ärztlichen Berufsstand von heute als grundsätzlich pervers wahrnehmen. Sie wären fassungslos, wie wir die Lebenssäfte und das Herz aus unserer Berufung hinausgequetscht haben. Ärzte haben spirituelle Bedürfnisse wie jeder andere Mensch auch, und wir haben einen schmerzhaften Preis dafür bezahlt, dass wir sie ignorierten. Es fühlt sich einfach nicht gut an, Medizin zu praktizieren, als ob das Einzige, worauf es ankommt, das Physische wäre; irgendetwas fühlt sich da ausgelassen und unvollständig an.

André Malraux (1901-1976), der französische Schriftsteller und Kultusminister, sagte einmal, das 21. Jahrhundert werde spirituell sein – oder es werde gar nicht sein. In Bezug auf die Medizin empfinde ich oft ähnlich. Sie *wird* neu spiritualisiert werden oder sie wird vielleicht gar nicht sein – zumindest nicht in einer Form, die wir für wünschenswert halten. Doch es besteht große Hoffnung, und die wissenschaftliche Erforschung der heilenden Wirkungen von Gebet, Empathie und Liebe sind ein gutes Zeichen für eine Wiederspiritualisierung der Medizin.

12

WAS HAT LIEBE DAMIT ZU TUN?

Ich frage nicht, ob der Verwundete leidet.
Ich werde selber dieser Verwundete.

WALT WHITMAN, *GRASHALME*

Wenn die Liebe verlorengeht

Um eine Ahnung davon zu erhalten, welche wichtige Rolle die Liebe beim Heilen spielt, brauchen wir nur zu sehen, was geschieht, wenn sie verlorengeht – wie in dem folgenden Fall, den der Medizinethiker Eric Cassell schilderte: „In den 1930er Jahren suchte meine Großmutter wegen eines Melanoms im Gesicht einen Spezialisten auf. Als sie ihm im Laufe des Gesprächs eine Frage stellte, gab er ihr eine Ohrfeige und wies sie mit den Worten zurecht: ‚*Ich* stelle hier die Fragen.' Können Sie sich vorstellen, dass so etwas heute passiert? An Melanomen hat sich in den vergangenen fünfzig Jahren wohl nicht viel geändert, aber in der Ausübung des ärztliches Berufes durchaus."[217]

Ein ähnlicher Vorfall ereignete sich auf einer herzchirurgischen Intensivstation, in die ein achtzigjähriger Mann nach einem Infarkt gebracht worden war, der schließlich tödlich ausging. Eine Stunde nach seiner Einlieferung stürmte der sehr sachliche – oder wohl eher herzlose – Kardiologe des Patienten durch die Pendeltür in den Warteraum, wo die Frau des Patienten saß und weinte, seit sie erfahren hatte, dass ihr Mann im Sterben lag. Der Arzt war in Rage. „Ihr Mann stellt sich unmöglich an!", polterte er. „Er spricht auf nichts an, was ich für ihn tue!" Die ältere Frau wusste nicht, was sie darauf sagen sollte. Schließlich flehte sie ihn mit tränenerstickter Stimme an: „Herr Doktor, ich bin sicher, dass er es nicht so meint. Er ist so ein guter Mann. Bitte seien Sie ihm nicht böse."[218]

Ärzte erliegen leicht der Versuchung, solche Vorfälle zu ignorieren oder sie als untypische und ungewöhnliche Ausnahmen abzutun. *Wir* würden uns gegenüber unseren Patienten *niemals* so verhalten. Aber in der alltäglichen Hektik der Hightech-Medizin passiert es nur allzu leicht, dass wir die Liebe aus den Augen verlieren. Dann kann das Krankenhaus zu einem Haus der Schrecken werden – wie in dem folgenden Fall aus einem Artikel unter der spannenden Überschrift „Tod durch Brechung des Willens", berichtet in den *Archives of Internal Medicine:*

> Wegen zunehmender Schwäche ihres Gedächtnisses und einer Verschlechterung der Umstände in ihrem Zuhause, wo sie allein gelebt hatte, wurde eine dreiundneunzigjährige Frau gegen ihren Willen in die geriatrische Abteilung einer psychiatrischen Klinik eingeliefert. Sie war auf der Station funktionell selbstständig; sie war aufgeweckt, heiter und liebevoll zu den Angestellten. Nach zwei ereignislosen Wochen auf der Station wurde sie zur Abklärung und gegebenenfalls Behandlung in ein normales Krankenhaus verlegt, da nach einer positiven Stuhlprobe auf okkultes Blut ein Verdacht aufkam, sie könnte an einer Anämie leiden. Dem untersuchenden Team gegenüber verneinte sie Symptome einer Krankheit und erklärte: „Ich bin so gesund wie Sie." Bei der körperlichen Untersuchung fand sich eine etwa vier Zentimeter große, geschwulstartige Verhärtung im rechten unteren Quadranten des Bauches.
>
> Die Laboruntersuchungen ergaben [eine signifikante Anämie] … [und] man plante [den Dickdarm zu röntgen und] eine Transfusion vorzunehmen. Fast augenblicklich begannen sich Probleme zu manifestieren; die Patientin hatte den starken Wunsch nach Bewegung und dabei die Tendenz, ihre Infusionsschläuche zu vergessen. Zunächst wurde ihr Bewegungsdrang durch entsprechende Kleidung eingeschränkt, was zu Unruhe und Zappeln führte …. Schließlich wurde sie mit Hilfe von Lederriemen mit Händen und Füßen ans Bett fixiert … Als sie sich losreißen konnte, den Infusionsschlauch durchbiss und rasch den Flur hinunter lief, kam es zu einer vehementen Auseinandersetzung. Der Sicherheitsdienst wurde gerufen … und die Patientin nach einem heftigen Kampf überwältigt. Man fesselte sie erneut mit Händen und Füßen ans Bett.
>
> Nach diesem Zwischenfall kam es zu einer dramatischen Veränderung in Stimmung und Gebaren. Die alte Dame schien verzweifelt, entmutigt und gebrochen. Dem Arzt im Praktikum teilte sie mit, dass sie nun sterbe, „weil Gott es so wolle". Am nächsten Morgen entfernte man ihre Fesseln, änderte ihre Medikation und stellte eine Person ab, die auf sie aufpassen sollte, damit keine erneute Fesselung mehr notwendig würde. An jenem Tag kam ihr Sohn zu Besuch; er war bestürzt angesichts der psychischen Veränderung seiner Mutter. [Er] äußerte, dass er glaube, das

Krankenhaus würde sie umbringen, und dass sie ihren Lebenswillen verloren habe.

Im späteren Verlauf des dritten Krankenhaustages war ein dritter Versuch mit einem Barium-Einlauf erfolglos … [Sie erhielt eine Transfusion.] … Eine wiederholte [Röntgenaufnahme des] Brustkorbs zeigte einen [auffälligen Bereich] im rechten Oberlappen mit der Andeutung einer Kavernisierung [evtl. Hinweis auf Tuberkulose]. Die Patientin wurde dann in Isolation verlegt und … empirische Behandlung bei Verdacht auf Lungentuberkulose [wurde empfohlen] …
Sie schien minimal krank zu sein, aß vernünftig und ging in ihrem Zimmer umher. Am fünften Krankenhaustag … jedoch, erklärte sie … „Ich sterbe bald." Man fand sie [drei Stunden später] ohne Herz- und Atemtätigkeit; eine Herz-Lungen-Reanimation wurde versucht, war aber vergeblich.

Bei der Autopsie wurde … ein Blinddarm-Karzinom festgestellt, ohne Anzeichen einer lokalen oder ferneren Metastasierung. Im rechten oberen Lungenlappen wurde ein kleiner verdichteter Bereich festgestellt … Gewebekulturen … waren negativ … Anzeichen für eine Herzkrankheit wurden nicht gefunden. Die Untersuchung des Gehirns offenbarte keine Gefäßverschlüsse, Erweichungen, Tumore oder Blutungen.

Als der Fall später besprochen wurde, kamen die an ihrer Pflege beteiligten Mitarbeiter des Hauses nicht auf den Gedanken oder Verdacht, es könnte irgendeinen Zusammenhang zwischen den Vorfällen während ihrer Behandlung, ihren Veränderungen in Gemütszustand und Verhalten und ihrem Tode geben. (Hervorhebungen von mir)[219]

Der Autor dieses Berichts, Bruce E. Robinson, M.D., von der medizinischen Hochschule der Universität von Südflorida in Tampa, beschreibt, wie man in jenem Fall Schritt für Schritt mitfühlender hätte vorgehen können. Er schließt mit der ernüchternden Bemerkung: „Die Geschichte dieser Frau erinnert uns an den entscheidenden Zusammenhang zwischen Geist und Körper – und an die tödlichen Konsequenzen, die eintreten können, wenn wir ihn vergessen." Und wir werden ihn weiterhin vergessen, wenn wir versäumen, beim Heilen einen Platz für Liebe und Mitgefühl einzuräumen.[220]

Empathie „meint insbesondere das Vermögen des Arztes, sich vorzustellen, dass er der Patient sei, der zu ihm um Hilfe gekommen ist". Mitgefühl ist die Fähigkeit, an den Gefühlen und Empfindungen des Anderen teilzuhaben. Wäre Empathie vorhanden gewesen, hätte sich das Team, das für die dreiundneunzigjährige Frau gesorgt hat, die Fragen gestellt: Was hat *sie* gewollt?

Wie war es für *sie*, was sie im Krankenhaus erlebte? Wäre es mitfühlender gewesen, ihr zu erlauben, ihre verbleibenden Tage in Frieden zu verbringen und sie nicht den Härten einer klinischen „Mühle" zu unterwerfen? Doch weil die Mitarbeiter des Hauses unfähig oder nicht willens waren, sich in die Patientin einzufühlen, zeigte ihre Bewertung des Falles so viel Einfühlungsvermögen wie ein Güterzug in voller Fahrt.

In der modernen Medizin gibt es eine Tendenz, Liebe als einen überflüssigen Luxus zu betrachten oder als etwas, das einem rationalen Zugang zur Patientenversorgung im Wege stehe. Dies ist eine grobe Fehleinschätzung. Das Vorhandensein oder Fehlen von Liebe kann über Leben oder Tod eines Patienten entscheiden. Dies illustrierte auf dramatische Weise ein Bericht aus der Universitätsklinik von Oklahoma, wo die Doktoren Stewart Wolf und William Schottstaedt Stoffwechselstudien durchführten, bei denen die Rolle der menschlichen Interaktion auf den Serumcholesterinspiegel untersucht wurde. Einer ihrer Patienten war ein neunundvierzigjähriger Mann, der mehrere Herzattacken hinter sich und eine Vorgeschichte chaotischer Beziehungen hatte. Während des Krankenhausaufenthaltes ...

... schien der Patient munter und einigermaßen entspannt, war dabei aber während der ersten Tage der Studie, als ihn seine neue Freundin täglich besuchte, sehr bemüht zu gefallen. Als sie die Stadt für einige Tage verließ, ohne ihm Bescheid zu sagen, wurde er jedoch ängstlich. Die Serumcholesterin-Konzentration stieg leicht an, bis die Frau zurückkehrte und ihn wieder besuchte, was ihm auch seine frühere Sicherheit wiederbrachte. Während dieses Besuches hatte sie jedoch einen anderen Mann kennengelernt, den sie bevorzugte. Ihre täglichen Besuche bei dem Patienten fielen aus, und ... sie teilte ihm mit, dass sie ihn nicht mehr heiraten wolle und auch nicht wieder besuchen werde. Er wurde sehr niedergeschlagen. Sein Cholesterinspiegel stieg erneut an, und am folgenden Tag hatte er einen weiteren Herzinfarkt. Vier Tage später starb er.[221]

Eine Lektion in Liebe

Natürlich sind es nicht nur Ärzte, die vergessen, wie wichtig Liebe und Empathie sind; das geschieht auch bei Erziehern, Anwälten, Politikern, Gesetzeshütern und Angehörigen wohl jeder anderen Berufsgruppe ebenso. Trotz unserer häufigen Versäumnisse in der Liebe glaube ich, dass die Medizin eines der fürsorglichsten Berufsfelder in der heutigen Zivilisation ist. Hier lebt eine ununterbrochene Tradition von Heilern weiter, denen die Wichtigkeit von Liebe und Mitgefühl beim Heilen bewusst gewesen und geblieben ist.

Bei einem dieser Mediziner lernte ich eine Lektion, als ich während meiner Ausbildung in Innerer Medizin in einem großen Lehrkrankenhaus des Kriegsveteranenministeriums tätig war. Die Arbeitsbelastung war erdrückend – Tag und Nacht neue Patienten in einem ständigen, nicht enden wollenden Strom. Nach einem besonders aufreibenden Tag plumpste ich gegen einen anderen Assistenzarzt, als wir um etwa zwei Uhr morgens im Bereitschaftszimmer in die Betten fielen. Blind vor Müdigkeit und schlechter Laune begann ich darüber zu klagen, wie die Patienten das Krankenhaus wie eine Drehtür benutzten. Kaum waren sie nach der Behandlung wegen eines bestimmten medizinischen Problems entlassen, nahmen sie ihre destruktiven Verhaltensweisen, etwa hemmungsloses Rauchen und Trinken, wieder auf, was unausweichlich zu weiteren Krankenhausaufenthalten wegen Herzerkrankungen, Emphysemen, Zirrhose und Schlimmerem führte. Mein Kollege hörte mir geduldig zu, während ich meinem Ärger Luft machte. Als ich fertig war, sagte er nachdenklich: „Du hast recht: Sie sind nicht zu retten. Aber ich *liebe* sie. Ja, ich könnte hier mein ganzes Leben lang arbeiten." Ich war sprachlos. Hatte der Schlafentzug ihm den Verstand geraubt? „Die alten Patienten mag ich am liebsten", fuhr er fort. „Selbst ihre kleinen Probleme. Ihre Hämorrhoiden sind für mich genauso wichtig wie ihr Herzversagen. Wenn ihre Verdauung nicht richtig funktioniert, bin ich da, um zu helfen. Wenn ihre Nägel zu lang werden, kürze ich sie ihnen. Wenn sie einen Haarschnitt oder ein Bad brauchen, gebe ich es ihnen." Ich begann, mich wie ein Sünder neben einem Heiligen zu fühlen. „Manche von ihnen werden ihre Gewohnheiten niemals ändern. Sie werden immer wieder herkommen. Das macht nichts. Sie sind wunderbar."

Als wir mit unserer Ausbildung fertig waren, gingen mein Kollege und ich gemeinsam in die ärztliche Praxis. Er ist für mich in vieler Hinsicht ein Vorbild geblieben – der vollendete Arzt, der nicht nur technische Kompetenz, sondern auch Weisheit, Mitgefühl, Einfühlungsvermögen und Liebe verkörpert.

Ist Liebe real?

Lässt sich biochemisch erklären, wie wir Liebe erleben? Ist unser Erleben nur ein Nebenprodukt chemischer Vorgänge in unserem Gehirn? Wir haben zwar keine „Emotiometer", die unsere Empfindungen direkt messen können, doch wir wissen, dass eine Vielfalt von Gefühlszuständen bestimmte physische Entsprechungen im Körper haben. Wut, Feindseligkeit und Ängstlichkeit werden mit Schwankungen spezifischer Neurotransmitter und Hormone im Gehirn und im Blut assoziiert. Gefühle der Liebe stehen im Zusammenhang mit chemischen Substanzen im Gehirn wie Noradrenalin*, Serotonin und Phenylethylamin. (Interessanterweise ist letztere Verbindung in hoher Konzentration auch in Schokolade zu finden – was manche unromantischen Materialisten für den Grund halten, warum wir am Valentinstag den Menschen Schokolade schenken, von denen wir geliebt werden wollen.)

Doch je mehr wir über die körperlichen Korrelate unserer Emotionen lernen, desto weiter scheint sich die Kluft zwischen beiden zu dehnen. Wie der Bewusstseinstheoretiker David J. Chalmers gezeigt hat, weiß niemand, warum elektrochemische Ereignisse im Gehirn überhaupt irgendein bewusstes Erleben, welcher Art auch immer, entstehen lassen – ob Liebe oder etwas anderes. Wenn wir Licht der Wellenlänge sehen, die wir mit der Farbe violett assoziieren, warum haben wir dann das Erlebnis, Violett zu sehen? Als mein Kollege mit den Problemen aller seiner Patienten konfrontiert war – warum hat er Liebe empfunden? Warum hat er sich nicht einfach mechanisch um die Versorgung der Hämorrhoiden und des Herzversagens gekümmert wie eine zuverlässige Maschine? Warum kommt da Bewusstsein ins Spiel? Warum Liebe?

In der modernen Neurowissenschaft dominierte die Tendenz, solche Fragen zu ignorieren oder anzunehmen, dass Bewusstsein, emotionales Erleben und Gehirnchemie identisch und gegeneinander austauschbare Begriffe seien. Bewusstsein mit chemischen Prozessen zu identifizieren, ist ein Versuch, die Existenz des Bewusstseins zu leugnen, so dass letzten Endes nur noch Chemie – nicht Bewusstsein – real ist. Eine Musterbeispiel dieser Sichtweise steht in Lawrence LeShans Buch *The Dilemma of Psychology:*

> Ein führender Psychotherapeut, Lawrence Kubie, schreibt: „Obwohl wir ohne den Begriff Bewusstsein nicht auskommen, gibt es so etwas in Wirklichkeit nicht."
> Ein führender Neurophysiologe, Karl Lashley, formuliert es so: „Der Wissende als Wesen ist ein unnötiges Postulat."
> Ein führender Psychologe, D. O. Hebb, schreibt: „Die Existenz von etwas, das Bewusstsein genannt wird, ist eine ehrwürdige Hypothese, nicht eine Gegebenheit, nicht direkt wahrnehmbar."[222]

Für eine wachsende Zahl von nachdenklichen und aufmerksamen Wissenschaftlern jedoch ist Bewusstsein nicht etwas, das man so leicht abtun kann.

---

* orig. norepinephrine – Epinephrin/Norepinephrin sind die in den USA fachsprachlich üblichen Bezeichnungen für Adrenalin/Noradrenalin. (Hintergrund: Die Möglichkeit der Verwechslung des natürlichen Hormons adrenaline mit dem synthetischen, warenzeichenrechtlich geschützten Produkt Adrenalin auszuschließen.) Anm.d.Ü.

Ein Beispiel ist der mit dem Nobelpreis ausgezeichnete Physiker Steven Weinberg, der über eine „Theorie von allem" schreibt, aus der alles, was man über das Universum wissen kann, abzuleiten ist. Weinberg räumt ein, dass es ein Problem gibt: Bewusstsein lässt sich nicht in einer „Theorie von allem" unterbringen, weil es anscheinend nicht von physikalischen Gesetzen abgeleitet werden kann. Weil sich das Bewusstsein nicht in die Theorie fügen will, kann eine physikalisch fundierte „Theorie von allem" nicht vollständig sein. Eine abschließende, umfassende Theorie muss ein zusätzliches, grundlegendes Element enthalten. „Zu diesem Zweck", stellt Chalmers fest, „schlage ich vor, dass bewusstes Erleben als eine fundamentale Eigenschaft betrachtet wird, die auf nichts Grundlegenderes zurückgeführt werden kann." Chalmers und andere schlugen vor, dass Bewusstsein einen Platz neben Materie und Energie als elementarer Baustein unseres Universums einnehme. Diese Entwicklungen im zeitgenössischen Denken sind für die Medizin äußerst wichtig: Wenn wir keinen Platz für das Bewusstsein finden können, wird Liebe in unseren modernen Modellen vom Heilen niemals zu Hause sein.[223]

Außer dem, was auch immer an theoretischen und philosophischen Rechtfertigungen existieren mag, um die Rolle des Bewusstseins in der Medizin anzusprechen, gibt es auch praktische Gründe. Im Laufe der vergangenen Jahrzehnte hat sich mehr und mehr Evidenz angesammelt, die zeigt, dass bewusste gedankliche Intention Ereignisse nicht nur Körper, sondern auch „in der Außenwelt" zu beeinflussen vermag, und dass solche Einflussnahmen durch Liebe verstärkt werden können.

Liebe im Versuchslabor

Ende der 1960er, Anfang der 1970er Jahre begann die Pionierarbeit mit Biofeedback-Geräten. Die Forscher entdeckten, dass gewöhnliche Menschen lernen konnten, Puls, Muskelspannung und Hauttemperatur zu beeinflussen, wenn sie augenblicklich eine Rückmeldung durch elektronische Instrumente erhielten, die diese Parameter erfassten. Obwohl Biofeedback heute als gang und gäbe gilt, grenzte es zu jener Zeit an Häresie: Es strafte die konventionelle Weisheit Lügen, dass diese Körperfunktionen nur unterschwellig existierten und allein vom autonomen Nervensystem beherrscht wurden.

Bald begannen Berichte von verschiedenen Biofeedback-Laboratorien durchzusickern, dass etwas Seltsames im Gange sei. Wenn Wissenschaftler die Versuchspersonen fragten, „wie sie das machten", vermochten diese es nicht zu erklären. Wenn Teilnehmer aber gefragt wurden, *wie sie sich fühlten*, wenn sie bei den Versuchen erfolgreich waren, antworteten sie oft mit Aussagen wie: „Ich fühlte mich eins mit den Instrumenten." Manche gingen noch weiter und äußerten, dass sie sich untrennbar verbunden fühlten mit dem Übungsleiter, dem Raum „und allem anderen". Manche Forscher erkannten, dass die Teilnehmer dabei Aussagen wie über das universelle Erlebnis des Mystikers formulierten, das laut Definition als ein „Einswerden" oder „Einssein" mit allem empfunden wird, das es gibt.

Zu ähnlichen Beobachtungen kam es auch in anderen Versuchslaboratorien. Robert G. Jahn, Direktor des *Princeton Engineering Anomalies Research* (PEAR) Laboratoriums, hat zusammen mit seinem Team Millionen von Versuchen beobachtet, bei denen Personen versucht haben, die Leistung von ausgeklügelten elektronischen Instrumenten, beispielsweise Zufallsgeneratoren, zu beeinflussen. Die Resultate zeigen, dass gewöhnliche Menschen unter kontrollierten Versuchsbedingungen mental einen statistisch signifikanten Einfluss auf die Leistung der Maschinen ausüben können. Wie fühlen sie sich, wenn sie dies tun? Jahn stellt fest: „Der am weitesten verbreitete subjektive Bericht unserer erfolgreichsten Mensch-Maschine-Versuchsteilnehmer ist ein Empfinden von ‚Resonanz' mit den Geräten – ein kleines Opfer an persönlicher Identität in der Interaktion – ein ‚Verschmelzen' oder Verbundensein mit dem Apparat. Ein Teilnehmer drückte es so aus: ‚Ich verliebe mich einfach in die Maschine.' Und tatsächlich ist der Begriff Liebe im Sinne einer sehr speziellen Resonanz zwischen zwei Partnern eine passende Metapher." Interessanterweise konnte man die höchsten Erfolgsquoten beobachten, wenn emotional miteinander verbundene Paare, die eine ungewöhnlich tiefe Liebe und Empathie teilen, *gemeinsam* mit den elektronischen Geräten interagieren. Sie erreichen Werte, die bis zu acht Mal höher sind als die Ergebnisse von Personen, die allein versuchen, die Geräte zu beeinflussen.[224]

Manche Wissenschaftler glauben, Liebe habe in der objektiven Wissenschaft keinen Platz. Jahn widerspricht: „Anspielungen auf [Liebe] sind in der wissenschaftlichen Literatur zu finden, keine davon ist eloquenter als die von Herzog Louis de Broglie [(1892-1987)], einem der Gründerväter der modernen Physik", schreibt er und zitiert aus de Broglies Buch *New Perspectives in Physics:*

> Wenn wir der profunden Verbindung zwischen Denken und Tun auf allen Gebieten menschlichen Bemühens, besonders in der Wissenschaft, philosophischen Ausdruck geben wollen, werden wir ihre Ursprünge zweifellos in den unauslotbaren Tiefen der menschlichen Seele suchen. Philosophen könnten es vielleicht „Liebe" nennen in einem sehr allgemeinen Sinne – als jene Kraft, die all unser Tun lenkt und die der Quell all unserer Freude und all unseres Strebens ist. Unauflöslich verbunden mit Denken und Tun, ist Liebe deren gemeinsamer Ursprung und daher,

was sie miteinander verbindet. Die Ingenieure der Zukunft werden eine wichtige Aufgabe darin haben, dieses Band zu festigen.²²⁵

Liebe und Resonanz

Resonanz ist ein weit verbreitetes Phänomen in der Natur. Jahn schreibt:

> Physikalische Systeme aller Art, ob mechanisch, elektromagnetisch, fließend-dynamisch, quantenmechanisch oder nuklear, weisen die Fähigkeit zu synergistisch interaktiven Schwingungen mit ähnlichen Systemen oder mit ihrer Umgebung auf. Gekoppelte harmonische Oszillatoren, alle gewöhnlichen Musikinstrumente, Radio- und Fernseh-Schaltungen, atomare Bestandteile von Molekülen – sie alle bringen diese „sympathische" Resonanz mit sich, aus denen erstaunlich andere Eigenschaften hervorkommen als jene, die ihre einzelnen Komponenten kennzeichnen.

Was bedeutet es, dass physikalische Systeme aller Arten in „sympathischer Resonanz" miteinander oder ihrer Umgebung stehen? *Sympathie* kommt von dem griechischem Wort *sympatheia,* das heißt „Mitfühlen"; *Resonanz* von dem lateinischen *resonare,* „widerhallen". Ist das Universum ein unendlicher Widerhall, ein Echo von Gefühlen und Empfindungen?

Lyall Watson deutet in *The Nature of Things* an, dass die Welt der Natur in einem fast unvorstellbaren Ausmaß von einer allgemeinen Resonanz durchzogen sein könnte. Er beschreibt, wie unbelebte Objekte und niedere Organismen – Steine, Autos, Bakterien – möglicherweise mit Menschen „in Resonanz treten", indem sie infolge eines ausgedehnten, engen Kontakts mit uns unseren „emotionalen Fingerabdruck" aufnehmen, wie er es nennt. Dabei können sie sich auf überraschend lebensähnliche Weisen verhalten und zu dem führen, was C. G. Jung Synchronizitäten nannte – jene sinnerfüllten, unvorhersagbaren Ereignisse, die wir oft als „komische Zufälle" bezeichnen.

Liebe ist nichtlokal

Die Resonanz, die Jahn, Watson und andere meinten, hat ungewöhnliche Qualitäten. Sie scheint ohne Rücksicht auf Entfernung zu wirken. In den kontrollierten Experimenten, die Jahn und sein Team durchgeführt haben, sind die Teilnehmer manchmal durch globale Distanzen von dem Apparat getrennt, den sie zu beeinflussen versuchen; zum Teil befinden sie sich buchstäblich auf der anderen Seite des Globus. Die Ergebnisse sind gleichbleibend; die Wirkungen ihrer mentalen Anstrengungen nehmen nicht mit zunehmender räumlicher Entfernung ab. Wie wir bereits gesehen haben, weisen diese Experimente – und zahllose weitere, die in Versuchslaboratorien rund um den Erdball durchgeführt wurden – auf eine nichtlokale Qualität des Bewusstseins hin, auf einen Aspekt des Geistes, der nicht auf spezifische Punkte in Raum oder Zeit beschränkt ist.[226]

Wenn sich der menschliche Geist nichtlokal verhält, ist oft Liebe beteiligt. Eines der am weitesten verbreiteten Beispiele ist die ferne, liebevolle Resonanz, die Menschen mit ihren Haustieren verbindet. Die Forscher J. B. Rhine und Sara Feather sammelten Dutzende von Berichten über heimkehrende Tiere – Haustiere, die ihren Weg zurück zu ihren Besitzern gefunden haben, in manchen Fällen über gewaltige Entfernungen. Diese Fälle lassen sich nicht durch das „Heimfindevermögen" erklären, denn oft kehrt das Tier „zurück" an Orte, an denen es nie zuvor gewesen ist. Ein Beispiel ist die Geschichte von Bobbie, einer Collie-Hündin, die mit einer Familie von Ohio zu deren neuem Zuhause in Oregon reiste, wo Bobbie noch niemals früher gewesen war. Während einer Rast in Indiana ging Bobbie verloren. Nach gründlichen Bemühungen, das Tier zu finden, gab die Familie schließlich auf und fuhr weiter Richtung Westen. Monate später tauchte Bobbie an dem neuen Wohnsitz in Oregon auf. Es war kein anderer Collie oder ein Doppelgänger; die Hündin trug immer noch ihr Namensschild und mehrere unverwechselbare Merkmale und Narben.[227]

Fälle, in denen Tiere den Weg zu ihren Eigentümern finden, wenn diese krank sind, faszinieren mich besonders. Sie lassen darauf schließen, dass die Fähigkeit zu lieben und für jemanden zu sorgen, der krank ist, nicht nur ein menschlicher Zug, sondern auch bei anderen Arten weit verbreitet ist. Einen solchen Fall berichtet Vida Adamoli in *The Dog That Drove Home*:

> Ein Junge namens Hugh Brady, der Brieftauben als Haustiere hielt, fand eines Tages eine verletzte Taube im Garten. Er pflegte den Vogel, bis dieser wieder gesund war, beringte ihn mit der Nummer 167 und behielt ihn.
>
> Im folgenden Winter erkrankte Hugh plötzlich und wurde zu einer Notfall-Operation eilends in ein Krankenhaus gebracht, das über dreihundert Kilometer entfernt lag. Dort war er noch im Genesen begriffen, als er an einem bitterkalten verschneiten Abend ein beharrliches Klopfen am Fenster hörte. Er rief nach der Schwester und bat sie, das Fenster zu öffnen. Da flog eine Taube herein und landete mit einem freudigen Flattern auf Hughs Brust. Hugh wusste sofort, dass der gefiederte Besucher sein Vogel war; ein Blick auf die Ringnummer bestätigte dies.
>
> Tauben sind dafür bekannt, dass sie gut nach Hause finden, aber in jenem Fall kehrte die Taube nicht nach Hause zurück; sie hatte ihrem

Herrn bis zu einem Ort nachgespürt, von dem sie keine Kenntnis hatte und an dem sie nie zuvor gewesen war. Wie ihr das gelang, bleibt ein Rätsel.[228]

In *Everyday Miracles* (dt. Ausg.: *Alle Störche sprechen ägyptisch*) beschreibt Dr. Gustav Eckstein einen kleinen Spitz, der für sein Frauchen – eine Diabetikerin – die Rolle einer Nachtschwester übernahm. Jeden Abend rollte sich der Hund im Winkel ihres Armes zusammen. Er wachte augenblicklich auf, sobald sich ihre Atmung veränderte – ein Anzeichen für eine Ketoazidose, eine der gefürchtetsten Komplikationen bei Diabetes. Auch wenn dies kein nichtlokales Ereignis ist – der Hund war in Sinnes-Nähe seiner Besitzerin –, illustriert der Fall, was jeder Tierhalter weiß: Liebe und Fürsorge sind nicht auf den Homo sapiens beschränkt.[229]

Wenn wir verstehen wollen, welche Rolle die Liebe beim Heilen spielt, müssen wir uns mit dem Begriff Nichtlokalität auseinandersetzen. Obwohl diese Idee in der modernen medizinischen Wissenschaft wenig geschätzt wird, haben die Physiker in den letzten Jahrzehnten allmählich Frieden mit ihr geschlossen. Rigorose Experimente in den vergangenen zwanzig Jahren haben die Existenz von nichtlokalen Phänomenen in der subatomaren Welt bestätigt. Wenn zum Beispiel zwei Teilchen, die einmal in Kontakt gewesen sind, getrennt werden, führt eine Veränderung im einen zu einer Veränderung im anderen – augenblicklich und im gleichen Grade. Die Entfernung zwischen den Teilchen spielt hierbei keine Rolle, man könnte sie theoretisch an die entgegengesetzten Enden des Universums platzieren. Offenbar fließt kein energetisches Signal zwischen ihnen, das dem einen Teilchen übermittelt, dass in dem anderen eine Veränderung eingetreten ist. Die Veränderungen treten augenblicklich ein; es gibt keine durch eine Signalübermittlung bedingte Zeitverzögerung. Die durch die Entfernung voneinander getrennten Teilchen verhalten sich, als wären sie vereint, als wären sie ein einziges Wesen. So paradox es klingt: getrennt, und doch eins.

Telesomatische Ereignisse: Der Sog der Liebe

Frederick William Henry Myers (1843-1901), um die Jahrhundertwende einer der herausragenden Gelehrten und Forscher auf dem noch jungen Gebiet der Parapsychologie, war beeindruckt, wie oft Liebe beteiligt schien, wenn Menschen über große Entfernungen kommunizierten. „Liebe ist eine Art von überschwänglicher, aber unspezifischer Telepathie", sagte er, „der einfachste und universellste Ausdruck jener gegenseitigen Schwerkraft oder Verwandtschaft der Geister."[230]

Liebe hat eine Anziehungskraft. Unter bestimmten Umständen wirkt sie wie ein veritabler Kleber, der Menschen über die Ferne aneinander bindet. Dies ist nirgends deutlicher zu beobachten als bei telesomatischen Ereignissen. Den Begriff *telesomatisch* (von griech. *telos* = fern, *soma* = Körper) prägte 1967 der Neurologe Berthold E. Schwarz für Vorfälle, die er im Leben seiner Patienten beobachtete. Er ist passend, weil sich räumlich einander ferne Menschen oft wie ein einziger Körper und Geist verhalten; sie haben selbst über große Distanzen die gleichen Gefühle und körperlichen Symptome. Wenn dies geschieht, haben die beteiligten Personen keine bewusste Kenntnis von dem Erleben und Empfinden der anderen, deshalb sind solche Ereignisse nicht mit Begriffen wie Erwartung und Suggestion zu erklären.

Schwarz sammelte annähernd dreitausend telesomatische Fälle. Hunderte sind im Lauf der Jahre in verschiedenen Publikationen erschienen, einige von ihnen wurden auch in medizinischen Zeitschriften berichtet:

- Eine Mutter schrieb gerade einen Brief an ihre Tochter, die im College war. Plötzlich begann ihre rechte Hand so stark zu brennen, dass sie ihr Schreibwerkzeug nicht mehr halten konnte. Eine knappe Stunde später erhielt sie einen Telefonanruf aus dem College, durch den sie erfuhr, dass die rechte Hand ihrer Tochter bei einem Säure-Unfall im Labor schwer verätzt worden war – zur gleichen Zeit, als sie, die Mutter, den brennenden Schmerz verspürt hatte.
- Ein Ehepaar besuchte ein Fußballspiel in Berkeley, Kalifornien. Mitten im Spiel stand der Mann plötzlich auf und sagte, sie müssten umkehren, weil ihr Sohn sich verletzt habe. Als sie zu Hause ankamen, entdeckten sie, dass sich der Junge mit der Luftpistole in den Daumen geschossen hatte; eine Notfalloperation war notwendig, um das Geschoss zu entfernen.
- Eine Frau krümmte sich plötzlich vor Schmerzen, umklammerte ihren Brustkorb und sagte: „Nell ist etwas passiert, sie ist verletzt worden." Zwei Stunden später kam der Sheriff, um sie zu informieren, dass ihre Tochter Nell auf dem Weg ins Krankenhaus gestorben war. Sie war in einen Verkehrsunfall verwickelt worden, und ein Stück des Lenkrades war ihr in die Brust eingedrungen.

Manchmal sind mehr als zwei Menschen an telesomatischen Vorgängen beteiligt. Mehrere Personen, ganze Familien und Gemeinden waren schon involviert, was es zusätzlich erschwert, diese Phänomene als „bloße Zufälle" abzutun. Ian Stevenson zitiert einen Fall, in dem eine Frau in der Nacht den intensiven Eindruck hatte, ihre Mutter sei schwer erkrankt. Ungeachtet der Proteste ihres Mannes fuhr sie zu dem Haus, wo ihre Mutter wohnte. Als sie dort ankam, traf sie auf ihre Schwester, die den gleichen Eindruck und Impuls gehabt hatte, zur Mutter zu fahren. Die beiden Schwestern entdeckten, dass ihre Mutter ganz plötzlich sehr erkrankt war und im Sterben lag und bat, ihre Töchter sehen zu können.

Stevenson berichtet einen weiteren Fall, der auf nichtlokale Weise anscheinend alle acht Mitglieder einer Landwirtsfamilie im Hinterland von New York betraf. Sie standen eines Morgens auf, nahmen ihr Frühstück ein und verteilten sich an verschiedene Stellen auf der Farm, um ihrem jeweiligen Tagewerk nachzugehen. Später am Morgen, etwa um zehn Uhr, hatte jeder von ihnen ein merkwürdiges Gefühl – ein intensives Bangen wie eine ungute Vorahnung, als ob etwas Schreckliches passieren werde. Mit dem Verdacht, plötzlich krank zu werden, hörten die Familienmitglieder unabhängig voneinander auf zu arbeiten und kehrten in die Küche zurück, ohne dass einer von ihnen wusste, was die anderen empfanden. Dieses ungewöhnliche Verhalten stimmte zeitlich exakt mit dem Unfalltod eines Sohnes der Familie im fernen Michigan überein.[231]

Telesomatische Ereignisse sind nicht „laborfähig". Sie tauchen unvermittelt im Leben der Menschen auf und lassen sich nicht nach unserem Belieben arrangieren und studieren. Warum sollten wir sie also ernst nehmen? Es gibt vor allem zwei Gründe: Erstens sind sie recht weit verbreitet und häufig; fast jeder scheint sie schon selbst erlebt zu haben oder jemanden zu kennen, für den dies zutrifft. Zweitens zeigen sie eine verblüffende innere Übereinstimmung: Sie kommen nicht nur zwischen räumlich getrennten Individuen vor, sondern auch zwischen Menschen, die durch Liebe und Empathie miteinander verbunden sind – Eltern und Kinder, Geschwister (besonders eineiige Zwillinge), Partner und Liebende.

Telesomatische Ereignisse sind nichtlokale Ausdrucksformen des menschlichen Bewusstseins. Sie demonstrieren die Kraft der Liebe, sich über Raum und Zeit auszudehnen und uns wie eins miteinander zu verbinden. Sie zeigen, dass „Verbundenheit" und „Einswerden" nicht nur Poesie oder schöne Metaphern sind, sondern konkrete Wirklichkeit. Sie offenbaren, dass es eine Dimension unseres Geistes gibt, in der Einheit – nicht Trennung – grundlegend ist.

Obwohl wir das Eintreten eines telesomatischen Ereignisses nicht erzwingen können, um es unter kontrollierten Versuchsbedingungen zu studieren, können wir im Labor etwas sehr Ähnliches beobachten. In einer Serie von Experimenten wurden die Enzephalogramme (EEGs) von einander fernen Individuen aufgezeichnet und verglichen. Im Ausgangszustand gab es keine Korrelation zwischen den beiden EEG-Mustern. Aber wenn die Forscher die Teilnehmer baten, ein Mitgefühl füreinander zu entwickeln, zeigten sich in den EEG-Mustern häufig verblüffende Übereinstimmungen, oft wurden die aufgezeichneten Linien fast identisch.[232]

Gleichgültig, ob wir diese gemeinsamen Empfindungen Resonanz, Empathie oder Liebe nennen: Diese Beobachtungen konfrontieren uns unausweichlich mit der Frage, was es bedeutet, ein Individuum zu sein – und ob es so etwas auf irgendeiner Ebene des Geistes überhaupt gibt.

Ein universelles Spektrum der Liebe?

Eine der größten Entdeckungen unseres Jahrhunderts – vielleicht aller Jahrhunderte – könnte die nichtlokale Verbundenheit der spektakulären Vielfalt von Wesenheiten sein, die unser Universum bilden. Wie wir gesehen haben, besteht und zeigt sich diese Verbundenheit zwischen subatomaren Teilchen, mechanischen Systemen, Menschen und Maschinen, Menschen und Tieren und Menschen untereinander. Wenn dieses nichtlokale Band zwischen Menschen wirkt, nennen wir es Liebe. Wenn es voneinander getrennte subatomare Teilchen eint – wie sollen wir diese Manifestation nennen? Sollten wir eine sichere, neutrale Bezeichnung wählen wie etwa *nichtlokal korreliertes Verhalten* oder in den sauren Apfel beißen und es eine rudimentäre Form von Liebe nennen? Ich will hier nicht den Eindruck vermitteln, dass Menschen und Elektronen Liebe und Empathie im gleichen Grade erleben, aber wir dürfen uns fragen, ob das Einssein von einander fernen, subatomaren Teilchen eine Urform von Empathie sein könnte – eine „Protoliebe" –, die mit wachsender biologischer Komplexität an Intensität zunimmt, um im Menschen voll ausgebildet als Liebe und Mitgefühl hervorzutreten. Gibt es ein Spektrum der Liebe, das die ganze Organisation des physischen Universums durchzieht, vom der subatomaren bis hin zur makroskopischen, menschlichen Dimension? (siehe Tabelle Seite 280)

Sind Liebe und Empathie angeboren?

Nicht jeder glaubt, dass Liebe von Natur aus angeboren ist. So gibt es zum Beispiel in der Welt der Psychologie seit Jahrzehnten stürmische Kontroversen über die Frage, ob unsere Fähigkeit zu Liebe und Empathie angeboren oder ein erlerntes Verhalten ist, das sich als Reaktion auf die Herausforderungen aus unserer Umgebung entwickelt hat. In seinem ausgezeichneten Buch *The Immune Power Personality* hat Henry Dreher Belege dafür gesammelt, dass unsere Fähigkeit zu Liebe und Empathie zwar durch Lernen und Umgebungsfaktoren beeinflusst wird, aber eine biologische Basis besitzt. Jean Piaget (1896-1980), der einflussreiche Schweizer Entwicklungspsychologe,

Was hat Liebe damit zu tun? | 279

teilte diese Ansicht nicht. Er bestand darauf, dass Kinder erst Mitgefühl empfinden können, wenn ihr Gehirn genügend entwickelt ist, etwa im Alter von sieben oder acht Jahren. Vorher könnten sie mit dem Erleben anderer Menschen nichts anfangen. Doch ab den 1970er und 1980er Jahren begannen sich die Anzeichen dafür zu häufen, dass Piaget sich möglicherweise irrte. Der Psychologe Martin L. Hoffman von der Universität New York zeigte, dass Neugeborene mit Weinen auf das Weinen eines anderen Kleinkinds reagierten, aber auf gleich laute Computersimulationen von Babyweinen oder gar auf Tonbandaufnahmen ihres eigenen Schreiens kaum ansprechen. „Der Klang der Schreie eines anderen Kleinkinds hat buchstäblich vom Tag ihrer Geburt an etwas besonders Beunruhigendes für Babys", stellt Hoffman fest. „Die angeborene Veranlagung, auf diesen Klang mit Schreien zu reagieren, scheint der früheste Vorläufer der Empathie zu sein."

Carolyn Zahn-Waxler, eine Entwicklungspsychologin am *National Institute of Mental Health,* brachte Mütter und ihre Kleinkinder im Versuchslabor zusammen, um die Reaktionen der Kinder zu beobachten, wenn die Mütter oder andere Kinder in Not waren.[233] Sie bat die Erwachsenen, Dinge fallen zu lassen oder sich den Kopf anzustoßen, um zu beobachten, ob die Kinder sie trösten würden. In einer Variante dieser Studie, die zu Hause durchgeführt wurde, trainierte sie Mütter, Schmerzen zu simulieren, ein Husten vorzutäuschen, sich verärgert zu geben oder zu weinen, und dann die Reaktionen ihres eigenen Kindes zu bewerten. In jedem Fall handelten die Kinder beunruhigt und versuchten, mit Lauten und Gesten ihre Mütter zu trösten. Zahn-Waxler stellt fest: „Wir konnten nicht sicher sein, ob ein einjähriges Kind Beruhigung gab oder suchte, oder beides. Aber bei Kindern, die nur wenige Monate älter waren, konnten wir unmissverständliche Anzeichen der Besorgnis um die andere Person sehen. Die Fenster des Altruismus öffnen sich zusammen mit der Entwicklung der Sprache."[234] In seiner Zusammenfassung dieser Entdeckungen resümiert Dreher: „Was im Kleinkindalter als ein Reflex beginnt, entwickelt sich zu der voll ausgebildeten Reaktion, die wir Empathie nennen – eine komplexe Kombination von Empfinden, Denken und Handeln. … Wenn sie das zweite Lebensjahr erreicht haben, zeigen Kinder nicht nur Empathie, sondern auch das altruistische Verhalten, das daraus folgt."

Die Fähigkeit zu Empathie und Liebe, so scheint es, ist tief in unserer Biologie verankert.

DAS UNIVERSELLE SPEKTRUM DER LIEBE

Interagierende Systeme	Beweise der Interaktion	Ausdruck der Interaktion
Menschen und Menschen	Menschen interagieren miteinander nichtlokal – über eine Entfernung, ohne einen auf Sinneswahrnehmung beruhenden oder energetischen Austausch von Information. Viele kontrollierte Studien untersuchten Fürbittegebete und andere Arten der mentalen Fernbeeinflussung. Hunderte von telesomatischen Ereignissen wurden berichtet. Zahlreiche kontrollierte Studien dokumentierten nichtlokale Formen des Empfangs oder der Übermittlung von Information (Hellsehen, Telepathie).	Liebe, Empathie, Mitgefühl, Fürsorge, Einheit; kollektives Bewusstsein, Universeller Geist; Gott („Gott ist Liebe"), Göttin, Allah, Tao, das Absolute
Menschen und Tiere	Vielzahl von Studien über verschiedene Arten von fernheilenden Intentionen wurden durchgeführt, die „Ziele" waren höhere Tiere. Studien involvieren oft Gebet oder „Bio-Psychokines." Verlorene Haustiere kehren zu Besitzern zurück, über große Entfernungen und an Orte, an denen sie nie zuvor gewesen sind.	Liebe, Empathie
Menschen und lebende Organismen	Vielzahl von Studien über fernheilende Wirkungen von Gebet und anderen Arten von positiven fernheilenden Intentionen; „Ziele" waren verschiedene „niedere Organismen" – Bakterien-, Pilz-, Hefekulturen – sowie Samen, Pflanzen und Zellen verschiedener Arten.	Liebe, Empathie

Menschen und komplexe Maschinen	Menschen können gedanklich das Verhalten von komplexen elektronischen Biofeedback-Geräten beeinflussen – bestätigt durch die gesammelten Aufzeichnungen aus mehr als dreißig Jahren Biofeedback-Forschung in Hunderten von Laboratorien. Menschen können mental auch Zufallsgeneratoren und andere elektronische Instrumente aus der Ferne beeinflussen, wie Studien zeigten, die am Princeton Engineering Anomalies Research (PEAR) und in vielen anderen Laboratorien durchgeführt wurden.	„Einswerden" mit der Maschine oder „sich verlieben" in die Maschine; Verbundenheit; Einheit
Menschen und einfache Maschinen	Menschen können mit frei schwingenden Pendeln, mechanischen Kaskadengeräten und anderen relativ einfachen Apparaten aus der Ferne interagieren und deren Verhalten beeinflussen, bestätigt durch Studien am PEAR-Laboratorium und anderswo.	„Einswerden" mit der Maschine oder „sich verlieben" in die Maschine; Verbundenheit; Einheit
komplexe physikalische Geräte/Systeme	Laut allgemein akzeptierten Prinzipien der Physik interagieren und resonieren gekoppelte harmonische Oszillatoren, alle gebräuchlichen Musikinstrumente und Radio- und Fernseh-Schaltungen miteinander. Allgemein gesagt, weisen alle Arten von physikalischen Systemen – ob mechanisch, elektromagnetisch, fließend-dynamisch, quantenmechanisch oder nuklear – synergistisch interaktive Schwingungen mit ähnlichen Systemen oder mit ihrer Umgebung auf.	sympathische oder harmonische Resonanz
subatomare Teilchen	Subatomare Teilchen wie Elektronen, die einmal miteinander verbunden waren, weisen unabhängig von ihrer aktuellen Distanz gleichzeitige Veränderungen gleichen Grades auf. Bells Theorem, das Aspect-Experiment und viele andere Entwicklungen bestätigen diese Möglichkeiten auf quantenmechanischer Ebene.	nichtlokales korreliertes Verhalten, rudimentäre oder Proto-Liebe?

Die größeren Lektionen der Liebe

Liebe ist nützlich beim Heilen. Sie lindert Schmerz und Leiden, und manchmal bereitet sie den Weg zur körperlichen Besserung oder Heilung. Aufgrund dieser Wirkungen findet man häufig die Tendenz, zu versuchen, im Dienste der Heilung die „Liebe in den Einsatz zu schicken". Doch als Resultat dieses utilitaristischen Ansatzes kann es zu Problemen kommen. Es kann passieren, dass die größeren Lektionen der Liebe verdeckt werden – Lektionen, die meines Erachtens viel wichtiger sind als eine Antwort auf die Frage, ob Liebe „gebraucht" werden kann, um Schmerzen zu lindern, einen Herzinfarkt oder Krebs zu kurieren oder Beziehungen zu heilen.

Ein weit größerer Vorteil ist, dass uns die *Liebe zeigt, wer wir sind*. Liebe demaskiert unsere Illusion von Isolation. Sie subsumiert Individualität – löscht sie aber nicht aus –, indem sie uns das Erleben eines kollektiven, einheitlichen Bewusstseins ermöglicht, das der Physiker und Nobelpreisträger Erwin Schrödinger den *Einen Geist* genannt hat. An der Liebe sehen wir, dass das Bewusstsein des Menschen auf irgendeiner Ebene nichtlokaler Natur ist; es ist nicht begrenzt auf bestimmte Punkte im Raum (wie Gehirn und Körper), oder auf spezifische Momente in der Zeit (wie die Gegenwart). Mit diesem Dienst offenbart die Liebe unsere verborgene Identität, indem sie uns zeigt, dass wir in irgendeinem Sinne unendlich sind, ewig, unsterblich und eins. Jan van Ruysbroek (1293-1381), einer der vollendetsten Mystiker, die die Welt je gesehen hat, sagte: „Wenn Liebe uns über alle Dinge getragen hat … empfangen wir in Frieden das Unbegreifliche Licht, das uns einhüllt und durchdringt. Was ist dieses Licht, wenn nicht eine Betrachtung des Unendlichen, eine Ahnung von der Ewigkeit?"[235]

Doch die Liebe ist nicht ohne Gefahren. Es besteht immer das Risiko, sich „in Liebe zu verlieren" – den Boden unter den Füßen zu verlieren und sich sozusagen im Unendlichen aufzulösen. Wenn wir als Individuen im Gleichgewicht bleiben sollen, müssen wir uns stets des großen Paradoxons der Liebe gewahr bleiben: Die Liebe übersteigt nicht nur unsere Individualität, sie bestärkt sie auch. Das Unendliche kann man nur durch das Endliche erfahren. William Blake schrieb: „Die Ewigkeit ist verliebt in die Schöpfung der Zeit." Somit erfüllt uns die Liebe mit einem Empfinden des Seins, das, wie Evelyn Underhill in *Mysticism* (dt. Ausg.: *Mystik*) schreibt, „groß genug [ist], um Gott zu sein, und klein genug, um ich zu sein." C. G. Jung gebrauchte die Worte:

> Die entscheidende Frage für den Menschen ist: Bist du auf Unendliches bezogen oder nicht? … Das Gefühl für das Grenzenlose erreiche ich aber

nur, wenn ich auf das Äußerste begrenzt bin. ... Nur das Bewusstsein meiner engsten Begrenzung im Selbst ist angeschlossen an die Unbegrenztheit des Unbewussten. In dieser Bewusstheit erfahre ich mich zugleich als begrenzt und ewig, als das Eine und das Andere. Indem ich mich einzigartig weiß in meiner persönlichen Kombination, das heißt letztlich begrenzt, habe ich die Möglichkeit, auch des Grenzenlosen bewusst zu werden. Aber nur dann. ... Einzigartigkeit und Begrenztheit sind Synonyme. Ohne sie gibt es keine Wahrnehmung des Unbegrenzten.[236]

Wie der Finger, der zum Mond zeigt, nicht der Mond ist, werden alle unsere wissenschaftlichen Ausarbeitungen und Grübeleien die Liebe niemals wirklich erfassen. Je mehr wir sie erforschen, desto tiefer erscheinen uns ihre Geheimnisse. Niemand wusste dies besser als Jung, mit dessen Worten ich schließe:

> Meine ärztliche Erfahrung sowohl wie mein eigenes Leben haben mir unaufhörlich die Frage der Liebe vorgelegt, und ich vermochte es nie, eine gültige Antwort darauf zu geben. ... Keine Sprache ist [ihr] gewachsen. Was immer man sagen kann, kein Wort drückt das Ganze aus. Von Teilaspekten zu sprechen, ist immer zu viel oder zu wenig, wo doch nur das Ganze sinngemäß ist. Die Liebe „trägt alles" und „duldet alles" (1Ko 13,7). Dieser Wortlaut sagt alles. Man könnte ihm nichts beifügen.[237]

13

KREATIVITÄT UND KOSMISCHE SUPPE

Mein erstes Verbrechen beging ich im Alter von siebzehn Jahren: Ich drang spät nachts in das Büro des Direktors meines Gymnasiums ein, um ein Testergebnis zu stehlen. Nun könnte man sagen, dies war das perfekte Verbrechen, weil meine drei Komplizen und ich nie gefasst wurden. Tatsächlich aber musste ich schrecklich dafür büßen.

Es hatte damit angefangen, dass die höheren Schulen im ganzen Bundesstaat Texas dem Wahnsinn von Intelligenztests verfielen. An einem schönen Frühlingstag wurde jedes Kind an der Highschool von Groebeck – auch die fünfunddreißig Schüler meiner Klasse – der langwierigen Prüfung unterzogen. Der Zweck des Tests, so sagten die Lehrer, war, „zu sehen, wie schlau ihr seid". Was an dieser Idee gut war, wurde uns nie erklärt. Mit der typischen Arroganz eines Teenagers war ich zuversichtlich, gut abzuschneiden. Doch das wusste ich nicht mit Gewissheit, denn die Testbögen waren vertraulich, und die Lehrer lehnten es ab, sie uns zu zeigen. Dies machte meine Freunde und mich verrückt. Wir *mussten* unsere Ergebnisse wissen! Und so stiegen wir vier eines Nachts durch ein offenes Fenster ein – es war noch in der Ära vor den Sicherheitssystemen –, durchwühlten die Ordner und entdecken unsere Intelligenzquotienten.

Das war einer der schlimmsten Fehler meines Lebens. Mein Testergebnis war nicht annähernd so hoch, wie ich erwartet hatte, und ich selbst war am Boden zerstört. Dass ich Klassenbester war, erwies sich als eine zweifelhafte Ehre, die ich offenbar nur erreicht hatte, weil ich mehr arbeitete, um mein angeborenes intellektuelles Handicap wettzumachen. Über Nacht stürzte ich nun in einen Abgrund der Unzulänglichkeit, Minderwertigkeit und Selbstzweifel. Was die Angelegenheit noch verschlimmerte, war der Umstand, dass ich nichts tun konnte, um mich zu verbessern, denn – die Lehrer hatten es uns bereits erklärt – „Euer IQ verändert sich nie."

Ich entwickelte einen starken Abscheu gegen Intelligenztests und schwor mir, nie wieder einen zu machen. Im Laufe der Jahre jedoch blieben meine akademischen Leistungen beachtlich, und ich begann mich zu fragen, ob mein IQ aus der Gymnasialzeit nicht sogar falsch gewesen war. Schließlich obsiegte meine Neugier.

In meinem letzten Jahr in der medizinischen Hochschule führte eine gute Freundin psychologische Abschlussarbeiten durch und brauchte Teilnehmer für IQ-Tests im Rahmen ihrer Forschungen. Als sie mich einlud, an dem Test teilzunehmen, lehnte ich zuerst ab. Doch sie bearbeitete mich weiter, und nach einem beträchtlichen Maß an Belästigung stimmte ich unter einer Bedingung zu – dass ich den Test im alkoholisierten Zustand machen durfte. Dies würde mir helfen, meine Nerven in den Griff zu bekommen und böte mir die perfekte Ausrede, wenn mein Ergebnis schlecht ausfiel. Als der Test begann, war ich fröhlich und sehr guten Mutes. Der Test war herrlich, er machte sogar Spaß. Als meine Freundin mir das Ergebnis mitteilte, war ich schockiert zu erfahren, dass mein IQ um vierzig Punkte höher war als zu Schulzeiten. Auf mysteriöse Weise war ich also deutlich schlauer geworden! Ich wusste nicht, ob ich über das neue Ergebnis frohlocken oder mich über das frühere ärgern sollte.

Ist Ihr Gehirn wirklich notwendig?

Der Intelligenztest gilt heute nicht mehr als unfehlbar, wie dies früher der Fall war. Ein Grund ist, dass immer wieder Menschen wie der mit dem Nobelpreis geehrte Physiker Richard Feynman auftauchen. Sein IQ war 122, was lediglich respektabel ist und für Physiker allgemein wahrscheinlich ein eher geringer Wert. Keiner hätte auf der Basis seines IQs vorhergesagt, dass sich Feynman als eines der größten kreativen Genies in der Wissenschaft des 20. Jahrhunderts erweisen würde.[238]

Tatsächlich spielen manche Wissenschaftler die biologische Erklärung für Intelligenz herunter; sie ist die Basis, auf die der IQ-Test baut. Ein Beispiel ist Albert Einstein, der gesagt haben soll: „Das Geheimnis der Kreativität ist, zu wissen, wie man seine Quellen verheimlicht." Die meisten Neurowissenschaftler widersprechen Einstein jedoch – und bewiesen es, indem sie sich nach seinem Tode auf sein Gehirn stürzten. Histologen unterzogen Gewebsproben aus verschiedenen Arealen von Einsteins Gehirn mikroskopischen Analysen in der Hoffnung, irgendein anatomisches Geheimnis seiner erstaunlichen Originalität zu finden. Aber abgesehen von einigen Entdeckungen zweifelhafter Bedeutung gab Einsteins Hirn keine spektakulären Erkenntnisse preis. Irgendwo dürfte Einstein die Genugtuung empfinden: „Ich habe es euch doch gesagt" – und seine Quellen weiterhin verheimlichen.

In einem Artikel mit der provokativen Überschrift „Ist Ihr Gehirn wirklich notwendig?" stellt der britische Neurologe John Lorber die Frage, ob eine intakte Großhirnrinde für eine normale mentale Aktivität gebraucht wird.[239] Lorber machte Computertomogramme von Hunderten von Menschen mit Hydrocephalus (Wasserkopf), bei denen eine starke Erweiterung der mit Zerebrospinalflüssigkeit gefüllten Räume im Schädelinneren vorliegt, die zu einer Verdrängung des normalen Hirngewebes führt. Er stellte fest, dass viele der Patienten eine normale oder überdurchschnittliche intellektuelle Funktion aufwiesen, selbst wenn der größte Teil des Schädelinneren mit Hirn-Rückenmarks-Flüssigkeit gefüllt war. Die Großhirnrinde des Menschen ist normalerweise etwa 4,5 Zentimeter dick und enthält rund fünfzehn bis zwanzig Milliarden Neuronen. Bei einem der untersuchten Patienten jedoch, einem Mathematikstudenten, der an Lorber überwiesen wurde, weil sein Arzt den Verdacht hatte, dass sein Kopf leicht vergrößert war, zeigte das Computertomogramm eine Großhirnrinde von nur *einem Millimeter* „Dicke". Trotz dieses nur schmalen Randes von Cortexgewebe, der nur etwa zwei Prozent der normalen Dicke aufwies, hatte der Patient einen IQ von 126. Er war nicht nur intellektuell begabt, sondern zeigte auch ein normales Sozialverhalten.

„Wie Darwin selbst einmal über die Wissenschaft bemerkte, sind es meist nicht die klügsten Leute, die die wichtigsten Entdeckungen machen", stellt der Sozialwissenschaftler Frank J. Sulloway in seinem Buch *Born to Rebel: Birth Order, Family Dynamics, and Creative Lives* (dt. Ausg.: *Der Rebell der Familie*) fest. „Der IQ steht nur in einem schwachem Zusammenhang mit der Leistung bei Menschen, die klug genug sind, Wissenschaftler zu werden … Ein Wissenschaftler mit einem IQ von 130 wird mit ebenso großer Wahrscheinlichkeit einen Nobelpreis erhalten wie ein Wissenschaftler, dessen IQ 180 beträgt." Wo war Darwins mäßigende Stimme, als ich sie in jener schicksalsträchtigen Nacht brauchte, in der mir jene jämmerlichen drei Ziffern einen so nachhaltigen Schlag versetzten?

Emotionale und heilende Intelligenz

In den letzten Jahren hat der IQ glücklicherweise etwas von seinem Stellenwert als monolithisches Orakel der Intelligenz verloren. Der Psychologe und Wissenschaftsjournalist Daniel Goleman zum Beispiel schrieb in seinem gefeierten Buch *Emotional Intelligence* (dt. Ausg.: *Emotionale Intelligenz*), dass unsere IQ-vergötternde Sicht der Intelligenz viel zu beschränkt sei. Auch die Emotionale Intelligenz – Golemans Begriff für Selbstwahrnehmung, Altruismus, persönliche Motivation, Empathie und die Fähigkeit, Freunden, Partner und Familienangehörige zu lieben und von ihnen geliebt zu werden – spielt eine wichtige Rolle. Menschen von hoher emotionaler Intelligenz werden wahrscheinlich Erfolg im Beruf haben und dauerhafte, tiefer gehende Beziehungen aufbauen. Die emotionale Intelligenz ist nicht von Geburt an festgelegt, sie kann in jeder Lebensphase kultiviert werden. Ähnliche Aussagen finden wir in dem Buch *Multiple Intelligences* von Howard Gardner, der argumentiert, dass man die Studenten durch die traditionelle, IQ-fixierte Definition der Intelligenz und ihre nahezu alleinige Betonung von linguistischen und logischen Fähigkeiten übers Ohr gehauen hat.

Obwohl die Patienten wollen, dass ihr Arzt schlau genug ist, seine Aufgabe an ihnen zu erfüllen, fragen sie doch niemals, wie der Doktor bei einem IQ-Test abgeschnitten hat. Sie machen sich mehr Gedanken darum, ob ihr Arzt sich um sie *kümmert*. Dies zeigt doch deutlich, wie viel Wert sie auf seine emotionale Intelligenz legen – auf Einfühlungsvermögen, Altruismus, Mitgefühl und Liebe, die ihnen ihr Behandler entgegenbringt.

Wir Ärzte wiederum halten diese Belange oft für nebensächlich. Unser primäres Ziel ist nicht, Empathie zu zeigen, sondern beim Umgang mit einem bestimmten Problem intellektuell akkurat zu handeln. Doch selbst wenn schieres Gehirnschmalz wichtig ist – etwa beim Erstellen eines komplexen Befundes oder beim Ausdenken eines detaillierten Behandlungsplans –, ist bloße Intelligenz nicht alles. Die korrekten Antworten platzen uns oft aus heiterem Himmel ins Bewusstsein – in Träumen, Intuitionen und Ahnungen, die mit rationalem Denken anscheinend gar nichts zu tun haben.

Die meisten von uns Heilberuflern leiden mehr oder weniger an einer stereotypen Sichtweise – dass Intelligenz und Emotionen einander entgegengesetzt seien und Empathie, Mitgefühl und Liebe einem objektiven Verstandesdenken im Wege stehen. Diese Haltung spiegeln unsere Hochschulen wider, in deren Auswahlverfahren für Medizinstudenten der emotionalen Intelligenz nur ein geringer Stellenwert gegeben wird. Die Universitäten wählen ihre Kandidaten weiterhin in erster Linie aufgrund der guten Noten in Chemie, Physik, Biologie und Mathematik aus, die sie in ihren ersten Semestern erlangt haben. Solche Leistungen werden mit einem hohen IQ assoziiert. Viele medizinische Hochschulen sind nicht nur blind für emotionale Intelligenz, sondern stehen ihr sogar feindselig gegenüber. Wie ich in dem Kapitel „Was ist mit den Heilern passiert?" dargelegt habe, schaffen es diese Schulen, auszulöschen, was die angehenden Ärzte an emotionaler Intelligenz mitgebracht haben. Es ist, als herrschte ein Krieg zwischen Verstand und Gefühl, und die medizinischen Hochschulen müssten entscheiden, auf welche Seite sie sich stellen. Wie die meisten Kriege, basiert auch dieser auf einem profunden Missverständnis. Es gibt keinen einander ausschließenden Gegensatz zwischen Verstand und Gefühl; die besten Heiler waren schon immer Menschen, die *sowohl* einen Kopf *als auch* ein Herz hatten – sowohl einen hochentwickelten Intellekt als auch eine reife Emotionalität.

Dies ist kein Vorschlag, den Intellekt und seinen Quotienten über Bord zu werfen und durch Emotionen zu ersetzen. Ein Extrem ist so töricht wie das andere. „Heilungsintelligenz" erfordert eine Balance zwischen Verstand *und* Intuition, zwischen Intellekt *und* Gefühl. Um das Gleichgewicht zu erreichen, müssen wir jedoch etwas schaffen, das in der Gesundheitspflege zuletzt fehlte: Raum für die nicht-rationale, intuitive Seite des menschlichen Geistes.

Um etwas Raum zu schaffen, möchte ich es mit einer Frage versuchen: Was wissen wir wirklich über Kreativität und Intelligenz? Dabei werde ich einige Bereiche erkunden, von denen ich in jener Nacht, als ich mein IQ-Testergebnis stahl, leider noch nichts wusste.

Savants

Der Autor und Pädagoge Joseph Chilton Pearce glaubt, dass Menschen oft kreative Potenziale erlangen, wenn sie in das eintauchen, was er „kosmische Suppe" nennt. Damit bezeichnet er, was im Laufe der Geschichte kollektives Bewusstsein genannt wurde – Universeller Geist, Gottesbewusstsein, kosmisches Bewusstsein usw. Pearces kosmische Suppe enthält alle Ingredienzien, die irgendjemand jemals brauchen könnte, um eine neue Idee zu formulieren. Er meint, dass schöpferische Durchbrüche und Entdeckungen oft zustande kommen, wenn Menschen mental in den Kessel eintauchen und herausschöpfen, was sie benötigen.

Wie könnte man die Existenz dieser hypothetischen Suppe beweisen? Ein Weg wäre es, Menschen zu finden, die ein Wissen besitzen, das sie unmöglich aufgrund ihrer Erfahrung oder des genetischen Erbes hätten erwerben und das sie nicht selbst hätten formulieren können. Gute Kandidaten sind Savants; dieser französische Begriff bedeutet „Gelehrte". Er wird traditionell für Individuen verwendet, die mental oder sozial beeinträchtigt sind, jedoch erstaunliche schöpferische und intuitive Kräfte unbekannten Ursprungs auf Gebieten wie Mathematik, Kunst oder Musik besitzen. Das Savant-Syndrom wurde durch den 1988 produzierten Kinofilm *Rain Man* bekannt.

Die Fähigkeiten von Savants werden oft für Kuriositäten von geringem praktischen Wert gehalten, doch dies war nicht immer so. Während des Zweiten Weltkriegs beschäftigte die britische Regierung zwei Mathematik-Savants, die Berichten zufolge mit unfehlbarer Präzision als menschliche Computer dienten.

Der Psychologe David Feinstein berichtet, dass im vergangenen Jahrhundert mindestens hundert Savants mit außerordentlichen mentalen Fähigkeiten identifiziert wurden.[240] Der Psychiater Darold Treffert beschreibt in seinem Buch *Extraordinary People: Understanding Savant Syndrome* einen Savant, dessen aktiver Wortschatz auf etwa achtundfünfzig Wörter beschränkt war, der aber akkurat die Bevölkerungszahl von jedem Ort in den Vereinigten Staaten mit mehr als fünftausend Einwohnern nennen konnte, ferner die Namen, Anzahl der Zimmer und Adressen von zweitausend führenden Hotels in Amerika, die Entfernung von jeder Stadt zur größten Stadt des jeweiligen Bundesstaats, Statistiken über dreitausend Berge und Flüsse, und die Daten und wesentlichen Fakten von mehr als zweitausend wichtigen Erfindungen und Entdeckungen.

Joseph Chilton Pearce schildert in mehreren Beispielen die Leistungen von Savants in *Evolution's End* (dt. Ausg.: *Der nächste Schritt der Menschheit*): Einem Mathematik-Savant wurde ein Schachbrett gezeigt, auf dessen erstem von vierundsechzig quadratischen Spielfeldern ein Reiskorn lag. Man fragte ihn, wie viele Reiskörner auf dem letzen Spielfeld lägen, wenn man die Menge von Feld zu Feld verdoppelte. Fünfundvierzig Sekunden später gab er die korrekte Antwort; die Zahl ist größer als die der Atome unserer Sonne.

Ein blinder Musik-Savant konnte „auf dem Klavier nach einmaligem Hören ein komplexes Stück fehlerfrei und mit allen emotionalen Ausdrucksnuancen wiedergeben", berichtet Pearce.

George und Charles sind eineiige Zwillinge und als „Kalender-Savants" bekannt. Sie können sich nicht selbst versorgen und leben, seit sie sieben Jahre alt waren, in einem Heim. Fragt man sie, auf welches Datum Ostern in zehntausend Jahren fallen wird, antworten sie augenblicklich – nicht nur den Ostertermin, sondern auch die Zeit anderer Ereignisse, etwa der Gezeiten an jenem Tag. Fragt man sie nach dem Wochentag eines Ereignisses vor 1752, als England vom Gregorianischen zum Julianischen Kalender wechselte, berücksichtigen sie bei der Antwort diese Umstellung. Sie können einem den Wochentag zu jedem beliebigen Termin bis zu vierzigtausend Jahren in die Vergangenheit oder in die Zukunft nennen. Sagt man ihnen sein Geburtsdatum, zählen sie einem auf, in welchen Jahren der Geburtstag auf einen Donnerstag fallen wird. Abgesehen von ihren kalendarischen Fertigkeiten haben sie ihre Freude daran, zwanzigstellige Primzahlen auszutauschen und zeigen damit eine weitere sogenannte Inselbegabung, was bei Savants ungewöhnlich ist. Trotz dieser erstaunlichen Fertigkeiten können sie nicht einmal die einfachsten Zahlen addieren. Auf die Frage, wie sie wussten, dass 1752 von einem Kalendersystem ins andere zu schalten war, reagieren sie verwirrt, denn sie wissen nicht, was „Kalendersystem" bedeutet. Pearce schreibt:

Savants sind untrainiert und untrainierbar, ungebildet und nicht auszubilden … Wenige können lesen oder schreiben … doch jeder von ihnen hat offenbar unbegrenzten Zugang zu einem bestimmten Wissensgebiet, das sie sich, wie wir wissen, nicht erarbeitet haben können ... Fragen Sie ... [Mathematik-]Savants, wie sie ihre Antwort bekommen, und sie werden lächeln, erfreut, dass wir beeindruckt sind, aber unfähig, den Sinn unserer Frage zu erfassen ... Die Antworten kommen durch sie, aber sie sind sich nicht bewusst, wie es geschieht – sie wissen nicht, woher sie wissen ... Diejenigen unter ihnen, die Musik vom Blatt lesen können, können sonst nichts lesen, dennoch sprechen sie auf sensorisch und motorisch vollendete Weise auf die Musik-Symbole an.

Hier liegt auch die Crux des Geheimnisses. „Der springende Punkt bei diesen Savants ist, dass sie in den meisten Fällen – soweit man es beobachten kann – die Information, die sie so großzügig verteilen, nicht erworben haben, nicht erworben haben können und nachgerade unfähig sind, sie zu erwerben."

Wie machen sie das? Gewöhnlich stützen sich die Erklärungsversuche auf noch nicht erkannte genetische Anlagen. Wenn es in der Wissenschaft jemals so etwas wie einen Schuldschein mit geringem Auslösungswert gegeben hat, dann könnte es diese Frage sein, denn niemand hat auch nur eine Ahnung, wie Gene solche Ausnahmebegabungen codieren könnten. Pearce stellt zur Diskussion, dass hier nichtlokale Informationsquellen eine Rolle spielen könnten – unsichtbare Informationsfelder –, auf die Savants (oder sonst jemand) zugreifen können, um an die benötigte Information zu gelangen.

Vielleicht sind es Ereignisse in den frühen Lebensjahren, die den Weg bereiten zum Eintauchen in die oder Schöpfen aus der kosmischen Suppe. So hatte zum Beispiel die Mutter von George und Charles, der Kalender-Savants, einen sogenannten immerwährenden Kalender, ein kleines Messinggerät mit verschiedenen gezahnten Zylindern. Drehte man einen von ihnen, so drehten sich die anderen Zylinder mit, bis die korrekte Einstellung zu sehen war; dies ermöglichte einem, innerhalb eines langen Zeitraums die Wochentage zukünftiger und vergangener Daten zu bestimmen. Die Zwillinge waren fasziniert von dem Gerät und spielten ständig damit. Obwohl sie die Beschriftung nicht lesen konnten, glaubt Pearce, dass jener Kalender aus Messing „als Anreiz gedient haben könnte, der das entsprechende ‚Kalenderfeld' aktiviert haben mag, ähnlich wie die Sprache einer Mutter das Kleinkind zum stimmlichen Reagieren anregt". Die geringe Intelligenz von Savants mag ein Vorteil sein; indem er bewirkt, dass ihre Aufmerksamkeit eng gebündelt wird und von außerhalb kommende Reize abgeschirmt bleiben. Dies könnte den „Rauschabstand" zum Informationsfeld vergrößern und den Empfang „dessen, was hindurchkommt" schärfen. Pearce schreibt:

Der Savant hat gewöhnlich eine direkte Kommunikationsverbindung zu einer Suppen-Kategorie – aber nur einer einzigen –, während wir Übrigen auf eine nahezu unbegrenzte Anzahl von Kategorien zugreifen können. ... Unseren universellen Zugang haben wir um den Preis der Präzision erkauft ... Man kann fast mit Gewissheit sagen, dass das Unvermögen des Savants, multiple Intelligenzen zu entwickeln, ihm gestattet, derart direkte Offenheit für die eine zu erlangen, auf die er zugreifen kann. Dank des Mangels an Konkurrenz gräbt sich sein Expertenwissen eine schmale, aber tiefe Bahn. Sein Potenzial braucht sich nichts und niemandem anzupassen und kann in makelloser Reinheit – und enormer Begrenztheit – zum Ausdruck kommen. Der Mangel des Savants an persönlicher intellektueller Intelligenz zeigt, dass das erschlossene Feld die Intelligenz selbst ist, dass Intelligenz sich tatsächlich in passenden Aggregaten gruppiert und auf irgendeiner Ebene und unabhängig von uns eine „nichtlokalisierte" bewusste Energie ist.

Wie Savants, scheinen auch kleine Kinder gelegentlich aus der kosmischen Suppe zu schöpfen. Erfahren Sie, was Pearce geschah, als er in seinen Dreißigern „bis zur Besessenheit" über theologische Fragen nachdachte und las:

Eines Morgens, als ich mich auf eine frühe Unterrichtsstunde vorbereitete, kam mein fünfjähriger Sohn ins Zimmer, setzte sich auf die Bettkante und begann einen zwanzigminütigen Diskurs über das Wesen Gottes und des Menschen. Er sprach mit flacher, monotoner Stimme ohne Pause oder Hast in vollendeten, druckreifen Sätzen. Er gebrauchte eine komplexe theologische Terminologie und teilte mir, wie es schien, alles mit, was es da zu wissen gab. Während ich ihm staunend lauschte, lief mir ein Schauer über den Rücken. Ich spürte, wie ich eine Gänsehaut bekam, und schließlich strömten mir die Tränen aus den Augen. Ich war Zeuge und Teil von etwas Unheimlichem, Unerklärlichem ...
Hier erfuhr ein aufgewecktes, normales Kind eine Art von „Savant-Erlebnis", während es auf ein Feld von Informationen ansprach, die es nicht selbst erworben haben konnte. Begriffe wie Telepathie greifen hier nicht; der Junge schnappte seine Kenntnisse nicht von mir auf. Ich selbst hatte nichts von dem Wissen erworben, das er hier aussprach – und müsste Mitte fünfzig sein und mich mit Meditation befasst haben, bevor ich es täte.

Wunderkinder

Der Systemtheoretiker Ervin Laszlo stellte eine Hypothese über die Existenz von Informationsfeldern auf, die wie Pearces kosmische Suppe funktionieren.[241] In seinem Buch *The Interconnected Universe* schrieb er: „Wir deuten die Möglichkeit an, dass der Geist außerordentlich kreativer Menschen innerhalb des schöpferischen Prozesses in spontaner, direkter, wenn auch nicht unbedingt bewusster Interaktion mit anderem Geist steht." Unter den richtigen Umständen könnte eine Person in dieses Feld eintauchen und von den kollektiven Erkenntnissen von Individuen in Vergangenheit und Gegenwart partizipieren. So könnte, was kollektiv bekannt ist, auch individuell bekannt werden – und umgekehrt. Laszlo schreibt: „Individuen wie … einen Mozart, einen Michelangelo oder einen Shakespeare … 'begabt' und ihre Leistungen 'Werke eines Genies' zu nennen, bedeutet nicht, ihre Fähigkeiten zu erklären, sondern lediglich, ihnen eine Bezeichnung zu geben." Manche schöpferischen Akte, besonders wenn sie sich plötzlich und unerwartet manifestieren, „beruhen nicht auf einem spontanen und weitgehend unerklärlichen Geniestreich, sondern auf der Ausarbeitung einer Idee oder eines Musters in zwei oder mehr Bewusstseinen, die in Interaktion verbunden sind."

Die Menschen haben zu allen Zeiten besondere Bewusstseinszustände kultiviert, zum Beispiel die Meditation, um den schöpferischen Prozess anzuschubsen. Laszlo glaubt, dass diese Methoden dem Menschen helfen, Zugang zu der nichtlokalen, kollektiven Quelle der Weisheit zu erlangen. In hochschöpferischen Augenblicken „gibt es fast immer ein Element von Entrückung auf eine andere Ebene des Bewusstseins, eine tiefe Konzentration, die einem Trancezustand nahekommt", stellt er fest. „In manchen (relativ seltenen) Fällen werden diese 'inspirierten Zustände' künstlich herbeigeführt – durch Drogen, Musik, Selbsthypnose oder andere Mittel. Meistens jedoch begegnen sie dem 'begabten' Individuum spontan." Samuel Taylor Coleridge (1772-1834) erklärte, wie er sein berühmtes Fragment *Kubla Khan* („eine Traumvision") in einem durch Opium herbeigeführten Halbschlaf verfasste; Miltons *Paradise Lost* (dt. Titel: *Das verlorene Paradies*) wurde, wie er sagte, wie ein „unvorbereiteter Gesang" von der Muse diktiert. Gewöhnlich jedoch, wenn Menschen Drogen verwenden, um ihre Kreativität zu steigern, haben sie, wenn die Wirkung der Drogen nachlässt, wenig oder nichts vorzuweisen – auch wenn sie das Empfinden hatten, auf nichtlokale Weise mit „allem, was es gibt", verbunden zu sein. Die meiste „Kunst", die unter dem Einfluss bewusstseinsverändernder Drogen entstanden ist, endet im Papierkorb – dem, wie Einstein einst bemerkte, wichtigsten Werkzeug des kreativen Wissenschaftlers.

Ein Empfinden höchster Dringlichkeit kann uns in einen Zustand gesteigerter Kreativität katapultieren. Samuel Johnson (1709-1784) schrieb: „Verlassen Sie sich darauf, Sir: Nichts stärkt die Konzentration eines Menschen mehr als die Nachricht, dass er in vierzehn Tagen hingerichtet wird." Der französische Mathematiker Évariste Galois zum Beispiel formulierte seine grundlegenden Beiträge zur höheren Algebra im Alter von zwanzig Jahren – innerhalb von drei Tagen vor einem Duell, bei dem er, wie er vorhergesehen hatte, ums Leben kam. Dringlichkeit, vermutet Laszlo, führt zu einem „subtilen Dialog" zwischen den Individuen, „ob sie körperlich am gleichen Ort sind oder nicht ... [und] ob sie bewusst voneinander wissen oder nicht." Dies bestätigen die sogenannten telesomatischen Ereignisse, bei denen eine Person die körperlichen Symptome eines fernen, geliebten Menschen mitempfindet, der in irgendeine Krise verwickelt ist.

Einheit mit dem Unendlichen

Die tiefe Sehnsucht, in etwas Größerem aufzugehen – Gott, Göttin, Allah, Brahma, Universum, das Eine –, liegt dem Bestreben der großen Heiligen und Mystiker aller spirituellen Traditionen zugrunde und ist auch ein typisches Merkmal vieler hoch kreativer Menschen. John Briggs schreibt in seinem ausgezeichneten Buch über Kreativität, *Fire in the Crucible:* „Das schöpferische Genie ist von dem uralten Empfinden durchdrungen, dass es möglich ist, eine Identität herzustellen zwischen dem Universellen und dem Einzelnen, zwischen dem Persönlichen und dem weiten Unpersönlichen, zwischen dem Teil und dem Ganzen. Sie erblüht auf allen Ebenen des kreativen Prozesses und bestimmt die schöpferische Vision. [In ihren] vielen Stimmungen und Bedeutungen wirken schöpferische Individuen auf der Suche nach Ganzheit und einer persönlichen/universellen Identität."

Der Schriftsteller Joseph Conrad sah seine Verbundenheit mit dem Ganzen. Er sprach von dem „latenten Empfinden von Gemeinschaft mit aller Schöpfung – und von der leisen, aber unerschütterlichen Überzeugung von einer Solidarität, welche die Einsamkeit unzähliger Herzen verknüpft".[242] Der Maler Piet Mondrian sprach ebenfalls von der Einheit des Künstlers mit etwas Größerem als dem individuellen Selbst und bemerkte: Die „Kunst [hat] gezeigt, dass universeller Ausdruck nur erschaffen werden kann durch eine echte Gleichstellung des Universellen und des Individuellen."[243] Der Maler Paul Klee sah, dass das Ganze durch den Teil spricht. Des Künstlers „Position ist bescheiden", sagte er; „er ist nur ein Kanal."[244] In seinem Beitrag „The Creative Attitude" zu dem Tagungsband *Creativity and Its Cultivation* bestätigt Erich Fromm Klees Sichtweise. Der Schöpfer, so Fromm, „muss aufge-

ben, an sich selbst als einem Ding festzuhalten, und anfangen, sich selbst im Prozess kreativen Antwortens zu erleben. Das Paradoxe dabei ist, dass er bei diesem Prozess des Sich-selbst-Erlebens sich selbst verliert. Er transzendiert dann die Grenzen der eigenen Person, und im gleichen Augenblick, in dem er das Gefühl hat ‚ich bin', hat er auch das Gefühl ‚ich bin Du'. Ich bin eins mit der ganzen Welt."[245]
Häufig fühlt sich der schöpferische Mensch auch mit seinem Medium auf nichtlokale Weise vereint. Der Klaviervirtuose Lorin Hollander beschreibt es: „Als ich drei Jahre alt war, verbrachte ich jeden wachen Augenblick am Klavier: Im Stehen legte ich meine Hände auf die Tasten und drückte sie nieder. Und ich pflegte sehr sorgfältig auszuwählen, welche Taste ich drückte, denn ich wusste: Wenn ich einen Ton spielte, wurde ich dieser Ton."[246] Hollander sprach auch davon, mit den großen Komponisten identisch zu werden. Ich hatte einmal die Gelegenheit, ihn nach seiner Meinung über den Kinofilm *Amadeus* zu fragen, der das Leben von Mozart erzählt. Er antwortete: „Das war nicht Mozart." Woher er dies wisse, fragte ich ihn. „Wenn ich Mozart spiele, *werde* ich Mozart", antwortete er.

Mystik und Kreativität

Viele schöpferische Menschen empfinden den Begriff *Schöpfung* als eine unzutreffende Bezeichnung, weil der schöpferische Akt nicht bedeute, etwas Neues zu machen, sondern sich mit einer vollständigen und zeitlosen Weisheit zu verbinden, die bereits existiert – Gott, Göttin, das Absolute, Pearces kosmische Suppe, Laszlos Informationsfeld. Welchen Begriff man auch wählt: Er bezeichnet eine Dimension, die das schöpferischen Individuum als heilig empfindet. Einstein betrachtete Wissenschaft als Ventil für etwas, das er „kosmisches religiöses Empfinden", und das Briggs „quintessenzielle Mystik" nannte. Einer von Edisons Biographen notiert: „Einen großen Teil seines Lebens fühlte sich Edison von der Mystik angezogen. Nachdem der Phonograph auf die Welt gekommen war, konnte Edison fast eine mystische Kraft spüren, die sich durchs Universum bewegt." Zwei Nobelpreisträger und Gründerväter der Quantenphysik waren von östlichen mystischen Prinzipien fasziniert, erzählt uns Briggs. Erwin Schrödinger glaubte, unsere wissenschaftliche Sichtweise „bedürfe einer Korrektur, vielleicht durch eine kleine Bluttransfusion aus dem östlichem Denken". Als es notwendig wurde, ein Familienwappen zu entwerfen, wählte Niels Bohr das antike chinesische Yin-Yang-Symbol, das sowohl die gegenseitige Durchdringung der Gegensätze als auch sein berühmtes Komplementaritätsprinzip illustriert. Die mit dem Nobelpreis geehrte Genetikerin Barbara McClintock war ebenfalls von den Paradoxa des Buddhismus und Taoismus fasziniert, berichtet Briggs, und erklärte, sie sei stolz, sich als Mystikerin zu bezeichnen.

Die Mystery- und Krimi-Schriftstellerin Sue Grafton glaubt an mystische Elemente in ihrem schöpferischen Wirken. Ihre Sichtweisen offenbaren die Wechselwirkung zwischen dem lokalen, individuellen Geist und einem nichtlokalen Vorgang, der über das persönliche Selbst oder Ich hinausgeht. Sie schreibt:

Um in Kontakt zu kommen, muss ich das Ich ausschalten. Ich ist das Stück von mir, das ständig fragt: „Wie geht es mir? Ist das gut? Gefällt es dir? Meinst du, die Kritiker werden es mögen?" Denn das hat mit der schöpferischen Arbeit nichts zu tun ... Und dann geht es darum, nicht selbstbewusst zu sein, nicht schlau zu sein, nicht zu denken: „Ich bin so großartig" – sondern überhaupt nichts zu denken. Keine Urteile über mich selbst zu fällen. Mich nicht selbst zu kritisieren, sondern still genug zu sein, um die Stimme zu hören, die mir sagen wird, was ich als Nächstes tun sollte. Sie ist vielleicht das Unbewusste, oder vielleicht das Unterbewusste. Vielleicht ist es die rechte Gehirnhälfte. Vielleicht ist es die Seele. Ich weiß es nicht wirklich.

Ich denke, es ist eine Art mystischer Vorgang, Informationen zu erlangen ... Manchmal habe ich Träume, die, wie ich glaube, nicht meine eigenen sind. Ich habe Träume, in denen mir die Bilder, die Landschaft und die Innenarchitektur so fremd sind, dass ich überzeugt bin, dass es das Traummaterial von jemand anderem sein muss.[247]

Träumerei

Die Konzertpianistin Rosalyn Tureck ist die erste Frau, die jemals eingeladen wurde, das New York Philharmonic Orchestra zu dirigieren, zudem die Autorin vieler Bücher, darunter eines, in dem sie die Struktur von Bachs Musik mit zwei physikalischen Theorien in Verbindung bringt. In bestimmten Augenblicken in ihrem schöpferischen Leben als Musikerin, so weiß Stefi Weisburd in *Science News* zu berichten, schien Turecks Geist Teil von etwas Größerem zu sein.

Eines Tages, kurz vor ihrem siebzehnten Geburtstag, spielte sie gerade Bachs A-Moll-Fuge aus dem ersten Band des Wohltemperierten Klaviers, als sie alles Bewusstsein ihrer eigenen Existenz verlor. Sie sah Bachs Musik in einem völlig neuen Licht offenbart und mit einer neuen Struktur, die die Entwicklung einer neuen Spieltechnik erforderte. An den folgenden Tagen arbeitete sie diese Technik für vier Notenlinien der Fuge aus, die sie in der nächsten Klavierstunde vorspielte. Ihre Lehrerin staunte über diesen Durchbruch, hielt das Ergebnis für wunderschön, die neue Technik aber für unmöglich.

„Ich wusste nur", sagt Tureck, „dass ich durch eine kleine Tür in ein unermessliches, lebendiges, grünes Universum eingetreten war. Für mich war es unmöglich, durch jene Tür in die Welt zurückzukehren, die ich kannte."[248]

In welche Welt gelangte Rosalyn Tureck durch jene „kleine Tür"? In einen transpersonalen, nichtlokalen, bereits bestehenden Informationsschatz?

Originalität

Wenn unser Bewusstsein nichtlokal und unbegrenzt ist, kann es nicht in eine Kiste gesteckt und von anderen Bewusstseinen isoliert werden, sondern es dehnt sich durch Zeit und Raum unendlich aus, um sich mit allen anderen Bewusstseinen in Vergangenheit, Gegenwart und Zukunft zu verbinden. Doch wenn dies zutrifft – wie können wir dann den Ursprung einer neuen Idee feststellen? Handelt es sich um eine Erkenntnis des Menschen in der Gegenwart, oder stammt sie von jemandem in der Vergangenheit oder Zukunft, mit dem ihn oder sie ein nichtlokaler Kontakt verbindet?

Der berühmte Physiker Carl Friedrich von Weizsäcker, der ein Student des legendären Werner Heisenberg gewesen ist, hat tief über Kreativität und Entdeckungen in der Wissenschaft nachgedacht. Seine Sicht, wie wir sie in seiner Einführung zu Gopi Krishnas Buch *The Biological Basis of Religion and Genius* (dt. Titel: *Biologische Basis religiöser Erfahrung*, ab 2010: *Yoga und die Evolution des Bewusstseins*) lesen, hilft uns, Erlebnisse wie das von Rosalyn Tureck besser zu verstehen:

> Die große wissenschaftliche Entdeckung ist die Wahrnehmung einer besonders einfachen und grundlegenden, bisher im Chaos der Erscheinungen und der Unverstandenheit der Theorien verborgenen Gestalt. Ihr Auftreten wird oft wie eine Inspiration, wie eine Gnade beschrieben, die nie als zwingende Folge der forscherischen Anstrengung, sondern wann und wie sie selbst will, als eine Antwort einer „anderen Instanz", dann oft fast mühelos, dem Forscher begegnet. Hier folgt das oft erschütternde und beseligende Erlebnis: „Ich bin es nicht. Nicht ich habe das gemacht." Und doch bin ich es in gewisser Weise, aber nicht dieses wollende Ich, sondern ein umfassenderes Selbst.[249]

Die Geschwindigkeit der Kreativität

Manche Menschen sind in ihrem schöpferischen Tun so schnell, dass es unserer Vorstellungskraft hohnspricht. Sie scheinen etwas zu sehen, das bereits vollständig ausgestaltet ist, als nähmen sie ein Diktat auf. Laut Brewster Gheslin (in seinem Buch *The Creative Process*) sagte Mozart, dass eine Komposition in ihm wachse, bis „das Ganze, auch wenn es lang ist, fast vollständig und fertig in meinem Geiste steht, so dass ich es mit einem Blick überschauen kann wie ein gutes Bild oder eine schöne Statue. In meiner Imagination höre ich die Teile auch nicht *nacheinander*, sondern ich höre sie sozusagen alle auf einmal."

Die Ouvertüre zur Oper *Don Giovanni* brachte Mozart binnen weniger Stunden vor der Premiere zu Papier. Tiepolo malte die *Zwölf Apostel* in zehn Stunden. John von Neumann, der große Mathematiker des 20. Jahrhunderts, konnte manches komplexe Problem innerhalb weniger Sekunden lösen. Doch manche großen Schöpfer tauchen langsam in die kosmische Suppe – Bach zum Beispiel sagte: „Unermüdliche Arbeit … Analysieren, Reflektieren, viel Schreiben, endlose Selbstkorrektur, das ist mein Geheimnis."[250] Beethoven arbeitete an manchen seiner Kompositionen jahrelang; Darwin brauchte fast zwei Jahrzehnte, um *Über die Entstehung der Arten* zu schreiben, und Flaubert hat zuweilen einen ganzen Tag an einem einzigen Satz gearbeitet.

Spiel

„Und so begann ich, auf Reisen zu gehen – natürlich in meinem Kopf", schrieb Nicola Tesla (1856-1943), einer der größten Wissenschaftler aller Zeiten, über seine Jugend. Teslas Erfindungen veränderten im frühen 20. Jahrhundert buchstäblich das Leben, ähnlich wie die Entdeckungen Edisons, mit dem Tesla oft verglichen wird. „Jede Nacht (und manchmal auch tagsüber), wenn ich allein war", schrieb Tesla, „ging ich auf meine Reisen. Ich sah neue Orte, Städte und Länder. Dort lebte ich, lernte Leute kennen und schloss Freund- und Bekanntschaften."[251]

Es scheint wie ein Bild jugendlichen Überschwangs von einem Menschen, der sich amüsierte. Tesla unternahm diese Reisen „ständig, bis ich siebzehn war und sich meine Gedanken ernsthaft dem Erfinden zuwandten". Dann stellte er entzückt fest, dass er mit größter Leichtigkeit visualisieren konnte. Er brauchte keine Modelle, Zeichnungen oder Experimente. Dank seiner Fähigkeit, „auf Reisen zu gehen", vermochte er sich alles völlig realistisch vorzustellen. Tesla wusste, dass er etwas Wichtigem auf der Spur war, dass er „unbewusst geleitet worden war … eine neue Methode zu entwickeln und einfallsreiche Vorstellungen und Ideen zu materialisieren, was so radikal anders ist als das reine Experimentieren ... und dazu erheblich schneller und effizienter".

Zuweilen schien ihn seine „Befähigung" ganz zu übermannen, als verfügte sie über ein Eigenleben. Er beschrieb den Vorgang wie folgt: „Ideen kamen mir in einem ununterbrochenen Strom, und ich hatte nur die Schwierigkeit, sie festzuhalten. Die Stücke der Apparatur, die mir in den Sinn kamen, waren für mich in allen Einzelheiten absolut real und greifbar, bis hin zu den winzigsten Verschleißerscheinungen. Ich hatte meine Freude daran, mir die Motoren vorzustellen, wie sie pausenlos liefen, denn auf diese Weise boten sie meinem inneren Auge einen noch faszinierenderen Anblick ... In weniger als zwei Monaten entwickelte ich buchstäblich alle Motorentypen und Modifikationen des Systems, die heute mit meinem Namen assoziiert werden."

Die „Reisetätigkeit", von der Tesla sprach, klingt, als stamme sie geradewegs aus einem New-Age-Lexikon – Astralreisen, außerkörperliche Erlebnisse oder Seelen-Projektion, bei der, wie ihre Anhänger behaupten, der Geist des Menschen tatsächlich eine Reise an irgendeinen fernen Ort unternimmt. Aber diese buchstäbliche Erklärung ist mit der nichtlokalen Wesensart des Geistes gar nicht vereinbar. *Nichtlokal* impliziert *Unendlichkeit* in Raum und Zeit, und deshalb Allgegenwart. Wenn der Geist wirklich nichtlokal ist, ist er bereits überall. Dies bedeutet, dass er keinen Bedarf hat, irgendwohin zu „gehen", denn es gibt keinen Ort, an dem nicht bereits ist. Dies signalisierte ein Autoaufkleber, den ich einmal sah: Wohin du auch gehst, da bist du. Oder, was Gertrude Stein über ihre kalifornische Heimatstadt Oakland sagte: „Dort gibt es kein dort."

Körperliche Aktivität

Als ich mein erstes Buch schrieb – *Space, Time and Medicine* (dt. Ausg.: *Die Medizin von Raum und Zeit*) –, verbrachte ich viel Zeit mit Laufen. Ich hatte durchaus zufällig entdeckt, das mir einige meiner originellsten Ideen in den Sinn kamen, während ich in jenem veränderten Bewusstseinszustand war, den Läufer gut kennen – ein nahezu gedankenloser Zustand, in dem das rationale Denken vorübergehend in Wartestellung versetzt ist. Dies geschah so häufig, dass ich nicht laufen ging, ohne mir vorher Stift und Papier in die Jogging-Shorts zu stopfen. So handelte ich mir viele befremdete Blicke anderer Läufer ein, wenn ich anhielt, um einen Gedanken aufs Papier zu kritzeln, der mir plötzlich von irgendwoher zugeflogen war.

Ich glaube, dieses Erlebnis muss recht verbreitet sein, obwohl ich nur wenige Autoren darüber sprechen hörte. Eine Ausnahme ist der Schriftsteller, Drehbuchautor und Filmemacher John Sayles, dessen zweiter Roman, *Union*

Dues, für den National Book Award nominiert wurde. Sayles entdeckte auch, wie man die Pforten der Kreativität entriegelt, indem man durch Schwimmen und Laufen in einen veränderten Bewusstseinszustand eintrat. „Einer der Gründe, warum ich gerne schwimme", erklärt er, „ist, dass mir dann gute Ideen kommen. Oder wenn ich laufe. Mit dieser körperlichen Aktivität bei gleichzeitigem Mangel an anderen Eindrücken kann ich mich in eine Art von Trance bringen. Ich gerate recht leicht in einen Zustand, der nicht ganz bewusst ist. Und ich denke, dass körperliche Bewegung einem dabei gewöhnlich hilft, besonders das Schwimmen."[252] Wasser ist ein uraltes Symbol für das Unbewusste, und so erscheint es geradezu passend, dass die frischen Ideen für Sayles beim Schwimmen emporblubberten.

Musik

Jack Prelutsky hat mehr als drei Dutzend Bücher mit Gedichten für Kinder geschrieben und mehrere Anthologien dieser Art herausgegeben. Einige seiner besten Gedichte entstanden aus Träumen. Im Traum verschwimmen oft die Grenzen zwischen Menschen, Pflanzen und Gegenständen, und die Welt wird verzaubert – eine magische Welt, die Kinder verstehen und auf die sie ansprechen. „Nachdem ich im Fernsehen eine Folge von ‚Das A-Team' gesehen hatte, hatte ich einen Albtraum über Mister T", schrieb er. „Er war mit Gemüse bedeckt. Natürlich hatte das Gedicht, zu dem mich dies anregte, nichts mit Mister T zu tun. Ich habe nur phantasiert, was für ein Geschöpf wohl sein Leben unter einem Haufen Gemüse verbringen würde."
Wie ein Katalysator wirkte Musik in einigen seiner kreativsten Momente:

> Eines Tages sah ich aus dem Fenster meines Studios und schlief ein. In der Regel habe ich das Radio eingeschaltet, während ich arbeite – gewöhnlich läuft klassische Musik ... so etwas wie Mozart oder Brahms. Ich dachte an die Pflanzen und die Blumen, die dort wuchsen, und träumte, dass sie sich alle in Musikinstrumente verwandelt hatten. Die Bäume waren keine Bäume mehr, sondern Oboen, Cellos und Fagotte. Vielleicht war das eine Kombination von dem, was ich draußen im Garten sah, und der Musik, die ich hörte. Als ich nach einem kleinen Schläfchen erwachte, schrieb ich sofort ein Gedicht nieder mit dem Titel ‚Ich lege einen herrlichen Garten an.'[253]

Hängt die Macht der Musik, schöpferische Durchbrüche herbeizuführen, von der Musik selbst ab? Der Komponist John Cage deutet an, dass Musik über sich selbst hinausweisen könnte: „Mein Lieblingsstück ist das, das wir immer hören, wenn wir still sind."[254] Auch Bruce Springsteen spielte auf eine nichtlokale, zeitlose Qualität der Musik an: „Musik kann nebensächlich erscheinen, aber letztlich ist sie sehr wichtig. Mit wenigen ruhigen Schlägen kann sie uns einen Eindruck vom Ablauf der Zeit vermitteln. In wenigen Takten können Jahre vergehen. Ein Schriftsteller muss dazu schon mit einer schlauen Formulierung aufwarten und ausdrücklich sagen: ‚Und die Jahre gingen ins Land...' Lieder zu schreiben, ermöglicht einem, mächtig zu täuschen. Man kann ein ganzes Leben in wenigen Minuten darstellen.[255]

Die Autorin Jill Purce schreibt über die Macht der Musik, Ordnung und Struktur in die Welt zu bringen, was auch eine Art von Kreativität ist. „In Indien, Griechenland und China steht Musik für die Ordnung des Universums. Kein chinesischer Kaiser wäre an die Macht gekommen, ohne dass sichergestellt war, dass die Musik in Ordnung war. Er wusste: Wenn die Musik nicht in Ordnung war, würden Chaos und Revolution herrschen."[256]

Musiker haben sich beim Komponieren oft von der Ordnung leiten und inspirieren lassen, die sie in der Natur sehen; dies ist ein weiterer Weg, auf dem der schöpferische Mensch nach der Verbindung mit einem größeren Ganzen strebt. Vom Pilger Wu-k'ung im 8. Jahrhundert wird eine reizende Legende überliefert, der zufolge die Strömungen der tocharischen Musik vom Gesang der Wasserfälle abgeleitet wurden. „Dort in den Bergen", berichtete Wu-k'ung, „gibt es eine Quelle, die mit jedem Tropfen musikalische Klänge hervorbringt. An einem bestimmten Tag im Jahreslauf werden diese Klänge gesammelt, um eine Melodie zu bilden."[257]

Chaos

Nichtlokale Wege zum Wissen sind ein Durcheinander. In Kapitel 8 wurde bereits die Beobachtung des Psychologen Frank Barron zitiert:

> Kreative Menschen fühlen sich wohler mit Komplexität und sichtlicher Unordnung als andere Menschen ... Das schöpferische Individuum mit seiner generellen Vorliebe für sichtbare Unordnung wendet sich dem nur schwach erkannten Leben des Unbewussten zu und hat wahrscheinlich mehr als das gewöhnliche Maß an Respekt vor den Kräften des Irrationalen in seinem Inneren und in Anderen ... Der kreative Mensch respektiert nicht nur das Irrationale in sich selbst, sondern hofiert es auch als die vielversprechendste Quelle von Neuem in seinem Denken. Die Forderung der Gesellschaft, das Primitive, Unkultivierte, Naive, Magische und Unsinnige in sich selbst zu meiden, lehnt er ab ... Wenn jemand auf eine Art und Weise denkt, die gewöhnlich mit einem Tabu belegt ist,

betrachten ihn seine Zeitgenossen leicht als geistig unausgeglichen ... Doch diese Art von Unausgeglichenheit ist eher gesund als ungesund. Das wahrhaft schöpferische Individuum ist bereit, alte Klassifizierungen hinter sich zu lassen und anzuerkennen, dass das Leben – insbesondere sein eigenes, einzigartiges Leben – eine reiche Fülle neuer Möglichkeiten birgt. Für ihn ist Unordnung das Potenzial von Ordnung.[258]

Der Schauspieler und Schriftsteller Spalding Gray arbeitet in seinen schöpferischen Bemühungen bewusst mit Chaos. Durch seine Monologe ist er weithin bekannt. Wenn er sie konstruiert, stellt er einen Karton neben seinen Schreibtisch und wirft alles hinein, „was für einige der Dinge, über die ich nachdenke, unbeantwortet, störend oder relevant ist. Dann, wenn ich Zeit habe – vielleicht ein Jahr später –, grabe ich es aus und beginne das Puzzle eines neuen Monologs zusammenzufügen." Auch beim Schreiben verlässt er sich auf die Ordnung, die aus dem Chaos hervorgeht:

> Ich arbeite nicht spezifisch mit einem bewussten Ziel im Sinne. Ich bin überhaupt keiner, der durch Kniffe und Manipulieren der Wirklichkeit arbeitet und dem Gedanken: Was würde eine gute Geschichte ergeben? Ich arbeite vielmehr sehr passiv mit Träumen, Fehlern, glücklichen Zufällen, Koinzidenz und Synchronizität.
> Die Synchronizität spielt in meinem Leben eine große Rolle. Ich liebe Synchronizität. Sie jagt mir Schauer über den Rücken. Die wichtigste Synchronizität erlebe ich beim Schreiben. Ich habe oft das Radio an mit klassischer Musik im Hintergrund. Dann kommen die Nachrichten, oder es wird über irgendetwas gesprochen, und dann geht es los. Ich bin gerade dabei, ein Wort zu schreiben, als ich es aus dem Radio höre ... Etwas wie *schmachtend* macht mich wirklich erschauern, wenn ich es im gleichen Augenblick aus dem Lautsprecher höre, in dem ich es schreibe. So etwas geschieht ein oder zwei Mal in der Woche. Das ist oft. Früher pflegte ich darüber buchzuführen, aber jetzt tue ich das nicht mehr. Es gibt zu viele Fälle dieser Art ... Es zentriert mich in gewissem Sinne. Es ist wie eine mystische Bestätigung.[259]

Obwohl Gray sich selbst nicht als besonders empfänglich für Ereignisse vom Typ außersinnliche Wahrnehmung betrachtet, erlebt er oft Dinge, die ihm die nichtlokalen Verbindungen zwischen Menschen offenbaren. Einmal klingelte mitten in der Nacht das Telefon und weckte ihn aus einem Traum. Während seine Verlobte eilte, um den Anruf entgegenzunehmen, lag er im Bett und dachte über den Traum nach, in dem er nach Amsterdam gerufen wurde. „Ein Anruf aus Amsterdam", meldete sie. Es war ein Freund, der ihn drängte, nach Amsterdam zu kommen, um an einer Pantomimenschule Geschichten-Erzählen zu unterrichten. „Das ist starker Tobak", kommentiert Gray. „Ich fragte mich, ob ... diese Nachricht einfach ‚herübergeflossen' war ... und ob er viel telepathischer war, als er selbst wusste. Plötzlich gab es keine Grenzen mehr, und sein Wunsch, mich nach Amsterdam zu holen, ... kam seinem Anruf zuvor."

„Wer ist der bessere Schachspieler?", fragte einmal der Wissenschaftler und Philosoph Jacob Bronowski: Wer weniger Fehler macht oder wer mehr Fehler macht? Das Merkmal eines wirklich großen Schachspielers, beobachtete er, ist, dass er sich die Freiheit lässt, phantasievolle Fehler zu machen. Er denkt ständig an etwas, das nach allen Regeln und Normen des Spiels ein Fehler ist. „Deshalb", stellte Bronowski fest, „müssen wir die Tatsache akzeptieren, dass alle phantasievollen Erfindungen aus der Sicht der bestehenden Norm – mehr oder weniger wie Irrtümer aussehen."[260]

Wissenschaft und das Unbewusste

Im Trickster-Kapitel haben wir bereits gesehen, dass sich großen Wissenschaftlern, wie Albert Einstein und Michael Faraday, Quellen der Inspiration öffneten, die außerhalb des Bereiches konventioneller Logik liegen. In der Wissenschaft ist Inspiration schon oft in Form von Träumen gekommen. Im Traum scheint unser Glauben an ein lokales, auf das Hier und Jetzt begrenzte Selbst aufgehoben; an seine Stelle treten nichtlokale Erlebnisse, die keine persönlichen, räumlichen oder zeitlichen Grenzen kennen. Koestler hielt Träume für so wichtig wie Essen und Trinken. In seinem Buch *Der göttliche Funke* nannte er sie einen „wesentlichen Teil des psychischen Stoffwechsels ... Ohne dieses tägliche Eintauchen in die uralten Quellen des mentalen Lebens würden wir alle wahrscheinlich vertrocknete Automaten werden. Und ohne die spektakulären Erkundungs-Tauchgänge des schöpferischen Individuums gäbe es weder Wissenschaft noch Kunst."[261]

Einen spektakulären Erkundungs-Tauchgang in das Unbewusste unternahm eines Nachts Elias Howe (1819-1867), der Erfinder der Nähmaschine. Schon seit Jahren hatte sich Howe vergeblich bemüht, seine Maschine zu vervollkommnen, doch das Problem mit der Nadel ließ ihm keine Ruhe. Schließlich träumte er, dass er von Wilden gefangen genommen wurde, die ihn erbarmungslos vor ihren König schleppten. Der König setzte ihm ein Ultimatum: Wenn Howe nicht binnen vierundzwanzig Stunden mit einer Maschine käme, die nähen konnte, würde er durch einen Speer sterben. Der verzweifelte Howe konnte die Aufgabe nicht erfüllen. Schon lief seine Zeit ab, und er sah die bedrohlichen Wilden näherkommen. Als sie ihre Speere hoben – hoch ragten sie über ihm empor –, um ihn zu töten, sah er, dass jede der Waffen nahe der Spitze ein Loch hatte, das einem Nadelöhr ähnlich war. In diesem Augenblick erwachte Howe und erkannte, dass das Öhr der Nähmaschinennadel unten sein musste, nicht am oberen Ende oder in der Mitte, wo er es bisher vergeblich gebohrt hatte. Er stürzte aus dem Bett und in seine Werkstatt, feilte eine Nadel in der richtigen Größe, bohrte kurz vor der Spitze ein Loch hindurch und setzte sie in die Maschine ein.[262]

Anfang des 20. Jahrhunderts schickte der Forscher Edmond Maillet einen Fragebogen an ausgewählte Mathematiker, die seit mindestens zehn Jahren in ihrem Beruf gearbeitet hatten. In vier der eingehenden Antworten wurden „mathematische Träume" geschildert, in deren Verlauf tatsächlich die Lösung eines Problems erkennbar wurde. Acht Mathematiker bekundeten, in Träumen den Ansatz eines Lösungsweges oder eine nützliche Idee gefunden zu haben; weitere fünfzehn beschrieben, nach dem Erwachen vollständige oder Teil-Lösungen für Fragen „gewusst" zu haben, die sie sich am Abend zuvor gestellt hatten.[263]

In seinem monumentalen Buch *Our Dreaming Mind* zitiert der Schlaf- und Traumforscher Robert L. van de Castle mehrere Fälle, in denen der Geist eines Wissenschaftlers im Schlaf seine nichtlokalen Possen trieb, manchmal mit verblüffenden Konsequenzen. Der Mathematiker Srinivasa Ramanujan (1887-1920) zum Beispiel gilt als ein Gigant in der Geschichte der Mathematik. Das mathematische Wunderkind verdiente sein Brot zunächst als Kontorist in Südindien; später wurde er nach Cambridge gebeten, wo er mit seinen Erkenntnissen die Professoren verblüffte. Ramanujan konnte sich eines besonderen Vorteils erfreuen: In seinen Träumen gab es einen jenseitigen Mentor. Ramanujan berichtete, wie die Hindu-Göttin Namakkal in seinen Träumen zu erscheinen pflegte und ihm mathematische Formeln offenbarte, die er beim Erwachen verifizierte – eine Vorgehensweise, die ihm zeitlebens zur Verfügung stand.[264]

Einen weltverändernden Traum hatte Dmitri Mendelejew (1834-1907), ein Professor der Chemie in Sankt Petersburg, im Jahr 1869. Nachdem er erfolglos versucht hatte, die chemischen Elemente nach ihrem Atomgewicht zu sortieren, war er zu Bett gegangen. „In meinem Traum", berichtete er, „sah ich einen Tisch, auf dem sich alle Elemente in eine Ordnung fügten. Nach dem Erwachen schrieb ich es sofort auf ein Stück Papier. Nur an einer Stelle schien später eine Korrektur notwendig zu sein." Das Ergebnis war das Periodensystem der Elemente. Der Traum ermöglichte es Mendelejew auch, bestimmte Eigenschaften von drei neuen Elementen vorherzusagen, die im Laufe der folgenden fünfzehn Jahre entdeckt wurden.[265]

Das berühmteste Beispiel eines träumenden Wissenschaftlers ist wahrscheinlich Friedrich August Kekulé von Stradonitz (siehe Kapitel 7). Nachdem Kekulé aus einem Traum erwachte, in welchem er eine Schlange gesehen hatte, die sich in den Schwanz biss, begann er die Bedeutung des Traumbildes herauszuarbeiten, was ihn auf die Idee brachte, dass Benzol eine Ringstruktur aus sechs Kohlenstoffatomen besaß – eine Erkenntnis, die die organische Chemie revolutionierte. Eine Ansprache vor einem wissenschaftlichen Treffen 1890 schloss Kekulé mit einem Rat an seine Kollegen, mit dem er zugleich seine Entdeckung würdigte: „Lassen Sie uns lernen zu träumen, meine Herren, dann werden wir vielleicht die Wahrheit finden."

Albert von Szent-Györgyi Nagyrápolt (1893-1986), Träger des Nobelpreises für Physiologie oder Medizin, erkannte den Wert von Träumen zur Lösung von Problemen in der Forschung: „Mein Gehirn muss weiter über sie nachdenken, während ich schlafe", schrieb er, „denn manchmal erwache ich mitten in der Nacht und weiß Antworten auf Fragen, die mich vorher beschäftigt haben."

Auch eine der legendären Entdeckungen in der modernen medizinischen Forschung, das Insulin, hängt mit einem Traum zusammen. Der kanadische Arzt Frederick Banting leitete Forschungen zum Diabetes. Als er eines Nachts aus einem Traum erwachte, notierte er folgende Aufforderung: „Binde den Pankreasgang eines Hundes ab. Warte einige Wochen, bis die Drüsen einschrumpeln. Dann schneide sie heraus, wasche sie aus und filtriere den Extrakt daraus." Diese Prozedur führte ihn zur Entdeckung des Hormons Insulin, das sich für Millionen von Diabetikern als lebensrettend bewährte.

Die Liste wissenschaftlicher Entdeckungen, die von Träumen beeinflusst wurden, ist recht lang: James Watts Entdeckung, wie man mit geringem Aufwand Schrotmunition aus Blei herstellen konnte;[266] D. Parkinsons Entdeckung (in den Bell Laboratories) der elektrischen Feuerleitanlage M-9, des Vorläufers von Leitsystemen, die später in Fliegerabwehr- und Abfangraketen Verwendung fanden; Ernst Chladmys Erfindung des Euphoniums, eines neuen Blechblasinstruments – und so weiter.

Was Skeptiker sagen

Angesichts der Offenbarungen, die Wissenschaftlern in ihren Träume begegneten, könnte man denken, dass Forscher diese wertschätzten oder sogar kultivierten. Dies entspräche dem Rat, den Kekulé seinen Kollegen gab, nachdem er bei einem wissenschaftlichen Treffen 1890 von seiner Entdeckung der Benzolringstruktur dank eines Traumes berichtet hatte. Doch vielen Wissenschaftlern ist der Gedanke an die Kekulé-Affäre nicht Inspiration, sondern peinlich. Manche, die man um ihre Meinung über die berühmte Entdeckung bat, beeilten sich, darauf hinzuweisen, dass Kekulés Geschichte „ein die Wissenschaftler beschädigendes Bild" präsentiere, weil Wissenschaftler „harte Fakten erarbeiten" und nicht „Dinge zusammenträumen".

Kritiker argumentieren oft, dass die oben genannten „träumenden" Wissenschaftler die Antworten auf ihre Fragen auf einer unbewussten Ebene bereits gekannt hätten. Die verschiedenen Bausteine der Lösungen seien schon vorhanden gewesen und hätten sich nur noch zusammengefügt, während der Wissenschaftler träumte. Aber dies erklärt nicht, wo das entscheidende Wissen ursprünglich herkam. In manchen Träumen scheint sich die zentrale Information auf keine Quelle zurückführen zu lassen.

Eines Abends im Jahr 1893 bemühte sich Dr. Hermann V. Hilprecht (1859-1925), Professor für Assyriologie an der Universität von Pennsylvania, noch zu später Stunde, die Inschriften von zwei Achatfragmenten zu entziffern, von denen er glaubte, dass sie aus babylonischen Fingerringen stammten. In den Ruinen des Bel-Tempels von Nippur waren Dutzende ähnlicher Fragmente gefunden worden. Das eine Fragment konnte Hilprecht mit einiger Wahrscheinlichkeit der kassitischen Periode zuordnen, das andere legte er zu einer Vielzahl weiterer, nicht zuzuordnender Fragmente. Doch er war mit diesen Zuordnungen nicht zufrieden. In jener Nacht, so berichtet Robert van de Castle, hatte Hilprecht folgenden Traum:

Ein hochgewachsener, hagerer Priester aus dem antiken, vorchristlichen Nippur, etwa vierzig Jahre alt und in ein schlichtes Priestergewand gekleidet, führte mich zu der Schatzkammer auf der Südostseite des Tempels. Er ging mit mir in einen kleinen, fensterlosen niederen Raum, in dem sich eine große Holztruhe befand; auf dem Boden verstreut lagen Abfälle von Achat und Lapislazuli. Hier sprach er mich an und sagte: „Die beiden Fragmente, die du separat auf den Seiten 22 und 26 beschrieben hast, gehören zusammen, sind keine Fingerringe und ihre Geschichte ist folgende: König Kurigalzu (ca. 1300 v. Chr.) sandte einst, neben anderen Gegenständen aus Achat und Lapislazuli, einen beschrifteten Votivzylinder aus Achat zum Tempel des Bel. Dann erhielten wir Priester plötzlich den Befehl, für die Statue des Gottes von Ninib ein Paar Ohrringe aus Achat anzufertigen. Wir waren sehr bestürzt, weil wir keinen Achat als Rohmaterial zur Hand hatten. Um den Auftrag auszuführen, hatten wir keine andere Wahl, als den Votivzylinder in drei Teile zu schneiden und so drei Ringe herzustellen, deren jeder einen Teil der ursprünglichen Inschrift trug. Die ersten beiden Ringe dienten als Ohrringe für die Götterstatue; die beiden Fragmente, die dir so viel Mühe bereitet haben, sind Teile davon. Wenn du die zwei Teile zusammenfügst, wirst du meine Worte bestätigt finden. Den dritten Ring jedoch hast du bei deinen Ausgrabungen nicht gefunden, und du wirst ihn niemals finden." Damit verschwand der Priester.

Hilprecht erklärte, was dann geschah: „Ich wachte augenblicklich auf und erzählte den Traum sofort meiner Frau, damit ich ihn nicht vergäße. Am nächsten Morgen – es war Sonntag – untersuchte ich die Fragmente noch einmal im Lichte der nächtlichen Enthüllungen, und zu meiner Verblüffung fand ich alle Einzelheiten des Traumes insofern genau bestätigt, als ich die Mittel zur Verifikation in Händen hielt. Die Original-Inschrift auf dem Votivzylinder lautete: ‚Dem Gotte Ninib, Sohn des Bel, seinem Herrn, hat Kurigalzu, der Oberpriester von Bel, dies geschenkt.'"

Van de Castle fragt: „Wie kam Hilprecht zu dem Wissen, dass die Fragmente Teile eines einzigen Zylinders waren, eines Geschenks von König Kurigalzu, dem Gott Ninib gewidmet, das später in ein Paar Ohrringe umgearbeitet worden war? Wie könnte man die außergewöhnlich akkuraten Details in dem Traum erklären? Vielleicht war hier ein psychisches oder ‚außersinnliches' Element im Spiele. Vielleicht ist logisches, assoziierendes Denken die Erklärung, das die Fragmente der unterschwelligen Informationen zusammenfügte. Falls dem so ist, dürften solch überragende deduktive Fertigkeiten einen Sherlock Holmes vor Neid erblassen machen."[267]

Die Kreativität von Kulturen

Falls Informationen auf nichtlokale Weise zwischen einzelnen Menschen ausgetauscht werden können – warum nicht auch zwischen Gruppen von Individuen? Der Systemtheoretiker Ervin Laszlo hat untersucht, wie sich die großen Durchbrüche der klassischen hebräischen, griechischen, chinesischen und indischen Kulturen entwickelten. Sie traten fast zur gleichen Zeit in weit voneinander entfernten Gegenden bei Völkern ein, die wohl kaum Kommunikation und Kulturaustausch miteinander pflegten, stellt Laszlo in *The Interconnected Universe* fest:

> Die großen Propheten Israels lebten in Palästina zwischen 750 und 500 v. Chr., in Indien wurden die frühen Upanishaden zwischen 600 und 550 v. Chr. verfasst, Siddhartha, der Buddha, lebte von 563 bis 487 v. Chr., Konfuzius lehrte in China um 551 bis 479 v. Chr. und Sokrates lebte im antiken Griechenland von 469 bis 399 v. Chr. Um die Zeit, als die griechischen Philosophen mit der platonischen und aristotelischen Philo-

sophie die Fundamente für die westliche Zivilisation erschufen, gründeten die chinesischen Philosophen mit den konfuzianischen, taoistischen und legalistischen Lehren die ideelle Basis der fernöstlichen Zivilisation. Während im Hellas der Zeit nach den Peloponnesischen Kriegen Platon seine Akademie und Aristoteles sein Lyzeum gründeten, als Scharen von umherziehenden Sophisten predigten und Könige, Tyrannen und Bürger berieten, gründeten in China die ähnlich rastlosen und erfinderischen „Shih" ihre Schulen, hielten Reden vor der Menge, formulierten Lehren und lavierten zwischen den intriganten Fürsten der ausgehenden Zeit der streitenden Reiche. Raumüberspringende Phänomene dieser Art sind entweder eine soziokulturelle Variante des Wirkens aus der Ferne, oder sie beruhen auf der Übermittlung durch ein Medium.

Als typische Erklärung für ähnliche Entwicklungen in Kulturen, die weit voneinander entfernt sind, dient die Formel „ähnliche Erfahrungen, ähnliche Gehirne, ähnliche Durchbrüche". Aber warum zur gleichen Zeit? Laszlo zeigt, dass gleichzeitige kulturelle Wandlungsphasen in alten Zeiten insgesamt nicht ungewöhnlich waren. Er selbst glaubt, dass hier ein nichtlokales Element eine Rolle spielt. Doch die Idee, dass Kulturen aus einem nichtlokalen geistigen Pool schöpfen und danach über ähnliche Kenntnisse, Erkenntnisse und Weisheit verfügen – in genügendem Maße, um ihre Gesellschaft zu verwandeln –, ist nicht leicht zu erproben, weil die Kulturen heute infolge der modernen Kommunikationsrevolution, die unseren ganzen Globus augenblicklich vernetzt, nicht mehr isoliert sind.

Sind biologische *Arten* in ihrer Entwicklung aufgrund nichtlokaler Einflüsse zu plötzlichen, transformativen Sprüngen fähig? In gewissen Kreisen der Evolutionsbiologie ist heute der Punktualismus en vogue. Nach dieser Theorie vollzieht sich die Evolution nicht fließend, sondern eher stotternd. Lange Phasen nur geringer morphologischer Veränderung werden unterbrochen von kurzen Schüben radikalen Wandels. Könnte es einen gemeinsamen Informationspool für biologische Arten geben ebenso wie für Kulturen und Individuen, in den sie eintauchen, um mit Informationen darüber aufzutauchen, wie ein plötzlicher weiterer Schritt hin zu größerer Komplexität zu vollziehen ist?

Felder und Archetypen

Ein Feld ist ein unsichtbarer Bereich, aus dem und durch den Einfluss wirkt; wir können es nicht direkt beobachten, sondern nehmen aufgrund der wahrgenommenen Wirkungen an, dass es in der physikalischen Realität existiert. So sehen wir zum Beispiel das Magnetfeld um einen Stabmagneten nicht mit eigenen Augen; weil sich jedoch Eisenfeilspäne in einem bestimmten Muster innerhalb des Wirkungsbereichs anordnen, wissen wir, dass das Feld existiert.

Heute wimmelt es in der Wissenschaft von Ideen, auf welche Weise Felder an unserem Wahrnehmen und Bewusstsein oder sogar an dem nichtlokalen Verhalten unseres Geistes beteiligt sein könnten. Der britische Biologe Rupert Sheldrake hat von „morphischen Feldern" gesprochen, die „Organismen in Richtung charakteristischer Ordnungsmuster beeinflussen".[268] Der Psychologe David Feinstein postulierte „mythische Felder" als eine Unterordnung von Sheldrakes morphischen Feldern, die entstehen, wenn neue Muster des Verstehens und der Motivation eingeführt und wiederholt werden.[269] Die Stanford-Neurophysiologen Eric M. Schuman und C. V. Madison vermuten quanten-basierte „Neuralfelder" innerhalb des Gehirns im Rahmen ihrer Theorie vom „neuralen Senden". So könne Information von einem einzelnen Neuron zu benachbarten Neuronen übermittelt werden und dabei die Synapse umgehen, die die beiden Nervenzellen physisch miteinander verbindet.[270]

Der Neurologe Benjamin Libet schlug ein „mentales Feld" vor; es werde „erzeugt durch, [sei] aber biologisch verschieden von Gehirnaktivität".[271] Der Anästhesist Stuart Hameroff stellt zur Diskussion, dass Quantenfelder in winzigen Gehirnstrukturen („Mikrotubuli") arbeiten; dies könnte der Ort sein, wo Geist und Gehirn quantenmechanisch verbunden sind.[272] Der Materialwissenschaftler William Tiller von der Stanford-Universität machte den Vorschlag, dass das Quantenvakuum feldähnliche, subtile Energien hervorbringt, die unsichtbar und nicht wahrnehmbar sind, bis sie durch lebende Organismen transformiert werden.[273] Die Princeton-Forscher Robert Jahn und Brenda Dunne und ihre Kollegen vermuten Informationsfelder, die die nichtlokale Gewinnung und Übertragung von verschiedenen mentalen Phänomenen vermitteln.[274] Alle diese Hypothesen bieten mehr oder weniger weit reichende Erklärungen, wie nichtlokale Phänomene in der Welt und innerhalb unseres Gehirns stattfinden können.

Als Resultat seiner Arbeit mit Patienten in veränderten Bewusstseinszuständen, die durch den Einsatz von LSD (Lysergsäurediethylamid) oder Techniken forcierter Atmung herbeigeführt worden waren, formulierte der Psychoanalytiker Stanislaf Grof die Vorstellung von einem Universellen Geist. In *The Holotropic Mind* (dt. Ausg.: *Die Welt der Psyche*) schrieb er:

> Bemerkenswert war die Entdeckung, dass Menschen, die in einer bestimmten Kultur aufgewachsen sind oder einer bestimmten Rasse angehören, nicht auf die Archetypen dieser Kultur oder Rasse beschränkt sind. Wir haben bei unseren Forschungen beispielsweise miterlebt, wie

weiße, städtische Amerikaner der Mittelschicht in veränderten Bewusstseinszuständen bedeutungsvolle Begegnungen mit so legendären Helden wie dem polynesischen Maui oder mit Shango hatten, dem Bantu-Gott des Krieges und der Sexualität. Im Laufe der Jahre habe ich mehrfach erlebt, wie europäische und amerikanische Frauen zur Hindu-Göttin Kali wurden und deren traditionellen Gesichtsausdruck mit weit aus dem Mund herausgestreckter Zunge annahmen, obwohl ihnen diese Gestalt zuvor überhaupt nicht bekannt war. Umgekehrt hatten in Indien und Japan verschiedene Workshopteilnehmer, die in den dortigen Traditionen geboren und erzogen worden waren, starke Identifikationen mit Christus. ...

Besonders interessant ist die Feststellung, dass viele Leute, die keine vorherigen Kenntnisse von bestimmten mythologischen Gestalten hatten, diese nicht nur genau und in großem Detail *erleben,* sondern auch Bilder von ihnen zeichnen können, die genau zu den alten Beschreibungen dieser Gestalten passten.[275]

Die Idee von einer nichtlokalen Informationsquelle, die Menschen weltweit beeinflusst, wurde von dem Psychologen C. G. Jung entwickelt. Jung nannte die ewigen Muster innerhalb der Psyche *Archetypen.* Seine Ansichten über Natur und Ursprung der Archetypen wandelten sich im Laufe seines Lebens. In seiner frühen, eher orthodoxen Sichtweise bevorzugte er eine genetische Basis, in der Archetypen aus einem riesigen, grenzenlosen unbewussten Prozess entstanden, der allen Menschen gemeinsam ist und aus der gesammelten Erfahrung im Laufe der ganzen Spanne gemeinsamer Geschichte entsteht. Später jedoch verfolgte Jung seine Versuche einer physiologischen Erklärung nicht weiter. In einem Brief vom 29. Februar 1952 schrieb er:

Sollen wir die Zeit-Raum-Kategorien überhaupt aufgeben, wenn es um die psychische Realität geht? Es könnte sein, dass die Psyche als *unausgedehnte Intensität* aufzufassen wäre und nicht als ein in der Zeit sich bewegender Körper. Man könnte annehmen, dass die Psyche von kleinster Extensität zu unendlicher Intensität aufsteigt und den Körper irrealisiert, wenn sie z.B. Lichtgeschwindigkeit überschreitet. ... Von diesem Gesichtspunkt aus könnte das Hirn eine Umschaltstation sein, in der die relativ unendliche Spannung oder Intensität der Psyche in wahrnehmbare Frequenzen oder „Ausdehnungen" gewandelt wird. ... Doch an sich hätte die Psyche überhaupt keine Dimension in Raum und Zeit.[276]

So etwas wie archetypische Einflüsse scheint es auch bei Tieren zu geben, wie David Feinstein schreibt: Zieht man ein Holzmodell von einem fliegenden

Habicht über den „Himmel" über einem frisch geschlüpften Küken, duckt sich das Junge und stößt Warnschreie aus. Selbst wenn die nächsten zehn Generationen niemals mit einem Habicht konfrontiert waren, werden die Nachkommen des Hühnchens immer noch zusammenzucken, wenn die gefürchtete Silhouette sichtbar wird. Der britische Ornithologe David Lack fing 1939 auf den Galapagos-Inseln, wo es keine großen Greifvögel gibt, dreißig Finken und schickte sie zu seinem Kollegen Robert Orr in Kalifornien. Wenn ein Greifvogel in Sicht kam, duckten sie sich zu Boden und stießen Angstschreie aus, obwohl sie und ihre Vorfahren seit Jahrtausenden niemals einen Raubvogel gesehen,und nie zuvor diese Art von Reaktion gezeigt hatten.[277]

Gewöhnlich werden diese Verhaltensweisen der Tiere erklärt, indem man sie als instinktiv bezeichnet. Doch auch dies ist lediglich eine Bezeichnung, keine Erklärung. Wenn nichtlokale Felder – archetypisch, morphisch, mythisch – das Verhalten der Vögel beeinflussen – könnten sie vielleicht auch zu einer Erklärung für das Verhalten von uns Menschen beitragen?

Der Psychologe Michael Conforti erzählt sein Erlebnis mit John, einem Patienten sizilianischer Abstammung. Die Herkunft der Eltern seines Patienten interessierte Conforti, weil seine eigene Familie aus Sizilien und Neapel stammte. In der ersten Phase der Behandlung beklagte sich John, dass sein früherer Analytiker sein sizilianisches Temperament nie zu verstehen schien. Da er Johns Art, die Welt zu sehen und sein Geschäft zu führen, nicht verstand, diagnostizierte ihn der Analytiker als übersteigert paranoid. John erkannte, dass die kulturellen Unterschiede, die ihn von seinem angelsächsischen Therapeuten trennten, die Effektivität der Behandlung begrenzen würden, und er beschloss, den Therapeuten zu wechseln. Conforti, sein nächster Behandler, fand heraus: „Er war nicht paranoid, er war ein Sizilianer!" Conforti steht zu dem Einfluss von archetypischen Feldern. Um John zu verstehen, so erklärt er, müsse man die sizilianische Psyche erkennen und das sizilianische archetypische Feld. Sizilien ist eine Insel und deshalb vom Festland isoliert, was die Insulaner mit einer entsprechenden psychologischen Disposition ausstattet. Es ist wichtig, zu wissen, dass Sizilianer im Laufe der Geschichte wiederholt Invasionen ihrer Heimatinsel erlebten; viele verschiedene Nationen landeten mit der Absicht, die Insel auszubeuten. Die Sizilianer lernten rasch die Kunst der Intrige, und im Interesse ihres eigenen Überlebens kultivierten sie einen wachen Argwohn und Zynismus gegenüber Außenstehenden. Luigi Barzini bringt in seinem Buch *The Italians* (dt. Ausg.: *Die Italiener*) die Essenz dessen zum Ausdruck, was Conforti „das sizilianische Feld" nennt: „Die besten Tugenden der Sizilianer ... sind offenkundig nicht diejenigen des anonymen Organisations-Menschen von heute, sondern die des antiken Helden, der mit seiner kleinen Bande gegen den Rest der Welt kämpft ... Bei der Verteidigung seiner besonderen, streng sizilianischen Ideale ... kann er sogar den Tod mit offenen Augen akzeptieren oder ihn gelassen in Kauf nehmen, ohne Zögern oder Bedauern."[278]

Drei Phasen des schöpferischen Prozesses

Im 19. Jahrhundert glaubten die Wissenschaftler, dass sie, wenn sie ein Geschehen gründlich genug zergliedert und analysiert hatten, am Ende verstehen könnten, was es verursacht hatte. Diese Vorstellung dehnten sie auch auf die reduktionistische Analyse des schöpferischen und des Entdeckungs-Prozesses aus. Einer der Vorreiter in diesem Bemühen war der große Physiologe und Physiker Hermann von Helmholtz (1821-1894). Helmholtz gliederte den schöpferischen Prozess in drei Phasen. Die erste nannte er *Saturation* („Sättigung"), in der man sich gänzlich in das Thema versenkt und durch Lesen, Befragen, Forschung und so weiter Informationen sammelt. Dann kommt die Phase der *Inkubation* („Ausbrütung"), in der man das Werk und alle Versuche einer zielführenden Analyse beiseite legt. Doch dies ist keine Phase des Nichtstuns, vielmehr wird die in Phase Eins gesammelte Information – so nimmt man an – auf unbewusster Ebene verarbeitet. Dann folgt laut Helmholtz die dritte Phase, die *Illumination* („Erleuchtung"), die ganz plötzlich als ein Durchbruch oder ein „Heureka!"-Erlebnis eintreten kann. Oft lässt sich dann nicht logisch ableiten, wie man zu der Schlussfolgerung gelangte. Ein berühmter Mathematiker sagte einmal: „Ich weiß die Antwort, aber ich vermag nicht nachzuvollziehen, wie ich dahin gelangt bin." Nach der Illumination bleibt die handwerkliche Arbeit, das Testen und Verifizieren der eigenen Entdeckung.

Helmholtz war einer wichtigen Sache auf der Spur. Träume von radikaler Kreativität haben tatsächlich die Neigung, Menschen zu begegnen, die für sie bereit sind. In *The Courage to Create* (dt. Ausg.: *Der Mut zur Kreativität*) beobachtete Rollo May: „Einsicht kommt niemals aufs Geratewohl, sondern in Übereinstimmung mit einem Muster, dessen wesentlicher Bestandteil unsere eigene Hingabe ist." Hingabe, Bildung und Training bereiten den Boden, in dem die Saat keimen und wachsen kann.

Beispiele, in denen Träume und Bereitschaft einander verstärken, sind Legion. William Blake, bereits ein begnadeter Kupferstecher, probierte immer wieder billigere Verfahren, die Illustrationen für seine Gedichte zu reproduzieren – ohne Erfolg –, bis ihm Robert, sein jüngerer Bruder, in einem Traum erschien und Blake eine Methode des Kupferstichs zeigte, die er augenblicklich umsetzte und praktisch nutzte.[279] Ähnliche Begebenheiten sind von großen Komponisten bekannt, deren innere Bereitschaft sie empfänglich machte. Beethoven komponierte einen Kanon im Schlaf. Giuseppe Tartini hörte „den Teufel" eine atemberaubend schöne Violinsonate spielen und schrieb deren Noten, so gut er konnte, nach dem Erwachen nieder – die sogenannte *Teufelstrillersonate*.[280] Richard Wagner offenbarte, dass ihm *Tristan und Isolde* in einem Traum gekommen sei.[281]

Der Physiologe Otto Loewi erlebte eine der längsten Inkubationsphasen, die uns überliefert ist. Er hatte schon früh die Hypothese, dass Nervenimpulse chemisch übermittelt werden, konnte jedoch kein Experiment ersinnen, das dies prüfen und beweisen würde, und vergaß schließlich seine frühe Ahnung. Siebzehn Jahre später träumte er, wie seine Idee unter Beweis zu stellen war, wachte auf, machte einige Notizen und schlief wieder ein. Am Morgen entdeckte er mit Entsetzen, dass er sein Gekritzel nicht mehr lesen konnte. „Doch seine Traumquelle war großzügig", schreibt der Historiker Robert Moss in *Conscious Dreaming*. „In der folgenden Nacht träumte Loewi das Experiment erneut. Dieses Mal wollte er nichts riskieren. Er eilte um drei Uhr nachts in sein Laboratorium und führte ein Experiment am Herzen eines Frosches durch, wie ihm im Traum gezeigt worden war. Dieses traumgeleitete Experiment inspirierte die Arbeit, für die Loewi später den Nobelpreis erhielt."

Die Mystery-Schriftstellerin Sue Grafton brütet Ideen bewusst aus und illustriert damit alle drei Phasen des kreativen Prozesses, wie er von Helmholtz beschrieben wurde:

> Bei vielen meiner Bücher komme ich an einen Punkt, an dem ich wirklich sehr mit dem Schreiben beschäftigt bin, aber auf ein Problem stoße, das ich nicht lösen kann. Dann gebe ich mir, wenn ich schlafen gehe, selbst die Suggestion, dass eine Lösung kommen wird. Ob sie aus einem Traumzustand rührt, weiß ich nicht sicher. Ich weiß, dass ich erwachen werde, und die Lösung wird da sein. Dies schreibe ich der Aktivität der rechten Hirnhemisphäre zu. Ich kenne nicht den Zusammenhang zwischen der Tätigkeit der rechten Hirnhälfte und den Träumen, aber ich weiß, wenn das analytische Ich, die linke Gehirnhälfte, seinen Griff schließlich lockert und beiseite tritt, steigt unsere kreative Seite, die oft im Schlaf zum Vorschein kommt, an die Oberfläche und löst auf ihre eigene, spielerische und wunderliche Weise viele kreative Probleme ….
>
> Wenn ich sehr blockiert, sehr verwirrt oder frustriert bin, trinke ich spät am Tage noch Kaffee, denn ich weiß, dass er mich mitten in der Nacht wecken wird. Dann gehe ich zu Bett, schlafe tief und gesund, und um drei Uhr morgens, wenn die linke Gehirnhälfte nicht wach ist, son-

dern schlummert, kommt die rechte Hemisphäre hervor, um zu spielen, und sie hilft mir ...
Ich schreibe die ganze Zeit Briefchen an mein Rechtshirn. Es sind nur kleine Notizen:

Liebes Rechtshirn, du Süßes,
ich habe Dich in dieser Sache um eine kleine Hilfe gebeten, und du meldest Dich nicht. Ich wäre Dir wirklich dankbar, wenn Du das Problem heute Nacht lösen könntest.

Deine Freundin Sue[282]

Die drei Phasen nach Helmholtz sind inzwischen Teil des überlieferten Wissens über den schöpferischen Prozess geworden. Besonders mutig war seine Aussage, dass die rationale, analytische Seite des Geistes durch unbewusste Denkvorgänge ergänzt wird. Seinerzeit, als die Gelehrten stolz die quasi muskuläre Natur zielgerichteter mentaler Anstrengungen propagierten, war dies eine radikale Behauptung.

Doch der dreiphasige Prozess nach Helmholtz ist ein durch und durch lokales Modell, in welchem alle für einen Durchbruch benötigten Informationen durch die physischen Sinne erworben und in der Folge vom physischen Gehirn verarbeitet werden. So hilfreich dieses Modell auch ist, hat es doch eine Schwäche: Es vermag jene Fälle nicht zu erklären, in denen Menschen, wie wir gesehen haben, Informationen und Einsichten erlangen, die nicht leicht auf der Basis früherer Erfahrung, Erinnerung oder vorausgegangener Information zu begründen sind.

Warum ließ Helmholtz in seiner Theorie der Kreativität keinen Raum für nichtlokale mentale Funktionen? Diese Möglichkeit war für ihn und die meisten seiner Kollegen undenkbar. Sie lebten und wirkten in einer Zeit, als die Wissenschaftler mit Leidenschaft an die Gesetze der klassischen Physik glaubten. Die quanten-relativistischen Entwicklungen lagen noch in ferner Zukunft, und nichtlokale Ereignisse waren noch nicht entdeckt worden. Wenn nichtlokale Ereignisse in der Physik nicht existierten – wie konnten sie dem menschlichen Geist zur Verfügung stehen? Helmholtz war ein Kind seiner Zeit. Die Möglichkeit, Information auf nichtlokale Weise zu erlangen, war für ihn einfach unerträglich. „Die Übermittlung von Gedanken von einer Person zu einer anderen außerhalb der bekannten Bahnen der Wahrnehmung", schrieb er, „... ist fraglos unmöglich."[283]

Kreativität und Geisteskrankheit

Heutzutage sieht die Kreativität nicht mehr so gut aus. Immer stärker entwickelte sich eine Tendenz, verschiedene kreative Impulse mit Verrücktheit zu assoziieren und schließlich mit pathologischer Gehirnchemie, neuroendokrinen Störungen und genetischen Faktoren. Der Psychiater Arnold Ludwig vom Medical Center der Universität von Kentucky in Lexington, Autor von *The Price of Greatness: Resolving the Creativity and Madness Controversy*, stellte fest, dass rund ein Drittel der bedeutenden Dichter, Musiker und belletristischen Autoren als Teenager unter psychischen Problemen gelitten hat. Bis sie erwachsen waren, wuchs ihr Anteil auf drei Viertel. Selbst bei prominenten Wissenschaftlern – die unter weniger mentalen Krankheiten als Künstler litten – zeigte sich ein steiler Anstieg der Suizidraten im hohen Alter.

Beispiele, die auf einen Zusammenhang zwischen Verrücktheit und Kreativität hindeuten, gibt es zuhauf. „In meinem Gehirn ist definitiv das eine oder andere gestört", sagte van Gogh.[284] Dostojewski hatte Epilepsie, und mindestens vier seiner literarischen Gestalten waren Epileptiker.

Selbst das Empfinden kreativer Menschen, dass sie Zugang zu einer höheren, transzendenten Wirklichkeit haben, assoziiert man zunehmend mit dem Strom von chemischen Verbindungen im Gehirn. Die Forscher M. A. Persinger und C. M. Cook von der kanadischen Laurentian University nennen diese Gefühle „empfundene Präsenz" – im Grunde ein Spüren des Allmächtigen. Dieses Empfinden, behaupten sie, gehe von der rechten Seite des Gehirns aus und könne auch künstlich herbeigeführt werden. In ihrem Laboratorium setzten sie das Gehirn von Versuchspersonen einem elektromagnetischen Feld aus und baten sie, einen Knopf zu drücken, wenn sie „eine mystische Präsenz" spürten. Die Teilnehmer wussten nicht, wann das elektromagnetische Feld aktiviert wurde. Doch häufiger, als es der Zufallswahrscheinlichkeit entsprach, stimmten die per Knopfdruck gemeldeten „mystischen Präsenzen" mit der Aktivierung der magnetischen Felder überein.[285] Ergebnisse wie diese führen manche Menschen zu dem Schluss, dass sich religiöse und spirituelle Erlebnisse allein im Gehirn abspielen.

V. S. Ramachandran vom *Center for Brain and Cognition* der Universität von Kalifornien in San Diego untersucht Patienten mit Epilepsie, Hirnschädigungen und Kopfverletzungen, um etwas über die Beziehung zwischen Geist und Gehirn herauszufinden. Bei Tests an Menschen mit Schläfenlappenepilepsie haben er und sein Team Gewebsareale im Schläfenlappen identifiziert, die dabei eine Rolle spielen, wie intensiv jemand auf mystische oder spirituelle Erlebnisse anspricht. Menschen mit Schläfenlappenepilepsie zeigen oft eine Obsession mit religiösen Themen und haben während eines Anfalls zuweilen ein überwältigendes Empfinden der Verbundenheit mit dem Universum oder dem Göttlichen. „In ihren Schläfenlappen ist etwas passiert, das ihr Ansprechen auf religiöse Begriffe und Bilder gesteigert hat", stellt Ramachandran fest. „Es könnte sich um eine selektive Verstärkung von Emotionen handeln, die zu religiösen Erlebnissen beitragen." Er weist jedoch darauf hin, dass seine Arbeit „nicht beweist", dass sich Gehirnmechanismen entwickelt hätten, um auf Religion anzusprechen.

Andere Forscher sind weniger zurückhaltend. „Der Geist besitzt Eigenschaften – Selbstbewusstheit, Staunen, Emotion und Verstand –, die ihn mehr als nur materiell erscheinen lassen", meinte Michael A. Arbib, ein Gehirntheorie-Experte am Center of Neural Engineering der Universität von Südkalifornien. „Doch ich behaupte, dass dies alles eines Tages durch die physikalischen Eigenschaften des Gehirns erklärt werden kann. In zwanzig Jahren werden wir verstehen, was im Gehirn vorgeht, wenn Menschen religiöse Erlebnisse haben."[286] In seinem Buch *Genius,* einer Biographie über Richard Feynman, einen der kreativsten Physiker des 20. Jahrhunderts, schließt sich James Glieck der Vorstellung an, dass das Gehirn mystische und spirituelle Empfindungen hervorbringe. „Jenes Empfinden von göttlicher Inspiration, dem Atem der Offenbarung, die scheinbar von außen kommt, entsprang tatsächlich von innen, ... dem Gehirn."

Mystische und spirituelle Genies – „religiöse Kreative" – standen schon lange im Verdacht, an Gehirnleiden wie Epilepsie erkrankt zu sein. Die Apostel Lukas und Paulus stimmten darin überein, dass Paulus an etwas litt, das er seinen „Stachel im Fleische" nannte. Bedeutende Bibel-Kommentatoren vermuten dahinter entweder Migräne-Kopfschmerzen oder Epilepsie. Ähnliche Übel kommen in allen Religionen vor, wie Clifford Pickover in seinem Buch *Strange Brains and Genius* schrieb. Als Mohammed die ersten Gottes-Visionen hatte, „fühlte er sich beklommen, erstickt, als würde ihm der Atem aus dem Brustkorb gepresst. Später hörte er eine Stimme seinen Namen rufen, doch als er sich umwandte, um zu sehen, woher die Stimme kam, war niemand da. Die örtlichen Christen, Juden und heidnischen Araber bezeichneten ihn als wahnsinnig. Laut Legende hatte Mohammed bei der Geburt zu viel Flüssigkeit im Kopf, und als Kind habe er Anfälle gehabt." (Pickover betrachtet diese Legenden mit Vorsicht: „Ich bin nicht sicher, ob man zu jener Zeit bereits etwas von zu viel Flüssigkeit gewusst haben konnte.") Kurz vor einem Anfall haben Epileptiker oft ein Gefühl von drohendem Unheil. Dies mag erklären, argumentiert Pickover, warum „die überwältigende Erschütterung, die Mohammed, Moses und Paulus während ihrer religiösen Visionen erlebten, nicht von Verzückung und Freude, sondern eher von Angst herrührte". Pickover spekuliert weiter, dies könnte der Grund sein, warum Moses (etwa 1300 v. Chr.) sein Antlitz verbarg und sich fürchtete, als er die Stimme Gottes aus einem brennenden Dornbusch vernahm.

Und so kam es, dass Neurologen Hyperreligiosität – das gesteigerte Interesse an Religion – mit Schläfenlappenepilepsie assoziierten. Vincent van Gogh, der klassische Symptome dieser Krankheit aufwies, sagte selbst: „Ich habe oft ein schreckliches Bedürfnis nach – soll ich es aussprechen? – Religion. Dann gehe ich nachts hinaus ins Freie und male die Sterne." In ihrem Buch *Seized* findet Eve LaPlante weitere Anzeichen von van Goghs Hyperreligiosität in seiner Gewohnheit, Lumpen zu tragen, sich selbst zu bestrafen, während er das Christentum predigte, in seinen mystischen Visionen (auch des auferstandenen Christus) und in seinen häufigen Wutanfällen.

Umfragen zeigen, dass die überwiegende Mehrheit der Amerikaner an Gott glaubt und die „empfundene Präsenz" eines nichtlokalen, unendlichen Allmächtigen fühlt. Haben die meisten Bürger dieses Landes eine leichte Schläfenlappenepilepsie oder schlechte Gene?

Hypergraphie – der Zwang, exzessiv zu schreiben oder zu zeichnen – ist ebenfalls ein Symptom der Schläfenlappenepilepsie. Wenn wir Hyperreligiosität und Hypergraphie kombinieren, erhalten wir eine Karikatur von vielen überaus kreativen Schriftstellern und Künstlern – spirituell feinfühligen Menschen, die sehr viel und rasch produzieren.

Seit mehr als hundert Jahren schreiben Wissenschaftler religiöse Bewusstseinszustände abnormen Vorgängen im Gehirn zu. Der Harvard-Psychologe William James empfand die Notwendigkeit, in seinem Klassiker von 1902, *The Varieties of Religious Experience* (dt. Ausg.: *Die Vielfalt religiöser Erfahrung*) auf diese Tendenz zu antworten:

> Sich auf die organische Verursachung eines religiösen Geisteszustands zu berufen, um damit dessen Anspruch auf einen höheren spirituellen Wert zurückzuweisen, ist ziemlich unlogisch und willkürlich, wenn man nicht schon im Voraus irgendeine psychophysikalische Theorie ausgearbeitet hat, die spirituelle Werte grundsätzlich mit bestimmten Formen physiologischer Veränderungen in Verbindung bringt. Andernfalls dürfte keiner unserer Gedanken und Gefühle, nicht einmal unsere wissenschaftlichen Lehren, nicht einmal unser Unglaube irgendeinen Wahrheitswert beanspruchen. Denn sie alle entströmen ausnahmslos der jeweiligen körperlichen Verfassung ihres Besitzers. Gewiss hatte Paulus einmal einen epileptoiden, wenn nicht gar epileptischen Anfall, doch es gibt nicht einen einzigen Zustand unseres Geistes, ob erhaben oder gemein, gesund oder krankhaft, dem nicht irgendwelche organischen Vorgänge zugrunde liegen.[287]

Kreativität wurde auch mit bipolaren Störungen (manisch-depressiven Erkrankungen) in Verbindung gebracht, einer bis zu einem gewissen Grade erblich bedingten Krankheit; die von ihr Betroffenen schwanken zwischen Depression und Euphorie. Unter bekannten Künstlern und Schriftstellern ist die Suizidrate bis zu achtzehn Mal so hoch wie in der Bevölkerung allgemein, die Depressionshäufigkeit zehn Mal so hoch, und bipolare Störungen treten zehn bis zwanzig Mal so häufig auf. In einer manischen Phase weist die Person ein geschärftes und ungewöhnlich kreatives Denken auf, eine gesteigerte Produktivität, grandiose Stimmungen und weitreichende Gedankengänge. Sie äußert kühne Behauptungen, geht Risiken ein und kennt keine Furcht vor Konsequenzen. Sie arbeitet lange Stunden ohne Schlaf und kann sich intensiv konzentrieren. Bipolare Schriftsteller schreiben häufiger in Reimen als nicht betroffene Menschen, sie machen häufiger Gebrauch von Stilmitteln wie der Alliteration und eigentümlichen Wörtern und Ausdrucksweisen, und sie kennen und verwenden einen größeren Schatz von Synonymen. Manche schöpferischen Menschen mit bipolarer Störung – wie auch manche Patienten mit Schläfenlappenepilepsie – hören auf, ihre Medikamente einzunehmen, weil sie das Empfinden haben, dass die Drogen die Spektren ihrer Emotionen und Wahrnehmung beschneiden. Sie sind willens, für ihren schöpferischen Funken einen hohen Preis zu bezahlen.[288]

Manche Stimmen stellen einen ursächlichen Zusammenhang zwischen bipolarer Störung und hoher künstlerischer Kreativität in Frage. Der Psychiater Arnold Ludwig argumentiert, dass kreative Menschen, die geisteskrank sind, natürlich eher zu den Künsten tendieren als etwa zur Wirtschaft oder Wissenschaft. Letztere Tätigkeitsbereiche erfordern Rationalität, Ausdauer und Besonnenheit, während die Künste gegenüber Unvernunft, Extravaganz und persönlichen Eigenarten nachsichtiger sind. Aufgrund einer Geisteskrankheit können sich Menschen als Außenseiter fühlen, in der Kunst wiederum kann das Bedürfnis nach Isolation leichter gelebt werden als in anderen Bereichen.

Wenn wir diese wissenschaftlichen Erkenntnisse ernst nehmen, mag es den Anschein haben, als wurzelten alle unsere schöpferischen Impulse tief im Gehirn. Doch *keine* der oben erwähnten Forschungen ist mit nichtlokalen Faktoren in der Kreativität unvereinbar – das mit fernen Menschen gemeinsame Denken, das Teilhaben an verschiedenen mentalen Feldern, das Eintauchen in eine universelle kosmische Intelligenzsuppe, das Erlangen von Eindrücken und Erkenntnissen aus einer höheren Quelle der Weisheit und so weiter. Eine Sicht der Kreativität anzunehmen, die sich ausschließlich auf Gegebenheiten und Vorgänge im Gehirn stützt, ist schlechte Wissenschaft, weil sie uns zwingt, zu viel Evidenz zu verwerfen, die für einen nichtlokalen Aspekt des menschlichen Geistes spricht. Diese Evidenz kommt in verschiedenster Gestalt: Kontrollierte Studien über den Einfluss fürbittender Gebete auf Menschen, Pflanzen und Tiere; Experimente zur Fernwahrnehmung; Studien, die die Möglichkeit beweisen, elektronische Apparate nichtlokal zu beeinflussen; der präkognitive Zugang zu Informationen und so weiter. Das vielleicht monumentalste Problem bei Gleichsetzung von Kreativität und Gehirn ist jedoch, dass noch niemand in der ganzen Geschichte der Wissenschaft jemals bewiesen hat, wie das physische Gehirn einen Gedanken *erzeugen* kann, sei er kreativ oder nicht.

Auch hier ist die Analogie von dem Gehirn als einem Übermittler, nicht dem Erzeuger von Bewusstsein hilfreich. Wie bereits erwähnt, gebrauchte William James selbst diesen Vergleich, der für viele Bewusstseinsforscher bis heute seinen Reiz hat. Die zentrale Idee ist diese: Während das Gehirn die *Inhalte* des Bewusstseins beeinflusst, wie so viele Studien zeigen, existieren doch keine Daten welcher Art auch immer, die anzeigen, dass es Bewusstsein tatsächlich *erzeugt*. Das Bild auf dem Fernsehbildschirm mag vom Wechseln der Kanäle oder durch einen „Tritt gegen die Kiste" beeinflusst werden – wie unsere mentalen Bilder, Gedanken und Emotionen von pathologischen Zuständen im Gehirn (wie Epilepsie oder neuroendokrine Anomalien) beeinflusst werden können. Doch die Tatsache, dass diese Umstände den Inhalt des menschlichen Geistes *beeinflussen* können, ist kein Beweis dafür, dass das Gehirn den Geist tatsächlich *hervorbringt*.

Viele Gelehrte beginnen, über religiöse Empfindungen ähnlich zu denken. „Ich wäre nicht überrascht, dass es Teile des Gehirns gibt, die an religiösem Erleben beteiligt sind", sagt der Physiker und Theologe Robert John Russell, Direktor des Zentrums für Theologie und Naturwissenschaft in Berkeley. „Aber [religiöses Erleben] besteht nicht nur aus jenen Teilen meines Gehirns, die gerade zucken, und aus nichts sonst."

Wenn die Zusammenhänge zwischen Gehirnaktivität und religiösem Erleben noch weiter verfolgt und ermittelt werden – wird Gott dann am Ende überflüssig? Das ist unwahrscheinlich, meint Nancey Murphy, eine Religionsphilosophin am Fuller-Seminar in Pasadena, Kalifornien. „Wenn wir anerkennen, dass das Gehirn alle die Dinge tut, die wir [traditionell] der Seele zugeschrieben haben, dann muss Gott irgendeinen Weg haben, mit menschlichen Gehirnen zu interagieren." Die neurologische Forschung, stellt sie fest, können wir als einen Versuch betrachten, „einen Bericht über göttliches Handeln vorzulegen ... das heißt wie Gott in unserem Gehirn handelt".[289]

Kreativitär und kosmische Suppe | 319

Wiedersehen mit dem IQ

Unsere Reise durch Überlieferungen und Literatur zum Thema Kreativität hat viele Kurven und Wendungen genommen. Ich hoffe, Sie können jetzt sehen, dass es signifikante Probleme gibt, Kreativität allein dem physischen Gehirn zuzuschreiben – und deshalb viele Gründe, über den IQ als Erklärung für Kreativität und Intelligenz hinauszublicken.

Obwohl der IQ nicht alles ist, habe ich noch niemanden kennengelernt, der freiwillig einen geringeren IQ gewollt hätte. Also lassen Sie uns dankbar sein für die Portion Gehirnschmalz, mit der wir gesegnet sind. Doch wir wollen sie nicht zu hoch rühmen, denn wenn wir dies tun, werden wir wahrscheinlich andere Faktoren zu gering schätzen, die ebenfalls Intelligenz ausmachen, wie wir gesehen haben.

Ist es eine gute Sache, seinen IQ zu kennen? Ich habe mich oft gefragt, ob ich, wenn ich die Zeit zurückdrehen könnte, noch einmal in das Rektorat einbrechen und mein IQ-Testergebnis stehlen würde. Trotz des Kummers, den das Resultat meines kleinen Diebstahls mir bereitete, würde ich es wohl wieder tun. Dass ich meinen mickrigen IQ erfuhr, bewirkte, dass ich mehr Aufmerksamkeit auf die Beziehung zwischen Geist und Gehirn richtete, um herauszufinden, was sie gemeinsam haben und worin sie sich unterscheiden. Und ich kann die Ironie des Schicksals nicht übersehen: Die Entdeckung, dass ich nicht so schlau war, hat mich verdammt viel schlauer gemacht.

„Wenn das Gehirn so einfach wäre, dass wir es verstehen könnten, wären wir so einfach, dass wir es nicht verstehen könnten", sagte der Biologe Emerson Pugh.[290] Und wenn Kreativität so einfach wäre, dass wir sie verstehen könnten, wären wir vielleicht so unkreativ, dass wir es nicht könnten.

Etwas sagt mir, dass das Geheimnis der Kreativität noch lange nicht aufgedeckt wird.

14

UNSTERBLICHKEIT

> Die entscheidende Frage für den Menschen ist: Bist du auf Unendliches bezogen oder nicht? Das ist das Kriterium seines Lebens.
>
> C. G. JUNG, *ERINNERUNGEN, TRÄUME, GEDANKEN*

Nun ist es offenkundig, dass spirituelle Anliegen dazu beitragen, die Grundlagen für die komplementäre und alternative Medizin in Amerika zu gestalten. Eine 1998 durchgeführte landesweite Umfrage stellte fest, dass „Nutzer alternativer Gesundheitsversorgung mit größerer Wahrscheinlichkeit von einem transformierenden Erlebnis berichten können, das die Art und Weise verändert hat, wie sie die Welt sehen ... Sie stellen fest, dass in [alternativen Therapien] erkannt wird, wie wichtig es ist, Krankheit innerhalb eines größeren Zusammenhangs wie Spiritualität und Sinn des Lebens zu behandeln ... Die Inanspruchnahme alternativer Versorgung ist ein Aspekt einer umfassenderen Werte-Orientierung und kulturellen Überzeugung, die eine ganzheitliche, spirituelle Orientierung zum Leben einschließt."[291]

Sehr viele Angehörige der Gesundheitsberufe dachten, dass die Menschen die komplementäre und alternative Medizin nicht aufgrund psychologischer oder spiritueller Motive nutzen, sondern weil sie einfach glauben, dass diese Therapien funktionieren. Doch die Umfrageergebnisse und Untersuchungen zeigen, das psychospirituelle Faktoren bei der Wahl einer Therapie eine entscheidende Rolle spielen. Zu lange haben selbst die Praktiker der komplementären und alternativen Medizin spirituelle und religiöse Themen für Angelegenheiten gehalten, für die Pfarrer, Priester oder Rabbi zuständig seien, nicht aber Krankenschwester, Internist oder Chirurg. Diese Sichtweise ändert sich jedoch rapide, weil zwingendes Beweismaterial – mehr als eintausendsechshundert veröffentlichte Studien – zeigt, dass Hoffnung und Sinn, die die Menschen in religiösen und spirituellen Überzeugungen finden, Gesundheitsergebnisse beeinflussen und den Unterschied zwischen Leben und Tod bedeuten können.

Die Möglichkeit eines Lebens nach dem Tode ist eine der dauerhaftesten Komponenten der großen Religionen, und der Glaube an die Unsterblichkeit hat sich durch die ganze Menschheitsgeschichte als eine Quelle der Kraft und Sinngebung erwiesen. Ungeachtet des Einflusses spiritueller Sinngebung auf die Gesundheit ist Unsterblichkeit jedoch kein Thema, über das man in Gesundheitskreisen zu sprechen pflegt.

Unsterblichkeit: Der „Name des Menschen"?

Die Unsterblichkeit ist ein recht ramponiertes Thema, im Laufe der Zeiten bis zur Zerlumptheit verschlissen von zahllosen Schreibern und Denkern, die ihre Ansichten zu diesem Gegenstand präsentierten. Damit ist die Unsterblichkeit zu einer Chiffre der menschlichen Psyche geworden. Es gibt vielleicht kein anderes Thema, das die Extreme des menschlichen Denkens und Empfindens auf so dramatische Weise offenbar werden lässt. Es legt unsere Faszination für das Himmlische und das Höllische bloß, für das Göttliche und das Dämonische. In unsere Sicht der Unsterblichkeit fließt unsere Fähigkeit zu Liebe, Mitgefühl und Vergebung ebenso ein wie unsere Neigung zu Hass, Rache, Bestrafung und Quälerei.[292]

Der Dichter David Whyte beschreibt die „Balkanisierung", die in jüngerer Zeit in unserer Sprache eingetreten ist – das Zerbrechen der Sprache in starre Kategorien wie die kleinen Balkanstaaten, die einander an die Kehle gehen. „Und so gibt es nun den Jargon der, sagen wir, fundamentalen Christen, der Politik, der Arbeitswelt und der New-Age-Bewegung", stellt Whyte fest. „Sie alle sind gleichermaßen bösartig, weil sie nicht die Realität ansprechen ... Sie sehen nicht länger eine Person, sondern einen ‚Gestörten', einen ‚Alkoholabhängigen', einen ‚Bedürftigen'."[293] Das Sprechen über die Unsterblichkeit ist auf ähnliche Weise balkanisiert. Die Menschen sehen nicht mehr „Unsterblichkeit", sondern eine Religion oder eine Philosophie. Die Folge ist, dass nicht mehr viel echter Dialog über die Unsterblichkeit stattfindet – nur ein Aufsagen verhärteter Ansichten.

Nachdem ich mich in die Literatur über die Unsterblichkeit versenkt habe, fühle ich mich benommen und erschöpft durch die Arroganz, Bestimmtheit und Engstirnigkeit, welche die Positionen der meisten Theologen kennzeichnen – ja, auch der Wissenschaftler. Der schlechteste Aspekt ist die weit verbreitete Neigung beider Gruppen, in jüngerer Zeit experimentell gewonnene Erkenntnisse über die nichtlokale Natur der menschlichen Psyche zu ignorieren. Das ist bedauerlich, weil die neue Evidenz die Debatte über die Unsterblichkeit zu verwandeln vermag. Sie ist die wichtigste Quelle für jeden, der eine empirische Validierung für jenen zeitlosen, unsterblichen Aspekt des

Bewusstseins sucht, von dem seit Beginn der menschlichen Geschichte nur Visionäre lichte Einblicke erhaschen konnten.

„Ich habe gehört: Wenn wir den Namen des Menschen aussprechen, sprechen wir den Glauben an Unsterblichkeit aus", schrieb Emerson. Doch er warnte: „Das wahre Zeugnis ist zu subtil – oder zu hoch, als dass wir es in Lehrsätze fassen können."[294] Aber vielleicht ist der subtile Beweis die beste Art, wo es um Unsterblichkeit geht. Zu lange waren wir eingeengt von schwerfälligen, buchstäblichen Visionen der Unsterblichkeit, die das Jenseits in quälenden Einzelheiten beschreiben, von der Zugangsregelung bis hin zur Musik. Subtile Visionen hingegen überlassen die Details einer höheren Weisheit und meiden unsere Vorlieben und Urteile. Vielleicht ist es hilfreich, einige von diesen zu untersuchen und die Art und Weise, wie sie unser Denken zu dem Thema beeinflussen.

Bilder vom Leben nach dem Tode

Was man in unserer Kultur über das Weiterleben denkt, zeigt das Fernsehen auf besonders entlarvende Weise. Als ich eines Tages durch die Programme schaltete, stolperte ich in eine Nachmittags-Talkshow, in der man gerade über Unsterblichkeit diskutierte. „Tragen sie Kleidung dort drüben?", fragte die Gastgeberin ihre geladene Expertin. Ich war auf der Stelle fasziniert. Die Gefragte hatte einen Monster-Bestseller über ihr Todesnähe-Erlebnis geschrieben, das, wie sie glaubte, mit einem Besuch im Himmel verbunden war. Nachdenklich antwortete sie, dass sie freilich nicht für jedermann sprechen könne, doch *sie selbst* sei auf ihrer Reise gewiss nicht nackt gewesen. Dann fragte jemand aus dem Publikum, ohne einen Hauch von Humor, welche Kleidung man im Himmel trage, ob es ein Toga-ähnliches Gewand oder etwas eher Zeitgenössisches gewesen sei. In dieser erstaunlichen Unterhaltung galt die *Tatsache* des Überlebens offenbar als völlig selbstverständlich; wie man „dort drüben" *aussah,* war das heiße Thema. So viel Aufmerksamkeit für die Details muss man einfach bewundern.

Per saldo bin ich jedoch nicht ganz so interessiert an der Detailkrämerei, was Jenseitiges betrifft. Mein Hauptanliegen ist, ob das Bewusstsein überlebt. Punkt. Was für mich zählt, ist das große Ganze. Ich gehe davon aus, dass eine universelle Intelligenz, die Vorkehrungen für die Fortdauer des Bewusstseins trifft, auch an die Kleiderordnung, die Speisekarte und das Freizeitprogramm gedacht hat.

In der Tat finde ich die traditionellen Bilder vom Himmel eher abstoßend, und damit stehe ich nicht allein. Infolge meiner Veröffentlichungen über spirituelle Themen in der Medizin teilen die Menschen mir oft ihre innernsten Gedanken über das Leben nach dem Tode mit. So erfuhr ich, dass die Menschen viel über den Himmel nachdenken, und manche von ihnen sind besorgt. Ein Mann teilte mir mit, dass ihm vor dem Gedanken graue, auf ewig Harfenmusik ausgesetzt zu sein, die er verabscheut. Eine Frau mit Höhenangst hatte eine Phobie, auf luftig-porösen Wolken dahinzutreiben. Einige der interessantesten Briefe, die ich erhalte, stammen von Strafgefangenen. Ein Insasse eines Bundesgefängnisses schrieb von seiner Sorge über die *Schlüssel* zur Himmelspforte. Der Gedanke daran löst bei ihm die Vorstellung von immerwährendem Eingeschlossensein aus, die ihn ungeheuer quält. Einer der unheilbarsten Menschen vom Typ A, die ich kenne, ist besorgt, ob er sich der *Langeweile* im Himmel anpassen kann – sollte er das Glück haben, dort zu enden. Mehrere Tierfreunde schrieben, sie hätten von ihren Seelsorgern gehört, dass Tiere keine Seelen besäßen und deshalb keine Kandidaten für einen Aufenthalt im Himmel seien. Weil die Tierbesitzer jedoch der Ansicht sind, dass ihre Tiere den Himmel gewiss mehr verdienten als die meisten Menschen, die sie kennen, sei ihnen dies ein Indiz für die Ungerechtigkeit des Göttlichen. Eine Mutter sagte, dass ihr Kind, das unter einer Allergie gegen Federn leide, gefragt habe, ob dies ein Problem darstelle, wenn sie einst in den Himmel komme und sich von geflügelten Engeln umgeben fände.

Glauben Sie nicht, dass diese Sorgen auf das gemeine Volk beschränkt seien. Viele Intellektuelle sind so beunruhigt über die Einzelheiten des Lebens danach, dass sie die völlige Auslöschung dem ewigen Leben vorziehen. David Ray Griffin bietet einige Beispiele in seinem Buch *Parapsychology, Philosophy, and Spirituality.* Eines ist der Cambridge-Philosoph C. D. Broad, der über die Forschung auf dem Gebiet der Parapsychologie und die Konsequenzen dieser Erkenntnisse im Hinblick auf ein Weiterleben gründlich informiert war. Er schätzte, dass die Chancen für eine Form des Überlebens nach dem Tode mindestens bei 50 : 50 liegen, empfand dies jedoch nicht als einen beglückenden Gedanken. Er hielt diese Welt für einen schlimmen Aufenthaltsort und machte sich Sorgen, dass die nächste noch schlimmer sein würde. Also bemerkte er ironisch, dass er – wenn er gestorben und weiterhin bewusst wäre – „eher etwas ungehaltener als überrascht" sein würde.

Karl Popper, der wohl einflussreichste Erkenntnis- und Wissenschafts-Philosoph des 20. Jahrhunderts, glaubte auch, dass die nächste Welt entsetzlich sei, und fand die Aussicht auf Unsterblichkeit „zutiefst furchterregend".

Karl Barth, der Schweizer Theologe, schien beunruhigt, dass die Zugangsregelung im Himmel allzu liberal sein könnte. Er versicherte einmal, dass „Gott den Himmel nicht für Gänse erschaffen" habe. Man fragt sich, woher er dies wusste.

Manche Intellektuelle scheinen zu denken, dass die Hoffnung auf Unsterblichkeit ein Anzeichen charakterlicher Schwäche sei oder einen philosophischen, aber faulen Kompromiss vermuten lasse. Es gibt einen Hinweis auf diese Einstellung bei Bertrand Russell, der die berühmte Bemerkung machte: „Ich glaube, dass ich verwesen werde, wenn ich sterbe, und dass nichts von meinem Ego überlebt ... Ich würde es verachten, bei dem Gedanken an die Vernichtung vor Schrecken zu zittern. Das Glück ist wahr, auch dann, wenn es ein Ende finden muss, und auch das Denken und die Liebe verlieren nicht ihren Wert, weil sie nicht ewig währen."[295]

Die Geringschätzung, die viele Intellektuelle gegenüber dem Weiterleben an den Tag legen, zeigt, dass mit uns Übrigen etwas nicht stimmt: Wir sind zu verängstigt und willensschwach, um uns mit unserem drohenden Untergang auseinanderzusetzen. Es könnte auch umgekehrt sein, dass etwas mit *ihnen* nicht stimmt. Ich hege schon lange den Verdacht, dass Menschen, die sich von der Vorstellung einer Unsterblichkeit abgestoßen fühlen, möglicherweise an einer subklinischen Agoraphobie leiden. So wie die Furcht vor offenen Räumen und Plätzen agoraphobe Menschen im Griff hat, scheint Entsetzen die Unsterblichkeits-Hasser zu packen angesichts der *Unendlichkeit*, die mit der Unsterblichkeit einhergeht – so viel Raum und Zeit! Als Quasi-Dauerbehandlung für ihre Störung ziehen sie die übersichtliche Begrenztheit in einem gemütlichen Grab vor, wo sie für immer an Ort und Stelle bleiben können, ohne auch nur von einem Schimmer von Bewusstsein gestört zu werden.

Alternativ könnten Menschen, die sich von den traditionellen Bildern vom Himmel abgestoßen fühlen, knallharte, unverbesserliche Introvertierte sein, zu denen ich mich selbst zähle. Sie müssen zugeben, dass „Himmel" doch sehr nach einem permanenten gesellschaftlichen Ereignis klingt, das von und für Extravertierte ersonnen wurde, mit all dem Lustwandeln, Plaudern und Singen – daher Tennysons Zeile „Hört' den Himmel voll Geschrei". „Für Leute, denen so etwas gefällt", witzelte Abraham Lincoln einmal in einem anderen Zusammenhang, „ist es genau das, was sie mögen." Was aber, wenn einem so etwas nicht gefällt? Es beunruhigt mich, dass keiner je über die Privatsphäre im Himmel gesprochen hat. Ist der Himmel das Ende des Alleinseins? Kann man sich dort noch in sein eigenes Zimmer zurückziehen? In aller religiösen und spirituellen Literatur über das Leben nach dem Tode, die ich gelesen habe, kann ich mich nicht an einen einzigen Fall erinnern, in dem die Frage nach der Privatsphäre erwähnt wurde. Fast hat es den Anschein, als müsse man sich dem Myers-Briggs-Persönlichkeitstest unterziehen und als „extravertiert" gestempelt werden, bevor man Zutritt erhält.

Manche Philosophen finden die Idee eines Lebens nach dem Tode moralisch widerwärtig, falls die Hauptmotivation zum moralischen Verhalten die

Erwartung von Belohnungen bzw. Strafen nach dem Tode ist. Selbst spirituelle Lehrer haben kritisiert, aus welchen Motiven Menschen den Himmel ersehnen. Ein Beispiel im 8. Jahrhundert war die Sufi-Dichterin und Mystikerin Rabia von Basra, die einmal mit einer brennenden Fackel in der einen und einem Eimer Wasser an der anderen Hand in die arabische Wüste wanderte. Sie wolle die Feuer der Hölle löschen und den Himmel in Brand stecken, damit die Menschen Gott liebten – weder aus Angst vor der Hölle noch in der Hoffnung auf das Paradies, sondern nur aus reiner Liebe.[296]

Andere schreckt die Vorstellung, dass Menschen, die sich ohne eigene Schuld oder unter mildernden Umständen schlecht benommen haben, vom Himmel ausgeschlossen werden könnten. Viele finden es irrational, dass manche Arten von Höllenstrafen von ewiger Dauer seien. Irgendwann, argumentieren sie, komme ein Punkt, an dem selbst das abscheulichste Verbrechen abgegolten ist, die Waagschalen der Gerechtigkeit ausgeglichen sind und die Strafe enden sollte. Viele Menschen nehmen übel, wie gewisse Organisationen den Himmel als ihr höchsteigenes Terrain vereinnahmt haben, so dass die Pflege guter Beziehungen zu ihrer Religion zur Vorbedingung für eine Überweisung in den Himmel statt in die Hölle werde. Vielen missfällt die Art und Weise, wie sich Fernseh-Evangelisten das Gewissen ihrer Zuschauer zum Jagdrevier auserkoren haben und zu verstehen geben, dass Spenden für ihre Sache ein Mittel seien, sich bei Gott fürs ewige Leben einzuschmeicheln. Ein anderer häufiger Einwand gegen das Leben nach dem Tode ist, dass dieser Glaube als Betäubungsmittel diene: Wenn Menschen ihre Aufmerksamkeit auf das Jenseits gerichtet halten, könnte dies ihre Leidenschaft unterminieren, Gerechtigkeit für jedermann bereits in der diesseitigen Existenz anzustreben. Auf ähnliche Weise könnte eine Fixierung auf die Zukunft die Menschen selbstzufrieden und gleichgültig machen im Hinblick auf das Schicksal der Erde angesichts nuklearer, umweltlicher und anderer Bedrohungen. Manche sagen, dass der Glaube an ein ewiges Leben zu apokalyptischem Denken führe und jene, die an Unsterblichkeit glauben, versuchen könnten, einen Schlussstrich unter diese Existenz zu ziehen, um baldigst die nächste anzutreten.

„Leben danach" oder „Leben davor"?

Doch auch wenn wir alle Einwände gegen das Leben nach dem Tode kombinieren, die jemals vorgetragen wurden, werden sie von der überwältigenden Überzeugung unzähliger Menschen in allen Ländern und zu allen Zeiten vom Tisch gewischt, dass es – nach dem Tode – weitergehe. Die Gelehrten haben diesen universellen Glauben dem menschlichen Kampf gegen die biologische Auslöschung zugeschrieben: Unfähig, unser Abscheiden zu akzeptieren, malen wir uns ein rosiges Bild für „die Zeit danach". In den meisten Jenseits-Visionen sehen die Menschen sich als blasse Versionen dessen, was und wie sie auf Eden waren – ätherische Geister, unsterbliche Seelen und so weiter. Es ist, als wäre *diese* Existenz real und das Leben danach weniger real. Aber Dennis Stillings, Direktor des Archaeus-Projekts in Kamuela, Hawaii, meint, dass der weltweite Glaube an ein Leben nach dem Tode anzeigen könnte, dass gerade *diese* Existenz nicht die grundlegende ist. Indizien dafür, dass wir nicht wirklich auf die Erde gehören, gebe es überall, glaubt Stillings.[297] Wir verhalten uns auf diesem Planeten, als wären wir Fremde in einem unbekannten Land, wie Fische auf dem Trockenen. Obwohl wir uns die am höchsten entwickelte Spezies nennen, stecken wir Menschen, wenn wir unsere Situation nüchtern betrachten, in einem größeren Schlamassel als jede andere Lebensform. Wir sind chronisch unglücklich, ängstlich und unzufrieden; außerstande, im Jetzt zu bleiben, blicken wir ständig in die Vergangenheit oder in die Zukunft. Es ist, als versuchten wir, an die Erinnerung daran zu gelangen, woher wir gekommen und wohin wir eigentlich unterwegs sind. Wir haben nur eine schwache Ahnung, dass wir nicht hierher gehören, denn die Gewissheit darüber, wer wir wirklich sind, ist im Lauf der Äonen dramatisch verblasst. Was bleibt, ist ein mächtiges Unbehagen und das zermürbende Gefühl, dass wir wohl für irgendeine andere Form der Existenz als die derzeitige besser ausgestattet sind. Aber die uralten Einflüsterungen tief in unserem Inneren sind nicht gänzlich verstummt. Von Zeit zu Zeit treten Menschen auf, die sich darauf verstehen, ihnen zu lauschen – die großen Heiligen und Mystiker, Dichter und Künstler, die für jene Stimmen entbrennen und uns Botschaften über ein anderes Reich mitbringen.

Die Psychotherapeutin Sukie Miller, Ph.D., ist Gründerin und Leiterin des Instituts zur Erforschung des Nachtodlichen. In ihrem Buch *After Death: How People around the World Map the Journey after Life* (dt. Ausg.: *Nach dem Tod: Stationen einer Reise*), einem faszinierenden kulturübergreifenden Vergleich der Vorstellungen und Bilder vom Leben nach dem Tode, beschreibt und analysiert sie Überlieferungen und Berichte aus Indien, Brasilien, Indonesien, Westafrika und den Vereinigten Staaten. Ein Gedicht vermittelt den Gedanken, dass unsere irdische Existenz nicht wirklich grundlegend ist. Es stammt von einem unbekannten Dichter und handelt von dem mexikanischen *Tag der Toten:*

Wir kommen nur, um zu träumen,
wir kommen nur, um zu schlafen;

es ist nicht wahr, es ist nicht wahr,
dass wir kommen, um auf der Erde zu leben.

Wohin werden wir von hier gehen?
Wir kamen nur her, um geboren zu werden,
denn unser Zuhause ist drüben,
wo die Fleischlosen wohnen.

Vielleicht lebt jemand wirklich auf Erden?
Die Erde ist nicht für immer, sondern nur,
um eine kurze Zeit zu verweilen.[298]

Wenn wir die Möglichkeit respektieren, dass eine andere Dimension grundlegender ist als diese, würden wir vielleicht aufhören, sie das „Leben danach" zu nennen und anfangen, die derzeitige Phase unserer Existenz als „Leben davor" zu bezeichnen.

Was die Wissenschaft dazu sagt

Unsterblichkeit bedeutet, dass der Geist mehr ist als der physische Körper und über diesen hinausreicht. Manche Wissenschaftler halten diese Idee für so gefährlich, dass sie um jeden Preis verworfen werden müsse. Ein führender Biologe sagte einst zu William James: „Selbst wenn so etwas wahr wäre, sollten die Wissenschaftler sich zusammentun, um es zu unterdrücken und geheimzuhalten. Es würde die Uniformität der Natur zunichte machen und alle möglichen anderen Dinge, ohne die die Wissenschaftler nicht ihrer Arbeit nachgehen können."[299] Hier haben wir die Empfehlung, dass sich Wissenschaftler kollektiv an einer bewussten Vertuschung beteiligen sollten, um vermeintlichen Bedrohungen für das wissenschaftliche Unternehmen entgegenzuwirken. Wegen Wahnvorstellungen, die beträchtlich weniger grandios waren als diese, wurden paranoide Patienten schon auf Neuroleptika eingestellt.

Laien, die mit den Mechanismen der Wissenschaft nicht vertraut sind, dürfte es schwerfallen zu glauben, dass Wissenschaftler tatsächlich versuchen würden, aus schierer Bigotterie eine Idee auszumerzen, doch was die Idee einer erweiterten Form des Bewusstseins betrifft, ist solche Bigotterie an vielen Stellen zu erkennen. Ein Beispiel berichten die Physiker Hal Puthoff und Russell Targ in ihrem Buch *Mind-Reach* (dt. Ausg.: *Jeder hat den 6. Sinn*). Als sie in den 1970er Jahren am Stanford Research Institute (heute: SRI International) arbeiteten, führten sie Untersuchungen auf dem Gebiet der

Fernwahrnehmung durch, bei denen Menschen versuchten, Informationen über ein fernes Ziel zu erlangen, ohne die physischen Sinne zu gebrauchen. Mehrere prominente Wissenschaftler schrieben ärgerliche Briefe an den Präsidenten der SRI in dem Bemühen, Puthoff und Targ feuern zu lassen, was deren beruflichem Todesurteil gleichgekommen wäre. Als ein renommierter Wissenschaftler eine Gelegenheit hatte, ihre Daten durchzusehen, die darauf schließen ließen, dass das Bewusstsein über den Körper hinaus reicht, schnaubte er: „Das ist genau das Zeug, das ich nicht einmal glauben würde, wenn es wirklich existierte."[300] In diesem Fall jedoch gewann die „Gedankenpolizei" nicht die Oberhand. Die Erkenntnisse Puthoffs und Targs wurden schließlich in den angesehenen *Proceedings of the Institute of Electrical and Electronics Engineers (IEEE)* veröffentlicht.[301]

Zu allen Zeiten haben weise Menschen gelegentlich vorgeschlagen, die Wahrheit zu verschleiern oder ganz zu verbergen. In Dantes *Göttlicher Komödie* lesen wir zum Beispiel: „Der Wahrheit, die der Lüge Antlitz trägt, soll, wenn es möglich, man die Lippen schließen, denn unverschuldet bringt sie uns Beschämung."[302] Emily Dickinson schrieb: „Künd' all die Wahrheit, nur nicht pur! ... Wahrheit muß langsam leuchten ein – sonst werden alle blind!"[303]

Doch Spötter jener Sorte, die Puthoff und Targ attackierten, meinen etwas anderes als Dante und Dickinson. Sie sind davon überzeugt, Lügen zu unterdrücken; es geht ihnen nicht um ein sorgfältiges Verpacken der Wahrheit. Das Schlimmste ist, dass sie die wissenschaftliche Erforschung der Ideen, die sie bekämpfen, abstellen und ihre Fürsprecher aus dem Markt drängen wollen. Da ist eine zunehmende selektive Blindheit am Wirken – ein Verhalten, wie es der spirituelle Lehrer Baba Ram Dass charakterisierte: „Wenn ein Taschendieb einen Heiligen betrachtet, sieht er nur Taschen."[304] Wenn Materialisten die Menschen betrachten, sehen sie nur Materie.

Der Grund für alle diese Feindseligkeit ist einfach. Wenn der Geist des Menschen mehr ist als das Gehirn, dann sind einige der beliebtesten Konzepte in der modernen Wissenschaft falsch. Der Philosoph Colin McGinn formuliert es so:

> Was wir den menschlichen Geist nennen, besteht tatsächlich aus einer großen Zahl von Teilfunktionen, deren jede vom Funktionieren des Gehirns abhängig ist. [Die Fakten der Neurologie] demonstrieren stringent, ... dass alles am Geist, von der sensorisch-motorischen Peripherie bis hin zum inneren Selbstempfinden, minutiös vom Gehirn bestimmt wird: Wenn Ihrem Gehirn gewisse chemische Verbindungen fehlen oder wenn es einen lokalen Schaden erleidet, dann gerät Ihr Geist leicht aus den Fu-

gen ... Wenn Teile des Geistes um ihre Existenz von Teilen des Gehirns abhängig sind, dann gilt dies auch für den Geist als Ganzes. Daher stirbt die Seele mit dem Gehirn, das heißt, sie ist sterblich."[305]

Der Schriftsteller Arthur Koestler, der die wissenschaftlichen Beweise für eine erweiterte Form des Bewusstseins ernst nahm, stellte fest, dass es keine Hoffnung auf Unsterblichkeit gebe, „solange wir Gefangene jener materialistischen Philosophie bleiben, die behauptet – wie [Sir Cyril] Burt es ironisch formulierte –, dass die Chemie des Gehirns ,Bewusstsein produziert, so wie die Leber Gallenflüssigkeit erzeugt.'"[306]

TNEs und AKEs – Todesnähe- und außerkörperliche Erlebnisse

Die Debatte um das Weiterleben wurde in den vergangenen drei Jahrzehnten durch die Veröffentlichungen von Forschungen auf dem Gebiet der Todesnähe-Erlebnisse (TNE, engl. *near-death experiences,* NDE) enorm angefacht. (*Unsterblichkeit* und *Weiterleben* sind keine Synonyme. *Unsterblichkeit* meint die *ewige* Existenz eines zeitlosen Aspekts des Bewusstseins, während *Weiterleben* die fortgesetzte Existenz nach dem körperlichen Tode für eine nicht weiter bestimmte Zeit bedeutet.) In Todesnähe erleben Menschen gewöhnlich, dass sie sich außerhalb ihres Körpers befinden. Viel häufiger jedoch sind spontane Erlebnisse dieser Art bei normalen, gesunden Menschen. Umfragen zeigen, dass rund zehn Prozent der Bevölkerung im Laufe ihres Lebens mindestens ein außerkörperliches Erlebnis (AKE, engl. *out-of-body experience,* OBE) gehabt hat. In manchen dieser Berichte gelangen die Personen offenbar an Informationen, die sie „im verkörperten Zustand" unmöglich hätten erfahren können.

Einen solchen Fall beschreiben Kenneth Ring, ein emeritierter Psychologie-Professor der Universität von Connecticut, und die TNE-Forscherin Evelyn Elsaesser Valarino. Er betrifft „Maria", eine Gastarbeiterin, die eine Herzattacke hatte, während sie zum ersten Mal Freunde in Seattle besuchte. Man brachte sie eilends in die herzchirurgische Intensivstation im Harborview-Krankenhaus, wo sie einige Tage später einen Herzstillstand erlitt und reanimiert wurde.

Am nächsten Tag wurde Kimberly Clark, eine Notfall-Sozialarbeiterin, gebeten, Maria zu besuchen. Während ihres Gesprächs erzählte Maria Clark, dass sie während der Wiederbelebung von der Decke herunter auf ihren eigenen Körper blicken konnte und sah, was das Medizinerteam gerade unternahm. Clark hatte von TNEs schon gehört, war aber skeptisch, und so täuschte sie Mitgefühl und Verständnis vor, während sich Marias bizarre

Geschichte entfaltete. Maria beschrieb, wie sie sich plötzlich nicht mehr nur in Deckenhöhe in der Intensivstation befand, sondern gänzlich außerhalb des Krankenhauses, wo ein Gegenstand auf einem Sims im dritten Stockwerk des Nordflügels ihre Aufmerksamkeit anzog. Sie „dachte sich selbst dorthin", berichtete sie Clark, und als sie dort „ankam", stellte sie fest, dass sie einen Tennisschuh betrachtete, der auf einem Sims des Gebäudes lag. Maria beschrieb den Schuh bis ins kleinste Detail, einschließlich einer abgewetzten Stelle beim kleinen Zeh und der Tatsache, dass ein Ende des Bandes unter das Fersenende gesteckt war. Schließlich beschwor Maria Clark, den Schuh ausfindig zu machen, um sich zu vergewissern, dass sie ihn wirklich gesehen hatte.

An diesem Punkt erlebte Clark eine tiefe metaphysische Ungewissheit: Was wäre, wenn sie ginge, um nach dem Tennisschuh zu sehen, und ihn tatsächlich fände? Kenneth Ring berichtet über den Fall in *Lessons from the Light: What We Can Learn from the Near-Death Experience* (dt. Ausg.: *Was wir aus Nahtoderfahrungen für das Leben gewinnen*): „Ich bin selbst im Harborview-Krankenhaus gewesen und kann Ihnen sagen, dass der nördliche Trakt des Gebäudes recht schmal ist; im dritten Stockwerk sind nur fünf Fenster. Als Clark dort eintraf, fand sie keinen Schuh – bis sie zum mittleren Fenster auf diesem Stockwerk kam: Und dort auf dem Sims – genau, wie Maria es beschrieben hatte – lag der Tennisschuh."

War dies nur „eines dieser Dinge"? Ring schreibt weiter: „Wie groß ist die Wahrscheinlichkeit, dass eine Gastarbeiterin, die zum ersten Mal in eine Großstadt kommt, dort eine Herzattacke erleidet und nachts in ein Krankenhaus gebracht wird, später während eines Herzstillstands einfach ‚halluziniert', einen Tennisschuh – mit sehr speziellen und ungewöhnlichen Einzelheiten – auf einem Sims eines Stockwerks zu sehen, das *höher* liegt, als sie selbst sich im Krankenhaus befindet? Nur ein Erzskeptiker, denke ich, würde etwas anderes antworten als „Verflucht gering"!

Ring und eine andere Kollegin, Madeleine Lawrence, haben drei TNE-Fälle untersucht, in welchen zumindest ein unabhängiger Zeuge die von einem Patienten im außerkörperlichen Zustand gemachten Wahrnehmungen zu verifizieren vermochte. Wie schon bei Maria, geht es in zwei der Fälle um Schuhe.

Einen erlebte Cathy Milne, die 1985 als Schwester im Krankenhaus von Hartford, Connecticut, arbeitete. Eines Tages sprach Milne gerade mit einer Frau, die kürzlich reanimiert worden war und ein Todesnähe-Erlebnis gehabt hatte.

Sie erzählte mir, wie sie über ihren Körper hinauf schwebte, kurze Zeit die Wiederbelebungsbemühungen betrachtete, und sich dann durch mehrere Stockwerke des Krankenhauses nach oben gezogen fühlte. Dann befand sie sich über dem Dach und erkannte die Skyline von Hartford. Sie staunte, wie interessant dieser Anblick war, und sah aus dem Augenwinkel einen roten Gegenstand. Es stellte sich heraus, dass es sich um einen Schuh handelte ... Ich berichtete dies einem [skeptischen] Bewohner, der sich spöttisch entfernte. Offenbar erreichte er einen Hausmeister, der aufs Dach steigen sollte. Als ich ihn später an jenem Tage wiedersah, hatte er einen roten Schuh und glaubte die Sache nun auch!

Warum kommen in TNEs immer wieder *Schuhe* vor? Das ist paradox, denn der Schuh steht als Symbol für unseren Kontakt mit der materiellen Erde und der materiellen Seite der Existenz, während AKEs Hinweise auf das Immaterielle und Unendliche sind. Vielleicht ist der Schuh als Bild ein Versuch des Unbewussten, uns nach außerkörperlichen Erlebnissen zu *erden*.

Todesnähe-Erlebnisse und Atheisten

Der Brite Alfred Jules Ayer (1910-1989) war einer der einflussreichsten Philosophen des 20. Jahrhunderts. 1988 hatte er während eines Herzstillstandes ein TNE, als er wegen einer Lungenentzündung im Krankenhaus war. Als sein Bericht („Was ich sah, als ich tot war") im Londoner *Sunday Telegraph* veröffentlicht wurde[307], löste er einige Aufregung aus. Ayers Geschichte war kaum einzigartig zu nennen; Berichte über TNEs waren schon in großer Zahl publiziert, als er an die Reihe kam, aus eigenem Erleben zu schreiben. Dass gerade dieses TNE ein so leidenschaftliches Interesse weckte, lag daran, dass Ayer als Atheist bekannt war, also kein Mensch, bei dem man ein solches Erlebnis als Folge seines Wunschdenkens abtun konnte. Die Sache fand sogar ihren Weg über den Atlantik und wurde in den Vereinigten Staaten als Titelgeschichte im *National Review* aufgemacht: „A. J. Ayers Ahnung von Unsterblichkeit: Was passiert, wenn der Welt berühmtester Atheist stirbt"[308]

Während er bewusstlos und an ein Beatmungsgerät angeschlossen war, wurde Ayer mit einem roten Licht konfrontiert, das so hell war, dass es schmerzte. Dieses Licht schien für die Regierung des Universums verantwortlich. Er sah zwei Geschöpfe, die als Minister für den Weltraum zuständig waren. Es war Teil ihrer Aufgabe, Inspektionen im All durchzuführen, was sie erst kürzlich erledigt hatten; doch sie hatten ihre Aufgabe so nachlässig ausgeführt, dass das All nicht mehr richtig zusammenpasste und leicht aus den Fugen war. Zudem hatte Ayer das Gefühl, dass die Naturgesetze nicht mehr wirkten, wie sie sollten, und dass es nun an ihm war, die

Dinge zu berichtigen. Wenn ihm dies gelänge, würde das schmerzende rote Licht vielleicht erlöschen. Während der ganzen Zeit war sich Ayer des engen Zusammenhangs von Raum und Zeit gewahr, die Einsteins Entdeckungen im 20. Jahrhundert offenbart hatten, und dass er den Raum kurieren könnte, indem er an der Zeit operierte. Er versuchte, die Aufmerksamkeit der Minister auf sich zu ziehen, indem er ihnen grüßend zurief, doch sie reagierten nicht darauf. Mit dem Gedanken, dass sie sich für die Zeitmessung interessieren könnten, begann er seine Armbanduhr zu schwenken, aber auch dies bewirkte nichts. Er wurde immer verzweifelter, und schließlich endete das Erlebnis.

„Das war es also", sagte Ayer. „Meine kürzlichen Erlebnisse haben meine Überzeugung leicht abgeschwächt, dass mein wirklicher Tod, der recht bald fällig ist, mein Ende sein werde – obwohl ich weiterhin hoffe, dass er es sein wird. Meine Überzeugung, dass es keinen Gott gibt, haben sie nicht geschwächt."[309]

In einem offenkundigen Versuch der Schadensbegrenzung verliehen mehrere prominente Wissenschaftler Ayers Bericht ihre eigene Note. Der Cambridge-Physiologe Colin Blakemore verkündete: „Was Freddy Ayer zugestoßen ist, war ein Sauerstoffmangel, der die interpretativen Methoden seiner Großhirnrinde beeinträchtigte, was zu Halluzinationen führte" – das uralte Totschlagargument der Materialisten. Der angesehene Cambridge-Physiker Sir Hermann Bondi, Präsident der Rationalist Press Association, gab bekannt, dass er „völlig unbeeindruckt" sei und meinte naserümpfend: „Es ist schwierig genug, vernünftig zu sein, solange es einem gut geht."

Es schien, als sollte Ayers mit diesen Reaktionen bestraft werden, und so veröffentlichte er, was einem förmlichen Widerruf gleichkam. Er erklärte, dass das Erlebnis seine Gewissheit, dass der Tod der Auslöschung gleichkomme, nicht geschwächt habe und „niemals geschwächt hätte". Darüber hinaus sei er praktisch sicher, dass seine Bilder Phantasien waren, die sein strapaziertes Gehirn hervorgebracht hatte. „Ich sagte in meinem Artikel", stipulierte er, „dass die wahrscheinlichste Erklärung meiner Erlebnisse war, dass mein Gehirn nicht aufgehört hatte zu funktionieren während der vier Minuten meines Herzstillstandes. ... Keine andere Hypothese ist auch nur annähernd geeignet, diese zu verdrängen."

Die Ereignisse, die Ayers Bericht folgten, zeigen, wie nervös erklärte Materialisten bei TNEs werden, und wie sie versuchen, Dinge zu unterdrücken. Der Ayer-Vorfall zeigt auch, dass Menschen in TNEs finden, was sie finden wollen, und wie unwahrscheinlich es ist, dass TNEs jemals die Debatte über das Überleben des Todes beenden werden.

Warum materialistische Erklärungen bei TNEs versagen

Haben die Materialisten recht? Waren Ayers Erlebnisse Symptome eines kranken, unter Sauerstoffmangel leidenden Gehirns? „Diese Deutung ... stößt auf mehrere Schwierigkeiten", stellt David Ray Griffin in einer vorsichtigen Analyse in *Parapsychology, Philosophy, and Spirituality* fest. „Die meisten AKEs treten nicht unter solchen Umständen auf." Dies ist ein wichtiger Punkt. Die meisten Menschen, die außerkörperliche Erlebnisse haben, sind nicht krank. Die AKEs begegnen ihnen im normalen, alltäglichen Leben, nicht in Krankenhäusern und Intensivstationen.

Griffin geht der Behauptung einiger Skeptiker nach, dass die Bildersprache von AKEs nicht durch zu wenig Sauerstoff bedingt ist, sondern durch zu viel Kohlendioxid (Hyperkarbie).

Experimente haben in der Tat gezeigt, dass eine Hyperkarbie Erlebnisse hervorbringen kann, die dem ähnlich sind, was von außerkörperlichen Erlebnissen berichtet wird, insbesondere über deren transzendente Phasen, so zum Beispiel helle Lichter, Ekstase und das Wiedererleben von früheren Erinnerungen. Diese Theorie wird jedoch zugleich durch die Tatsache unterminiert, dass die meisten AKEs, selbst jene mit lebhafter transzendentaler Bildersprache, nicht in Hyperkarbie-Situationen eintreten ... Hyperkarbie erzeugt auch eine Vielfalt von Phänomenen, die AKEs unähnlich sind, etwa „Buntglasfenster-Effekte", belebte Phantasieobjekte (wie sich bewegenden Musiknoten), Doppelt- oder Dreifachsehen und Gefühle des Schreckens.

Da AKEs bei Patienten im Krankenhaus auftreten, behaupten Materialisten häufig, dass sie auf die verabreichten Medikamente zurückzuführen seien. „Doch", stellt Griffin fest, „die meisten AKEs, selbst die meisten todesnahen AKEs, erleben Menschen, die keine Medikamente eingenommen haben. Zudem weisen AKE-Visionen selten, wenn überhaupt, eine derart bizarre Bildersprache auf, wie sie bei drogen-induzierten Halluzinationen vorkommt; letztere werden als unwirklich erkannt – schon beim Erleben oder wenigstens im Rückblick –, während AKEs sowohl während des Erlebens als auch im Rückblick als real empfunden werden."

Eine weitere häufige „Erklärung" meint, dass das AKE so etwas wie ein epileptisches Geschehen sei und aus einem Schläfenlappen-Anfall resultiere. „Die Hauptverbindung", stellt Griffin fest, „ist hier die Lebensrückschau, die bei manchen AKEs vorkommt ... Ein unmittelbares Problem bei diesem Erklärungsversuch ist jedoch, dass das Wiedererleben von Erinnerungen, das durch Funktionsstörungen im Bereich des Schläfenlappens ausgelöst wird, gewöhnlich auf ein einzelnes Ereignis ohne besondere Bedeutung begrenzt ist; es ist nicht annähernd wie der Lebensrückblick auf eine Kette mit einer Myriade von Ereignissen von großer Signifikanz. Auch werden die neurologischen Halluzinationen normalerweise von Geschmacks- und Geruchsempfindungen begleitet, die bei AKEs gewöhnlich fehlen; die Wahrnehmung der unmittelbaren Umgebung ist oft verzerrt, und die Personen erleben eine forcierten Gedankenstrom."

Eine recht bekannter Vorschlag lautet, dass AKEs durch die Ausschüttung von Endorphinen ins Blut verursacht seien, was die angenehmen Emotionen und die Schmerzlosigkeit während dieser Erlebnisse erklären könnte. Griffin wendet ein: „Doch die Injektion von Endorphinen führt zu Schläfrigkeit, nicht zu der gesteigerten Wachheit, die im Zusammenhang mit AKEs berichtet wird. Außerdem bewirkt die Endorphin-Injektion eine Schmerzlinderung über viele Stunden (22–73 Stunden), während Menschen mit AKEs berichten, dass ihre Schmerzen schlagartig zurückkehren, sobald sie wieder in ihren Körper eintreten."

Die britische Psychologin Susan J. Blackmore glaubt, dass Todesnähe- und außerkörperliche Erlebnisse Störungen des Gehirnstoffwechsels widerspiegeln. Sie konzentriert sich dabei auf den wohlbekannten Eindruck einer Reise durch einen dunklen Tunnel während solcher Erlebnisse. In ihrer Arbeit mit der Überschrift „Todesnähe-Erlebnisse in Indien: Auch hier gibt es Tunnel"[310] vertritt sie die Ansicht, dass die Tatsache der Universalität des Tunnel-Erlebnisses belege, dass es auf Anomalien körperlicher Vorgänge im Gehirn beruhe. Aber, so Griffin, „selbst angesichts der Resultate ihrer Studie und einiger anderer, die andeuten, dass in etwa 38% der Todesnähe-Erlebnisse Tunnel vorkommen ... fällt es schwer, nachzuvollziehen, wie eine physiologische Erklärung des Tunnel-Erlebnisses – selbst wenn wir sie für angemessen halten – den Schüssel zu dem AKE selbst liefern könnte, da es etwa 62% der AKEs unberücksichtigt und ohne Erklärung ließe."

Im Gefolge mehrerer Blockbuster-Bestseller in den vergangenen Jahren haben Todesnähe- und außerkörperliche Erlebnisse von der Phantasie des Volkes Besitz ergriffen, und viele Menschen glauben, diese Erlebnisse seien das beste Beweismaterial für ein Leben nach dem Tode. Doch die Causa „Fortbestehen des Bewusstseins nach dem körperlichen Tode" geht über TNEs und AKEs hinaus, so bedeutsam diese auch für die Personen sein mögen, die sie selbst erfuhren. Diese Erlebnisse sind nur einzelne Elemente in einem viel größeren Bild. Andere, überzeugendere Beweisketten stehen, so meine ich, zur Verfügung und zeigen, dass Bewusstsein über die Grenzen des physischen Körpers hinausreicht und nichtlokal ist, unendlich in Raum und Zeit.

Viele Teilchen dieses Puzzles hat Griffin, dessen Argumentation ich bewundere, auf brillante Weise behandelt. Ich empfehle sein Buch *Parapsychology, Philosophy, and Spirituality* jedem, der sich ein umfassendes, eingehendes Bild zum Thema Überleben des körperlichen Todes machen möchte. Griffins Schlussfolgerung stimme ich zu: „Die Frage [des Überlebens] sollte nicht nach einem absoluten Beweis gestellt werden, da ein solcher nicht möglich ist: Man kann weder die Wahrheit noch die Unrichtigkeit des Glaubens an das Leben nach dem Tode beweisen. Die Frage sollte statt dessen der plausibelsten Theorie gelten, Platons ,wahrscheinlichster Darstellung'. [Allerdings] ... *gibt es eindrucksvolle Zeugnisse für das Leben nach dem Tod.*" (Hervorhebungen von mir)

Ärztliche Widerstände

Im Allgemeinen sind wir Ärzte geradezu obsessiv der materialistischen Annahme verfallen, dass Geist gleich Gehirn sei, wie der Kardiologe Michael Sabom herausfand.

In seinem Buch *Recollections of Death* (dt. Ausg.: *Erinnerungen an den Tod*) berichtet Sabom, dass er bei der ersten Lektüre der in dem bahnbrechenden Buch *Life after Life* (dt. Ausg.: *Leben nach dem Tod*) des Psychiaters Raymond Moody geschilderten TNEs dachte, sie seien „lächerlich" und Moodys Werk sei kein Sachbuch, sondern Fiktion. Wie die meisten seiner Kollegen nahm er an, dass der physische Tod die Auslöschung bedeutete. Aber als Sabom anfing, diejenigen unter seinen eigenen Patienten, die fast gestorben waren, zu fragen, ob sie etwas Ähnliches erlebt hätten, wie es Moody beschrieb – dass sie sich durch einen Tunnel auf ein Licht zu bewegten, unaussprechliche Freude empfanden, das eigene Leben im Zeitraffer an sich vorüberziehen sahen, hilfreichen Wesen begegneten, schließlich mit einem transformierenden Gefühl der Gelassenheit und dem Vorsatz zurückkehrten, ein sinnvolleres Leben zu führen –, stellte er fest, dass 27% tatsächlich so etwas erlebt hatten.

Der Arzt Richard S. Blacher schrieb einen Kommentar im *Journal of the American Medical Association,* in dem er die Todesnähe-Erlebnisse als „Todesphantasien" verächtlich machte und Ärzte warnte, „religiösen Glauben als wissenschaftliche Fakten zu akzeptieren". Sabom, der inzwischen von den Erlebnissen seiner eigenen Patienten beeindruckt war, schrieb eine Erwiderung. Er argumentierte, dass keine der populären wissenschaftlichen und medizinischen Erklärungen die TNEs gänzlich zu begründen vermochte und man Vorsicht walten lassen sollte, um nicht wissenschaftlichen Glauben mit verifizierten Fakten zu verwechseln. Blacher konterte in seiner Gegenschrift:

„Dr. Sabom tadelt mich, da ich die Episoden als „Phantasien" bezeichne. Indem ich dieses Wort gebrauche, verorte ich das Phänomen in der Seele des Patienten. ... Die Alternative zur innerpsychischen Zuordnung würde bedeuten, dass etwas (die Seele?) tatsächlich die Person verlässt und über dem Tisch schwebt. Ich denke nicht, dass man sich wissenschaftlichen Glaubens schuldig macht, wenn man die Vorstellung nicht akzeptiert, dass Geister in der Notaufnahme umherwandern."[311]

Einen Kollegen in einer Fachzeitschrift lächerlich zu machen, mag einen Punktgewinn bei gleichgesinnten Skeptikern einbringen, aber es ist oft ein verzweifelter, letzter Abwehrversuch von jemandem, dem die Munition ausgegangen ist. Blachers Einwände machen jedoch keinesfalls die Tatsache zunichte, dass zehn Prozent der Bevölkerung der Vereinigten Staaten – also mehr als fünfundzwanzig Millionen Menschen – außerkörperliche Erlebnisse gehabt haben. Wie könnten wir es rechtfertigen, so häufig vorkommende Ereignisse einfach zu ignorieren? Selbst falls Blacher recht hätte mit seiner Behauptung, diese Erlebnisse seien bloß Phantasien, sind sie doch so weit verbreitet, dass sie im Interesse der psychischen Volksgesundheit unsere Aufmerksamkeit verdienen.

Das Göttliche im Inneren

Der Mythologe Joseph Campbell verfocht die Idee, dass jeder Mensch von Natur aus göttlich sei. Er wies darauf hin, dass diese Lehre buchstäblich universell ist, auch innerhalb des Christentums. Campbell hatte beobachtet, dass Christen glauben, dass „das Himmelreich im Inneren" sei. „Wer ist im Himmel?", fragte Campbell. „Gott. Wenn also der Himmel in mir ist, dann auch Gott!" Diese universelle Vorstellung, dass Gott (Göttin, Allah, das Tao – wählen Sie nach Belieben) im Inneren wohnt, ist für die Unsterblichkeit von Bedeutung – denn *wenn dieser innewohnende Gott unsterblich ist, dann sind auch wir es in gewissem Sinne.*

Die Idee, dass wir *bereits unsterblich sind*, wurde von der Gemeinde der transpersonalen Psychologie erfreut angenommen. Der Philosoph Ken Wilber beschreibt diese Sicht in dem Buch *Beyond Health and Normality*:

> An diesem Punkt können wir schwerlich von Potenzialen sprechen. Was könnte man sagen, wenn die tiefsten Potenziale der *eigenen* Seele bereits genau diejenigen sind, die die Planeten bewegen und als Licht von den Sternen ausstrahlen; die mit dem Donnern des Blitzes explodieren und als Regen durch den Nebel nachklingen; die die Planeten über die Himmel wirbeln und den Mond in der Schwärze der Nacht schweben lassen?

Die kleinen Potenziale der Persona, des Ichs, und des Kentauren, die wir so sorgfältig nähren und von denen wir so angetan sind, wagen es, aufzustehen wie Kerzen im Licht der Sonne. Lady Juliana von Norwich rief in ihrer Erleuchtung: „Siehe, ich bin Gott; siehe! Ich bin in allen Dingen; siehe! Ich tue alle Dinge; siehe! Ich nehme niemals meine Hände von meinem Werk, und ich werde es auch niemals tun; siehe!" Gleichwohl müssen wir vorsichtig sein, wie wir dieses höchste Potenzial verstehen, dieses göttliche, kosmische Potenzial. Es ist nicht, dass das tiefste Ich ... etwa zurücktritt von dem Kosmos und diesen um sich sortiert ... [sondern dass] dieses Ich der Kosmos *ist*. Denn wie die Tiefen des transpersonalen Selbstes durchgesetzt werden, macht das transpersonale Selbst dem höchsten oder universellen Selbst Platz – dem Selbst, das alle (Be)Reiche der Existenz *ist*, manifestierte und unmanifestierte, in allen Richtungen und allen Dimensionen.

Das „Göttliche im Inneren" ist eine Abkürzung zur Unsterblichkeit – *zu* kurz und einfach, meinen manche Theologen, die es mit „billiger Gnade" gleichsetzen. Andere Theologen halten die Vorstellung von einer innewohnenden Göttlichkeit für Blasphemie. Doch dieses Konzept vertraten herausragende westliche Gelehrte, zum Beispiel der Physiker Erwin Schrödinger, der für seine Quanten-Wellengleichungen den Nobelpreis erhielt. Schrödinger widersprach der Tendenz im Westen, „das Göttliche im Inneren" für aus theologischer Sicht undenkbar zu halten:

> In der christlichen Terminologie zu sagen: „Da ich Gott der Allmächtige bin", klingt sowohl gotteslästerlich als auch verrückt. Aber bitte lassen Sie diese Beurteilungen außer Acht. ... An sich ist diese Einsicht nicht neu ... [Dass] das persönliche Selbst dem allgegenwärtigen, alles umfassenden Selbst gleichkommt ... galt im indischen Denken alles andere als blasphemisch, sondern als Ausdruck der Quintessenz tiefster Erkenntnis. Das Streben aller Gelehrten des Vedanta war – nachdem sie gelernt hatten, ihn mit ihren Lippen auszusprechen –, ihrem Geist diesen größten aller Gedanken wirklich anzuverwandeln ... der sich in einen Satz verdichten lässt: DEUS FACTUS SUM. (Ich bin Gott geworden.)[312]

Paul Brunton (1989-1981) war ein spiritueller Schriftsteller, der viele Jahre in Asien verbrachte und dessen umfangreiches Werk nach seinem Tod weithin bekannt wurde. Er bestätigte, dass die Idee einer innewohnenden Göttlichkeit nicht blasphemisch ist. Wenn nämlich das spirituelle Ziel erreicht ist – die Absorption des Ich oder Selbst in das Göttliche –, dann ist keine Wesenheit übrig, die Gott lästern *könnte*. In *The Quest of the Overself* (dt. Ausg.: *Das Überselbst*) schrieb Brunton:

> Jene, die dieser geheimnisvollen Lehre [vom Gott im Inneren] misstrauen, behaupten zuweilen, dass deren Vergöttlichung des Selbst ein Versuch sei, Gott mit der menschlichen Persönlichkeit gleichzusetzen, und damit die Gottheit herabzusetzen, um einen Teil Seiner Schöpfung zu verehren. Dies ist ein Missverständnis. Wer auch immer in das Erlebnis eintritt, die Tiefen seines innersten Wesens zu kontaktieren, kann nur mit einer tieferen Ehrfurcht vor Gott daraus hervorgehen. Er erkennt seine Hilflosigkeit und Abhängigkeit, wenn er an jenes Größere Wesen denkt, von dem er schon die Bewilligung seiner Existenz bezieht. Statt sein persönliches Selbst zu vergöttlichen, hat er dieses gänzlich übergeben. Das Selbst in einem gewöhnlichen Sinne muss in der Tat abgelegt werden, damit Gott eintreten kann.

Allzu oft betrachten wir Abendländler „das Göttliche im Inneren" als eine exklusiv östliche Idee, doch es gibt reichlich Belege in den Schriften, die für das Gegenteil sprechen. Betrachten Sie zum Beispiel Psalm 82,6: „Wohl habe ich gesagt: Ihr seid Götter; alle seid ihr Kinder des Höchsten."; Johannes 10,34: „Jesus erwiderte ihnen: Heißt es nicht in eurem Gesetz: Ich habe gesagt: Ihr seid Götter?"; Epheser 4,6: „Ein Gott und Vater aller, der über euch allen und durch euch alle und in euch allen ist."

Ralph Waldo Emerson, Amerikas großer Schriftsteller und Dichter im 19. Jahrhundert, sprach von der „göttlichen Gegenwart in uns" und zitierte beifällig den Glauben des Gründervaters der Quäker, George Fox: Obwohl er von Christus und Gott gelesen habe, kenne er sie nur von dem gleichen Geist seiner eigenen Seele.

Emerson, ein früherer unitarischer Pastor, sah deutlich die Verbindung von innerer Göttlichkeit und Unsterblichkeit. In seiner Schrift „Character" aus dem Jahr 1865 schrieb er: „Er [Jesus] bekräftigt die Göttlichkeit in sich und in uns – er wirft sich nicht zwischen sie und uns", und weist hin auf „die Gegenwart des Ewigen in jedem vergänglichen Menschen".[313]

Von seinen Landsleuten bekam Emerson nicht viel Resonanz auf die Idee, dass sie ein ewiges, göttliches Element in sich trügen. Damals wie heute glauben sie lieber, dass sie von Natur aus sündig seien. Wie auf eine Mauer prallte Emerson auf diesen Glauben. Obwohl James T. Fields, der Verleger des *Atlantic*, ursprünglich einverstanden war, Emersons Aufsatz „Character" zu veröffentlichen, änderte er seine Meinung, weil er glaubte, die Leser würden Emersons Sichtweise für gotteslästerlich halten. Der Text wurde schließlich acht

Monate später im *North American Review* publiziert – anonym, um Emerson vor der verächtlichen Reaktion der Leserschaft zu schützen. Emerson war seinerzeit schon berühmt, sowohl zu Hause als auch in Übersee, und besonders in England, wo man ihn umschwärmte. Die Tatsache, dass Amerikas gefeiertste literarische Gestalt mit seiner Schrift über die innewohnende Göttlichkeit und die Ewigkeit in den Untergrund gehen musste, ist für den Widerstand des abendländischen Denkens gegen seine nahezu universelle Idee bezeichnend.

Unsterblichkeit und die Physik

Der Physiker Frank J. Tipler hat Mut. In seinem Buch *The Physics of Immortality* (dt. Ausg.: *Die Physik der Unsterblichkeit*) hat er Teilchenphysik, Computerwissenschaft, allgemeine Relativität und Theologie gemischt und sich etwas einfallen lassen, das er für beweiskräftig genug hält, um die Existenz Gottes, der Seele, der Auferstehung des Körpers und der Unsterblichkeit zu bestätigen.

Tipler gilt weltweit als ein Schwergewicht auf dem Gebiet der allgemeinen Relativität, jenem erlauchten Zweig am Baume der Physik, der von wohlbekannten Gelehrten wie Stephen Hawking und Roger Penrose besiedelt wird. Tipler ist ebenso schockiert wie jeder andere über die Richtung, die er eingeschlagen hat. „Als ich mich für meine Laufbahn als Physiker entschied", sagt er, „hätte ich mir nie träumen lassen, dass ich eines Tages als solcher schreiben würde, dass der Himmel existiert, und dass wir uns – und zwar jeder Einzelne von uns – eines Lebens nach dem Tode erfreuen werden. Doch hier bin ich nun und schreibe, was mein jüngeres Ich für wissenschaftlichen Unsinn gehalten hätte. Hier stehe ich – als Physiker – und ich kann nicht anders."

Tiplers Argumente stützen sich auf Computer und Informationsverarbeitung:

Ein Menschenwesen ist eine spezielle Art von Computerprogramm. Mit Hilfe der Physik kann man nun zeigen, dass es möglich ist, einen Menschen vollständig in einen Computer zu codieren, also ein Menschenwesen in seiner oder ihrer ganzen Umgebung als eine Computersimulation zu programmieren. Der springende Punkt ist, dass ein Menschenwesen nicht unendlich kompliziert ist ... Ein genügend leistungsfähiger Computer wäre im Stande, eine heute existierende Person perfekt zu emulieren, also eine absolut perfekte Kopie von ihm oder ihr zu machen. In ferner Zukunft ... wird schließlich eine Zeit werden [sic], in der das Leben in ferner Zukunft das ganze gegenwärtige Universum und jede Person darin emulieren kann.[314]

Daher die Auferstehung. Was die Seele anbelangt: „Wenn Sie Ihre Seele als etwas Immaterielles definieren, das die Essenz eines Menschenwesens enthält, so behaupte ich, dass [sie] ... ins Dasein zurück gebracht werden wird. Lassen Sie mich das definieren: Eine menschliche Seele ist ein Computerprogramm, das im menschlichen Gehirn abläuft."

Tipler sagt, dass die Wissenschaft in der modernen Kultur eine überaus dominante Kraft geworden ist: „Wenn die Wissenschaft in atheistischer Manier weitermacht, muss früher oder später jeder ein Atheist sein." Deshalb, erklärt er, müsse die Religion, um zu überleben, ein Zweig der Wissenschaft werden. Dieser Vorschlag hat die Theologen nicht beglückt.

Theologen sind nicht die einzigen, die Tiplers Ansichten nicht teilen. Die meisten Menschen wollen eine wärmere, verschwommenere Art von Seele, als sie Tipler anbietet. Sie hegen die Vorstellung, dass es weit mehr gibt als die Einsen und Nullen, aus denen das Computerprogramm in ihrem Laptop besteht, und sie haben Zweifel, dass sie nach dem Tode von irgendeinem Supercomputer der Zukunft als eine Folge von Einsen und Nullen vollständig neu zusammengefügt werden können.

Ich bewundere Tiplers Mut, eine derart kontroverse Position einzunehmen, aber manche der Probleme, die er unberührt lässt, sind formidabel. So erklärt er zum Beispiel nie, wie man nach dem Wiederzusammenbau aus Einsen und Nullen zu einem bewussten Wesen wird. Woher weiß Tipler, dass ein Mensch, der aus einem Computercode wiederhergestellt wird, nicht nur ein Automat oder Zombie sein wird? Woher und wohin kommt hier das Bewusstsein? Tipler scheint sich für Fragen wie diese nicht zu interessieren. *Geist* und *Bewusstsein* kommen nicht einmal im Stichwortverzeichnis seines umfangreichen Buches vor. Er *nimmt an*, dass Bewusstsein in einem Menschen, der aus einem Computercode zusammengefügt wurde, von selbst auftauchen wird. Dies allerdings ist eine Frage des Glaubens – und damit gerade das Element, das er aus der Religion auszumerzen gedenkt. Die Religionen geben wenigstens zu, dass sie auf Glauben bauen.

Eines Tages, als ich gerade an meinem Computer saß und über Unsterblichkeit schrieb, stürzte er ab. Es dauerte mehrere Stunden, bis seine Funktionstüchtigkeit wiederhergestellt war. Ich denke, er wollte mir sagen: „Willst du dich mit der Unsterblichkeit *wirklich* auf etwas Sterbliches wie mich verlassen? Was passiert mit deiner Unsterblichkeit, wenn der Strom ausfällt, meine Batterien leer sind oder mich eine Spannungsspitze trifft?"

Unsterblichkeit, Raum und Zeit

Für die meisten von uns, auch für die klassische Physik, ist Zeit etwas Fließendes – der „Strom der Zeit" –, das sich unumkehrbar in eine Richtung bewegt. Wir zerteilen diesen Fluss in Abschnitte, die wir Vergangenheit, Gegenwart und Zukunft nennen. Wir leben nur einmal, und der Tod ist endgültig, weil wir nach ihm nicht mehr in der Zeit umkehren und das Leben wiederaufnehmen können. „Die Zeit ist der beste Lehrer – leider tötet sie alle ihre Schüler", soll der Komponist Hector Berlioz gesagt haben. Doch die Unsterblichkeit nimmt eine andere Sichtweise der Zeit an. Unsterbliche Dinge sind außerhalb der Zeit; sie haben keinen Anfang und kein Ende, und sie laufen nicht ab.

Im Gegensatz zur klassischen Sicht hat die moderne Physik die Vorstellung von der Zeit als einer äußeren, objektiven, fließenden Wesenheit abgelegt zu Gunsten eines, nun, eines Bildes, über das noch debattiert wird. Was wird uns die Physik in der Zukunft über die Zeit sagen? Der Physiker Paul Davies meint: „Eine neue Theorie, ein neues Modell ist notwendig ... Wie diese neue Theorie sein wird, kann nur gemutmaßt werden. Vielleicht enthält sie nicht einmal mehr die Begriffe Raum und Zeit. Es könnte sein, dass eine künftige Gesellschaft die Wörter oder Begriffe nicht mehr verwenden wird. Vielleicht werden sie sich – wie der Äther – aus dem Bereich des menschlichen Interesses verflüchtigen und aus der Sprache verschwinden."[315]

Wenn Sie es für unnötig halten, die Zeit unters Mikroskop zu legen, denken Sie noch einmal darüber nach. Unsere Annahmen über das Wesen der Zeit berühren jeden Winkel unseres Lebens und bringen uns entweder Freude oder Pein. Unsere Abneigung gegen die Zeitlosigkeit macht uns unfähig, im Augenblick zu verweilen, und trägt zu Stress und ängstlicher Unruhe bei. Das Empfinden, dass Zeit fließt und abläuft, kann todbringend sein, wie sich an der zunehmenden Zahl von Herztoden bei zeit-bewussten Menschen des Typ-A-Verhaltensmusters schon in jüngeren Jahren zeigt. Unsere ganze Kultur ist besessen davon, Zeit zu „sparen", wie unsere Versklavung unter Pager, E-Mail, Fax und Mobilfunktelefone erkennen lässt. Das Unbehagen der westlichen Religionen gegenüber der Zeitlosigkeit trägt dazu bei, dass sie eine zeitbegrenzte, Sieben-Tage-Version der Schöpfung bevorzugen und liegt dem größten Kampf zwischen Wissenschaft und Religion in der Geschichte zugrunde – dem Streit über die biologische Evolution und ihre schier endlosen Zeiträume. Unser Unvermögen, uns Zeitlosigkeit vorzustellen, blockiert den Fortschritt zur Anwendung der vorhandenen Evidenz für einen nichtlokalen Aspekt des Bewusstseins, das heißt einer Qualität des menschlichen Geistes, die außerhalb der Zeit liegt. *Alles*, was wir erleben, einschließlich der wissenschaftlichen Daten und Fakten, denen wir begegnen, wird durch das Netz unserer Annahmen über die Zeit gefiltert. Diese Glaubensüberzeugungen sind fast immer ungeprüft, und doch üben sie einen mächtigen Einfluss darauf aus, wie wir die Welt sehen.

Eines erscheint klar: Die Sicht der Zeit, die aus der Wissenschaft hervorgeht – auch wenn sie noch nicht gänzlich ausgestaltet ist –, ist der Idee von einem nichtlokalen, zeitlosen Begriff des Bewusstseins näher verwandt als die älteren Sichtweisen; deshalb eignet sie sich besser für die Aussicht auf Unsterblichkeit.

Der Psychologe C. G. Jung hat dies erkannt. Wohl keiner hat die quantenrelativistischen Sicht(weis)en von Raum und Zeit so gründlich auf die Psychologie angewandt wie er; dies können wir in dem Rat erkennen, den er Patienten und Freunden gab.

Im Januar 1939 antwortete Jung auf eine Anfrage von Pfarrer Fritz Pfäfflin, der seinen Bruder bei einem Unfall in Afrika verloren hatte. Zur Zeit des Unfalls erlebte Pfäfflin in Europa spontan ein Gespräch mit seinem Bruder, und der Trauernde schrieb an Jung um Hilfe, diese Erlebnisse besser verstehen zu können. In seiner Antwort drückte Jung sein Mitgefühl aus und bekräftigte seinen Glauben, dass „räumliche Entfernung im psychischen Sinne relativ ist … [und] psychisch kontraktil … Diese Annullierung des Raumes [geht] mit überaus großer Geschwindigkeit vor sich, so dass solche Wahrnehmungen sozusagen gleichzeitig mit dem Unglücksfall eintreten. Man kann daher auch von einer psychischen Annullierung der Zeit sprechen."[316] Die Parallele mit dem Raum-Zeit-Kontinuum der modernen Physik ist verblüffend. Nicht dass Jung glaubte, dass die Gesetze der Physik immer diktierten, wie die Psyche funktioniert; tatsächlich dachte er, dass es unter bestimmten Umständen mit größerer Wahrscheinlichkeit umgekehrt war.

Konnte der Sterbende die Information durch eine Art subtiles energetisches Signal aus seinem Gehirn an seinen Bruder telepathisch übermittelt haben? Jung bezweifelte diese Möglichkeit. Er erwähnte ein Beispiel, in dem über eine räumliche Entfernung hinweg Informationen eines Menschen empfangen wurden, der enthauptet worden war. „In diesem Falle", schrieb er, „kann es sich unter keinen Umständen um eine Übermittlung von seiten eines Sterbenden gehandelt haben" … durch dessen Gehirn, weil dieses abgeschlagen worden war.* Dies legt nahe: Die Psyche ist nicht vom Gehirn abhängig und „die Seele befindet sich nicht völlig in Zeit und Raum".[317]

---

* Dies ist allerdings Dosseys, nicht Jungs Deutung. Jung schrieb weiter: „Viel wahrscheinlicher ist, dass es die Wahrnehmung des Lebenden, Sehenden ist." (Anm.d.Ü.)

Parapsychologie

Es wäre bequem, wenn die Frage eines Weiterlebens unzweideutig von jemandem beantwortet würde, der „zurückgekommen ist", auf der Wiese vor dem Weißen Haus erscheint, eine Pressekonferenz gibt und die Dinge ein für allemal klärt. Doch es hat sich nicht so ergeben.

Statt dessen müssen wir auf subtilere, indirekte Evidenz achten wie jene, die der bedeutende französische Physiker Olivier Costa de Beauregard bietet. Er findet Indizien in Mathematik und Physik, die für „die Existenz eines alles durchdringenden ‚kollektiven Unbewussten'" sprechen, das auf geradezu verdächtige Weise einem zeitlosen, unsterblichen Geist ähnlich ist. Costa de Beauregard glaubt, dass diese Entwicklungen eine rationale Basis für parapsychologische Erlebnisse wie Präkognition, Psychokinese und Telepathie liefern, welche auf einen nichtlokalen, zeitlosen Aspekt des Bewusstseins hindeuten.[318]

Die Parapsychologie sollte in jeder aktuellen Diskussion über die Unsterblichkeit eine Rolle spielen, weil sie sich mit der Unabhängigkeit des menschlichen Geistes von Raum und Zeit befasst. Bedauerlicherweise treten sich Wissenschaftler und Theologen seit Jahrzehnten gegenseitig auf die Füße in ihrem Bemühen, die parapsychologische Szene so schnell wie möglich zu fliehen. Dies ist ein Beispiel von intellektueller Feigheit, die in Angst und Unwissenheit wurzelt – weil, wie der Philosoph Griffin in *Parapsychology, Philosophy, and Spirituality* bemerkt, „vermutlich nicht einer von tausend Intellektuellen, einschließlich College- und Universitäts-Professoren, vertraut ist mit der Beweis- und Faktenlage" auf diesem Gebiet. Der einflussreiche britische Philosoph C. D. Broad, wahrlich kein intellektueller Feigling, vertiefte sich in die parapsychologische Forschung. Seine strengen Worte aus den 1960er Jahren sind auch heute noch angebracht: „Jeder, der zum heutigen Tage eine dezidierte – positive oder negative – Meinung über angeblich paranormale Phänomene zum Ausdruck bringt, ohne sich mit den wichtigsten Methoden und Ergebnissen der sorgfältigen und schon lange betriebenen Arbeit gründlich vertraut gemacht zu haben, möge ohne weiteres Zeremoniell als ein arroganter Ignorant abgelehnt werden."[319]

Seit dieser „Breitseite"[*] hat die Stärke der parapsychologischen Forschung dramatisch zugenommen. Allen, die sich nicht fürchten, sich damit zu befassen, empfehle ich drei Bücher: *The Conscious Universe: The Scientific Truth of Psychic Phenomena* von Dean Radin, Ph.D.; *Parapsychology: The Controversial Science* von Richard Broughton, Ph.D. und Forschungsdirektor am

---

[*] Wortspiel im Original: Die „Broadside" (engl. broad = breit) enthält den Namen des Urhebers, C. D. Broad. (Anm.d.Ü.)

Rhine Research Center; und David Ray Griffins *Parapsychology, Philosophy, and Spirituality: A Postmodern Exploration.*

Das Leben danach – Fertigprodukt oder unvollendetes Werk?

Das Leben danach wird gewöhnlich als eine Version des Paradieses geschildert – in jeder Hinsicht perfekt. Jung hingegen glaubte, in Träumen Anzeichen für das Gegenteil zu sehen.

Von besonderer Bedeutung war der Traum, den eine knapp sechzigjährige Schülerin von mir etwa zwei Monate vor ihrem Tode träumte: Sie kam ins Jenseits. Dort war eine Schulklasse, in welcher auf der vordersten Bank ihre verstorbenen Freundinnen saßen. Es herrschte allgemeine Erwartung. Sie blickte sich um nach einem Lehrer oder Vortragenden, konnte aber niemanden finden. Man bedeutete ihr, dass sie selbst die Vortragende sei, denn alle Verstorbenen hätten gleich nach ihrem Tode einen Bericht über die Gesamterfahrung ihres Lebens abzugeben. Die Toten interessierten sich in hohem Maße für die von den Verstorbenen mitgebrachten Lebenserfahrungen, so als ob Taten und Entwicklungen im irdischen Leben die entscheidenden Ereignisse seien.[320]

Für Jung deutete dieser Traum an, dass der Himmel kein Fertigprodukt war; die dorthin gingen, waren immer noch damit befasst, Weisheit zu erlangen.

Jung glaubte, dass das Leben nach dem Tode, wenn vielleicht nicht vollkommen, so doch gleichwohl glücklich sei. Im Januar 1944 starb er selbst fast an einem Herzanfall und erlebte ein TNE. Danach schrieb er: „Das, was jenseits des Todes sich ereignet, ist so unaussprechlich großartig, dass unsere Imagination und unser Gefühl nicht ausreichen, um es auch nur einigermaßen richtig aufzufassen. ... Früher oder später werden alle Toten zu dem, was wir auch sind. Um dieses Wesen wissen wir aber in dieser Wirklichkeit wenig oder nichts, und was werden wir jenseits des Todes noch von der Erde wissen? Die Auflösung unserer zeitbedingten Form in der Ewigkeit ist kein Verlust an Sinn. Vielmehr lernt der kleine Finger seine Zugehörigkeit zur Hand erkennen."[321] Jung empfand einen solchen immensen Frieden und Erfüllung, dass er nicht ins normale Leben zurückkehren wollte.

Gleichwohl machte Jung Aspekte seines Erlebens aus, die nicht gänzlich beseligend waren. In dem autobiographischen Werk *Erinnerungen, Träume, Gedanken* lesen wir:

Im Allgemeinen sind die Vorstellungen, welche die Menschen sich über das Jenseits machen, von ihrem Wunschdenken und ihren Vorurteilen mitbestimmt. Meist werden darum mit dem Jenseits nur lichte Vorstellungen verbunden. Aber das leuchtet mir nicht ein. Ich kann mir kaum vorstellen, dass wir nach dem Tode auf einer lieblichen Blumenwiese landen. ... Wenn ich dem folge, was es unwillkürlich in mir denkt, so erscheint mir die Welt in viel zu hohem Maße einheitlich, als dass es ein „Jenseits" geben könnte, in welchem die Gegensatznatur völlig fehlt. Auch dort ist „Natur", die auf ihre Weise Gottes ist. Die Welt, in die wir nach dem Tode kommen, wird großartig sein und furchtbar, so wie die Gottheit und die uns bekannte Natur. Auch dass das Leiden gänzlich aufhörte, kann ich mir nicht vorstellen. Zwar war das, was ich in meinen Visionen 1944 erlebt habe, die Befreiung von der Last des Körpers und das Wahrnehmen des Sinnes, tief beglückend. Trotzdem war auch dort Dunkelheit und ein seltsames Aufhören menschlicher Wärme. Denken Sie an den schwarzen Felsen, zu dem ich gelangte! Er war dunkel und aus härtestem Granit. Was hat das zu bedeuten? Wäre keine Unvollkommenheit, kein primordialer Defekt im Schöpfungsgrund vorhanden, warum dann ein Schöpferdrang, eine Sehnsucht nach dem zu Erfüllenden?[322]

In Jungs Auffassung vom Leben danach drängt der Himmel zurück. Es gibt Glückseligkeit, gewiss, aber auch eine dunkle Seite. Dies ist die Idee von der *coincidentia oppositorum*, dem Zusammenfallen der Gegensätze, einem zentralen Begriff in Jungs Denken – Licht und Schatten, Geburt und Tod, Sterblichkeit und Unsterblichkeit, das Begrenzte und die Unbegrenztheit. Jung formulierte es so:

Das Gefühl für das Grenzenlose erreiche ich aber nur, wenn ich auf das Äußerste begrenzt bin. ... Nur das Bewusstsein meiner engsten Begrenzung im Selbst ist angeschlossen an die Unbegrenztheit des Unbewussten. In dieser Bewusstheit erfahre ich mich zugleich als begrenzt und ewig, als das Eine und das Andere. Indem ich mich einzigartig weiß in meiner persönlichen Kombination, d. h. letztlich begrenzt, habe ich die Möglichkeit, auch des Grenzenlosen bewusst zu werden. Aber nur dann.
In einer Epoche, die ausschließlich auf Erweiterung des Lebensraumes sowie Vermehrung des rationalen Wissens à tout prix gerichtet ist, ist es höchste Forderung, sich seiner Einzigartigkeit und Begrenzung bewusst zu sein. Einzigartigkeit und Begrenztheit sind Synonyme. Ohne sie gibt es keine Wahrnehmung des Unbegrenzten – und daher auch keine Bewusstwerdung.[323]

Die praktischen Vorteile des Glaubens an ein Leben danach

Ein häufiger Einwand gegen einen Glauben an ein Leben nach dem Tode ist, dass Menschen, die sich mit dem Jenseits beschäftigen, zu unausgeglichenen, verträumten Mystikern würden. Sie könnten darüber vergessen, sich zu ernähren oder dem Baby die Windeln zu wechseln. Der Philosoph David Griffin teilt diese Befürchtung nicht und führt mehrere praktische Vorteile eines Glaubens an ein Leben danach an:[324]

- Ein solcher Glaube kann helfen, die Angst vor Tod und Auslöschung zu überwinden.
- Wenn die Menschen davon überzeugt sind, dass sie letzten Endes keiner irdischen Macht unterworfen sind, kann dies ihren Mut steigern, für Freiheit, ökologisch nachhaltige Verfahrensweisen und soziale Gerechtigkeit zu kämpfen.
- Wenn die Menschen glauben, dass dieses Leben nicht das letzte Wort ist und im nächsten Leben die Gerechtigkeit obsiegen wird, kann ihnen dies helfen, der Ungerechtigkeit standzuhalten, die sie im Hier und Jetzt erleben.
- Die Vorstellung vom Leben als einer kontinuierlichen Reise, die selbst nach dem Tode weitergeht, kann zu einem tieferen Empfinden der Verbundenheit mit dem Universum führen, da es sich in die Zukunft entfaltet.
- Der Glaube an ein Leben nach dem Tode kann helfen, dem extremen Materialismus entgegenzuwirken, der in jeden Aspekt der modernen Zivilisation eingedrungen ist.
- Der Glaube, dass wir uns auf einer spirituellen Reise befinden und Zeit haben, unser Ziel zu erreichen, kann uns motivieren, kreativ darüber nachzudenken, was wir jetzt tun können – im individuellen, gesellschaftlichen und internationalen Maßstab –, um dem näherzukommen, was wir im Hier und Jetzt sein sollten.

Spirituelle Medizin: Ein Blick in die Zukunft

Ist es verfrüht, die Unsterblichkeit auf die Tagesordnung der Medizin zu setzen?

Vor zehn Jahren hätte niemand vorausgesagt, dass fast alle medizinischen Hochschulen in den Vereinigten Staaten heute Kurse in komplementärer und alternativer Medizin anbieten würden. Heute dürfte es ebenso undenkbar scheinen, dass spirituelle Themen in nicht allzu ferner Zukunft einen

Platz in den Lehrplänen unserer Universitäten finden könnten. Dass sie es tun werden, halte ich aufgrund des starken Zusammenhangs von spirituellen Überzeugungen und religiösen Praktiken mit gesundheitlichen Ergebnissen für unumgänglich.[325]
Manche verdammen diese Entwicklung lautstark. Sie warnen, dass Ärzte und Schwestern nichts mit Spiritualität zu tun haben sollten, weil sie dazu nicht ausgebildet wurden. Warnungen der gleichen Art wurden vor einigen Jahren in bezug auf „Ärzte und Sexualität" herausgegeben. Das Sexualleben unserer Patienten sei zu sensibel und privat, als dass wir dieses Gebiet betreten dürften, hieß es; zudem hätten wir keine Befähigung in diesem Bereich. Die Ausbreitung von Aids und sexuell übertragbaren Krankheiten wischte jene Einwände fast über Nacht vom Tisch.

Niemand schlägt vor, dass Angehörige der Gesundheitsberufe die Rolle von Krankenhaus-Seelsorgern, Pfarrern, Priestern und Rabbis an sich reißen. Deren Expertise in spirituellen Angelegenheiten wird unsere wohl immer übertreffen. Doch es gibt keinen Grund, warum wir nicht mit unseren geistlichen Kollegen zusammenarbeiten könnten. Wir müssen keine Experten in spiritueller Versorgung sein, um ein bisschen davon leisten zu dürfen. So wie wir Laien ein Grundwissen über die Herz-Lungen-Wiederbelebung vermitteln, ohne von ihnen zu erwarten, dass sie danach Operationen am offenen Herzen durchführen, können sich Angehörige der Gesundheitsberufe eine Basiskompetenz in „spiritueller Medizin" aneignen, ohne Profis zu werden.

Im *Journal of the American Medical Association* schrieben J. S. Levin und Kollegen 1997: „Vor drei Jahren gab es nur an drei medizinischen Hochschulen in den Vereinigten Staaten Kurse über religiöse und spirituelle Themen; heute sind es fast dreißig." Derzeit bieten knapp achtzig der einhundertfünfundzwanzig medizinischen Hochschulen des Landes Kurse über religiöse und spirituelle Themen an.[326] Dies zeigt dramatisch, dass das Tabu, mit dem die Spiritualität in der Medizin belegt war, gebrochen wurde.

Zurückblickend mögen wir uns wohl wundern, wie das Tabu überhaupt entstanden war – und warum wir die Relevanz der Unsterblichkeit für die heilenden Künste so lange ignoriert haben. Die Angst vor Tod und Auslöschung dürfte im Laufe der Geschichte mehr menschliches Leiden verursacht haben als alle körperlichen Krankheiten zusammen. Die Vision vom Bewusstsein, die wir in diesem Buch erarbeitet haben, bietet eine Entlastung von diesem Schrecken, weil sie die Existenz eines grenzenlosen, ewigen Aspekts des menschlichen Bewusstseins vermittelt. Die Aussicht auf Unsterblichkeit hat es schon immer gegeben. Es ist an der Zeit, sie in Anspruch zu nehmen.

DANKSAGUNGEN

Diese Aufsätze erschienen ursprünglich in der von Fachleuten geprüften Zeitschrift *Alternative Therapies in Health and Medicine*. Ich danke der Verlegerin Bonnie Horrigan für die Erlaubnis, sie hier abzudrucken, und Michael Muscat, meinem Redakteur bei *Alternative Therapies*. Ich empfehle Ihnen einen Besuch ihrer Internetpräsenz auf *www.alternativetherapies.com*
Mein herzlicher Dank gilt auch Arielle Eckstut und Kitty Farmer, meinen Literaturagentinnen, und dem Team bei Shambhala Publications: Sam Bercholz, Jonathan Green und Peter Turner, die diesem Buch ein Zuhause gegeben haben; Joel Segel, meinem verständnisvollen Lektor, DeAnna Satre fürs Korrekturlesen und Peter Bermudes, der die Nachricht verbreitet hat.

Und am allermeisten danke ich Barbara, meiner Frau, für ihre bedingungslose Liebe und Unterstützung.

ANMERKUNGEN

1 Die Information über die Studie mit an Brustkrebs erkrankten Frauen, die auch von alternativen Heilweisen Gebrauch machten, wurde heruntergeladen von HealthMall (http://www.healthmall.com, Zugriff am 11.01.2001). Quelle: Eleventh International Congress on Women's Health Issues, San Francisco, CA, January 2001
2 Studien über den Zusammenhang zwischen Stress in Arbeit bzw. Ehe und Gesundheit finden Sie in: *Work in America: Report of a Special Task Force to the Secretary of Health, Education, and Welfare;* K. Orth-Gomer et al.: „Marital Stress Worsens Prognosis in Women with Coronary Heart Disease", in: *Journal of the American Medical Association* 284, no. 23 (2000): 3008-13
3 Eine eingehendere Abhandlung über die Rolle von Sinn und Bedeutung in Gesundheit und Krankheit sowie Anregungen, wie Angehörige der Gesundheitsberufe diese Aspekte in der klinischen Praxis ansprechen können, finden Sie in: Larry Dossey: *Meaning and Medicine.*
4 Die Studie über den Zusammenhang zwischen Wahrnehmung der eigenen Gesundheit und weiterer Lebensdauer von Ellen L. Idler und Stanislav Kasl wurde unter der Überschrift „Health Perceptions and Survival: Do Global Evaluations of Health Status Really Predict Mortality?" in: *Journal of Gerontology* 46, Nr. 2 (1991): 55-65, veröffentlicht.
5 George L. Engel: „Sudden and Rapid Death during Psychological Stress: Folklore or Folk Wisdom?", in: *Annals of Internal Medicine* 74 (1971): 1325-35; M. Ferguson, E. Ferguson: „Low Death Rate for Jewish Men at Passover Shows Will to Live", in: *Brain/Mind Bulletin* 14, Nr. 4 (1989): 4
6 zitiert in Ken Wilber: *Quantum Questions,* p. 207
7 Brief vom 28.08.1945 an P. W. Martin in: C. G. Jung: *Briefe* (Bd. 1, 1906-1945), S. 465
8 C. G. Jung: *Psychology and the Occult,* p. 136-37 (dt. Ausg.: „Seele und Tod", in: *Die Dynamik des Unbewussten* (GW 8))
9 C. G. Jung: *Memories, Dreams, Reflections,* p. 154 (dt. Ausg.: A. Jaffé (Hrsg.): *Erinnerungen, Träume, Gedanken von C. G. Jung,* S. 158)
10 Sir Arthur Eddington: *The Nature of the Physical World* (New York: MacMillan 1929), p. 343 (dt. Ausg.: *Das Weltbild der Physik und ein Versuch seiner philosophischen Deutung,* Braunschweig: Vieweg 1931, S. 336)
11 Studien, die die Rolle von Sinn und Bedeutung für die Gesundheit verdeutlichen, sind in folgenden Quellen zu finden: Idler, Kasl: „Health Perceptions and Survival"; in J. H. Medalie, U. Goldbourt: „Angina Pectoris among 10,000 Men: Psychosocial and Other Risk Factors as Evidenced by a Multivariate Analysis of Five-Year Incidence Study", in: *American Journal of Medicine* 60 (1976): 910-21; *Work in America: Report of a Special Task Force to the Secretary of Health, Education,*

and Welfare; D. Ornish et al.: „Effects of Stress Management Training and Dietary Changes in Treating Ischemic Heart Disease", in: *Journal of the American Medical Association* 249 (1983): 54-59; D. Ornish: „Can Lifestyle Changes Reverse Coronary Artery Disease?" in: *Lancet* 336 (1990): 129; S. J. Schliefer et al.: „Suppression of Lymphocyte Stimulation Following Bereavement", in: *Journal of the American Medical Association* 250 (1983): 374-77; R. A. Karasek et al.: „Psychosocial Factors and Coronary Heart Disease", in: *Advances in Cardiology* 29 (1982): 62-67; R. A. Karasek et al.: „Job Characteristics in Relation to the Prevalence of Myocardial Infarction in the US: Health Examination Survey (HES) and the Health and Nutritional Examination Survey (HANES)", in: *American Journal of Public Health* 78 (1988): 910-18; D. Spiegel et al.: „Effects of Psychosocial Treatment on Survival of Patients with Metastatic Breast Cancer", in: *Lancet* 2, no. 8668 (1989): 888-91

12 David Bohm: „Meaning and Information", in: Paavo Pylkkänen (Hrsg.): *The Search for Meaning. The New Spirit in Science and Philosophy,* p. 51

13 C. G. Jung: *Memories, Dreams, Reflections,* p. 340 (dt. Ausg.: A. Jaffé (Hrsg.): *Erinnerungen, Träume, Gedanken von C. G. Jung,* S. 343)

14 Mehr zum Thema Missbrauch von und Auswirkung auf Medizinstudenten finden Sie in H. K. Silver, A. D. Glicken: „Medical Student Abuse: Incidence, Severity, and Significance", in: *Journal of the American Medical Association* 263 (1990): 527-32; H. D. Sheehan et al.: „A Pilot Study of Medical Student 'Abuse'", in: *Journal of the American Medical Association* 263 (1990): 533-37; J. A. Richman et al.: „Mental Health Consequences and Correlates of Reported Medical Student Abuse", in: *Journal of the American Medical Association* 267 (1992): 692-94; D. J. Benor: „The Louisville Programme for Medical Student Health Awareness", in: *Complementary Therapies in Medicine* 3 (1995): 93-99; C. B. Thomas: „Precursors of Premature Disease and Death: The Predictive Potential of Habits and Family Attitudes", in: *Annals of Internal Medicine* 85 (1976): 653-58. Siehe auch S. R. Daugherty, D. C. Baldwin, B. D. Rowley: „Learning, Satisfaction, and Mistreatment during Medical Internship", in: *Journal of the American Medical Association* 279, no. 15 (1998): 1194-99.

15 M. Horning-Rohan: „Making Medical Education Healthier: A Student's View", in: *Advances* 4, no. 2 (1987): 24-28

16 Auszüge aus dem Bericht „Physicians for the Twenty-first Century: Report of the Panel on the General Professional Education of the Physician and College Preparation for Medicine" wurden veröffentlicht in: *Annals of Internal Medicine* 101 (1984): 870-72. Der vollständige Bericht kann bezogen werden von der Association of American Medical Colleges, One Dupont Circle NW, Washington, DC, 20036. Siehe auch W. C. Rappley: *Medical Education: Final Report of the Commission on Medical Education.*

17 Knud Rasmussen: *Intellectual Culture of the Iglulik Eskimos: Report of the Fifth*

Thule Expedition Expedition 1921-24, Vol. VII, no. 1, Copenhagen: Gyldendalske Boghandel, Nordisk Forlag 1929, p. 118-19

18 T. J. Iberti: „American Medical Education: Has It Created a Frankenstein?", in: *The American Journal of Medicine* 78 (1985): 179-81
19 H. M. Finestone, D. B. Center: „Acting in Medical Practice", in: *Lancet* 344 (1994): 801-2
20 D. A. Redelmeier, J.-P. Molin, R. J. Tibshirani: „A Randomised Trial of Compassionate Care for the Homeless in an Emergency Department", in: *Lancet* 345 (1995): 1131-34
21 Neil Postman: „Currents", in: *Utne Reader* (July/August 1995): 35-39
22 ebenda
23 zitiert in M. Toms: „Roots of Healing: The New Medicine", in: *Alternative Therapies in Health and Medicine* 1, no. 2 (1995): 46-52
24 Lewis Thomas: *The Medusa and The Snail* (dt. Ausg.: *Die Meduse und die Schnecke,* S. 164f.)
25 Dieses und die folgenden Zitate Keltings stammen aus Thomas Kelting: „The Nature of Nature", in: *Parabola* 20, no. 1 (1995): 24-30
26 Über Studien zu Religion und Spiritualität in der Medizin, siehe Jeffrey S. Levin: „Religion and Health: Is There an Association, Is It Valid, and Is It Casual?", in: *Social Science and Medicine* 38 (1994): 1475-82; J. S. Levin, D. B. Larson, C. M. Puchalski: „Religion and Spirituality in Medicine: Research and Education", in: *Journal of the American Medical Association* 278, no. 9 (1997): 792-93. Siehe auch Harold G. Koenig et al.: *Handbook of Religion and Health,* in dem mehr als sechzehnhundert Studien über die Zusammenhänge von religiöser/spiritueller Praxis und Gesundheit betrachtet werden. Eine Aufstellung der medizinischen Hochschulen, die Kurse oder Vorlesungsreihen über die Zusammenhänge von Spiritualität und Gesundheit entwickelt haben, findet sich in A. B. Astrow, C. M. Puchalski, D. P. Sulmasy: „Religion, Spirituality, and Health Care: Social, Ethical, and Practical Considerations", in: *The American Journal of Medicine* 110 (2001): 283-87.
27 zitiert in „Sunbeams", in: *Sun* 237 (1995): 40
28 L. J. Dickstein, J. Elkes: „Health Awareness and the Medical Student: A Preliminary Experiment", in: *Advances* 4, no. 2 (1987): 11-23
29 zitiert in „Sunbeams", in: *Sun* 235 (1995): 40
30 Aus den Einsichten Edward Tenners in seinem bemerkenswerten Buch *Why things bite back* (dt. Ausg.: *Die Tücken der Technik: wenn Fortschritt sich rächt)* habe ich für dieses Kapitel sehr viel erfahren und gelernt.
31 Aus einem Brief vom 18.11.1878 an Theodore Puskas, zitiert in Matthew Josephson: *Edison: A Biography,* New York: McGraw-Hill 1959, John Wiley & Sons 1992, p. 198 (dt. Ausg.: *Thomas Alva Edison: Biographie,* Icking: Kreisselmeier 1969)
32 Mehr darüber, welche Formen von Eigenleben ansonsten unbelebte Gegenstände zu

entfalten scheinen, finden Sie in Lyall Watson: *The Nature of Things: The Secret Life of Inanimate Objects.*

33 S. Griffin: „Workers' Fears Mount as Economy Tumbles", in: *San Diego Union-Tribune,* May 3, 1992, D2

34 "Dying to Work", in: *U.S. News and World Report,* March 18, 1991

35 Zum Sisyphus-Syndrom und den Auswirkungen von Arbeitsstress, siehe L. S. Syme: „Control and Health: A Personal Perspective", in: *Advances* 7, no. 2 (1991): 16-27; J. G. Bruhn et al.: „Psychological Predictors of Sudden Death in Myocardial Infarction", in: *Journal of Psychosomatic Research* 18 (1974): 187-91; Peter L. Schnall et al.: „The Relationship between 'Job Strain', Workplace Diastolic Blood Pressure, and Left Ventricular Mass Index", in: *Journal of the American Medical Association* 263, no. 14 (1990): 1929-35; Robert L. Karasek et al.: „Job Characteristics in Relation to the Prevalence of Myocardial Infarction", in: *American Journal of Public Health* 78, no. 8 (1988): 910-16; M. A. Hlatky et al.: „Job Strain and the Prevalence and Outcome of Coronary Artery Disease", in: *Circulation* 2 (1995): 327-33.

36 R. M. Sapolsky: „The Price of Propriety", in: *Sciences* 36, no. 4 (1996): 14-16

37 J. R. Blackaby: „How the Workbench Changed the Nature of Work", in: *American Heritage of Invention & Technology* (Fall 1986), 26-30

38 Henry D. Thoreau: *Walden oder Leben in den Wäldern,* Zürich: Diogenes 1979, S. 144

39 D. M. Spengler: „Back Injuries in Industry: A Retrospective Study – Overview and Cost Analysis, Injury Factors, and Employee-Related Factors", in: *Spine* 11, no. 3 (1986): 241-56

40 Khalil Gibran: *Der Prophet,* Zürich/Düsseldorf: Walter [33]1996, S. 24

41 L. E. Berkman, S. L. Syme: „Social Networks, Host Resistance, and Mortality: A Nine-Year Follow-up of Alameda County Residents", in: *American Journal of Epidemiology* 109 (1979): 186-204; R. M. Nerem, M. J. Levesque, J. F. Cornhill: „Social Environment as a Factor in Diet-Induced Atherosclerosis", in: *Science* 208 (1980): 1475-76

42 Maßnahmen, die den Folgen der Isolation am Arbeitsplatz vorbeugen, werden behandelt in: „Low Pay, No Say, Adding Stress at Work Worldwide", in: *Santa Fe New Mexican,* March 23, 1993, sec. B. Siehe auch Jim Polidara: „Mind-Body Wellness at Work", in: *Mind-Body Wellness,* 85-93 (mit einem glänzend kommentierten Wegweiser zu Forschungen und Quellen zum Thema Arbeit und Gesundheit).

43 John Searle: „Minds, Brains, and Science: The 1984 Reith Lectures", in: *Advances* 2, no. 6 (1984): 4

44 Leo Tolstoi: *Krieg und Frieden,* S. 1612

45 Dies ist ein Beispiel für eine absichtlich verursachte körperliche Verletzung (engl. *deliberately caused bodily damage,* DCBD). Bei solchen Ritualen verletzen sich Menschen auf verschiedene Weisen ohne Schmerzen, Blutung oder Infektion; die

Wunden verheilen danach erstaunlich rasch. Solche Verletzungen finden fast immer in einer spirituell stark aufgeladenen Situation statt – wie im Falle des jungen Spaniers. Dieses Thema wurde ausführlicher behandelt in Larry Dossey: „Deliberately Caused Bodily Damage (DCBD)", in: *Alternative Therapies in Health and Medicine* 4, no. 5: 11-16, 103-11.

46 Die Informationen über Ess-Zettel kommen von Dennis Stillings, dem Vizepräsidenten des Archaeus-Projekts in Kamuela, Hawaii, der mir dankenswerterweise die Spalten 1055-1058 aus Bd. 2 des *Handwörterbuchs des Deutschen Aberglaubens* übersetzte. Die hier im Originalwortlaut wiedergegebene Passage steht in Spalte 1057 (s. Bibliographie).

47 Berichte über die Wirkkraft von Aspirin und andere Anzeichen für den Placebo-Effekt, siehe S. H. Bodem: „Bedeutung der Placebowirkung in der praktischen Arzneitherapie", in: *Pharmazeutische Zeitung* 139, Nr. 51-52 (1994): 9-19; G. S. Kienle, H. Keine: „Placebo Effects from Packaging, Formulation, Color, and Size of the Placebo", in: „Placebo Effect and Placebo Concept: A Critical Methodological and Conceptual Analysis of Reports on the Magnitude of the Placebo Effect", in: *Alternative Therapies in Health and Medicine* 2, no. 6 (1996): 39-54; B. Blackwell, S. S. Bloomfield, C. R. Buncher: „Demonstration to Medical Students of Placebo Responses and Non-drug Factors", in: *Lancet* 1, no. 7763 (1972): 1279-82.

48 Tims Geschichte wurde mir im Juli 1998 von Barbara Dossey erzählt. Tim war nicht der wirkliche Name des Patienten.

49 Bernard R. Grad: „Some Biological Effects of Laying-on of Hands: A Review of experiments with Animals and Plants", in: *Journal of the American Society for Psychical Research* 59, no. a (1965): 95-127

50 Florence Nightingale's Bericht „Note on the Aboriginal Races of Australia" wurde in York, England, im September 1864 gehalten und 1865 in London veröffentlicht. Er ist im Internet verfügbar über http://www.archive.org/details/noteonaboriginal-00nigh und anderswo.

51 Judith J. Petry: „Healing the Practice of Surgery", in: *Alternative Therapies in Health and Medicine* 4, no. 4 (1998): 103ff.

52 John A. Astin: „Why Patients Use Alternative Medicine: Results of a National Study", in: *Journal of the American Medical Association* 279, no. 19 (1998): 1548-53

53 N. Baldwin: „The Lesser Known Edison", in: *Scientific American* (February 1997): 62-67

54 Beispiele von Ernährungs-Anomalien und offenbar guter Gesundheit in Rene Dubos: „Nutritional Ambiguities", in: *Natural History* (July 1980): 14-21

55 R. M. Nerem, M. J. Levesque, J. E Cornhill: „Social Environment as a Factor in Diet-Induced Atherosclerosis", in: *Science* 208 (1980): 1475-76

56 Die Zitate von Joan Gussow, Paul Rozin und Mary Douglas, die Studie von Richard Stein und Carol Nemeroff sowie eine Diskussion über die moderne Einstellung zur

Ernährung, korrekte Ernährung und Ernährungsethik finden sich in Paul Roberts: „The New Food Anxiety", in: *Psychology Today* (March/April 1998): 30ff.
57 J. Raloff: „Oat Bran Is Not Special?", in: *Science News* 137 (January 20, 1990): 26
58 Über die Überlegungen der Teilnehmer dieser Konferenz berichtet „Proper Diet Saves Lives, Land, Oil ..." in: *Science News* 119 (January 17, 1981): 39-40.
59 M. Edwards: „Mother Russia: On a New Course", in: *National Geographic* 179, no. 2 (February 1991): 2-37
60 B. Ehrenreich: *Blutrituale*, S. 162
61 Mehr zum Thema Kriegstote und Folgen moderner Konflikte in: Barry S. Levy, Victor W. Sidel (Hrsg.): *War and Public Health*, sowie in P. R. Epsteins Besprechung von *War and Public Health*, in: *Journal of the American Medical Association* 277, no. 18 (1997): 1479-80
62 E. Kemf: „The re-greening of Vietnam", in: *New Scientist* 1618 (23 June 1988): 55
63 B. Ehrenreich: *Blutrituale*, S. 15
64 B. Ehrenreich: *Blutrituale*, S. 28
65 Zu Vergewaltigung unter Tieren und im Krieg, siehe Lyall Watson: *Dark Nature: A Natural History of Evil*, p. 177 (dt. Ausg.: *Die Nachtseite des Lebens);* D. P. Barash: „Sociobiology of Rape", in: *Science* 197 (1977): 788; H. J. Pratt: „Reproduction in the Blue Shark", in: *Fishery Bulletin* 77 (1979): 445; L. G. Adele, S. Gilchrist: „Homosexual Rape and Sexual Selection", in: *Science* 197 (1977): 81; L. Friedman: *The Law of War;* Michael Walzer: *Just and Unjust Wars* (dt. Ausg.: *Gibt es den gerechten Krieg?);* Ruth Seifert: „Krieg und Vergewaltigung", in: A. Stieglmayer (Hrsg.): *Massenvergewaltigung.* Ein empfehlenswertes Werk über die biologischen Wurzeln der Gewalt ist Howard Bloom: *The Lucifer Principle: A Scientific Exploration into the Forces of History.* Eine populärere Darstellung aus der Sicht der Evolutionsbiologie bietet Richard Wrangham, Dale Peterson: *Demonic Males: Apes and the Origins of Human Violence* (dt. Ausg.: *Bruder Affe: Menschenaffen und die Ursprünge menschlicher Gewalt)*
66 B. Ehrenreich: *Blutrituale*, S. 22
67 Roland Stromberg: *Redemption by War: The Intellectuals and 1914* (Lawrence, Kanada: Regents Press 1982), p. 2, p. 82 (zitiert in Ehrenreich, *Blutrituale,* S. 15)
68 B. Ehrenreich: *Blutrituale,* S. 22
69 C. A. Robarchek, R. K. Dentan: „Blood Drunkenness", in: *American Anthropologist* 89 (1987): 356; Robert Knox Dentan: *Semai: A Nonviolent People of Malaya*
70 B. Ehrenreich: *Blutrituale,* S. 23-25
71 B. Ehrenreich: *Blutrituale,* S. 32
72 Dieser kurze Abriss des Übergangs der Menschen von der Beute zum Jäger wird der beeindruckenden, sorgfältig belegten und formulierten Darstellung Barbara Ehrenreichs nicht gerecht; wer sich für ihre Ausarbeitung interessiert, sollte ihr Buch *Blutrituale: Ursprung und Geschichte der Lust am Kriege* studieren.

73 Antonia Fraser: *The Warrior Queens* (New York: Vintage Books 1988)
74 Dies berichtet Julie Wheelwright in *Amazons and Military Maids* (London: Pandora 1989), p. 75
75 B. Ehrenreich: *Blutrituale,* S. 156f.
76 B. Ehrenreich: *Blutrituale,* S. 281
77 Bernhard von Clairvaux: „Das neue Rittertum", in: *Sämtliche Werke, Bd. 1* (Innsbruck 1990), S. 277
78 B. Ehrenreich: *Blutrituale,* S. 291f.
79 zitiert von E. Ferguson in dessen Besprechung von Kay Redfield Jamisons *An Unquiet Mind: A Memoir of Moods and Madness,* in: *Brain/Mind Bulletin* 21, no. 3 (December 1995): 4
80 David Darling: „Supposing Something Different: Reconciling Science and the Afterlife", in: *OMNI* 17, no. 9 (December 1995): 4
81 zitiert in Deno Kazanis: „The Physical Basis of Subtle Bodies and Near-Death Experiences", in: *Journal of Near-Death Studies* 14, no. 2 (Winter 1995): 101-116
82 David J. Chalmers: „The Puzzle of Conscious Experience", in: *Scientific American* 273, no. 6 (December 1995): 82-83
83 Brian D. Josephson, E. Pallikara-Viras: „Biological Utilization of Quantum Nonlocality", in: *Foundations of Physics* 21 (1991): 197-207
84 Beverly Rubik: „Energy Medicine and the Unifying Concept of Information", in: *Alternative Therapies in Health and Medicine* 1, no. 1 (1995): 34-39
85 David Bohm: *Wholeness and the Implicate Order* (dt. Ausg.: *Die implizite Ordnung);* David Bohm, Basil Hiley: „On the Intuitive Understanding of Non-Locality as Implied by Quantum Theory" (Vorabdruck: Birkbeck College, University of London 1974)
86 Pico della Mirandola: „Heptaplus, VI, prooemium", in: *Opera omnia,* Basel 1557
87 Das Gemeinschaftswerk *Naturerklärung und Psyche* von C. G. Jung und Wolfgang Pauli ist vergriffen. Jungs Beitrag „Synchronizität als ein Prinzip akausaler Zusammenhänge" ist jedoch enthalten in C. G. Jung: *Die Dynamik des Unbewussten* (GW 8, §§957-958)
88 C. G. Jung: *Memories, Dreams, Reflections,* p. 155 (dt. Ausg.: *Erinnerungen, Träume, Gedanken von C. G. Jung,* S. 158)
89 C. G. Jung: *The Structure and Dynamics of the Psyche,* p. 438 (dt. Ausg.: *Die Dynamik des Unbewussten* (GW 8, S. 497, §843)
90 berichtet in Alister Hardy, Robert Harvie, Arthur Koestler: *The Challenge of Chance,* p. 173
91 Joe Berger: „Pipe Organ Blast Scares Minister to Death!", in: *Weekly World News,* November 1, 1995 (Information von Don Campbell, Direktor des Institute for Music, Health, and Education in Boulder, Colorado, im Dezember 1995)
92 *Fortean Times* (October/November 1995): 20

93 J. H. McKenzie: „The Haunted Millgirl", in: *Quarterly Transactions of the British College of Psychic Science* 182 (1925), zitiert in Watson: *The Nature of Things*, p. 152-53
94 Marilyn J. Schlitz: „Intentionality and Intuition and their Clinical Implications: A Challenge for Science and Medicine", in: *Advances* 12, no. 2 (1996): 58-66
95 siehe Larry Dossey: „How Should Alternative Therapies Be Evaluated?", in: *Alternative Therapies in Health and Medicine* 1, no. 2 (1995): 6-10, 79-85
96 Dieses Zitat von William James erschien erstmals in „The Will to Believe", nachgedruckt in *The Will to Believe and Other Essays in Popular Philosophy* (New York: Longmans Green 1927) (dt. Ausg.: William James et al.: *Der Wille zum Glauben und andere popularphilosophische Essays*, Stuttgart: Frommanns 1899).
97 R. Lewis: „Infant Joy", in: *Parabola* 12, Nr. 4 (1987): 44
98 zitiert in Raymond Moody: *Lachen und Leiden*, S. 100
99 Goethe, *Wahlverwandtschaften* II,4
100 Schiller, *Über die ästhetische Erziehung des Menschen*
101 zitiert in Barbara Hannah: *Jung, His Life and Work: A Biographical Memoir*, p. 40 (dt. Ausg.: *C. G. Jung, sein Leben und Werk*)
102 Quellen: Arthur Koestler: *The Act of Creation*, p. 29 (dt. Ausg.: *Der göttliche Funke);* D. Strickland: „Is Humor Healing?", in: *Bridges: Magazine of the International Society for the Study of Subtle Energies and Energy Medicine* 6, Nr. 3 (1995): 11; Arthur Koestler: *The Act of Creation*, p. 29; J. Sully: *An Essay on Laughter*, zitiert in Koestler: *The Act of Creation*, p. 29
103 Arthur Koestler: *The Act of Creation*, p. 80 (dt. Ausg.: *Der göttliche Funke*, S. 75)
104 Arthur Koestler: *The Act of Creation*, p. 80 (dt. Ausg.: *Der göttliche Funke*, S. 76)
105 J. R. Dunn: Interview mit P. Derks in: *Humor Health Letter* Nr. 4 (1992): 1-7; C. C. Kuhn: „Healthy Humor Is Good Medicine", in: *Bridges: Magazine of the International Society for the Study of Subtle Energies and Energy Medicine* 6, no. 3 (1995): 1-10; M. S. George: „Brain Activity during Transient Sadness and Happiness in Healthy Women" in: *American Journal of Psychiatry* 152, no. 3 (1995): 341-51. Siehe auch P. Woolen: „Humor: An Antidote for Stress" in: *Holistic Nursing Practice* 10, no. 2 (1996): 49-56
106 Die experimentellen Resultate der Humorforschung werden vorgestellt in L. S. Berk: „Neuroendocrine and Stress Hormone Changes during Mirthful Laughter", in: *American Journal of Medicine* 298 (1989): 390-96; L. S. Berk: „Eustress of Mirthful Laughter Modifies Natural Killer Cell Activity", in: *Clinical Research* 37 (1989): 115; L. S. Berk et al.: „Humor Associated Laughter Decreases Cortisol and Increases Spontaneous Lymphocyte Blastogenesis", in: *Clinical Research* 36 (1988): 435A; K. Dillon, K. Baker: „Positive Emotional States and Enhancement of the Immune System", in: *International Journal of Psychiatry in Medicine* 15 (1985): 13-17; H. Lefcourt, K. Davidson-Katz, K. Kueneman: „Humor and Immune System Functioning",

in: *International Journal of Humor Research* 3 (1990): 305-21; D. C. McClelland, C. Kirshnit: „The Effect of Motivation Arousal through Films on Salivary Immunoglobulin A", in: *Psychology and Health* 2 (1989): 31-52; W. Fry: „Health Briefing" section in: *Insight* (May 25, 1987): 59; P. Eckman: „Autonomic Nervous System Activity Distinguishes among Emotions", in: *Science* 221 (1983): 1208-10; G. E. Schwartz, D. A. Weinberger, J. A. Singer: „Cardiovascular Differentiation of Happiness, Sadness, Anger, and Fear Following Imagery and Exercise", in: *Psychosomatic Medicine* 43 (1981): 343-364; K. M. Dillon, M. C. Totten: „Psychological Factors Affecting Immunocompetence and Health of Breastfeeding Mothers and Their Infants", seinerzeit unveröffentlichte Studie, zitiert in Norman Cousins: *Head First: The Biology of Hope*, p. 139; W. Fry, W. Salameh (Hrsg.): *Handbook of Humor and Psychotherapy*, 1986
107 zitiert in James Walsh: *Laughter and Health* (New York: Appleton 1928), p. 147-148
108 Norman Cousins' lähmende Krankheit und seine Erfahrungen mit Humor und Gesundheit sind aufgezeichnet in seinen Veröffentlichungen: „Anatomy of an Illness", in: *New England Journal of Medicine* 295 (1976): 1458-63, in „The Laughter Connection" in seinem Buch *Head First: The Biology of Hope*, und in *Anatomy of an Illness as Perceived by the Patient* (dt. Ausg.: *Der Arzt in uns selbst*).
109 J. C. Gregory: *The Nature of Laughter* (London: Kegan Paul 1924), zitiert in Koestler: *The Act of Creation*, p. 52-53 (dt. Ausg.: *Der göttliche Funke*, S. 45)
110 B. Foss in: *New Scientist* 6, no. 7 (1961), zitiert in Koestler: *The Act of Creation*, p. 53 (dt. Ausg.: *Der göttliche Funke*, S. 45)
111 Arthur Koestler: *The Act of Creation*, p. 53 (dt. Ausg.: *Der göttliche Funke*, S. 45)
112 J. Hassett, J. Houlihan: „Different Jokes for Different Folks", in: *Psychology Today* 12 (1979): 64-71
113 Søren Kierkegaard: *Parables of Kierkegaard*, hrsg. von Thomas C. Oden (Princeton, NJ: Princeton University Press 1978)
114 zitiert in Daisetz T. Suzuki: *Sengai, the Zen Master* (New York: New York Graphic Society 1971), p. 147 (dt. Ausg.: *Der Zen-Meister Sengai*, Köln: DuMont 1985)
115 zitiert in dem Interview „Meditations on a Joyful Year: Speed Vogel Talks to Moshe Waldoks", in: *Parabola* 12, no. 4: 67
116 zitiert in R. Lewis: „Infant Joy", in: *Parabola* 12, no. 4 (1987): 47
117 zitiert in J. Kaplan: *Walt Whitman: A Life* (New York: Bantam 1980), p. 200; (dt. Zitat aus A. Höschen: *Das Eine Sein – zur Meditation*, Norderstedt: Books on Demand 2009, S. 61)
118 zitiert in „Holy Laughter", in: *Parabola* 4, no. 1 (1979), p. 51 (dt. Zitat aus Jakob Böhme: *Vom übersinnlichen Leben*)
119 Alice M. Isen, K. A. Daubman, G. P. Nowicki: „Positive Affect Facilitates Creative Problem Solving", in: *Journal of Personality and Social Psychology* 52 (1987): 1122-31
120 Arthur Koestler: *The Act of Creation*, p. 120 (dt. Ausg.: *Der göttliche Funke*, S. 120)

121 Arthur Koestler: *The Act of Creation*, p. 146 (dt. Ausg.: *Der göttliche Funke*, S. 150)
122 T. E. Strandberg: „Long-Term Mortality after 5-Year Multifactorial Primary Prevention of Cardiovascular Diseases in Middle-Aged Men", in: *Journal of the American Medical Association* 266, no. 9 (1991): 1225-29
123 Leonard A. Sagan: „Family Ties: The Real Reason People Are Living Longer", in: *The Sciences* (March/April 1988): 21-29
124 „Exercise, Health Links Need Hard Proof, Say Researchers Studying Mechanisms", in: *Journal of the American Medical Association* 265, no. 22 (1991): 298
125 M. Young, T. J. Marrie: „Interobserver Variability in the Interpretation of Chest Roentgenograms of Patients with Possible Pneumonia", in: *Archives of Internal Medicine* 154 (1994): 2729-32
126 R. Monastersky: „Kidney Stones: Don't Curb the Calcium", in: *Science News* 143 (March 17, 1993): 196
127 H. C. Mitchell: „The Periodic Health Examination: Genesis of a Myth", in: *Annals of Internal Medicine* 95 (1981): 733-35
128 B. Bower: „Anxiety before Surgery May Prove Healthful", in: *Science News* 141 (June 20, 1992): 407
129 B. Bower: „Depressing News for Low-Cholesterol Men", in: *Science News* 143 (January 16, 1993): 37
130 R. S. Eliot: „Community and Heart Disease", in: *Journal of the American Medical Association* 272, no. 7 (1994): 566
131 B. Bower: „Blood Pressure Lower for Working Women", in: *Science News* 148 (July 1, 1995): 6
132 R. Voelker: „Born in the USA: Infant Health Paradox", in: *Journal of the American Medical Association* 272, no. 23 (1994): 1803-04; R. Jerome: „Whither Doctors? Whence New Drugs?", in: *The Sciences* (May/June 1994): 20-25
133 B. Starfield: „Is U.S. Health Really the Best in the World?", in: *Journal of the American Medical Association* 284, no. 4 (2000): 483-85
134 Berichte über die Wirkung des Gebets bei Menschen und nichtmenschlichen Empfängern wie Bakterien, Pilzen und Mäusen finden Sie in R. C. Byrd: „Positive Therapeutic Effects of Intercessory Prayer in a Coronary Care Unit Population", in: *Southern Medical Journal* 81 (1998): 826-29; C. B. Nash: „Psychokinetic Control of Bacterial Growth", in: *Journal of the American Society for Psychical Research* 51 (1982): 217-21; J. Barry: „General and Comparative Study of the Psychokinetic Effect on a Fungus Culture", in: *Journal of Parapsychology* 32 (1968): 237-43; William H. Tedder, Melissa L. Monty: „Exploration of Long Distance PK: A Conceptual Replication of the Influence on a Biological System", in: *Research in Parapsychology* 1980 (hrsg. von W. G. Roll et al.), 90-93; Bernard R. Grad: „Some Biological Effects of Laying-on of Hands: A Review of Experiments with Animals and Plants", in: *Journal of the American Society for Psychical Research* 59 (1965):

95-127; Bernard R. Grad, R. J. Cadoret, G. I. Paul: „The Influence of an Unorthodox Method of Treatment on Wound Healing in Mice", in: *International Journal of Parapsychology* 3 (1961): 5-24
135 „Dr Jonas Salk, 1914-1995: A Tribute", in: AAF (American Architectural Foundation) News, *AIARCHITECT* (September 1995): 20
136 Arthur Koestler: *The Act of Creation*, p. 178 (dt. Ausg.: *Der göttliche Funke*, S. 187)
137 Frank Barron: „The Psychology of Imagination", in: *Scientific American* (September 1958)
138 Larry Dossey: *Meaning and Medicine*, p. 159-60
139 Richard Smoley: „My Mind Plays Tricks on Me", in: *Gnosis* 19 (Spring 1991): 12
140 S. M. Wilson: „Trickster Treats", in: *Natural History* (October 1991): 4-8
141 Barre Toelken: „From Entertainment to Realization in Navajo Fieldwork", in: Bruce Jackson, Edward D. Ives (Hrsg.): *The World Observed: Reflections on the Fieldwork Process* (Urbana: University of Illinois Press 1996)
142 Ken Wilber: *The Spectrum of Consciousness* (Wheaton, IL: Theosophical Publishing House 1977), p. 216 (dt. Ausg.: *Das Spektrum des Bewusstseins*, München: Scherz 1987; Reinbek: Rowohlt 1991, S. 223)
143 A. D. Bajkov: „Do Fish Fall from the Sky?", in: *Science* 109 (1949): 402
144 *Fort Worth Star-Telegram*, May 9, 1985
145 Athenaios: *The Deipnosophists*, p. 11-13
146 W. McAfee: „Showers of Organic Matter", in: *Monthly Weather Review* 45, no. 5 (May 1917): 217-24
147 J. R. Norman: „Fish from the Clouds", in: *Natural History Magazine* 1, no. 8 (October 1928): 286-91
148 siehe auch: R. J. M. Rickard: „Everything You Ever Wanted to Know about Fishfalls: The Theories", in: *Fortean-Times* 106 (January 1998): 37-39. Erwähnt seien ferner das enzyklopädische Werk von William Corliss: *The Catalog of Anomalies*, vol. 1, *Tornados, Dark Days, Anomalous Precipitation, and Related Weather Phenomena*, section GWF 10; sowie Lyall Watson: *The Nature of Things*, p. 47
149 Das Drogenpräventionsprogramm „Hooked on Fishing – Not on Drugs" wurde ins Leben gerufen von der Future Fisherman Foundation, mit der Hilfe des Bildungsministeriums der Vereinigten Staaten, dem Schulbezirk des Landkreises Harrison, West Virginia, dem United States Fish and Wildlife Service, der American Fishing Tackle Manufacturers Association und des Aquatic Resources Education Council. Informationen erhalten Sie vom Bildungsministerium der Vereinigten Staaten oder von Paul Quinnett, dem Leiter der Erwachsenen-Programme am Community Mental Health Center in Spokane, Washington.
150 Mehr zum Thema Fliegenfischen als Mysterium und spirituelles Unterfangen finden Sie in: Larry Dossey: „Personal Glimpses", in: *Quest* 7, no. 2 (1994): 94-96; Larry Dossey: „Larry Dossey Responds to Critics of Fly-Fishing", in: *Quest* 7, no. 4 (1994): 4-8

151 zitiert in Howell Raines: *Fly Fishing through the Midlife Crisis,* p. 107
152 Der Artikel über Frauen und das Fliegenfischen ist von R. Cox: „Unwinding at Full Speed", in: *Working Woman* (April 1995): 72-80
153 Mehr über Methoden zum Schutze vor und gegen Flüche, Zauber und Verwünschungen im Kapitel „Protection" in Larry Dossey: *Be Careful What You Pray For ... You Just Might Get It,* p. 195-217
154 Der Glaube, dass man sich einer Hexe durch Überqueren eines fließende Gewässers entziehen kann, wird erwähnt in Dion Fortune: *Psychic Self-Defense* (London: Rider 1930), p. 177 (dt. Ausg.: *Selbstverteidigung mit PSI: Methoden der Verteidigung gegen PSI-Angriffe,* Interlaken: Ansata ²1981)
155 erzählt von Nick Lyons in seinem Beitrag „Going and Coming Back", in: *Fly Fisherman* 28, no. 6 (September 1997): 95-96
156 siehe Larry Dossey: *Reinventing Medicine,* San Francisco: HarperSanFrancisco 1999, p. 1-3
157 Elisabeth Targ, Marilyn Schlitz, Harvey J. Irwin: „Psi-Related Experiences", in: *Varieties of Anomalous Experience: Examining the Scientific Evidence,* hrsg. von Etzel Cardena, Steven J. Lynn und Stanley Krippner (Washington, D.C.: American Psychological Association 2000), p. 219-252
158 zitiert in Ann Japenga: „Can Dreams Diagnose Illness?", in: *USA Weekend,* (September 3-5, 1999): 4
159 zitiert in F. L. Marsh: „Review of Evolution, Creation, and Science", in: *American Scientist* 79 (1945): 73
160 Mehr über Bewusstseinsmodelle von herausragenden Wissenschaftlern aus jüngerer Zeit in Larry Dossey: „Lessons from Twins: Of Nature, Nurture, and Consciousness", in: *Alternative Therapies in Health and Medicine* 3, no. 3 (1997): 8-15
161 David J. Chalmers: „The Puzzle of Conscious Experience", in: *Scientific American* 273, no. 6 (1995): 80-86; David J. Chalmers: *The Conscious Mind*
162 Amit Goswami: *The Self-Aware Universe: How Consciousness Creates the Material World;* Amit Goswami: „Science within Consciousness: A Progress Report" (Vortrag auf einem Seminar über Bewusstsein an der Universität Lissabon 1996)
163 Nick Herbert: *Quantum Reality;* Nick Herbert: *Elemental Mind*
164 Brian D. Josephson, F. Pallikara-Viras: „Biological Utilization of Quantum Nonlocality", in: *Foundations of Physics* 21 (1991): 197-207
165 Rupert Sheldrake: *A New Science of Life* (dt. Ausg.: *Das schöpferische Universum);* Rupert Sheldrake: *The Presence of the Past* (dt. Ausg.: *Das Gedächtnis der Natur)*
166 Ervin Laszlo: *The Interconnected Universe: Conceptual Foundations of Transdisciplinary Unified Theory*
167 zitiert in Renée Weber: *Dialogue with Scientists and Sages,* p. 101, 151 (dt. Ausg.: *Alles Leben ist eins: Die Begegnung von Quantenphysik und Mystik)*

168 Robert G. Jahn, Brenda J. Dunne: *Margins of Reality* (dt. Ausg.: *An den Rändern des Realen*)
169 C. J. S. Clarke: „The Nonlocality of Mind", in: *Journal of Consciousness Studies* 2, no. 3 (1995): 231-40
170 Sir Arthur Eddington: „Defense of Mysticism", zitiert in Ken Wilber: *Quantum Questions*, p. 206
171 L. A. Dale: „Spontaneous Cases", in: *Journal of the American Society for Psychical Research* 46 (1952): 31-35
172 J. A. Henslee: „The Impact of Premonitions of SIDS on Grieving and Healing", in: *Pediatric Pulmonology* 16 (1993): 393
173 Russell Targ, H. E. Puthoff: „Information Transmission under Conditions of Sensory Shielding", in: *Nature* 251 (1974): 602-607; H. E. Puthoff, Russell Targ: „A Perceptual Channel for Information Transfer over Kilometer Distances: Historical Perspective and Recent Research", in: *Proceedings of the IEEE* 64 (1976): 329-54; H. E. Puthoff: „CIA-Initiated Remote Viewing Program at Stanford Research Institute", in: *Journal of Scientific Exploration* 10, no. 1 (1996): 63-76; Russell G. Targ: „Remote Viewing at Stanford Research Institute in the 1970s: A Memoir", in: *Journal of Scientific Exploration* 10, no. 1 (1996): 77-88
174 Ray Hyman: „Evaluation of Program on Anomalous Mental Phenomena", in: *Journal of Scientific Exploration* 10, no. 1 (1996): 31-58
175 William Braud: „Wellness Implications of Retroactive Intentional Influence: Exploring an Outrageous Hypothesis", in: *Alternative Therapies in Health and Medicine* 6, no. 1 (2000): 37-48
176 Holger Klintman: „Is There a Paranormal (Precognitive) Influence in Certain Types of Perceptual Sequences?' part 1, in: *European Journal of Parapsychology* 5 (1983): 19-49; Holger Klintman: „Is There a Paranormal (Precognitive) Influence in Certain Types of Perceptual Sequences?' part 2, in: *European Journal of Parapsychology* 5 (1984): 125-140
177 Dean I. Radin: „Unconscious Perception of Future Emotions", in: *Journal of Consciousness Studies Abstracts* (Tucson II Conference, University of Arizona, Tucson, April 8-13, 1996), abstract no. 430: 163; D. J. Bierman, D. I. Radin: „Anomalous Anticipatory Response on Randomized Future Conditions", in: *Perceptual and Motor Skills* 84 (1997): 689-690. Siehe auch Dean Radin: *The Conscious Universe*, p. 125
178 Russell Targ, Jane Katra: „The Scientific and Spiritual Implications of Psychic Abilities", in: *Alternative Therapies in Health and Medicine* 7, no. 3 (2001): 143-149
179 R. G. Stanford, A. G. Stein: „A Meta-analysis of ESP Studies Contrasting Hypnosis and a Comparison Condition", in: *Journal of Parapsychology* 58, no. 3 (1994): 235-270
180 G. R. Price: „Science and the Supernatural", in: *Science* 122 (1955): 359-367
181 Tony Lawrence: „Bringing in the Sheep: A Meta-analysis of Sheep/Goat Experi-

ments", in: *Proceedings of Presented Papers: Thirty-sixth Annual Parapsychological Association Convention*. Siehe auch Gertrude Schmeidler: „Predicting Good and Bad Scores in a Clairvoyance Experiment: A Preliminary Report", in: *Journal of the American Society for Psychical Research* 37 (1943): 103-110

182 Seine präkognitiven Träume bespricht der Verfasser in „Dreams and Healing: Reclaiming a Lost Tradition", in: *Alternative Therapies in Health and Medicine* 5, no. 6 (1999): 12-17, 111-117. Siehe auch Larry Dossey: *Reinventing Medicine,* p. 1-3

183 „Romania's Murderous Twins", in: *Fortean Times* 130 (January 2000): 10. Siehe auch Larry Dossey: „Lessons from Twins: Of Nature, Nurture, and Consciousness", in: *Alternative Therapies in Health and Medicine* 3, no. 3 (1997): 8-15

184 Die von Ian Stevenson berichtete Geschichte von General Frémont erschien erstmals in R. Hodgson: „Case", in: *Journal of the Society for Psychical Research* 5 (1891): 54-61.

185 zitiert in „Sunbeams", *Sun* 239 (November 1995): 40

186 zitiert in Paul Edwards: *Immortality,* p. 290

187 Eine Kritik der materialistischen Erklärungen von Todesnähe-Erlebnissen findet sich in Larry Dossey: „Immortality", in: *Alternative Therapies in Health and Medicine* 6, no. 3 (2000): 12-17, 108-115.

188 Jerry A. Fodor: „The Big Idea" in: *Times Literary Supplement,* (July 3, 1992): 20

189 zitiert in: *Sun* 228 (December 1994): 40

190 siehe zum Beispiel D. B. Larson, M. A. Greenwold Milano: „Are Religion and Spirituality Clinically Relevant in Health Care?", in: *Mind/Body Medicine* 1, no. 3 (1995): 147-157

191 E. Haraldsson, T. Thorsteinsson: „Psychokinetic Effects on Yeast: An Exploration Experiment", in: W. G. Roll, R. L. Morris, J. D. Morris (Hrsg.): *Research in Parapsychology 1972,* 20-21; E. Haraldsson: „Research on Alternative Medicine in Iceland", in: *MISAHA Newsletter* (Monterey Institute for the Study of Alternative Healing Arts) (April – June 1995): 3-5

192 Verlag: Academy of Religion and Psychical Research, P.O.B. 614, Bloomfield, CT 06002

193 Verlag: The Churches' Fellowship for Psychical and Spiritual Studies, South Road, North Somercotes, North Louth, Lincolnshire LN11 7PT, England

194 W. G. Braud: „Conscious Interactions with Remote Biological Systems: Anomalous Intentionality Effects", in: *Subtle Energies* 2, no. 1 (1991): 1-40

195 Randolph Byrd: „Positive Therapeutic Effects of Intercessory Prayer in a Coronary Care Unit Population", in: *Southern Medical Journal* 81, no. 7 (1988): 826-829

196 Russell Stannard: „The Power of Prayer", in: *Christian Parapsychologist* 12, no. 7 (1997): 196-199; siehe auch: Larry Dossey: „Beten in der kardiologischen Abteilung", in: *Heilende Worte,* S. 209ff.

197 Jean Kinkead Martine: „Working for a Living", in: *Parabola* 21, no. 4 (1996)

198 Susan J. Armstrong: „Souls in Process: A Theoretical Inquiry into Animal Psi", in Michael Stoeber und Hugo Meynell (Hrsg.): *Critical Reflections on the Paranormal*, p. 133-158
199 siehe Larry Dossey: „Four-Legged Forms of Prayer" und „A [Veterinarian] Doctor Tests Prayer", in Dossey: *Prayer Is Good Medicine*, p. 112-123
200 Die negative Seite des Gebets – das lebenden Organismen schaden kann – wird eingehend besprochen in Larry Dossey: *Be Careful What You Pray For.*
201 A. A. Worrall, O. N. Worrall: *Explore Your Psychic World;* Beverly Rubik, Elizabeth Rauscher: „Effects on Motility Behavior and Growth Rate of Salmonella typhimurium in the Presence of Olga Worrall", in W. G. Roll (Hrsg.): *Research in Parapsychology* 1979, p. 140-142; Elizabeth Rauscher: „Human Volitional Effects on a Model Bacterial System", in: *Subtle Energies* 1, no. 1 (1990): 21-41
202 Gerald Feinberg: „Precognition: A Memory of Things Future", in Laura Oteri (Hrsg.): *Quantum Physics and Parapsychology*, p. 54-73
203 P. E. Meehl, M. Scriven: „Compatibility of Science and ESP", in: *Science* 123 (1956): 14-15
204 Jeffrey S. Levin: „How Prayer Heals: A Theoretical Model", in: *Alternative Therapies in Health and Medicine* 2, no. 1996: 66-73
205 Eugene Mills: „Giving Up on the Hard Problem", in: *Journal of Consciousness Studies* 3, no. 1 (1996): 26-32
206 D. J. Hufford: „Cultural and Social Perspectives on Alternative Medicine: Background and Assumptions", in: *Alternative Therapies in Health and Medicine* 1, no. 1 (1995): 53-61; B. R. Cassileth et al.: „Contemporary Unorthodox Treatments in Cancer Medicine: A Study of Patients, Treatments, and Practitioners", in: *Annals of Internal Medicine* 10 (1984): 105-112
207 Die Hauptkritikpunkte gegen mentale Fernwirkungen einschließlich des fürbittenden Gebets sind meines Erachtens eindeutig widerlegt. Hier ist nicht der Ort, diese Dinge im Detail zu behandeln; dies habe ich an anderer Stelle bereits getan, wie viele geachtete Wissenschaftler ebenfalls. Einen Überblick über diese Widerlegungen bieten folgende Quellen: Larry Dossey: „Response to Gracely", in: *Alternative Therapies in Health and Medicine* 1, no. 5 (1995): 104-108; Larry Dossey: „How Good Is the Evidence? Prayer, Meditation, and Parapsychology", in: *Healing Words*, 243-247; Dean I. Radin, Roger D. Nelson: „Evidence for Consciousness-Related Anomalies in Random Physical Systems", in: *Foundations of Physics* 19 (1989): 1499-1514; Dean I. Radin: „A Field Guide to Skepticism", in: *The Conscious Universe,* 205-27; Jessica Utts: „An Assessment of the Evidence for Psychic Functioning", in: *Journal of Scientific Exploration* 10, no. 1 (1996): 3-30; Charles Honorton:, „Rhetoric over Substance: The Impoverished State of Skepticism", in: *Journal of Parapsychology* 57, no. 2 (1993): 191-214; Mark B. Woodhouse: „Why CSICOP Is Losing the War", in: *Paradigm Wars,* 116-121

208 Die wechselnden Einstellungen skeptischer Wissenschaftler spiegeln folgende Artikel wider: R. Hyman: „Evaluation of a Program on Anomalous Mental Phenomena", in: *Journal of Scientific Exploration* 10, no. 1 (1995): 43; M. J. Schlitz: „Intentionality in Healing: Mapping the Integration of Body, Mind, and Spirit", in: *Alternative Therapies in Health and Medicine* 5, no. 5 (1995): 119-120

209 zitiert in Marcia Bartusiak: „Mechanics of the Soul" (Rezension von Calvins *How Brains Think),* in: *New York Times Book Review,* December 29, (1996)

210 zitiert in einem Interview in *OMNI* (May 1988)

211 Russell Stannard: „The Power of Prayer", in: *The Christian Parapsychologist* 12, no. 7 (1997): 198-199

212 Daniel J. Benor: „Healing in Great Britain", in: *Advances* 12, no. 4 (1996): 75

213 Jan Ehrenwald: „A Neurophysiological Model of Psi Phenomena", in: *Journal of Nervous and Mental Disease* 154, no. 6 (1972): 406-418

214 Daniel J. Benor: „Survey of Spiritual Healing Research", in: *Complementary Medical Research* 4, no. 1 (1990): 9-33; Lawrence LeShan: *The Medium, the Mystic, and the Physicist;* Larry Dossey: „Energy Talk", in: *Network: The Scientific and Medical Network Review* (England) no. 63 (1997): 3-7

215 Larry Dossey: „The Forces of Healing: Reflections on Energy, Consciousness, and the Beef Stroganoff Principle", in: *Alternative Therapies in Health and Medicine* 3, no. 5 (1997): 8-14

216 C. B. Nash: „Test of Psychokinetic Control of Bacterial Mutation", in: *Journal of the American Society for Psychical Research* 78, no. 2 (1984): 145-152; C. B. Nash: „Psychokinetic Control of Bacterial Growth", in: *Journal of the American Society for Psychical Research* 51 (1982): 217-221; J. Barry: „General Comparative Study of the Psychokinetic Effect on a Fungus Culture", in: *Journal of Parapsychology* 32 (1968): 237-243; W. Tedder, M. Monty: „Exploration of Long-Distance PK: A Conceptual Replication of the Influence on a Biological System", in W. G. Roll et al. (Hrsg.): *Research in Parapsychology 1980*

217 zitiert in: C. Laine, F. Davidoff: „Patient-Centered Medicine", in: *Journal of the American Medical Association* 275 (1996): 152-156

218 zitiert nach einem mündlichen Bericht von [der examinierten Krankenschwester] Barbara Dossey, R.N., M.S., im August 1995

219 Bruce E. Robinson: „Death by Destruction of Will", in: *Archives of Internal Medicine* 155 (1995): 2250-2251

220 D. Gianakos: „Empathy Revisited", in: *Archives of Internal Medicine* 156 (1955): 135-136

221 Über den Einfluss der menschlichen Interaktion auf den Serumcholesterinspiegel schrieb Stewart Wolf: „Changes in Serum Lipids in Relation to Emotional Stress during Rigid Control of Diet and Exercise", in: *Circulation* 26 (1962): 379-387. Siehe auch James J. Lynch: *The Broken Heart: The Medical Consequences of Loneliness,*

p. 132-133, aus dem hier zitiert wurde. Lynchs Werk ist nach wie vor ein Klassiker über die verheerenden gesundheitlichen Folgen von mangelnder Liebe und gescheiterter menschlicher Interaktion. (dt. Ausg.: *Das gebrochene Herz*)

222 Die Zitate von Kubie, Lashley und Hebb erschienen in Lawrence LeShan: *The Dilemma of Psychology,* p. 84, das wiederum aus Michael Polanyi: *Knowing and Being* (Chicago, IL: University of Chicago Press 1969), p. 42, zitiert. Karl Lashleys Bemerkung ähnelt zwar der Erkenntnis esoterischer Weisheitstraditionen, dass es kein separates Selbst, kein „Ich", kein substanzielles Ego gebe, das außerhalb der übrigen Schöpfung lebt, doch ich hege den Verdacht, dass diese Ähnlichkeit nur oberflächlich besteht und Lashley (wie Kubie und Hebb) die Existenz des Bewusstseins in Frage stellt.

223 David J. Chalmers: „The Puzzle of Conscious Experience", in: *Scientific American* 273, no. 6 (1995): 80-86

224 R. G. Jahn: „Information, Consciousness, and Health", in: *Alternative Therapies in Health and Medicine* 2, no. 3 (1996): 32-38; R. G. Jahn: „Report on the Academy of Consciousness Studies", in: *Journal of Scientific Exploration* 9, no. 3 (1995): 393-403

225 Louis de Broglie: „The Role of the Engineer in the Age of Science", in: *New Perspectives in Physics,* New York: Basic Books 1962, p. 231, zitiert in Robert G. Jahn: „Report on the Academy of Consciousness Studies", in: *Journal of Scientific Exploration* 9, no. 3 (1995): 393-403

226 Eine umfassendere Darstellung der nichtlokalen Natur der Psyche und ihrer Bedeutung für das Heilen findet sich in Larry Dossey: *Recovering the Soul,* und Larry Dossey; *Healing Words* (dt. Titel: *Heilende Worte*)

227 J. B. Rhine, S. R. Feather: „The Study of Cases of ‚Psi-Trailing' in Animals", in: *Journal of Parapsychology* 26, no. 1 (1962): 1-21

228 Vida Adamoli: *The Dog That Drove Home, the Snake-Eating Mouse, and Other Exotic Tales from the Animal Kingdom*

229 Gustav Eckstein: *Everyday Miracles* (dt. Titel: *Alle Störche sprechen ägyptisch: Erlebnisse mit meinen Tieren*)

230 zitiert in Robert G. Jahn, Brenda J. Dunne: *Margins of Reality*

231 B. E. Schwarz: „Possible Telesomatic Reactions", in: *Journal of the Medical Society of New Jersey* 64 (1967): 600-603; Larry Dossey: „Loading at a Distance", in: *Advances* 11, no. 4 (1995): 48-49; J. H. Rush: „New Directions in Parapsychology Research", in: *Parapsychological Monographs,* p. 18-19; Ian Stevenson: *Telepathic Impressions,* 70, 144; L. E. Rhine: „Psychological Processes in ESP Experiences, Part 1: Waking Experiences", in: *Journal of Parapsychology* 29 (1962): 88-111

232 J. Grinberg-Zylberbaum, J. Ramos: „Patterns of Interhemispheric Correlation during Human Communication", in: *International Journal of Neuroscience* 36, nos. 1 and 2 (1987): 41-55; J. Grinberg-Zylberbaum et al.: „Human Communication and

the Electrophysiological Activity of the Brain", in: *Subtle Energies* 3, no. 3 (1992): 25-43

233 Die Empathie-Studien von Martin Hoffman und Carolyn Zahn-Waxler sind ausführlich beschrieben in Daniel Goleman: „Researchers Trace Empathy's Roots to Infancy" in der *New York Times* vom 28. März 1989. Die Arbeit von Hoffman and Zahn-Waxler wird auch beschrieben in Morton Hunt: *The Compassionate Beast: What Science Is Discovering about the Human Side of Humankind* (dt. Ausg.: *Das Rätsel der Nächstenliebe: der Mensch zwischen Egoismus und Altruismus*, Frankfurt: Campus 1992)

234 zitiert in Henry Dreher: *The Immune Power Personality*, p. 272

235 zitiert in Evelyn Underhill: *Mysticism*, p. vi

236 C. G. Jung: *Memories, Dreams, Reflections*, p. 325 (dt. Ausg.: *Erinnerungen, Träume, Gedanken von C. G. Jung*, S. 327f.)

237 C. G. Jung: *Memories, Dreams, Reflections*, p. 353f. (dt. Ausg.: *Erinnerungen, Träume, Gedanken von C. G. Jung*, S. 356)

238 M. Michalko: „The Art of Genius", in: *Utne Reader* (July/August 1998): 73-76

239 John Lorber: „Is Your Brain Really Necessary?", in: *Science* 210 (1980): 1232-1234

240 David Feinstein: „At Play in the Fields of the Mind: Personal Myths as Fields of Information", in: *Journal of Humanistic Psychology* 38, no. 3 (Summer 1998): 71-109

241 Ervin Laszlos Hypothesen von der „interaktiven Kreativität" und der „Quantum/Vakuum-Interaktion" (QVI) sind zu komplex, um sie in diesem Rahmen zu besprechen.

242 Joseph Conrad: *Typhoon and Other Tales*, New York: New American Library 1925, p. 21; (dt. Titel: *Taifun*)

243 Piet Mondrian: „Plastic Art and Pure Plastic Art", in: Robert L. Herbert (Hrsg.): *Modern Artists on Art*, Englewood, NJ: Prentice-Hall 1964, p. 116

244 Paul Klee: „On Modern Art", zitiert in: Robert L. Herbert (Hrsg.), *Modern Artists on Art*

245 Erich Fromm: „Der kreative Mensch" in Bd. IX der Gesamtausgabe (München: DVA und dtv 1999), S. 404f.

246 zitiert in „Child's Play: Prodigies and Possibilities", einer *Nova* Sendung im WGBH-Fernsehen, Boston 1985

247 zitiert in Naomi Epel: *Writers Dreaming*, p. 70-73

248 Stefi Weisburd: „The Spark: Personal Testimonies of Creativity", in: *Science News* 132 (1987): 298

249 Carl Friedrich von Weizsäcker und Gopi Krishna: *The Biological Basis of Religion and Genius*, New York: Harper & Row 1972; dt. Ausg.: *Biologische Basis religiöser Erfahrung*, Weilheim: Barth 1971, München: Heyne 1982, Frankfurt: Suhrkamp 1988; NA: *Yoga und die Evolution des Bewusstseins: die wissenschaftliche Grundlage der spirituellen Erfahrung*, Amerang: Crotona 2010, S. 47-48

250 zitiert in Radoslav A. Tsanoff: *The Ways of Genius*, New York: Harper & Row 1949, p. 74
251 zitiert in „Higher Creativity in Art and Science", in: *Institute of Noetic Sciences Newsletter* 12, no. 1 (Spring 1984): 7
252 zitiert in Naomi Epel: *Writers Dreaming*, p. 224
253 zitiert in Naomi Epel: *Writers Dreaming*, p. 191
254 zitiert in Kim Wolinsky: *Letting Go with All Your Might*, p. 130
255 Bruce Springsteen: *Doubletake* (Spring 1998)
256 zitiert in Mary Buckley (Hrsg.): „Wise Words", zusammengestellt aus *New Dimensions* Radio-Interviews von Michael Toms (Carlsbad, CA: Hay House 1997)
257 überliefert von René Grousset in *In the Footsteps of the Buddha*, New York: Grossman Orion 1971 (dt. Ausg.: *Die Reise nach Westen oder wie Hsüan-Tsang den Buddhismus nach China holte*, Köln: Diederichs 1986; München: Diederichs 1984; Kreuzlingen/München: Hugendubel 2003)
258 Frank Barron: „The Psychology of Imagination", in: *Scientific American* (September 1958)
259 zitiert in Naomi Epel: *Writers Dreaming*, p. 82
260 Jacob Bronowski: *The Origins of Knowledge and Imagination*, New Haven, CT: Yale University Press 1978, p. 111
261 Arthur Koestler: *The Act of Creation*, p. 188 (dt. Ausg.: *Der göttliche Funke*, S. 191)
262 erzählt in John Chesterman et al.: *An Index of Possibilities: Energy and Power*, New York: Pantheon Books 1974, p. 187
263 Raymond de Becker: *The Understanding of Dreams and Their Influence on the History of Man*, New York: Hawthorn Books 1968, p. 85
264 Robert van de Castle: *Our Dreaming Mind*, p. 35
265 berichtet in K. Kedrov: „On the Question of Scientific Creativity", in: *Voprosy Psikologii* 3 (1957): 91-113
266 Georg Butler: „It's a Strange World", in: *Gadsden Times*, 24.04.1966, Gadsden, AL
267 Die Träume von Friedrich Kekulé, Albert Szent-Györgyi, Frederick Banting, James Watt und Herman Hilprecht wurden berichtet in Robert van de Castle: *Our Dreaming Mind*, S. 34-39.
268 Rupert Sheldrake: *The Presence of the Past* (dt. Titel: *Das Gedächtnis der Natur*)
269 David Feinstein: „At Play in the Fields of the Mind: Personal Myths as Fields of Information", in: *Journal of Humanistic Psychology* 38, no. 3 (Summer 1998): 71-109
270 E. Schuman, D. Madison: „Locally Distributed Synaptic Potentiation in the Hypocampus", in: *Science* 263 (1994): 532-536
271 Benjamin Libet: „A Testable Field Theory of Mind-Brain Interaction", in: *Journal of Consciousness Studies* 1, no. 1 (1994): 119-126
272 Stuart Hameroff: „Quantum Coherence in Microtubules: A Neural Basis for Emergent Consciousness?", in: *Journal of Consciousness Studies* 1, no. 1 (1994): 91-118

273 William Tiller: „What Are Subtle Energies?", in: *Journal of Scientific Exploration* 7 (1993): 293-304
274 Robert G. Jahn, Brenda J. Dunne: *Margins of Reality: The Role of Consciousness in the Physical World* (dt. Titel: *An den Rändern des Realen*)
275 Stanislav Grof: *The Holotropic Mind* (dt. Ausg.: *Die Welt der Psyche*, S. 214)
276 Brief an Dr. John R. Smythies, London, vom 29.02.1952, veröffentlicht in C. G. Jung: *Briefe* (Bd. 2, 1946-1955), Olten/Freiburg: Walter ³1989, S. 153f.
277 Anthony Stevens: *Archetypes: A Natural History of the Self*, New York: William Morrow 1982, p. 48
278 Michael Conforti: „On Archetypal Fields", in: *Round Table Review* 4, no. 2 (1996): 1-8
279 Stephen Brook (Hrsg.): *The Oxford Book of Dreams*, London: Oxford University Press 1992, p. 134f.
280 Havelock Ellis: *The World of Dreams*, London: Constable 1911
281 Robert van de Castle: *Our Dreaming Mind*, p. 34-39
282 zitiert in Naomi Epel: *Writers Dreaming*, p. 62f.
283 zitiert in Michael Murphy: *The Future of the Body,* Los Angeles: Jeremy P. Tarcher 1992, p. 345 (dt. Ausg.: *Der Quanten-Mensch*, Wessobrunn: Integral 1994)
284 zitiert in Clifford A. Pickover: *Strange Brains and Genius,* p. 262
285 C. M. Cook, M. A. Persinger: „Experimental Induction of the Sensed Presence in Normal Subjects and an Exceptional Subject", in: *Perceptual and Motor Skills* 85 (1997): 683
286 Über Ramachandrans Entdeckungen zu Schläfenlappenepilepsie und spirituellem Erleben sowie Michael A. Arbibs Meinung berichtet R. L. Hotz: „Seeking the Biology of Spirituality", in: *Los Angeles Times,* 26. April 1998.
287 William James: *The Varieties of Religious Experience,* New York: Macmillan 1961 (dt. Ausg.: *Die Vielfalt religiöser Erfahrung*, Olten/Freiburg: Walter 1979, S. 562f.)
288 Eine Erörterung über die Beziehung zwischen bipolarer Störung und Kreativität findet sich in Kay Redfield Jamison: „Manic-Depressive Illness and Creativity", in: *Scientific American* 272, no. 2 (Februar 1995): 62-67. Siehe auch Clifford Pickover: *Strange Brains and Genius,* p. 273; Kay Redfield Jamison: *Touched with Fire: Manic-Depressive Illness and the Artistic Temperament*
289 Robert John Russell und Nancey Murphy wurden zitiert in R. L. Hotz: „Seeking the Biology of Spirituality", in: *Los Angeles Times,* 26. April 1998.
290 zitiert in Lyall Watson: *Lifetide,* New York: Simon & Schuster 1979, p. 137 (dt. Ausg.: *Der unbewusste Mensch: Gezeiten des Lebens – Ursprung des Wissens – Lifetide,* Frankfurt: Umschau 1979, München: mvg 1989)
291 Die Ergebnisse der Befragung von Anwendern alternativer Therapien im Jahre 1998 erschien in John A. Astin: „Why Patients Use Alternative Medicine: Results of a National Survey", in: *Journal of the American Medical Association* 279, no. 19 (1998):

1548-1553. Weitere Studien und Berichte über die Beziehung zwischen Spiritualität und alternativer Medizin finden sich in D. B. Larson, M. A. G. Milano: „Are Religion and Spirituality Clinically Relevant in Health Care?", in: *Mind/Body Medicine* 1, no. 3 (1995): 147-157; Harold G. Koenig, Michael E. McCullough, David B. Larson: *Handbook of Religion and Health*.

292 Einen tieferen Einblick in die Vorstellungen der Amerikaner über das Leben nach dem Tode bietet der Meinungsforscher George Gallup in *Adventures in Immortality*.

293 „Interview with David Whyte", in: *Salt* 2000 2, no. 2: 6-12

294 zitiert in Carlos Baker: *Emerson among the Eccentrics*, New York: Penguin 1996, p. 397

295 zitiert in Paul Edwards: *Immortality*, p. v

296 berichtet von Debra Denker in *Sisters on the Bridge of Fire*, p. 318

297 Seine Gedanken über unser Leben auf Erden äußerte Dennis Stillings in einem persönlichen Gespräch mit dem Verfasser im Mai 1999 in Kamuela.

298 zitiert in Sukie Miller: *After Death*, p.149 (dt. Ausg.: *Nach dem Tod: Stationen einer Reise*)

299 William James: *The Will to Believe* (Cambridge, MA: Harvard University Press 1979), p. 19; zitiert von David Griffin in *Parapsychology, Philosophy, and Spirituality*, p. 29

300 berichtet in dem (anonymen) Leitartikel „Scanning the Issue" in: *Proceedings of the IEEE* 64, no. 3 (März 1976): 291, zitiert in Russell Targ, Harold Puthoff: *Mind-Reach*, p. 169

301 Hal Puthoff, Russell Targ: „A Perceptual Channel for Information Transfer over Kilometer Distances: Historical Perspective and Recent Research", in: *Proceedings of the IEEE* 64, no. 3 (1976): 329-354; verfügbar auf: http://www.espresearch.com/espgeneral/IEEE-329B.shtml und anderswo (Zugriff am 29.02.2012)

302 Dante Alighieri: *Die göttliche Komödie (Die Hölle*, 16. Gesang)

303 Die Gedichtzeilen von Emily Dickinson (aus: *The Complete Poems of Emily Dickinson*, no. 1129) übertrug Walter A. Aue.

304 zitiert in Nick Herbert: *Elemental Mind*, p. 209

305 zitiert in Paul Edwards: *Immortality*, p. 294

306 zitiert in Paul Edwards: *Immortality*, p. 40

307 A. J. Ayer: „What I Saw When I Was Dead", in: *Sunday Telegraph* (London, 28. August 1988)

308 „A. J. Ayer's Intimations of Immortality: What Happens When the World's Most Eminent Atheist Dies", in: *National Review*, 14. Oktober 1988

309 A. J. Ayer: „What I Saw When I Was Dead", in Paul Edwards (Hrsg.): *Immortality*, p. 269-275; A. J. Ayer: „Postscript to a Postmortem", in: *Spectator* (London, 15. Oktober 1988)

310 Susan J. Blackmore: „Near-Death Experiences in India: They Have Tunnels Too", in: *Journal of Near-Death Experiences* 11, no. 4 (1993): 205-217
311 Richard S. Blachers Kommentar und Erwiderung zum Thema TNEs erschienen in R. S. Blacher: „Commentary: ,To Sleep, Perchance to Dream ...'", in: *Journal of the American Medical Association* 242 (1979): 2291; R. S. Blacher: „Near-Death Experiences" (Brief), in: *Journal of the American Medical Association* 244 (1980): 30. Saboms Antwort auf Blachers Verächtlichmachung ist nachzulesen in Michael Sabom: *Recollections of Death*, p. 153
312 zitiert in Jyoti Ananthu und T. S. Ananthu (Hrsg.): *Gandhi and World Peace*, New Delhi: Gandhi Peace Foundation 1987, p. 11
313 zitiert in Carlos Baker: *Emerson among the Eccentrics*, New York: Penguin 1996
314 zitiert in einer Pressemitteilung zu *Physics of Immortality* und in einem Interview in der Zeitschrift *D* (September 1994): 5, 28
315 Paul Davies, *Space and Time in the Modern Universe*, p. 203
316 Brief an Pfarrer Pfäfflin, in: C. G. Jung: *Briefe* (Bd. 1, 1906-1945), S. 324
317 ebenda
318 Die wissenschaftlichen Entwicklungen, die nach Costa de Beauregards Einschätzung für ein unendliches, „alles durchdringendes kollektives Unbewusstes" und für parapsychologische Phänomene sprechen, wurden in einer Rede vor der dritten Jahresversammlung der *Society for Scientific Exploration* am 11.-13. Oktober 1996 in Freiburg präsentiert: „Zeitgedehntheit der Materie in Eulers Variationsrechnung und im relativistischen Raumzeit-Konzept; Ursache-Wirkungs-Umkehrbarkeit in der bayesschen bedingten und der boltzmannschen Übergangswahrscheinlichkeit; Negentropie-Informations-Umkehrbarkeit; Nichtseparabilität in der Quantenphysik und CPT-Invarianz." Eine Analyse dieser Begriffe würde den Rahmen dieser Arbeit sprengen. Es soll gezeigt werden, dass viele geachtete Wissenschaftler in der modernen Wissenschaft Raum sehen für eine Form von Bewusstsein, die außerhalb von Raum und Zeit liegt – ein wichtiger Wandel in Richtung Unsterblichkeit.
319 C. D. Broad: *Lectures on Psychical Research*, London: Routledge & Kegan Paul 1962, p. 6
320 C. G. Jung: *Memories, Dreams, Reflections* (dt. Ausg.: *Erinnerungen, Träume, Gedanken von C. G. Jung*, S. 308)
321 Brief an eine nicht genannte Adressatin (Frau B.) vom 11.07.1944 in: C. G. Jung: *Briefe* (Bd. 1, 1906-1945), S. 425
322 C. G. Jung: *Memories, Dreams, Reflections* (dt. Ausg.: *Erinnerungen, Träume, Gedanken von C. G. Jung*, S. 323-324)
323 C. G. Jung: *Memories, Dreams, Reflections* (dt. Ausg.: *Erinnerungen, Träume, Gedanken von C. G. Jung*, S. 328)
324 David Griffin: *Parapsychology, Philosophy, and Spirituality*, p. 290-91
325 Unterschiedliche Ansichten über die Beziehung zwischen Spiritualität und Gesund-

heit in R. P. Sloan, E. Bagiella, T. Powell: „Religion, Spirituality, and Medicine", in: *Lancet* 353, no. 9153 (1999): 664-667; Larry Dossey: „Do Religion and Spirituality Matter in Health? A Response to the Recent Article in *The Lancet*", in: *Alternative Therapies in Health and Medicine* 5, no. 3 (1999): 16-18

326 J. S. Levin, D. B. Larson, G. M. Puchalski: „Religion and Spirituality in Medicine: Research and Education", in: *Journal of the American Medical Association* 278, no. 9 (1997): 792-793; „Better Times for Spirituality and Healing in Medicine", in: *Research News* 1, no. 6 (February 2001): 12

BIBLIOGRAPHIE

Adamoli, Vida: *The Dog That Drove Home, the Snake-Eating Mouse, and Other Exotic Tales from the Animal Kingdom*, New York: St Martin's Press 1991

Athenäeus (Athenaios): *Deipnosophistae. Das Gelehrtenmahl*, Leipzig: Dieterich 1985

Bächtold-Stäubli, Hanns, und E. Hoffmann-Krayer: *Handwörterbuch des deutschen Aberglaubens*, Bd. 2, Berlin/Leipzig: Walter de Gruyter 1930; Reprints: Berlin: de Gruyter 2000, Augsburg: Weltbild 2005

Bainton, Roland H.: *Christian Attitudes toward War and Peace. A Historical Survey and Critical Re-evaluation*, Nashville, TN: Abingdon 1960

Barzini, Luigi: *The Italians*, New York: Athenaeum 1977; dt. Ausg: *Die Italiener*, Frankfurt: Scheffler 1965, Fischer-TB 1977

Benor, Daniel: *Healing Research, vol. 1: Research in healing*, München: Helix 1992

Berman, Morris: *The Reenchantment of the World*, Ithaka, NY: Cornell University Press 1981; dt. Ausg.: *Wiederverzauberung der Welt: am Ende des Newtonschen Zeitalters*, München: Dianus-Trikont 1983; Reinbek: Rowohlt 1985

Bloom, Howard: *The Lucifer Principle: A Scientific Exploration into the Forces of History*, New York: Atlantic Monthly Press 1995

Bohm, David: *Wholeness and the Implicate Order*, London: Routledge 1973; dt. Ausg.: *Die implizite Ordnung: Grundlagen eines dynamischen Holismus*, München: Dianus-Trikont 1985, Goldmann 1987

Bonham, Tal D.: *Humor: God's Gift*, Nashville, TN: Broadman Press 1988

Briggs, John: *Fire in the Crucible*, Los Angeles, CA: Jeremy P. Tarcher 1990

Broughton, Richard S.: *Parapsychology: The Controversial Science*, New York: Ballantine 1991

Brunton, Paul: *The Quest of the Overself*, York Beach, ME: Samuel Weiser, 1984; dt. Ausg.: *Das Überselbst*, Zürich: Rascher 1940, Freiburg: Bauer ^{7}1999

Calvin, William H.: *How Brains Think: Evolving Intelligence, Then and Now*, New York: Basic Books 1996; dt. Ausg.: *Wie das Gehirn denkt: die Evolution der Intelligenz*, Heidelberg: Spektrum 1998; München: Elsevier 2004

Chalmers, David J.: *The Conscious Mind,* New York: Oxford University Press 1996

Constant, Wairy Louis: *Mémoires de Constant.* Paris: Garnier 1894 (zitiert in Louis Leo Snyder: „Napoleon's Retreat from Moscow, 1812")

Corliss, William: *The Catalog of Anomalies, vol. 1: Tornados, Dark Days, Anomalous Precipitation, and Related Weather Phenomena,* Glen Arm, MD: Sourcebook Project 1983

Cousins, Norman: *Anatomy of an Illness As Perceived by the Patient,* New York: W. W. Norton 1979; dt. Ausg.: *Der Arzt in uns selbst:* Anatomie einer Krankheit aus der Sicht des Betroffenen, Reinbek: Rowohlt 1981

Cousins, Norman: *Head First: The Biology of Hope,* New York: E. P. Dutton 1989

Creveld, Martin van: *The Transformation of War,* New York: Free Press 1991; dt. Ausg.: *Die Zukunft des Krieges,* München: Gerling-Akad.-Verl. 1998, Hamburg: Murmann 2004

Critchley, Macdonald: „Musicogenic Epilepsy", in: *Music and the Brain: Studies in the Neurology of Music,* hrsg. von M. Critchley und R. A. Henson, London: William Heinemann 1977

Crockett, Mike: Geleitwort zu *Flywater* von Grant McClintock und Mike Crockett, New York: Lyons Press 1994

David, Marc: *Nourishing Wisdom,* New York: Bell Tower 1991; dt. Ausg.: *Vom Segen der Nahrung,* Interlaken: Ansata 1992

Davies, Paul: *Space and Time in the Modern Universe,* New York: Cambridge University Press 1977

Denker, Debra: *Sisters on the Bridge of Fire,* Mission Hills, CA: Burning Gate Press 1993

Dentan, Robert Knox: *Semai: A Nonviolent People of Malaya,* New York: Holt Rinehart 1968

Dickinson, Emily: *The Complete Poems of Emily Dickinson,* hrsg. von Thomas H. Johnson, Boston, MA: Little, Brown 1960

Dossey, Larry: *Be Careful What You Pray For ... You Just Might Get It,* San Francisco, CA: HarperSanFrancisco 1997

Dossey, Larry: *Healing Words: The Power of Prayer and the Practice of Medicine,* San Francisco, CA: HarperSanFrancisco 1993; dt. Ausg.: *Heilende Worte: Die Kraft der Gebete als Schlüssel zur Heilung,* Südergellersen: Martin 1995; Amerang: Crotona 2010

Dossey, Larry: *Meaning & Medicine,* New York: Bantam 1991

Dossey, Larry: *Prayer Is Good Medicine,* San Francisco, CA: HarperSanFrancisco 1996

Dossey, Larry: *Recovering the Soul,* New York: Bantam 1989

Dossey, Larry: *Reinventing Medicine,* San Francisco, CA: HarperSanFrancisco 1999

Dossey, Larry: *Space, Time & Medicine,* Boston, MA: Shambhala 1982; dt. Ausg.: *Die Medizin von Raum und Zeit,* Basel: Sphinx 1984; Reinbek: Rowohlt 1987

Dreher, Henry: *The Immune Power Personality: Seven Traits You Can Develop to Stay Healthy,* New York: Dutton 1995

Eccles, Sir John: *The Wonder of Being Human,* Boston, MA: Shambhala 1985; dt. Ausg.: *Das Wunder des Menschseins – Gehirn und Geist,* München: Piper 1985, NA 1991

Eckstein, Gustav: *Everyday Miracles,* New York: Harper & Brothers, 1940; dt. Ausg.: *Alle Störche sprechen ägyptisch: Erlebnisse mit meinen Tieren,* Stuttgart: Franckh 1950

Edwards, Paul (Hrsg.): *Immortality,* Amherst, NY: Prometheus 1997

Ehrenreich, Barbara: *Blood Rites: Origins and History of the Passions of War,* New York: Henry Holt, Metropolitan 1997; dt. Ausg.: *Blutrituale: Ursprung und Geschichte der Lust am Kriege,* München: Kunstmann 1997, Reinbek: Rowohlt 1999

Ehrenwald, Jan: *Telepathy and Medical Psychology,* New York: Norton 1948

Epel, Naomi: *Writers Dreaming,* New York: Carol Southern Books 1993

Estés, Clarissa Pinkola: *Women Who Run with the Wolves,* New York: Ballantine 1992; dt. Ausg.: *Die Wolfsfrau: die Kraft der weiblichen Urinstinkte,* München: Heyne 1993

Evans, Donald: *Spirituality and Human Nature,* Albany, NY: SUNY Press 1993

Fenwick, Peter und Elizabeth: *The Truth in the Light,* New York: Berkley Books 1997

Fields, Rick: *The Code of the Warrior,* New York: Harper Perennial 1991

Findlay, Alexander: *A Hundred Years of Chemistry,* London: Duckworth 1937

Friedman, Leon: *The Law of War,* New York: Random House 1972

Fromm, Erich: „The Creative Attitude", in: Harold H. Anderson (Hrsg.): *Creativity and Its Cultivation,* New York: Harper & Row 1959

Fry, William, und Waleed Salameh (Hrsg.): *Handbook of Humor and Psychotherapy.* Sarasota, FL: Professional Resource Exchange 1986

Fuhrman, Joel: *Fasting and Eating for Health,* New York: St Martin's Press 1998

Gallup, George: *Adventures in Immortality,* New York: McGraw-Hill 1982

Gardner, Howard: *Multiple Intelligences: The Theory in Practice,* New York: Basic Books 1993

Garrison, Fielding H.: *An Introduction to the History of Medicine* (4. Aufl.), Philadelphia, PA: Saunders 1929

Gheslin, Brewster: *The Creative Process,* New York: New American Library 1952

Gill, Sam D., und Sullivan, Irene F.: *Dictionary of Native American Mythology,* New York: Oxford University Press 1992

Glieck, James: *Genius: The Life and Science of Richard Feynman,* New York: Vintage 1993

Goleman, Daniel: *Emotional Intelligence,* New York: Bantam 1997; dt. Ausg.: *Emotionale Intelligenz,* München: Hanser 1996, dtv 1997

Goswami, Amit: *The Self-Aware Universe: How Consciousness Creates the Material World,* New York: Tarcher/Putnam 1993

Greveld, Martin van: *The Transformation of War,* New York: Free Press 1991

Griffin, David Ray: *Parapsychology, Philosophy, and Spirituality: A Postmodern Exploration,* Albany, NY: SUNY Press 1997

Grof, Stanislav: *The Holotropic Mind: The Three Levels of Human Consciousness and How They Shape Our Lives,* San Francisco, CA: HarperCollins 1992; dt. Ausg.: *Die Welt der Psyche: neue Erkenntnisse aus Psychologie und Bewusstseinsforschung,* München: Kösel 1993, Reinbek: Rowohlt 1997

Hadamard, Jacques: *The Psychology of Invention in the Mathematical Field,* Princeton, NJ: Princeton University Press 1949

Hannah, Barbara: *Jung, His Life and Work: A Biographical Memoir,* New York: G. P. Putnam's Sons 1976; dt. Ausg.: *C. G. Jung, sein Leben und Werk. Biographische Aufzeichnungen,* Fellbach-Oefingen: Bonz 1982; Küsnacht: Stiftung Jung'sche Psychologie 2006

Hardy, Alister, Robert Harvie und Arthur Koestler: *The Challenge of Chance,* New York: Random House 1973

Herbert, Nick: *Elemental Mind,* New York: Dutton 1993

Herbert, Nick: *Quantum Reality,* New York: Dutton 1986

Horgan, Paul: *Great River: The Rio Grande in North American History,* New York/Toronto: Rinehart & Co. 1954; Lincoln, NE: University of Nebraska Press 1991

Huang, Chungliang Al, und Lynch, Jerry: *Thinking Body, Dancing Mind,* New York: Bantam 1992; dt. Ausg.: *TaoSport, denkender Körper – tanzender Geist: Außergewöhnliches leisten im Alltag, Beruf und Sport,* Freiburg: Bauer 1995

Hunt, Morton: *The Compassionate Beast: What Science Is Discovering about the Human Side of Humankind,* New York: William Morrow 1987; dt. Ausg.: *Das Rätsel der Nächstenliebe: der Mensch zwischen Egoismus und Altruismus,* Frankfurt: Campus 1992

Inglis, Brian: *Natural and Supernatural: A History of the Paranormal from Earliest Times to 1914,* London: Hodder & Stoughton 1977; Bridport, Dorset, England: Prism Press 1992

Jaffé, Aniela: *The Myth of Meaning: Jung and the Expansion of Consciousness,* New York: Penguin 1975

Jahn, Robert G. und Brenda J. Dunne: *Margins of Reality: The Role of Consciousness in the Physical World,* New York: Harcourt Brace Jovanovich 1987; dt. Ausg.: *An den Rändern des Realen: über die Rolle des Bewusstseins in der physikalischen Welt,* Frankfurt: Zweitausendeins 2000, Altkirchen: M-TEC 2006

James, William: *The Varieties of Religious Experience,* New York: Macmillan 1961; dt. Ausg.: *Die Vielfalt religiöser Erfahrung. Eine Studie über die menschliche Natur,* Olten/Freiburg: Walter 1979, Frankfurt: Insel 1997

Jamison, Kay Redfield: *Touched with Fire: Manic-Depressive Illness and the Artistic Temperament,* New York: Free Press 1993

Jeans, Sir James: *Physics and Philosophy,* New York: Dover 1981; dt. Ausg.: *Physik und Philosophie,* Zürich: Rascher 1944

Jennings, Paul: „Report on Resistentialism", in: *Parodies: An Anthology from Chaucer to Beerbohm – and After,* hrsg. von Dwight MacDonald, New York: Modern Library 1965

Jung, Carl Gustav, und Wolfgang Pauli: *Naturerklärung und Psyche,* Zürich: Rascher 1952

Jung, Carl Gustav: „On the Psychology of the Trickster-Figure", in: *The Archetypes and the Collective Unconscious,* Princeton, NJ: Princeton University Press 1968; dt. Ausg.: „Zur Psychologie der Tricksterfigur", in: *Die Archetypen und das kollektive Unbewusste* (GW 9/1), Olten/Freiburg: Walter 1976, Ostfildern: Patmos 2011

Jung, Carl Gustav: *Analytical Psychology: Its Theory and Practice,* New York: Random House 1968; dt. Ausg.: „Über Grundlagen der Analytischen Psychologie. Die Tavistock Lectures", in: *Das symbolische Leben* (GW 18/1), Olten/Freiburg: Walter 1981, Ostfildern: Patmos 2011

Jung, Carl Gustav: *Briefe* (Bd. 1, 1906-1945), hrsg. von Gerhard Adler und Aniela Jaffé, Olten/Freiburg: Walter 1972, [4]1990

Jung, Carl Gustav: *Die Dynamik des Unbewussten* (GW 8), Olten/Freiburg: Walter [6]1991

Jung, Carl Gustav: *Memories, Dreams, Reflections,* New York: Random House 1965; dt. Original: A. Jaffé (Hrsg.): *Erinnerungen, Träume, Gedanken von C. G. Jung,* Zürich/Düsseldorf: Walter [11]1999

Jung, Carl Gustav: *Psychology and the Occult,* Princeton, NJ: Princeton University Press 1977, p. 136-37; dt. Ausg.: C. G. Jung: „Seele und Tod", in: *Die Dynamik des Unbewussten* (GW 8), Olten/Freiburg: Walter [6]1991

Jung, Carl Gustav: *The Structure and Dynamics of the Psyche,* Princeton, NJ: Princeton University Press 1970; dt. Ausg.: *Die Dynamik des Unbewussten* (GW 8), Düsseldorf/Zürich: Walter [7]1995

Keegan, John: *The Face of Battle,* New York: Dorset Press 1976; dt. Ausg.: *Das Antlitz des Krieges,* Düsseldorf: Econ 1978, Frankfurt: Campus 1991

Kesten, Deborah: *Feeding the Body, Nourishing the Soul,* Berkeley, CA: Conari Press 1997

Kierkegaard, Søren: *Furcht und Zittern* (1843)

Koenig, Harold G., Michael E. McCullough und David B. Larson: *Handbook of Religion and Health: A Century of Research Reviewed,* New York: Oxford University Press 2001

Koestler, Arthur: *Janus: A Summing Up,* New York: Random House 1978; dt. Ausg.: *Der Mensch, Irrläufer der Evolution: eine Anatomie der menschlichen Vernunft und Unvernunft,* Bern/München/Wien: Scherz 1978; Frankfurt: Fischer TB 1989

Koestler, Arthur: *The Act of Creation. A Study of the Conscious and Unconscious in Science and Art,* New York: Dell 1964; dt. Ausg.: *Der göttliche Funke: Der schöpferische Akt in Kunst und Wissenschaft,* Bern/München/Wien: Scherz 1966

LaPlante, Eve: *Seized: Temporal Lobe Epilepsy as a Medical, Historical, and Artistic Phenomenon,* New York: HarperCollins 1993

Laszlo, Ervin: *The Interconnected Universe: Conceptual Foundations of Transdisciplinary Unified Theory,* River Edge, NJ: World Scientific 1995

Latzko, Adolf Andreas: *Menschen im Krieg,* Zürich: Rascher 1917

Lawrence, Tony: „Bringing in the Sheep: A Meta-analysis of Sheep/Goat Experiments", in: *Proceedings of Presented Papers: Thirty-sixth Annual Parapsychological Association Convention,* hrsg. von M. J. Schlitz, Fairhaven, MA: Parapsychological Association 1993

LeShan, Lawrence: *The Dilemma of Psychology,* New York: Dutton 1990

LeShan, Lawrence: *The Medium, the Mystic, and the Physicist,* New York: Viking 1974

Levenstein, Harry: *Revolution at the Table: The Transformation of the American Diet,* New York: Oxford University Press 1988

Levin, Jeffrey S.: *God, Faith, and Health,* New York: John Wiley & Sons 2001

Levy, Barry S., und Victor W. Sidel (Hrsg.): *War and Public Health,* New York: Oxford University Press 1997

Ludwig, Arnold: *The Price of Greatness: Resolving the Creativity and Madness Controversy,* New York: Guilford Press 1995

Lynch, James J.: *The Broken Heart: The Medical Consequences of Loneliness,* New York: Basic Books 1979; dt. Ausg.: *Das gebrochene Herz,* Reinbek: Rowohlt 1979

Mansbridge, Jane J.: *Why We Lost the ERA,* Chicago, IL: University of Chicago Press 1986

Maurer, Herrymon (Hrsg. und Übers.): *The Way of the Ways,* Princeton, NJ: Fellowship in Prayer 1982

May, Rollo: *The Courage to Create,* New York: Norton 1975; dt. Ausg.: *Der Mut zur Kreativität,* Paderborn: Junfermann 1987

Miller, Sukie: *After Death: How People around the World Map the Journey after Life,* New York: Simon & Schuster, Touchstone 1997; dt. Ausg.: *Nach dem Tod: Stationen einer Reise,* Wien/München: Deuticke 1998

Milton, Julie: „Ordinary State ESP Meta-Analysis", in: *Proceedings of Presented Papers: Thirty-sixth Annual Parapsychological Association Convention,* hrsg. von M. J. Schlitz, Fairhaven, MA: Parapsychological Association 1993

Monod, Jacques: *Chance and Necessity,* New York: Random House 1972; dt. Ausg.: *Zufall und Notwendigkeit,* München: Piper 1971, dtv 1975

Moody, Raymond: *Laugh after Laugh: The Healing Power of Humor,* Jacksonville, FL: Headwaters Press 1978; dt. Ausg.: *Lachen und Leiden: über die heilende Kraft des Humors,* Reinbek: Rowohlt 1979

Moody, Raymond: *Life after Life: The Investigation of a Phenomenon – Survival of Bodily Death,* New York: Bantam 1975; dt. Ausg.: *Leben nach dem Tod,* Reinbek: Rowohlt 1977

Moss, Robert: *Conscious Dreaming,* New York: Crown 1996
Newberg, Andrew, Eugene d'Aquili und Vince Rause: *Why God Won't Go Away: Brain Science and the Biology of Belief,* New York: Ballantine 2001; dt. Ausg.: *Der gedachte Gott: wie Glaube im Hirn entsteht,* München: Piper 2003
Nichols, John: *On the Mesa,* Santa Fe, NM: Ancient City Press 1995
Ornish, Dean: *Dr Dean Ornish's Program for Reversing Heart Disease,* New York: Ivy Books 1996; dt. Ausg.: *Revolution in der Herztherapie,* Stuttgart: Kreuz 1992
Ornish, Dean: *Love and Survival,* New York: HarperCollins 1998; dt. Ausg.: *Die revolutionäre Therapie: Heilen mit Liebe: schwere Krankheiten ohne Medikamente überwinden,* München: Mosaik 1999
Oteri, Laura (Hrsg.): *Quantum Physics and Parapsychology,* New York: Parapsychology Foundation 1975
Pearce, Joseph Chilton: *Evolution's End: Claiming the Potential of Our Intelligence,* San Francisco, CA: HarperCollins 1992; dt. Ausg.: *Der nächste Schritt der Menschheit: die Entfaltung des menschlichen Potentials aus neurobiologischer Sicht,* Freiamt: Arbor 1994
Peat, Francis David: *Synchronicity: The Bridge between Matter and Mind,* New York: Bantam 1987; dt. Ausg.: *Synchronizität: die verborgene Ordnung,* Bern/München/Wien: Scherz 1989; München: Goldmann 1992
Pickover, Clifford A.: *Strange Brains and Genius,* New York: Plenum 1998
Piper, John: *A Hunger for God: Desiring God through Fasting and Prayer,* New York: Good News Publishers 1997
Polidara, Jim: „Mind-Body Wellness at Work", in: *Mind-Body Wellness,* Duluth, MN: Whole Person Associates 1996
Purce, Jill: *The Mystic Spiral: Journey of the Soul,* New York: Thames & Hudson 1974; dt. Ausg.: *Die Spirale – Symbol der Seelenreise,* München: Kösel 1988
Pylkkänen, Paavo (Hrsg.): *The Search for Meaning. The New Spirit in Science and Philosophy,* Wellingborough, England: Crucible 1989
Quinnett, Paul: *Pavlov's Trout,* Sandpoint, ID: Keokee Publishing 1994
Radin, Dean I.: *The Conscious Universe: The Scientific Truth of Psychic Phenomena,* San Francisco, CA: HarperSanFrancisco 1997
Raines, Howell: *Fly Fishing through the Midlife Crisis,* New York: William Morrow 1993
Rappley, W. C.: *Medical Education: Final Report of the Commission on Medical Education,* New York: Association of American Medical Colleges Commission on Medical Education 1932
Rilke, Rainer Maria: *Briefe an einen jungen Dichter* (1903-1908)
Ring, Kenneth, und Evelyn Elsaesser-Valarino: *Lessons from the Light: What We Can Learn from the Near-Death Experience,* New York: Plenum Press, Insight Books 1998; dt. Ausg.: a) *Im Angesicht des Lichts: was wir aus Nah-Tod-Erfahrungen für*

das Leben gewinnen, Kreuzlingen/München: Hugendubel 1999; b) *Was wir aus Nahtoderfahrungen für das Leben gewinnen: der Lebensrückblick als ultimatives Lerninstrument,* Goch: Santiago 2009

Robins, Don: *The Secret Language of Stone,* London: Rider 1988

Roll, W. G. (Hrsg.): *Research in Parapsychology 1979,* Metuchen, NJ: Scarecrow Press 1980

Roll, W. G. et al. (Hrsg.): *Research in Parapsychology 1980,* Metuchen, NJ: Scarecrow Press 1981

Roll, W. G., R. L. Morris und J. D. Morris (Hrsg.): *Research in Parapsychology 1972,* Metuchen, NJ: Scarecrow Press 1973

Rush, J. H.: „New Directions in Parapsychology Research", in: *Parapsychological Monographs,* no. 4, New York: Parapsychology Foundation 1964

Sabom, Michael B.: *Recollections of Death: A Medical Investigation,* New York: Harper & Row 1982; dt. Ausg.: *Der Erinnerungen an den Tod,* München: Goldmann 1983

Sade, Marquis de: *Die Philosophie im Boudoir* (1793), zitiert in Thomson: *A History of Sin*

Sagan, Carl: *The Demon-Haunted World,* New York: Random House 1995; dt. Ausg.: *Der Drache in meiner Garage oder die Kunst der Wissenschaft, Unsinn zu entlarven,* München: Droemer Knaur 1997

Schrödinger, Erwin: *What Is Life? and Mind and Matter,* London: Cambridge University Press 1969; dt. Titel: *Was ist Leben?*

Seaward, Brian Luke: „Humor Therapy: Comic Relief", in: *Managing Stress. Principles and Strategies for Health and Well-Being,* Boston, MA: Jones & Bartlett 1994

Seifert, Ruth: „Krieg und Vergewaltigung", in: Stieglmayer, Alexandra (Hrsg.), *Massenvergewaltigung: Krieg gegen die Frauen,* Freiburg: Kore 1993, Frankfurt: Fischer TB 1993

Sheldrake, Rupert: *A New Science of Life,* Los Angeles, CA: Tarcher 1981; dt. Titel: *Das schöpferische Universum*

Sheldrake, Rupert: *Seven Experiments That Could Change the World,* New York: Riverhead 1995; dt. Ausg.: *Sieben Experimente, die die Welt verändern könnten. Anstiftung zur Revolutionierung des wissenschaftlichen Denkens,* Bern/München/Wien: Scherz 1994, München: Goldmann 1997, Frankfurt: Fischer TB 2005

Sheldrake, Rupert: *The Presence of the Past: Morphic Resonance and the Habits of Nature,* New York: Time Life 1988; dt. Ausg.: *Das Gedächtnis der Natur: das Geheimnis der Entstehung der Formen in der Natur,* Bern: Scherz 1990, München: Piper 1993, Frankfurt: Scherz 2011

Smith, Morton: *Jesus the Magician,* New York: Barnes & Noble 1993; dt. Ausg.: *Jesus der Magier,* München: List 1981

Snyder, Louis Leo: „Napoleon's Retreat from Moscow, 1812", in: *Great Turning Points in History,* New York: Barnes & Noble 1996; dt. Ausg.: *Wendepunkte der Weltgeschichte,* München: MVG 1974

Sontag, Susan: *Illness as Metaphor,* New York: Farrar, Straus and Giroux 1978; dt. Ausg.: *Krankheit als Metapher,* München/Wien: Hanser 2003

Stevenson, Ian: *Telepathic Impressions: A Review and Report of Thirty-five New Cases,* Charlottesville, VA: University Press of Virginia 1970

Stoeber, Michael, und Hugo Meynell (Hrsg.): *Critical Reflections on the Paranormal,* Albany, NY: SUNY Press 1996

Sulloway, Frank J.: *Born to Rebel: Birth Order, Family Dynamics, and Creative Lives,* New York: Pantheon 1996; dt. Ausg.: *Der Rebell der Familie: Geschwisterrivalität, kreatives Denken und Geschichte,* Berlin: Siedler 1997, München: Goldmann 1999

Tanagras, Angelos: *Psychological Elements in Parapsychological Traditions,* New York: Parapsychology Foundation 1967

Targ, Russell, und Hal E. Puthoff: „A perceptual channel for information transfer over kilometer distances: Historical perspective and recent research", in: *Proceedings of the IEEE* 64, Nr. 3 (1976), S. 329-354; verfügbar auf: http://www.espresearch.com/espgeneral/IEEE-329B.shtml und anderswo

Targ, Russell, und Hal E. Puthoff: *Mind-Reach: Scientists Look at Psychic Ability,* New York: Delta 1977; dt. Ausg.: *Jeder hat den 6. Sinn: neue Ergebnisse über die psychischen Fähigkeiten des Menschen,* Köln: Kiepenheuer & Witsch 1977, Bergisch Gladbach: Lübbe 1980

Targ, Russell, und Jane Katra: *Miracles of Mind: Exploring Nonlocal Mind and Spiritual Healing,* Novato, CA: New World Library 1998

Tenner, Edward: *Why Things Bite Back: Technology and the Revenge of Unintended Consequences,* New York: Knopf 1996; dt. Ausg.: *Die Tücken der Technik: wenn Fortschritt sich rächt,* Frankfurt: S. Fischer 1997, Fischer-TB 1999

Thomas, Lewis: *The Medusa and The Snail,* New York: Viking 1979; dt. Ausg.: *Die Meduse und die Schnecke. Gedanken eines Biologen über die Mysterien von Mensch und Tier,* Köln: Kiepenheuer & Witsch 1981, München: Goldmann 1985

Thomson, Oliver: *A History of Sin,* Edinburgh: Canongate Press 1993

Tipler, Frank J.: *The Physics of Immortality,* New York: Bantam 1994; dt. Ausg.: *Die Physik der Unsterblichkeit: moderne Kosmologie, Gott und die Auferstehung der Toten,* München: Piper 1994

Tocqueville, Alexis de: *Über die Demokratie in Amerika* (1835/1840)

Toelken, Barry: „From Entertainment to Realization in Navajo Fieldwork", in: *The World Observed: Reflections on the Fieldwork Process,* hrsg. von Bruce Jackson und Edward D. Ives, Champaign, IL: University of Illinois Press 1996

Tolstoi, Leo: *Krieg und Frieden* (1869)

Treffert, Darold: *Extraordinary People: Understanding Savant Syndrome,* New York: Harper & Row 1989

Underhill, Evelyn: *Mysticism,* New York: Dutton 1961; dt. Ausg.: *Mystik,* München: Reinhardt 1928, Bietigheim: Turm 1974

Van de Castle, Robert L.: *Our Dreaming Mind,* New York: Ballantine 1994
Walter, Jakob: *Denkwürdige Geschichtsschreibung über die erlebte Militärdienstzeit des Verfassers;* engl. Ausg.: *The Diary of a Napoleonic Footsoldier,* hrsg. und mit einer Einführung von Marc Raeff, New York: Penguin 1991
Walzer, Michael: *Just and Unjust Wars,* New York: Scribners 1977; dt. Ausg.: *Gibt es den gerechten Krieg?,* Stuttgart: Klett-Cotta 1982
Watson, Lyall: *Dark Nature: A Natural History of Evil,* New York: Harper Collins 1995; dt. Ausg.: *Die Nachtseite des Lebens. Eine Naturgeschichte des Bösen,* Frankfurt: S. Fischer 1997
Watson, Lyall: *The Dreams of Dragons,* Rochester, VT: Destiny Books 1992
Watson, Lyall: *The Nature of Things: The Secret Life of Inanimate Objects,* Rochester, VT: Destiny 1990
Weber, Renée: *Dialogue with Scientists and Sages: The Search for Unity,* London: Arkana 1990; dt. Ausg.: *Wissenschaftler und Weise,* Grafing: Aquamarin 1987; NA: *Alles Leben ist eins: Die Begegnung von Quantenphysik und Mystik,* Amerang: Crotona 2012
Weizsäcker, Carl Friedrich von: Einführung zu Krishna, Gopi: *The Biological Basis of Religion and Genius,* New York: Harper & Row 1972; dt. Ausg.: *Biologische Basis religiöser Erfahrung,* Weilheim: Barth 1971, München: Heyne 1982, Frankfurt: Suhrkamp 1988; NA: *Yoga und die Evolution des Bewusstseins: die wissenschaftliche Grundlage der spirituellen Erfahrung,* Amerang: Crotona 2010
Wilber, Ken (Hrsg.): *Quantum Questions: Mystical Writings of the World's Great Physicists,* Boston, MA: Shambhala Publications 1984
Wilber, Ken: „Human Potentials and the Boundaries of the Soul", in: *Beyond Health and Normality,* hrsg. von Roger Walsh und Deane H. Shapiro, New York: Van Nostrand Reinhold 1983
Wilmer, Harry A.: „War Nightmares", in: *Vietnam in Remission,* hrsg. von Harry A. Wilmer und James F. Veninga, College Station, TX: A&M University Press 1985
Wolinsky, Kim: *Letting Go with All Your Might,* Denver, CO: ReDecisions Institute 1995
Woodhouse, Mark B.: *Paradigm Wars,* Berkeley, CA: Frog 1996
Wooten, Patty: *Compassionate Laughter: Jest for Your Health,* Salt Lake City, UT: Commune-a-Key Publishing 1996
Work in America: Report of a Special Task Force to the Secretary of Health, Education, and Welfare, Cambridge, MA: MIT Press 1973
Worrall, Ambrose A., und Olga N. Worrall: *Explore Your Psychic World,* Columbus, OH: Ariel Press 1989
Wrangham, Richard, und Dale Peterson: *Demonic Males: Apes and the Origins of Human Violence,* New York: Houghton Mifflin 1996; dt. Ausg.: *Bruder Affe: Menschenaffen und die Ursprünge menschlicher Gewalt,* München: Hugendubel 2001
Zuboff, Shoshana: *In the Age of the Smart Machine: The Future of Work and Power,* New York: Basic Books 1988

**Larry Dossey
Werde gesund!
die Ursachen von Gesundheit
und Krankheit verstehen**

Larry Dossey gilt als der Pionier für die Erforschung eines neuen Denkens in der modernen Medizin. Wie Ruediger Dahlke in Europa, so fordert Dossey seit Jahrzehnten in den USA eine Rückbesinnung auf das geistig-seelische Wesen des Menschen und ein Umdenken in der Behandlung von Krankheiten.

Die „Medizin einer neuen Zeit" wird entweder ganzheitlich sein oder sie wird scheitern! Mit dieser Formulierung könnte man das Programm von Larry Dossey umschreiben. Dabei liegt in der Betonung des Wortes „ganzheitlich" bereits sein integrierender Ansatz. Es geht nicht um eine Frontstellung zwischen Schulmedizin und alternativen Behandlungsmethoden, sondern es geht um ein tieferes Verständnis des Wesens von Krankheit und Gesundheit. Der Schlüssel dazu liegt nicht in der Praxis des Arztes, sondern allein im Menschen selbst!

Anhand von faszinierenden Fallbeispielen und bewegenden Erfahrungen aus seiner langjährigen ärztlichen Praxis belegt Dr. Dossey, über welche immense Einflussmöglichkeiten jeder Einzelne verfügt, um gesund zu werden.

Ein wahrhaft grundlegendes Buch, das sich auf brillante Weise umfassend und sachkundig mit einem neuen Denken in der Heilkunst befasst und dem Einzelnen wieder die Handlungsvollmacht zurückgibt, um aus eigenem Antrieb entscheidende Schritte zu unternehmen, um endlich nachhaltig gesund zu werden!

ISBN 978-3-86191-017-6
Hardcover, 288 Seiten

„Dieses Buch eines engagierten Arztes kann die Brücke schlagen zwischen unseren eigenen spirituellen und religiösen Wurzeln und der modernen wissenschaftlichen Medizin!"

- Ruediger Dahlke -

Larry Dossey
Heilende Worte
Die Kraft der Gebete
als Schlüssel zur Heilung

Schon die großen Weisen der Antike wussten: „Dasselbe ist Denken und Sein!" So wie der Mensch denkt, so wird er auch. Worte und Gedanken haben eine entscheidende Bedeutung für die Gesundheit des Menschen. So wie ein im Zorn geäußertes Wort eine Verletzung verursachen kann, vermag ein segnendes Wort eine Heilung herbeizuführen.

Larry Dossey beschreibt in diesem Grundlagenwerk zur Gebetsheilung, welche Macht im gesprochenen Wort liegt und welche segensreiche Heilwirkung von einem Gebet ausgeht. Die alte biblische Überlieferung des „Bittet, so wird euch gegeben" erfährt durch einen modernen Wissenschaftler eine bewegende Bestätigung. Das Gebet öffnet das Tor zu einer höheren Wirklichkeit, aus der jene wundervolle Heilkraft hervorströmt, die selbst in scheinbar aussichtslosen Situationen Heilung zu schenken vermag und so wahre Wunder bewirkt.

Ein entscheidender Brückenschlag zwischen der Heilkunst und der Gebetsheilung, der ein neues, tieferes Verständnis über das Wesen von Krankheit und Gesundheit zu vermitteln vermag.

ISBN: 978-3-86191-008-4
Hardcover, 288 Seiten

Larry Dossey
Ich habe es geahnt!
Wie Vorahnungen sich bestätigen und unser Leben bestimmen

Es dürfte niemanden geben, selbst unter hartgesottenen Materialisten und Atheisten, der nicht schon einmal den Ausruf getan hat: „Ich habe es geahnt!" Dabei geht es jeweils um das bekannte Phänomen, ein Ereignis als Gedanken, als Gefühl, als Traum oder eben als Vorahnung bereits im Voraus gewusst zu haben. Es wird in der Gegenwart etwas 'gewusst', was sich erst in der Zukunft ereignen wird.
Kein anderes Geschehen, das noch dazu außerordentlich weit verbreitet ist und in allen Kulturkreisen auftritt, erschüttert das materialistische Weltbild nachhaltiger als das „Phänomen Vorahnung".
Der bekannte amerikanische Arzt Larry Dossey geht diesem Phänomen auf zweierlei Weise nach: Einerseits sammelt er die schier unfassbarsten Fallbeispiele; andererseits studiert er alle denkbaren Erklärungsmöglichkeiten und wissenschaftlichen Theorien dazu. So erschließt sich ein umfassenderes Verständnis von Zeit und Raum, von Freiheit und Schicksal.

ISBN 978-3-86191-013-8
Hardcover, 336 Seiten

Weitere Titel aus dem Crotona Verlag:

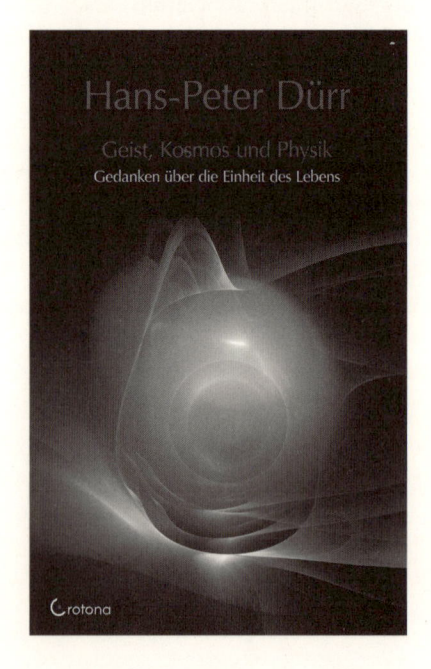

Ingfried Hobert
Körperbewusstsein und Zellintelligenz
Mit der Kraft der Zellen zu mehr Gesundheit und Lebensfreude

Renée Weber
ALLES LEBEN IST EINS
Die Begegnung von Quantenphysik und Mystik
David Bohm · Krishnamurti · Ilya Prigogine
Dalai Lama · Bede Griffiths · Rupert Sheldrake
Lama Anagarika Govinda · Stephen Hawking

Hans-Peter Dürr
Geist, Kosmos und Physik
Gedanken über die Einheit des Lebens

Carl Friedrich von WEIZSÄCKER
Gopi Krishna
YOGA UND DIE EVOLUTION DES BEWUSSTSEINS
Die wissenschaftliche Grundlage der spirituellen Erfahrung